『朱子語類』訳注

巻百十九　朱子十六　訓門人七
巻百二十　朱子十七　訓門人八
巻百二十一　朱子十八　訓門人九

垣内景子　編
訓門人研究会　訳注

はじめに

垣内　景子

本書は、『朱子語類』巻一一九～一二一「訓門人　七～九」の訳注である。私たち訓門人研究会は、すでに二〇一二年に巻一一三～一一六（訓門人　一～四）を、二〇一四年に巻一一七・一一八（訓門人　五・六）を刊行しており、本書をもって『朱子語類』の「訓門人」部分の訳注を完成する。

本書所収箇所に関わる研究会の参加者は以下の通り。原稿作成者の氏名は、担当箇所ごとに末尾に示した。本書の訳注の進め方や方針については、既刊第一冊の「はじめに」及び本書の「あとがき」を参照されたい。

垣内　景子（明治大学教授）
宮下　和大（麗澤大学准教授）
松野　敏之（國士舘大学准教授）
阿部　光麿（早稲田大学講師）
小池　　直（早稲田大学図書館嘱託職員）

中嶋　諒（学習院大学史料館客員研究員）
阿部　亘（北京語言大学外籍教師）
原　信太郎　アレシャンドレ（早稲田大学講師）
田村有見恵（早稲田大学大学院博士後期課程満期退学）
佐々木仁美（明治大学付属明治高等学校中学校教諭）
江波戸　亙（早稲田大学助手）
蔣　建偉（早稲田大学大学院博士後期課程）
村田　岳（早稲田大学大学院博士後期課程）
石山　裕規（明治大学大学院博士前期課程）
戸丸　凌太（早稲田大学大学院修士課程）

なお、巻末の「記録者・門人一覧」と「語彙索引」は、松野敏之が作成した。

『朱子語類』訳注　巻百十九～巻百二十一

目次

凡例

※底本は、中華書局・理学叢書『朱子語類』を用いたが、標点等は適宜改めた部分もある。また、本書の原文と注はすべて正字を用いたため、底本の中国式字体と異なる場合がある。

※校注は以下の四本を参照し、各略称を用いた。

・『朝鮮古写　徽州本朱子語類』（中文出版社）　…楠本本
・『朝鮮整版　朱子語類』（中文出版社）　…朝鮮整版
・『朱子語類』（正中書局）　…正中書局本
・『朱子語類大全』（和刻本・中文出版社）　…和刻本

なお、繁雑を避けるために以下の字の異同については、一々注記しなかった。

「著」↕「着」　「箇」↕「个」　「辨」↕「辯」　「它」↕「他」　「于」↕「於」
「邊」↕「邉」↕「辺」　「工夫」↕「功夫」　「粗」↕「麁」「麤」　「子細」↕「仔細」
「總」↕「摠」

また、以上の四本において底本とは異なる巻に収録されている場合、巻数と共にページ数を明示した。

凡　例

※原文・訳文中の［　　］は双行小字注の部分である。

※注で用いた略称は以下の通り。

・『語類』…『朱子語類』　なお、『語類』からの引用は、巻数と条数のみを記した（括弧内の頁数は底本のもの）。
・『文集』…『晦庵先生朱文公文集』（四川教育出版社『朱熹集』）
・『遺書』…『河南程氏遺書』（中華書局・理学叢書『二程集』）（括弧内の頁数は上記のもの。）
・『外書』…『河南程氏外書』（中華書局・理学叢書『二程集』）（括弧内の頁数は上記のもの。）
・『門人』…『朱子門人』（陳栄捷、台湾学生書局）
・『資料索引』…『宋人伝記資料索引』（中華書局）
・『学案』…『宋元学案』（中華書局）
・『考文解義』…『朱子語類考文解義』（李宜哲、民族文化文庫）

『朱子語類』訳注　巻百十九～百二十一

『朱子語類』巻百十九

朱子十六　訓門人七

【1】

朱子「成果を焦り、速さばかりを求める欠点がどうしても無くならないようだな。何かのはずみですぐにそういうところが出て来る。たとえば書物を読むのに、読み終わることばかりを考えているのがそれだ。」［以下、楊方への訓戒。］

欲速(1)之患終是有、如一念慮間便出來、如看書欲都了(2)之意、是也。［以下訓方。］

（1）欲速　朱熹は、向学心のある者が往々陥りやすい欠点として「速きを欲す（学問の成果や成就を焦り、先へ進む速さばかりを求めること）」と「高きを好む（高尚そうな議論を好み、卑近な問題を等閑にすること）」を挙げている。巻一二六・47条（三〇一八頁）「如今學者有二病、好高欲速。這都是志向好底如此。一則是所以學者

失其旨、二則是所學者多端、所以紛紛擾擾、終於無所歸止」。巻一一四・38条（二七六六頁）、巻一一六・54条（二八〇五頁）も参照。「欲速」は、孔子も戒めた。『論語』子路「子夏爲莒父宰、問政。子曰、無欲速、無見小利。欲速、則不達。見小利、則大事不成」。

（2）都了　すっかり（読み）終わる。巻十・96条（一七四頁）「初入學、只看一書。讀了、理會得都了、方看第二件」。

【2】

私（楊方）は部屋の柱のところに行くと、まま柱の埃を着物で擦ってしまうことがあった。朱子「（『礼記』にある）「周旋には規に中《あた》り、折旋には矩に中る（身を翻すときは円を描くように、曲がるときは直角に）」というふうであれば、そんなことにはならないはずだ。」［おそらく私が先ばかりを焦りせっかちであることを戒められたのであろう。］

方行屋柱邊、轉(1)擦下柱上黒。見云「若周旋中規、折旋中矩(2)、不到得如此。」［大率多戒方欲速也。］

（1）轉　底本の標点は上文に係けるが、下文に係け、副詞（まま、うたた、ますます、かえって）として解釈する。巻八・85条（一三九頁）「議論多、轉鬧了」、巻十二・127条（二一五頁）「才欲作一事、却又分一心去察一心、胸中擾擾、轉覺多事」。

郵便はがき

料金受取人払郵便

麹町局承認

1433

差出有効期間
平成29年８月
31日まで
（切手不要）

1028790

202

東京都千代田区
飯田橋二—五—四

汲古書院
行

通信欄

購入者カード

このたびは本書をお買い求め下さりありがとうございました。今後の出版の資料と、刊行ご案内のためおそれ入りますが、下記ご記入の上、折り返しお送り下さるようお願いいたします。

書　名
ご芳名
ご住所 TEL　　　〒
ご勤務先
ご購入方法　① 直接　② 　書店経由
本書についてのご意見をお寄せ下さい
今後どんなものをご希望ですか

（2）周旋中規、折旋中矩　『礼記』玉藻「古之君子必佩玉。……周還中規、折還中矩」。

【3】

楊方「今後はみずから重々しさに心がけ、軽薄を矯正したいと思います。」
朱子「以前やはり択之（林用中）にもどっしりと落ち着いているよう戒めたものだ。」

方云「此去（1）當自持重以矯輕。」先生曰「舊亦嘗戒擇之以安重（2）。」

（1）此去　今後、これから。「去」は「後」の意味。巻一一五・41条（二七八一頁）「今先須養其源、始得。此去且存養、要這箇道理分明常在這裏、久自有覺」。次の4条も参照。
（2）安重　どっしりと落ち着いていること。巻三二・75条（八二三頁）「（『論語』雍也の「仁者樂山」について）山包藏發育之意、是動也。而安重不遷、故主於靜」。

【4】

楊方「今後は『論語』を読もうと思いますが、いかがでしょうか。」
朱子「経書はどれも読むに価するものだが、ただ順番がある。」

［これより以前、先生は私に『礼記』を熟読するよう言われたことがあった。］

方云「此去(1)欲看論語、如何。」曰「經皆好看(2)、但有次第耳。」　［前此嘗(校1)令方熟看禮記。］

（校1）底本は「嘗」を「曾」に作るが、諸本に拠り改めた。

（1）此去　3条注（1）参照。

（2）經皆好看　巻六二・42条（一四八九頁）「聖人經書所以好看、中間無些子罅隙、句句是實理、無些子空缺處」。「好看」は、読みやすい、読むべき価値がある。

【5】

お側を離れるに際して、お教えを乞うた。

朱子「連日話したことがすべて我々の学問の道だ。後はしっかり努めなさい。」

朱子「心を保持することは自分でも努めることはできる。ただ窮理は他の人たちとの議論が肝要だ。このことを一番気をつけなさい。」

朱子「経書は何をおいても読まなければならない。歴史書などは事変の脈絡を読み取るようにし、しっかりと自分のものにしなければいかん。」

朱子「敬を保持する修養は、綿密であるほどきめ細やかになる。」

これらの発言に因んで言われた。

朱子「この二十年の浮き沈みの中、口では言ってきたが、今ようやく涵養の必要性がわかった。」

臨行請教。曰「累日所講、無非此道、但當勉之。」又曰「持守(1)可以自勉、惟窮理須講論、此尤當勉。」又曰「經書正須要讀。如史書要見事變之血脈、不可不熟。」又曰「持敬工夫、愈密愈精。」因曰「自浮沈了二十年、只是說取去(2)、今乃知當涵養。」

（1）持守　自らの心を保持し守ること。そのための方法として、下文に見える「持敬」が強調される。巻十二「持守」参照。

（2）說取去　『考文解義』は「謂但說得而未能行也。說取、如云看取記取」とする。巻一一六・46条（二八〇二頁）「只是見已前人如此說、便承虛接響說取去」。V取はV得・V着と同義。巻一二六・8条（三〇一一頁）「道之在天下、一人說取一般」。

【6】

包顯道（揚）「楊子直（方）が『孟子』の「四端」を論じましたが、彼の議論は正しくないように思われます。」

先生は笑って言われた。

朱子「彼は以前、晁以道（說之）のところで家庭教師をしていて、晁氏が彼に「闢孟子說（孟子を批判する說）」

の校正をさせたので、以道の説にやられてしまい、それから孟子を不十分だと考えるようになったのだ。後になると何が何でも孟子に対抗しようとするようになったが、それもまた意固地というものだ。人は少しでも意固地になれば、まったく正しい道理が見えなくなる。諸葛誠之（千能）がかつて、孟子の「性善」説は厳しさに欠ける、むしろ性を悪だという説の方がよい、と言っていた。性を悪だという説は、人を「戒慎恐懼（他人の見聞に触れない一人の場面でも心底懼れ慎むように）」させ、その後、人を善に向かわせる、と言うのだ。いったいどうしてそんなふうに偏った見方をしてでたらめなことを言うのだろう。以前、彼が呂不韋の『呂覧（呂氏春秋）』を手にとっては、この中には道理が詰まっていると言っているのを見たが、彼は何を考えていたのだろうか。晁以道は経筵（天子の前で経書を講じる席）で『論語』を講じ終わると、次は当然『孟子』を解釈するべきなのに、『孟子』は講じないよう申し上げた。高宗がその理由を尋ねると、「孟子の道と孔子の道とは同じではない。孔子は王を尊んだのに対して、孟子は諸侯に王道を行なわせようとした」と答えたという。彼はこのことで議論を呼び朝廷を追われたのだ。彼は当時、博学でそれなりの名声も得ていたのだが、いま彼の書いた物を読んでみると、いったいどういうことか、理解に苦しむ。李覯も孟子を批判したがった。あんなふうにひたすら孟子と対抗しようとして何になるというのか。（批判するのならば、）君たちはもっと小者を選んで批判した方がいい。」［黄義剛］

包顯道言「楊子直論孟子四端(1)、也說得未是。」先生笑曰「他舊曾去晁以道(2)家作館(3)、晁教他校正闢孟子說、被以道之說入心(校1)後、因此與孟子不足。後來所以抵死(4)要與他做頭抵(5)、這亦是拗(6)。人才拗、便都不見正底道理。諸葛誠之(7)嘗言、孟子說性善(8)、說得來緩、不如說惡底較好。那說惡底、便使得人戒愼恐懼(9)後方去爲善。不知是怎生見得偏後、恁地蹺蹊(10)(校2)。嘗見他執得一部呂不韋呂覽、說(校3)道裏面煞有道理(11)、不知他見得是如何。

晁以道在經筵講論語畢、合當解孟子、他說要莫講。高宗問他如何。曰、孟子與孔子之道不同、孔子尊王、孟子却教諸侯行王道。由此遭論去國。他當時也是博學、負重名、但是而今將他幾箇鄮子來看、却不可曉、不知是如何。李覯也要罵孟子(12)。不知只管要與孟子做頭抵做甚。你且揀箇小底來罵、也得。」　［義剛］

(校1) 楠本本は「入心」を「人心」に作る。

(校2) 朝鮮整版は「蹺蹊」を「嶢崥」に作る。

(校3) 底本及び諸本は「到」に作るが、朝鮮整版に拠り「說」に改めた。

(1) 孟子四端　『孟子』公孫丑上「人皆有不忍之心。……惻隱之心、仁之端也。羞惡之心、義之端也。辭讓之心、禮之端也。是非之心、智之端也。人之有是四端也、猶其有四體也。有是四端而自謂不能者、自賊者也。謂其君不能者、賊其君者也。凡有四端於我者、知皆擴而充之矣、若火之始然、泉之始達。苟能充之、足以保四海、苟不充之、不足以事父母」。

(2) 晁以道　晁說之（一〇五九～一一二九）、字以道。『資料索引』三巻一九五四頁。『学案』巻二二「先生學于溫公、守其疑孟之說、又惡荊公、而荊公最尊孟。先生請去孟子于講筵、欽宗從之、太學之士譁然、言者紛起」。

(3) 作館　家庭教師をする。巻十三・155条（二四六頁）「或以科學作館廢學自咎者」。

(4) 抵死　どうしても、死んでも、何が何でも。巻三五・122条（九三八頁）「某嘗見兩人、只是無緊要閑事、也抵死不肯說與人。只緣他要說自會、以是驕誇人、故如此」。

(5) 做頭抵　「做頭底」とも書く。対抗する、闘う、正面から向き合う。巻一一五・1条（二七六九頁）「如今工夫、須是一刀兩段、所謂一棒一條痕、一摑一掌血。如此做頭底、方可無疑慮」。

（6）拗　ひねくれている、あまのじゃく、意固地。巻一二〇・52条（四五五頁）「大槪江西人好拗、人說臭、他須要說香」。

（7）諸葛誠之　諸葛千能、字誠之。『資料索引』五巻四〇〇五頁。『学案』巻七七。陸九淵に師事し、朱陸を調停しようと努めた。巻一三八・122条（三三九二頁）「諸葛誠之守立過人」。

（8）孟子說性善　『孟子』滕文公上、告子上。

（9）戒愼恐懼　『中庸』（章句首章）「道也者、不可須臾離也、可離非道也。是故君子戒愼乎其所不睹、恐懼乎其所不聞」。

（10）蹺蹊　怪しげ、奇怪、でたらめ、意表を突く。巻六〇・137条（一四四九頁）「至晉文公做了千般蹺蹊、所以夫子有正譎之論」、巻一三〇・74条（三一一三頁）「因說老蘇曰、不能言而蹺蹊者有之、未有言蹺蹊而其中不蹺蹊者」。

（11）他執得一部呂不韋呂覽、說道裏面煞有道理　巻九九・29条（二五三七頁）「諸葛誠之却道呂不韋春秋好、道他措置得事好」、巻一三七・6条（三二七七頁）「誠之常袖呂不韋春秋、云其中甚有好處。及舉起、皆小小術數耳」。

（12）李覯也要罵孟子　李覯（一〇〇九〜一〇五九）、字泰伯。『資料索引』二巻九二三頁。『宋史』巻四三二。『学案』巻三。李覯の孟子批判については、『文集』巻七三「讀余隱之尊孟辨」参照。

【7】

包顯道（揚）が（陸氏の）門下生十四人を率いてやって来たが、四日間まったく講義に参加しなかった。先生は私

（黄義剛）に来訪の理由を尋ねさせた。すると翌日、全員が精舎の規定に則って『論語』を解釈してみせた。ある者が「時に習ふ」の章を講じた。

朱子「習熟するからこそ、「説（よろこばしい）」なのであり、「説」の段階に到ればおのずとやめようとは思わなくなるものだ。いま人がしばしば中断してしまうのは、未熟であるからに他ならない。（程子の）「善を以て人に及ぼし、信じ従う者衆《おお》し」というこの説は、懐の広い境地だ。つまり、道理というものは天下公共のものであり、自分だけがわかって人はわからないというのであれば、やはり気の晴れぬものだ。いま「朋有り遠方より来たる」ということは、従う者が多いということで、それ故「楽」しむことができるのだ。これは大いにレベルの高い境地だ。「人知らずして慍らず」というのも難しい。「慍」とはことさら怒ることではなく、心の中でわずかでも不満に思う気持ちがあれば「慍」だ。心底体得し、十分に修養できている者でなければ、どうしてその境地に至れようか。」

包顯道領生徒十四人來（1）、四日皆無課程。先生令義剛問顯道所以來故、於是次日皆依精舍（2）規矩說論語。一生說時習章（3）。先生曰「只是熟、故說、到說時、自不肯休了。而今人所以恁地作輟者、只是未熟。以善及人、而信從者衆（4）、此說地步闊。蓋此道理天下所公共、我獨曉之而人不曉得、也自悶。今有朋自遠方來、則從者衆、故可樂。這箇自是地位大段高了。人不知而不慍、也是難（校1）。慍不是大段怒、但心裏略有不平底意便是慍。此非得之深、養之厚、何以至此。」

（校1）正中書局本・和刻本は「難」を「雖」に作る。

（1）包顯道領生徒十四人來　包揚は江西の人。陸九淵の死後（一一九三年）、門生を率いて朱熹のもとへやって来た。

（2）精舎　朱熹はその生涯においていくつかの書院・精舎を建てているが、ここにいう精舎は前年の一一九二年に建てられた竹林精舎（考亭書院）か。

（3）一生説時習章　以下この一段落と同一場面の別記録が巻二〇・47条（四五四頁）に見える。記録者は林夔孫。「或問謂朋友講習之樂爲樂（楊時の説）。曰、不似伊川說得大。蓋此箇道理天下所公共、我獨曉之而人曉不得、也自悶人。若有朋自遠方來、則信向者衆、故可樂。若以講習爲樂、則此方有資於彼而後樂、則其爲樂也小矣。這箇地位大故是高了。人不知而不慍、說得容易、只到那地位自是難。不慍、不是大故怒、但心裏略有些不平底意思便是慍了。此非得之深、養之厚者、不能如此」。「時習章」は『論語』学而冒頭の一章「學而時習之、不亦說乎。有朋自遠方來、不亦樂乎。人不知而不慍、不亦君子乎」。

（4）以善及人、而信從者衆　『論語集注』に引く程頤の説（『程氏経説』論語解、一一三三頁）。「以善及人、而信從者衆、故可樂（『経説』は「可樂也」）」。

ある者が「本を務む」の章を講じた。

朱子「「君子は本を務む。本立ちて道生ず」の一節は、（上文とは）切り離して言ったものだ。何事であれ本を務めれば、道はおのずから生じてくるということだ。もし（上文の）「孝弟」の説に結びつけてしまうならば、下文のこの二句は不要となってしまう。」

朱子「愛は仁の発現したもの、だから愛は仁であると言ってしまってはいけない。性ということからいえば、仁が孝弟の本だ。この仁があるからこそ、孝弟であることができるのだ。仁は根であり、孝弟はそこから発して出て来たもの、仁は体（本体、根本）で、孝弟は用（実際に現われ出た作用）だ。仁は性であり、孝弟は仁のうちの一つのことだ。

私は常々、孟子の「四端」を論じたところはすべてを言い尽くしており、その中にあらゆることが含まれ、心と性と情のことが説き尽くされていると思っている。心は性と情の両者を包んでいる。性は心の体、情は心の用、性は根、情はそこから出た芽だ。「惻隠」「羞悪」「辞遜」「是非」はみな情だ。「惻隠」は仁の発現したものであり、「惻隠」が仁であると言ってしまってはいけない。だから「仁の端」と言っているのだ。「端」とは端緒のことだ。

読書は、細かく丁寧に読まねばならない。（『中庸』にいう）「思ひて得ざれば、措《お》かざるなり。弁じて明らかならざれば、措かざるなり（考えるときは考え到るまではやめない。弁別するときは明らかになるまではやめない）」というようであってこそよいのだ。いま江西の人たちは何ものにもとらわれない自在の境地を求め、読書をすればすぐに「楽」の境地を求めるが、それはまちがっている。私が思うに、読書はむしろ苦渋のところに到り得てこそ悟るところがあるのだ。康節（邵雍）は李挺之（之才）に数術を学んだとき、「端緒だけを示して、言い尽くさないで下さい。私に考えさせて下さい」と言ったという。彼は人が説明し尽くしてくれるのを嫌がったのだ。これこそ志のある人物だ。」

そこでまた言われた。

朱子「聖人は泥を漉《こ》すように天理をじっくり精選してくれている。『周礼』一書を読むだけでも、書かれているのはすべて天理で、何一つ漏らすことはなく精密だ。」

一生說務本章（1）。先生曰「君子務本、本立而道生、這箇掉開說（2）。凡事若是務本時、道便自然生。此若拈定孝弟說、下面自不要這兩句了。」又曰「愛是仁之發、謂愛是仁、却不得。論性、則仁是孝弟之本。惟其有這仁、所以能孝弟。仁是根、孝弟是發出來底。仁是體、孝弟是用。仁是性、孝弟是仁裏面事（3）。某嘗謂孟子論四端處（4）說得最詳盡、裏面事事有、心性情都說盡。心是包得這兩箇物事（5）。性是心之體、情是心之用。性是根、情是那芽子。惻隱羞惡辭遜是非、皆是情。惻隱是仁之發、謂惻隱是仁、却不得、所以說道是仁之端也。端、便是那端緒子。讀書須是子細、思之弗得、弗措也。辨之弗明、弗措也（6）、如此方是。今江西人皆是要倏然（校1）自在、才讀書、便要求箇樂處、這便不是了。某說、若是讀書尋到那苦澁處、方解有醒悟（7）。康節從李挺之學數而曰、但舉其端、勿盡其言、容某思之（8）。它是怕人說盡了、這便是有志底人。」因言「聖人漉得那天理似泥樣熟。只看那一部周禮、無非是天理、纖悉不遺。」

（校1）底本は「偸閒」に作るが、朝鮮整版・和刻本に拠り改めた。なお、正中書局本・楠本本は「偸然」に作る。

（1）務本章　『論語』学而「有子曰、其爲人也孝弟而好犯上者、鮮矣。不好犯上而好作亂者、未之有也。君子務本、本立而道生。孝弟也者、其爲仁之本與」。

（2）掉開說　切り離して、別のこととして言う。「君子務本、本立而道生」は、上文の「其爲人也孝弟而好犯上者、鮮矣。不好犯上而好作亂者、未之有也」に直接対応するのではなく、別のこととして（一般論として）述べているという意味。巻二〇・68条（四六〇頁）「問、君子務本、注云、凡事專用力於根本。如此則孝弟爲仁之本、乃是舉其一端而言。曰、否。本是說孝弟、上面務本、是且引來。上面且泛言、下面是收入來說」。

（3）愛是仁之發～孝弟是仁裏面事　『集注』に引く程子の説参照。「論性、則以仁爲孝弟之本」（もと『程氏経説』論語解、一一三三頁）、「謂行仁自孝弟始、孝弟是仁之一事。謂之行仁之本則可、謂是仁之本則不可。蓋仁是性也、孝弟是用也、性中只是箇仁義禮智四者而已、曷嘗有孝弟來。然仁主於愛、愛莫大於愛親、故曰孝弟也者、其爲仁之本與」（もと『遺書』巻十八・3条、一八三頁）。

（4）孟子論四端處　『孟子』公孫丑上「惻隱之心、仁之端也。羞惡之心、義之端也。辭讓之心、禮之端也。是非之心、智之端也。人之有是四端也、猶其有四體也」。『集注』「此章所論人之性情、心之體用、本然全具而各有條理如此。學者於此、反求默識而擴充之、則天之所以與我者、可以無不盡矣」。

（5）心是包得這兩箇物事　朱熹は張載の「心統性情者也」（『性理拾遺』、『張載集』三七四頁）に基づき、心・性・情の関係を様々に説明している。巻四参照。

（6）思之弗得、弗措也。辨之弗明、弗措也　『中庸』（章句二十章）「博學之、審問之、愼思之、明辨之、篤行之。有弗學、學之弗能、弗措也。有弗問、問之弗知、弗措也。有弗思、思之弗得、弗措也。有弗辨、辨之弗明、弗措也。有弗行、行之弗篤、弗措也。人一能之、己百之、人十能之、己千之」。

（7）今江西人〜方解有醒悟　巻一一七・51条（二八三〇頁）「前日江西朋友來問、要尋箇樂處。某說、只是自去尋、尋到那極苦澁處、便是好消息。人須是尋到那意思不好處、這便是樂底意思來、却無不做工夫自然樂底道理」は、本条の場面を回想して言ったものか。

（8）康節從李挺之學數而曰、但舉其端、勿盡其言、容某思之　李之才（字、挺之）は北宋の人（『資料索引』二巻九四五頁）、穆修（字、伯長）に『易』を学び、それを邵雍（号、康節）に授けたとされる。『語類』には以下のように同様の話題が見えるが、師承関係に混乱が見える。巻一〇〇・1条（二五四二頁）「康節學於李挺之、請曰、願先生微開其端、毋竟其說。［又恐是李學於穆時說。］此意極好。學者當然須是自理會出來、便好」、巻一二〇・8条（二八八三頁）「康節學於穆伯長、每有扣請必曰、願開其端、勿盡其意。他要待自思量得。大凡事理、若是自去尋討得出來、直是別」。

ある者が「三たび省みる」の章を講じた。

朱子「「忠」は心に発したものが形となって外に表れたもの、「信」も心の内から発して出てきたものだが、それが現実の事柄になったことに即して言っている。いま人は自分のために「謀る」ときはとことん考え尽くすが、「人の為に謀る」となると五、六割でやめてしまう。これが「不忠」ということだ。「朋友と交わる」とき、意識的に相手をだまそうとすることを「不信」といっているのではなく、口からでまかせに道理に合わないことを言うのが「不信」なのだ。「謀る」というのは、ある一つの事を主として言っているのであり、「信」はより幅広く言っている。」

一生說三省章(1)。先生曰「忠是發於心而形於外、信也是心裏發出來、但却是就事上說。而今人自謀時、思量得無不周盡、及爲人謀、則只思量得五六分便了、這便是不忠。與朋友交、非謂要安排去罔他爲不信、只信口說出來、說得不合於理、便是不信。謀是主一事言、信是泛說。」

(1) 三省章　『論語』学而「曾子曰、吾日三省吾身。爲人謀而不忠乎。與朋友交而不信乎。傳不習乎」。

ある者が「事を敬して信」の章を講じた。

朱子「大事も小事もすべて「敬」が必要ということだ。聖人はただ「敬」の一字に取り組んでいたのだ。「敬」であってこそ、「信」じられて「人を愛し」「用を節し」「民を使う」ことができる。もし「敬」でなければ、その他は何も成し得ない。(『論語』)学而の一篇はすべて根本のところからの言葉だ。国を治めるには礼楽や刑政等まだまだ多くのことがあるのに、夫子がこの五つのことだけを言ったのは、つまり根本がそこにあるからなのだ。」

一生説敬事而信章(1)。先生曰「大事小事皆要敬。聖人只是理會一箇敬字(2)。若是敬時、方解信與愛人節用使民、若是不敬、則其他都做不得。學而一篇皆是就本領上說(3)。如治國、禮樂刑政、尚有多少事、而夫子却只說此五項者、此蓋本領所在。」

（1）敬事而信章　『論語』学而「子曰、道千乘之國、敬事而信、節用而愛人、使民以時」。

（2）大事小事〜聖人只是理會一箇敬字　巻二一・68条（四九五頁）「……要之、根本工夫都在敬字。若能敬、則下面許多事方照管得到。自堯舜以來便說這箇敬字」。

（3）學而一篇皆是就本領上說　『論語集注』学而の篇名の注に「此爲書之首篇、故所記多務本之意、乃入道之門、積德之基、學者之先務也」とある。

ある者が「入りては孝、出でては弟」の章を講じた。

朱子「夫子はただおおまかにそのように言っただけで、ゆったりとした言い方であるのに対して、子夏の言い方には力がこもりすぎている。子夏はあの「誠」のことを言っているのだ。「賢を賢として色に易《か》へ」は善を好むことにおいて「誠」であること、「父母に事《つか》へては能く其の力を竭《つく》す」は親に仕えることにおいて「誠」であること、「君に事へては能く其の身を致す」は君主に仕えることにおいて「誠」であること、「朋友と交はり、言ひては信有り」は朋友と交際することにおいて「誠」であること、ということだ。これはいずれも重要な問題で、だからあのような言い方をしているのだ。子夏は最終の境地を求めて言っている。道理としてはそうなのだが、しかしあまり力を入れすぎて語るべきではない。」

（黄）義剛「どうして「賢を賢として色に易へ」が最初なのでしょうか。」

朱子「善を好む心が素地としてあってこそ、それ以下のことができるのだ。」

一生說入孝出弟章(1)。先生曰「夫子只是泛恁地說、說得較寬、子夏說得較力(2)。他是說那誠處(3)。賢賢易色、是誠於好善、事父母能竭其力、是誠於事親、事君能致其身、是誠於事君、與朋友交、言而有信、是誠於交朋友。這說得都重、所以恁地說。他是要其終而言。道理也是恁地、但不合說得大(校1)力些(校2)。」義剛(校3)問「賢賢易色、如何在先。」曰「是有那好善之心底、方能如此。」

（校1）和刻本は「大」を「太」に作る。
（校2）楠本本は「些」を「此」に作る。
（校3）楠本本は「義剛」を欠く。
（1）入孝出弟章　『論語』学而「子曰、弟子入則孝、出則弟、謹而信、汎愛衆、而親仁。行有餘力、則以學文」。

ただし、話題になっているのは、本節に続く次の一節。「子夏曰、賢賢易色、事父母能竭其力、事君能致其身、與朋友交言而有信。雖曰未學、吾必謂之學矣」。

（2）夫子只是泛恁地説、説得較寛、子夏説得較力　注（1）に引く孔子の言葉と子夏の言葉を参照。巻二一・96条（五〇一頁）「子夏之言、不免有弊。蓋孔子上章但是平説、子夏此章皆是説到誠處、説得重了」、同・99条（五〇二頁）「吾必謂之學矣、子夏此語説得激、有矯枉過直意思。聖人便不如此、且看行有餘力、則以學文。是多少渾成」。

（3）他是説那誠處　「誠」とは、心の動きに一切の誤魔化しや躊躇がない状態。この「誠」を形容するために「悪臭を悪むがごとく、好色を好むがごとく」という言い方が用いられる。『大学』（章句伝六章）「所謂誠其意者、毋自欺也、如惡惡臭、如好好色、此之謂自謙、故君子必愼其獨也」。『集注』「賢人之賢、而易其好色之心、好善有誠也」。巻二一・98条（五〇一頁）「易色、須作好德如好色説。若作變易顏色、恐裏面欠了字多。這也只是敬賢之誠」。「好德如好色」は『論語』子罕「子曰、吾未見好德如好色者也」、衛霊公「子曰、已矣乎、吾未見好德如好色者也」。

ある者が「温良恭倹」の章を講じた。

朱子「夫子は自分から求めて（政治に参与する機会を）得たのではないし、（夫子の徳も）この五つの徳目（温・良・恭・倹・譲）だけでもない。自分から求めて得たと言うならば、聖人にはそのような意思はなかった。これは、聖人が謹厳重厚でつつしみ深く、みずからを聖賢とは思っていなかったので、人々は自然に喜んで政治の相談をもちかけたということに他ならない。「夫子のこれを求めるや」というのは敢えて反対のことを言った言葉だ。つまり、夫子は決して求めてはおらず、他の人たちのように求めてはじめて得たのではないが、ここは質問者の言葉を使って敢えて言ったまでで、(『孟子』の)「吾れ堯舜の道を以て湯に要むるを聞くも、未だ割烹を以てするを聞かず(私は、伊尹が堯舜の道を以て湯王にみずからを売り込んだという話ならばまだしも、料理人として売り込んだという話は聞いたことがない)」というようなものだ。伊尹が堯舜の道を以て湯王に売り込んだのではないことは確かであり、これは伊尹が料理人として売り込んだのではないことを言ったにすぎない。」

一生說溫良恭儉章(1)。先生曰「夫子也不要求之於己而後得、也不只是有此五德。若說求之於己而後得、則聖人又無這般意思。這只是說聖人謹厚(校1)退讓、不自(校2)以爲聖賢、人自然樂告之(2)。夫子之求之也、此是反語。言夫子不曾求、不似其它人求後方得、這是就問者之言以成語、如吾聞以堯舜之道要湯、未聞以割烹也(3)。伊尹不是以堯舜之道去要湯是定、這只是表得不曾割烹耳。」

(校1)楠本本は「厚」を「原」に作る。

(校2)朝鮮整版は「自」を「目」に作る。

(1)溫良恭儉章　『論語』学而「子禽問於子貢曰、夫子至於是邦也、必聞其政。求之與抑與之與。子貢曰、夫子溫良恭儉讓以得之。夫子之求之也、其諸異乎人之求之與」。

(2)夫子也不要求~人自然樂告之　巻二二・16条(五〇九頁)「聖人之德無不備、非是只有此五者。但是此五者、皆有從後謙退不自聖底意思、故人皆親信而樂告之也」。

（3）吾聞以堯舜之道要湯、未聞以割烹也　『孟子』万章上。『集注』「林氏曰、以堯舜之道要湯者、非實以是要之也。道在此而湯之聘自來耳。猶子貢言夫子之求之、異乎人之求之也」。

ある者が「顔子は愚ならず」の章を講じた。

朱子「聖人（孔子）は天理と骨身で接するようにぴったりと一つになっていて、（天理が孔子と一体となって）光り輝き、何ものにも遮られることはないのに対して、顔子は（天理と）皮一枚隔たっていた。とはいえ、他の人の場合はその皮が厚く何重にもなっているのに対して、顔子はその皮がきわめて薄く、一皮むけばすぐに（天理が）現われ出てくる。夫子が彼に語ったのは、まさにその皮を一枚はいでやったに他ならない。皮が薄かったからこそ、一言ですぐに悟ったのであって、それ以上何度も説明する必要はなかったのだ。彼に語った「克己復礼」なども、顔子はどういうことが「克己」であり「復礼」であるのかということは問わなかった。それはすぐに理解したのであり、ただその具体的な項目だけを尋ねたのだ。」

［以下、包揚に対する訓戒。］　［黄義剛］

一生說顏子不愚章(1)。先生曰「聖人便是一片赤骨立(2)底天理、光明照耀、更無蔽障、顏子則是有一重皮了。但其他人則被這皮子包裹得厚、剝了一重又一重、不能得便見那裏面物事。顏子則皮子甚薄、一剝便爆出來。夫子與他說、只是要與它剝這一重皮子。它緣是這皮子薄、所以一說便曉、更不要再三。如說與它克己復禮(3)、它更不問如何是克己、如何是復禮、它便曉得、但問其目如何而已。」　［以下訓揚。］［義剛］

（1）顔子不愚章　『論語』為政「子曰、吾與回言終日、不違如愚。退而省其私、亦足以發。回也不愚」。

（2）赤骨立　一切れの肉をそぎ落として骨だけの状態。何ものも介在させずぴったりと一つになった様。何ものも混じらない純粋な様。巻二九・112条（七五四頁）「子路譬如脱得上面兩件麤糟底衣服了、顏子又脱得那近裏面底衣服了。聖人則和那裏面貼肉底汗衫都脱得赤骨立了」、巻三一・67条（七九八頁）「聖人便是一片赤骨立底天理。顏子早是有箇物包裹了、但其皮薄、剝去容易。聖人一爲指出這是天理、這是人欲、他便洞然都得了」。

（3）説與它克己復禮　『論語』顔淵「顏淵問仁。子曰、克己復禮爲仁。一日克己復禮、天下歸仁焉。爲仁由己、而由人乎哉。顏淵曰、請問其目。子曰、非禮勿視、非禮勿聽、非禮勿言、非禮勿動。顏淵曰、回雖不敏、請事斯語矣」。

【8】

先生が顕道（包揚）に言われた。

朱子「久しく会わなかったが、最近は何に努めているのかね。」

顕道「ありきたりの解釈に拠って（経書を）読んでいるにすぎません。」

［林夔孫の記録：包顕道が侍坐していた。先生はちょうど書物を編纂されていた。

朱子「君たちはのんびり楽しそうだが、私はこれに苦しめられている。」

包「云々」。］

朱子「聖賢がすでに（経書本文で）語ってくれている。そんなもの（ありきたりの注釈）をどうして読む必要があろうか。そんなふうではいけない。そんなふうだと何にもならない。」

先生謂顯道曰「久不相見、不知年來做得甚工夫。」曰「只據見成(1)底書讀。」［夔孫錄云「包顯道侍坐、先生方修書、語之曰、公輩逍遙快活、某便是被這事苦(校1)。包曰云云。」］先生曰「聖賢已說過、何待更去理會他。但是不恁地、恁地都不濟事」

(校1) 楠本本は「苦」を「若」に作る。

(1) 見成　「現成」と同じ。ありふれた、できあいの、当たり前の、一般的な。巻九・37条（一五三頁）「若卒乍未有進、卽且把見成在底道理將去看認」。巻一二〇・17条、47条参照。

次の日、また言われた。

朱子「昨夜寝付けないまま、顕道があんなふうに何も言えないことを考えていた。あんなふうでは、（『易』にいう）「自ら強《つと》めて息《や》まず（君子はたゆまず努力する）」ではない。人として最もこわいのは、その心が何かにとらわれ溺れてしまうことだ。いま顕道たちは（仏教のように）清虚寂滅を求めることに溺れてしまっているし、劉子澄（清之）らは雑博な知識［林夔孫の記録「博学多識」］を求めることに溺れてしまっている。（『孟子』にあるように）「周公は三王を兼ねて以て四事を施すことを思ふ。其の合はざること有れば、仰ぎてこれを思ひ、夜以て日に継ぎ、幸ひにしてこれを得れば、坐して以て旦を待つ（周公は禹・湯・文武の三王を兼ねて、彼らの四つの事を成し遂げたいと考えた。それらに合わないことがあれば日夜そのことを考え、幸いに得られたならば、はやく実行に移したくて座ったまま夜明けを待った)」、聖賢の心はこうしたものに他ならない。」

しばらくして、ある学生がまた（『論語』の）「孝弟は仁を為すの本」を解釈したところ、

朱子「まだ正しく解釈できていない。」

そこで林子武（夔孫）に命じて一通り解釈させた。終わると、

朱子「仁は根であり、惻隠はその根から出て来た萌芽、（『孟子』の）「親に親しみ民を仁し物を愛す」（の「民を仁す」の仁）は枝葉だ。」

次日又言「昨夜睡不著、因思顯道恁地說不得。若是恁地、便不是自強不息(1)底道理。人最是怕陷溺其心、而今顯道輩便是以淸虛寂滅陷溺其心、劉子澄輩便是以務求博雜［夔孫錄作「求多務博」。］陷溺其心。周公思兼三王、以施四事。其有不合者、仰而思之、夜以繼日、幸而得之、坐以待旦(2)。聖賢之心直是如此。」已而其生徒復說孝弟爲仁之本(3)。先生曰「說得也未是。」因命林子武說一過。既畢、先生曰「仁是根、惻隱(4)是根上發出底萌芽、親親仁民愛物(5)、便是枝葉。」

（1）自強不息　『易』乾・象伝「天行健、君子以自強不息」。

（2）周公思兼三王～坐以待旦　『孟子』離婁下「禹惡旨酒而好善言。湯執中、立賢無方。文王視民如傷、望道而未之見。武王不泄邇、不忘遠。周公思兼三王、以施四事。其有不合者、仰而思之、夜以繼日、幸而得之、坐以待旦」。

（3）孝弟爲仁之本　『論語』学而。本巻・7条を参照。

（4）惻隠　『孟子』公孫丑上「所以謂人皆有不忍人之心者、今人乍見孺子將入出井、皆有怵惕惻隠之心。……無惻隠之心、非人也。……惻隠之心、仁之端也」。

（5）親親仁民愛物　『孟子』尽心上「君子之於物也、愛之而弗仁、於民也、仁之而弗親。親親而仁民、仁民而愛物」。

翌日、先生はみずから精舎にお出ましになり、大いに学生たちと会談された。［林夔孫の記録「顕道が先生に、学生たちのために書物を講じてほしいとお願いした。」］

朱子「顕道が学生たちを連れて遠路はるばるやって来てくれたが、私のふだん言っていることが全てだ。特別に何か言おうとしても、何も言えることはなさそうだ。君たちの郷里のふだんの学び方と違っているのは、読書をするかしないか、正しい道理を講究するかしないかという差にすぎない。私ならばすかさず、先ずは（道理を）知ってこそ行なうことができると言おう。

例えば孟子の（「知言」について語った）「詖辞《ひじ》（偏った言葉）・淫辞（放埒な言葉）・邪辞（よこしまな言葉）・遁辞（逃げ腰の言葉）」は、そもそも自分と何の関係があるだろうか。それでも必ずそれを知ろうとするのは何故か。それは、もしそういった弊害の由って出てくるところを知らなければ、そのうち自分がそこに陥ってしまうからに他ならない。

孔子は「詩は以て興すべく、以て観るべく、以て群すべく、以て怨むべし。邇《ちか》くは父に事《つか》へ、遠くは君に事へ、多く鳥獣草木の名を識《し》る（詩は気持ちを奮い立たせることができ、物事の得失を観察でき、人々と和やかに付き合いつつも流されずいることができ、怨みを発散させて怒りに至らないようにすることができる。近くは父に仕え、遠くは君に仕えることを教えてくれる上に、鳥獣草木の名前もたくさん知ることができる）」と語ったが、前の六つはもちろん理解しなければならないことだが、鳥獣草木の名前をどうして知らなければならないのか。それは、人としてある以上、天地の間にある物事の道理はすべて知らなければならないからなのだ。頭の上のまげは、十日梳《と》かさなければどうなろう、ひと月梳かさなければどうなろう。必ず梳かさなければならない（のと同じように、知らないことを知らないままで放っておくことはできない）のだ。

張（載）先生は「書物はこの心を維持する手段となる。書物を一時手放せば、その時の徳性には懈怠が生じる」と言っている。やはりこの「維持する」という言葉が良い。つまり、読書をしなければ、この心の用い処がないということだ。いま少しばかり分かるとすぐにそれ以上多くの道理を探究しようとせず、心を清浄で広々とした境地とやらに溺れさせているようでは、実は何も分かっていないのだ。どうしてそんなふうでよいことがあろうか。

直卿（黄榦）は長年私のところで学んでおり、ふだん書物の読み方もきわめて精密だ。数年三山（福建省福州）にいたが、かの地の学友にも益するところ大であったことと思う。私に代わってちょっと解説してみせなさい。」

直卿は立ち上がって固辞した。

朱子「そんなに謙遜することはない。」

顕道「昨日話題になった（『論語』の）有子の章についてお話になればよいのでは。」

次日、先生親下精舍、大會學者。［夔孫錄云「顯道請先生爲諸生說書」。］先生曰「荷顯道與諸生（校1）遠來、某平日說底便是了、要特地說、又似無可說。而今與公鄉里平日說不同處、只是爭箇讀書與不讀書、講究義理與不講究義理(1)。如某(校2)便謂是須當先知得、方始行得。如孟子所謂詖淫邪遁之辭(2)、何與自家事。而自家必欲知之、何故。若是不知其病痛所自來、少間自家便落在裏面去了。孔子曰、詩、可以興、可以觀、可以群、可以怨。邇之事父、遠之事君、多識於鳥獸草木之名(3)。那上面六節、固是當理會、若鳥獸草木之名、何用自家知之。但是旣爲人、則於天地之間物理、須要都知得、方可。若頭上髻子、便十日不梳後待如何。便一月不梳待如何。但須是用梳、方得。張子曰、書所以維持此心、一時放下則一時德性有懈(4)。也是說得維持字好。蓋不讀書、則此心便無用處(5)。今但見得些子、便更不肯去窮究那許多道理、陷溺其心於淸虛曠蕩之地、却都不知、豈可如此。直卿與某相聚多年、平時看文字甚子細、數年在三山(6)、也煞有益於朋友、今可爲某說一遍。」直卿起辭。先生曰「不必多讓。」顯道云「可以只將昨日所說有子章(7)申之。」

(校1) 諸本はいずれも「諸生」を「諸兄」に作る。

(校2) 楠本本は「某」を「其」に作る。

(1) 與公鄉里平日說不同處～講究義理與不講究義理　包揚は江西出身で、陸九淵に師事している。朱熹はしばしば陸氏の学問を「不讀書」「不講究義理」と批判している。巻五二・154条（一二六四頁）「陸子靜云、讀書講求義理、正是告子義外工夫。某以爲不然。如子靜不讀書、不求義理、只靜坐澄心、却似告子外義」。

(2) 孟子所謂詖淫邪遁之辭　『孟子』公孫丑上「何謂知言。曰、詖辭知其所蔽、淫辭知其所陷、邪辭知其所離、遁辭知其所窮」。

(3) 孔子曰～多識於鳥獸草木之名　『論語』陽貨「子曰、小子、何莫學夫詩。詩、可以興、可以觀、可以群、可以怨。邇之事父、遠之事君、多識於鳥獸草木之名」。

（4）張子曰～則一時德性有懈　張載『経学理窟』義理「讀書少則無由考校得義精。蓋書以維持此心、一時放下則一時德性有懈。讀書則此心常在、不讀書則終看義理不見」。巻十一・3条（二七六頁）「人常讀書、庶幾可以管攝此心、使之常存。横渠有言、書所以維持此心。一時放下、則一時德性有懈。其何可廢」。

（5）不讀書、則此心便無用處　巻一一五・20条（二七七六頁）「此亦是不讀書、不窮理、故心無所用、遂生出這病」。

（6）三山　現在の福建省福州。黄榦の居地。

（7）有子章　本条前節参照。『論語』学而「有子曰、其爲人也孝弟、而好犯上者、鮮矣。不好犯上、而好作亂者、未之有也。君子務本、本立而道生。孝弟也者、其爲仁之本與」。

そこで、直卿（黄榦）はその章の主旨を簡単に述べ、さらに聖賢が相伝えた心法について順序立てて語った。終わると先生が言われた。

朱子「仁が本なのであり、仁にはそれ以上本となるものなどない。孝弟は仁の本であると言えば、頭の上に頭をのせて、脚を頭とすることになってしまう。だから伊川（程頤）は（「孝弟也者、其為仁之本与」の）「為」の字を「行なう」の意味としたのだ。つまり、孝弟は仁の中から現われ出て来たものなのだ。（伊川は）「性の中には仁義礼智しかない。いったいいつ孝弟があっただろう」と言っているが、彼がそう言うのは、この四者が本であり、そこから出て来ると様々なものになるからで、幾千幾万のものもすべてこの四つのものの中から出て来ているということだ。たとえば愛は仁の現われであるが、この愛が現われ出ればそこにはさらにいくつかのことがある。第一には親を愛すること、次は兄弟を愛すること、その次は親戚や旧友を愛すること、そこからさらに（孟子のいう）「民を仁する（民に仁愛を施す）」に至るまで、すべてこの（仁という）ものから出て来たのだ。

そもそも人の生は陰陽に他ならないが、その陰の中にも陰陽があり（陰の陰と陰の陽）、陽の中にも陰陽（陽の陰と陽の陽）があるのであって、あらゆるものはすべてこの四という数を離れることはない。いま試みに考えてみれば、たとえば天地には（東西南北の）四方があり、一年には（春夏秋冬の）四季があり、一日には昼夜昏（夕暮れ）旦（夜明け）があり、（一日を十二等分した）十二時でいえば三時ずつが四つある。人においてはこの仁義礼智の四つに他ならないのだ。たとえばこの火炉には四つの角があるが、そのうちの一つも欠くことはできない。（人の心が動く以前の）未発の段階には仁義礼智の四つがあるだけだが、発した後には多くのことがある。ただその中でも孝弟はきわめて身近で切実なことであるから、仁の実践はこれを本にするとしているのだ。それはちょうど水が流れていけば下流にいくつかの池ができるが、それでも必ず第一の池を通過するようなものだ。その流れの上流が水源で、その水源の先にはもう水は無い。つまり、仁が本（水源）なのであって、仁を実践するには孝弟のところを経由しなければならず、そうしてこそ第二第三の池に辿り着くことができるのだ。

ただし、私の考えでは、孝弟は単に仁を実践する上での本であるだけでなく、他の三者（義礼智）についても同様だ。たとえば親や年長者に適切に仕えるには、それぞれどのように仕えるべきかを知っていなければならない。（『礼記』にいう）「年長ずること以て倍なれば則ち之に父事し、十年以て長ずれば則ち之に兄事し、五年以て長ずれば則ち之に肩随す（相手の年齢が自分の倍であれば父親に対するのと同じようにお仕えし、十歳年長ならば兄に対するのと同じようにし、五歳年長ならば肩を並べて少し下がる気持ちで接する）」、これが年長者に接する正しいやり方だ。

君主にお仕えするとき、上大夫と言葉を交わすとき、下大夫と言葉を交わすとき、それぞれにふさわしいやり方があるが、これが身分の上の人に対する正しい接し方だ。こういったことこそ義なのだ。また、親に仕えるにはそれ相応の礼があり、兄に仕えるにもそれ相応の礼がある。まさか父親に会って挨拶もしない者を孝弟と呼べようか。つまり、礼を実践するのも先ずは孝弟という身近なところからやっていくということだ。孟子は「孩提の童も其の親を愛するを知らざる無し。其の長ずるに及ぶや、其の兄を敬するを知らざる無し（赤ん坊であっても親を愛することを知らない者はいない。成長するに及んでは兄を敬うことを知らない者はいない）」と言っているが、親の愛すべきこと兄の敬すべきことを知り、それぞれに仕えるやり方に背くことがないということ、これが智だ。つまり、すべて一つのことなのだが、それを愛として発揮すれば仁であり、それを正しく適切に行なえば義であり、それを謙虚な気持ちで行なえば礼であり、それを知れば智なのだ。」

於是直卿略言此章之指、復歴敍聖賢相傳之心法（1）。既畢、先生曰「仁便是本、仁更無本了。若說孝弟是仁之本、則是頭上安頭、以脚爲頭、伊川所以將爲字屬行字讀（2）。蓋孝弟是仁裏面發出來底。性中只有箇仁義禮智、何嘗有箇孝弟來。它所以恁地說時、緣是這四者是本、發出來却有許多事、千條萬緒皆只是從這四箇物事裏面發出來。如愛、便是仁之發、才發出這愛來時、便事事有。第（校1）一是愛親、其次愛兄弟、其次愛親戚愛故舊、推而至於仁民（3）、皆是從這物事發出來。人生只是箇陰陽、那陰中又自有箇陰陽、陽中又自有箇陰陽、物物皆不離這四箇。而今且看、如天地便有箇四方、以一歲言之便有箇四時、以一日言之便有箇晝夜昏旦、以十二時言之便是四箇三、若在人則只是這仁義禮智這四者。如這火爐有四箇角樣、更不曾折了一箇。方未發時、便只是仁義禮智、及其既發、則便有許多事。但孝弟至親切、所以行仁以此爲本、如這水流來下面、做幾箇塘子、須先從那第一箇塘子過。那上面便是水源頭、上面更無水了。

仁便是本。行仁須是從孝弟裏面過、方始到那第二箇第三箇塘子。但據某看、孝弟不特是行仁之本、那三者皆然。如親親長長、須知親親當如何、長長當如何。年長以倍則父事之、十年以長則兄事之、五年以長則肩隨之(4)、這便是長長之道。事君時是一般、與上大夫言是一般、與下大夫言是一般、這便是貴貴之道。如此便是義。事親有事親之禮、事兄有事兄之禮。如今若見父不揖(校2)後、謂之孝弟、可不可。便是行禮也由此過。孟子說、孩提之童、無不知愛其親。及其長也、無不知敬其兄(5)。若是知得親之當愛兄之當敬、而不違其事之之道、這便是智。只是這一箇物事、推於愛則爲仁、宜之則爲義、行之以遜則爲禮、知之則爲智。」

（校1）正中書局本は「第」を「弟」に作る。

（校2）朝鮮整版は「揖」を「拜」に作る。

※本条の以下の部分と次に掲げる巻二〇・80条（四六二頁）は同一場面の別記録。記録者は林夔孫。

直卿說孝弟爲仁之本、云「孔門以求仁爲先、學者須是先理會得一箇心字。上古聖賢、自堯舜以來、便是說人心道心。集注所謂心之德愛之理、須理會得是箇甚底物、學問方始有安頓處。」先生曰「仁義禮智、自天之生人、便有此四件、如火爐便有四角、天便有四時、地便有四方、日便有晝夜昏旦。天下道理千枝萬葉、千條萬緒、都是這四者做出來。四者之用、便自各有許多般樣。且如仁主於愛、便有愛親愛故舊愛朋友底許多般道理。義主於敬、如貴貴、則自敬君而下、以至與上大夫下大夫言許多般、如尊賢、便有師之者友之者許多般。禮智亦然。但是愛親愛兄是行仁之本。仁便是本了、上面更無本。如水之流、必過第一池、然後過第二池第三池。未有不先過第一池、而能及第二第三者。仁便是水之原、而孝弟便是第一池。不惟仁如此、而爲義禮智亦必以此爲本也。」

（1）聖賢相傳之心法　『中庸章句』序参照。前掲巻二〇・80条参照。

（2）伊川所以將爲字屬行字讀　『遺書』巻十八・3条（一八三頁）「問、孝弟爲仁之本、此是由孝弟可以至仁否。曰、非也。謂行仁自孝弟始。蓋孝弟是仁之一事、謂之行仁之本則可、謂之是仁之本則不可。蓋仁是性也、孝弟是用也。性中只有仁義禮智四者、幾曾有孝弟來。仁主於愛、愛莫大於愛親。故曰、孝弟也者、其爲仁之本歟」。『論語集注』もこの説を引く。

（3）仁民　『孟子』尽心上「君子之於物也、愛之而弗仁。於民也、仁之而弗親。親親而仁民、仁民而愛物」。

（4）年長以倍則父事之、十年以長則兄事之、五年以長則肩隨之　『礼記』曲礼上。

（5）孟子説～及其長也、無不知敬其兄　『孟子』尽心上。

しばらくして、

顕道「江西の学問はおおむね我が身の実践を第一としております。」

朱子「孝弟などのいくつかの第一に実践しなければならないことは分かり易いし、孔子もおおまかに語っているにすぎない。たとえば「弟子入りては則ち孝、出でては則ち弟、謹しみて信、汎く衆を愛して仁に親しむ」などもあのようにひとまとめに語っているだけだ。だが、それ以外の多くの理解すべきところについては、必ずや講学（議論による学習）を通じて学ばなければならない。そうでなければ、（孟子のいう）「一郷の善士（地元の善い人）」になるならともかく、人としての多くのことを理解しようとしても難しい。」　［黄義剛］

良久、顯道云「江西之學、大要也是以行己(1)爲先。」先生曰「如孝弟等事數件合先做底、也易曉、夫子也只略略說過。如孝弟謹信汎愛親仁(2)、也只一處恁地說。若是後面許多合理會處、須是從講學中來。不然、爲一鄉善士(3)則可、若欲理會得爲人許多事則難。」　［義剛］

（1）行己　『論語』公冶長「子謂子産、有君子之道四焉。其行己也恭……」、同・子路「行己有恥、使於四方、不辱君命、可謂士矣」。

（2）孝弟謹信汎愛親仁　『論語』学而「弟子入則孝、出則弟、謹而信、汎愛衆、而親仁。行有餘力、則以學文」。

（3）一鄉善士　『孟子』万章下「孟子謂萬章曰、一鄉之善士斯友一鄉之善士、一國之善士斯友一國之善士、天下之善士斯友天下之善士。以友天下之善士爲未足、又尚論古之人。頌其詩、讀其書、不知其人、可乎。是以論其世也。是尚友也」。

【9】

先生は私（包揚）の書簡を評して言われた。

朱子「江南（江西）の人の雰囲気は粗っぽくて細やかさに欠け、浙江の人の雰囲気は穏やかだが弱々しい。いずれも偏りというものだ。」　［包揚］

先生因論揚書謂「江南(1)人氣粗勁而少細膩、浙(2)人氣和平而力弱、皆其所偏也。」　［揚］

（1）江南　ここでは朱熹が批判して止まない「江西」（陸九淵の学派）を指す。ここで論じられている包揚も江西の人。因みに、陸氏の居所は行政区分としては「江南西路」に属する。巻一二四・6条（二九六九頁）「因說陸子靜謂、江南未有人他八字著脚」に見える「江南」も、「江西」を指す。

（2）浙　朱熹が江西の陸学とともに批判する永嘉の学問を指す。巻一二三・27条（二九六七頁）「江西之學只是禪、浙學却專是功利」。

【10】

私（邵浩、あるいは郭浩）は巻子を作り、これまで話題となった項目を箇条書きにして質問申し上げたところ、先生は一つ一つ解説して下さった。私が段落ごとにまとめたお言葉を書いていただきたいと求めたところ、朱子「考え到ったところにも上手く言えないところがあるし、言い得たところにも上手く言葉にして書けないところがある。私の考えはすでに言い尽くした。もしそれを書き記したとしても、必ずしもはっきりするとは限らず、むしろこれまでの発言を無意味にしてしまうかもしれない。君はただ記憶しておきなさい。もしまだ納得できないときには、繰り返し質問してくれてかまわない。」

［邵浩（あるいは郭浩）に対する訓戒。］

浩(1)作巻子、疏(2)已上條目爲問。先生逐一說過了。浩乞逐段下疏數語。先生曰「某意思到處、或說不得、說得處、或寫不得。此據所見、盡說了。若寫下、未必分明、却失了先間言語。公只記取。若未安、不妨反覆。」［訓邵浩。」

（1）浩　本条の末尾に「訓邵浩」の小字注があるが、『門人』は「邵浩」ではなく「郭浩」の誤りであるとする。

（2）疏　箇条書きにして記録する。

【11】

私（劉砥《し》）が初めて先生にお目にかかったとき、先生は私にどのようなことに努めているのかお尋ねになったので、最近『大学章句』を読んでいるが、実践の着手点がつかめないとお答えした。

朱子「先ずは操存涵養（心を操《と》って存し、それをじっくり養い育てること）に努め、その後で書物を読んでこそ、（読んだ内容が）しっくり我が身に染みこんでくるのだ。もし文字の上だけで求めて、自分の心において考えようとしなければ、どうして（書物に書かれたことと自分のこととが）一つにつながろう。」

劉砥「操存涵養の道とはどのようなものなのでしょうか。」

朱子「少しでも操存涵養すれば、この心はここにあるのだ。」

仲思（楊道夫）「操存に努めようとすると、どうしても意識の紛擾に悩まされます。」

朱子「少しでも操れば（心を保持しようと意識すれば）心は（あるべきところに）存するのだ。今の人の多くは操れているときに心が存せられていることに気づかず、過ぎてしまってから心を操ろうとしてますます固執してしまう。だから紛擾の弊害が起こるのだ。」

［以下、劉砥への訓戒。］

砥初見、先生問、曾做甚工夫。對以近看大學章句、但未知下手處。曰「且須先操存(校1)(1)涵養、然後看文字、方始有浹洽(2)處。若只於文字上尋索、不就自家心裏下工夫、如何貫通。」問「操存涵養之道如何。」曰「才操存涵養、則此心便在。」仲思問「操存未能無紛擾之患(3)。」曰「才操、便存。今人多於操時不見其存、過而操之、愈自執捉、故有紛擾之患。」　［此下訓砥。］

（校1）楠本本は「存」を「在」に作る。

（1）操存　『孟子』告子上「孔子曰、操則存、舍則亡、出入無時、莫知其鄉。惟心之謂與」。「操《と》る」とは意識して心をコントロールすること、「存す」とは心があるべきところに保たれること。

（2）浹洽　水が内側まで染み込み全体がしっとりするように、理解が行き渡りしっくりすること。巻二〇・19条（四四八頁）「浹洽二字、宜子細看。凡於聖賢言語思量透徹、乃有所得。譬之浸物於水、水若未入、只是外面稍濕、裏面依前乾燥。必浸之久、則透内皆濕。程子言、時復思繹、浹洽於中、則說。極有深意」。

（3）紛擾之患　ここでは、心を「操」ろうとすれば「操」る心と「操」られる心に分裂してしまうことによって生じる意識の葛藤を指す。「思慮紛擾」を如何に克服するかは、北宋以来の士大夫たちの大きな関心事であり、朱熹たちもしばしば話題にしている。巻一一八・9条（二八三六頁）「蜚卿曰、靜時多爲思慮紛擾。曰、此只爲不主一、人心皆有此病。不如且將讀書程課繫縛此心、逐旋行去、到節目處自見功效淺深」、同・69条（二八五六頁）「楊問、某多被思慮紛擾、思這事、又慮做那一事去。雖知得了、自是難止。曰、既知不是、便當絕斷、更何

必問」、同・77条（二八五七頁）「問思慮紛擾。曰、公不思慮時、不識箇心是何物。須是思慮時、知道這心如此紛擾。漸漸見得、却有下工夫處」。次の12条も参照。

【12】

劉砥「何か事があるときは、その物事に対応しなければなりませんが、何事もないときにはこの心をどうすればよいのでしょうか。」

朱子「何事もないときにも、何か事があるときと同じようでなければならない。この心がいつも（あるべきところに）在るようにするだけだ。」

劉砥「程子の「致知（道理を窮める実践）ができていて敬でないものはいない」という言葉はいかがでしょうか。」

朱子「心がもしあちこちへ行ってしまって定まらなければ、どうして道理を理解することができようか。たとえば、この一つの事を理解し終わらないうちに、もう一つ別の事を考えようとすれば、やがて何も理解できなくなってしまう。必ずこの事を理解して、それから次の事に取り組まなければいけない。」

劉砥「主一（一つ事を主にして意識を集中させる）でなければならないということですね。」

朱子「もちろんそうだ。」

劉砥「思慮を一つに集中させるのは難しいのですが、どうすればよいでしょうか。」

朱子「いたずらに思慮していて何になろう。私は思うのだが、道理がはっきりわかったならば、おのずと余計な思慮はなくなる。人の思慮が紛擾するのは、本当に道理がわかっていないからにすぎない。もし本当にわかったならば、それ以上何を思慮するというのだ。(『易』にいうように)「天下何をか思ひ、何をか慮《おもんぱか》らん」だ。何を思慮すべきことがあろうか。」

劉砥「伊川(程頤)はよく人に静坐をさせたようですが、いかがでしょうか。」

朱子「それも、人があれこれ思慮するのを見て、とりあえず心をすっきりさせようとしたにすぎない。初学の者などはやはりそうすべきだ。」

問「有事時須應事接物、無事時此心如何。」曰「無事時、亦只如有事時模樣、只要此心常在也。」又問「程子言、未有致知而不在敬(1)、如何。」曰「心若走作不定、如何見得道理。且如理會這一件事未了、又要去理會那一件事、少間都成沒理會。須是理會這事了、方去理會那事。」又問「只是要主一(2)。」曰「當如此。」又問「思慮難一、如何。」曰「徒然思慮、濟得甚事。某謂若見得道理分曉、自無閑雜思慮。人之所以思慮紛擾、只緣未實見得此理。若實見得此理、更何暇思慮。天下何思何慮(3)。不知有甚事可思慮也。」又問「伊川嘗教人靜坐(4)、如何。」曰「亦是他見人要多思慮、且以此教人收拾此心耳。若初學者亦當如此。」

※本条と巻一一五・32条(二七七九頁、徐寓に対する訓戒)は同一場面の別記録と考えられる。字句の異同が大きいので、参考までに以下に掲げる。

問「有事時應事、無事時心如何。」曰「無事時只得無事、有事時也如無事時模樣。只要此心常在、所謂動亦定、靜亦定也。」問「程子言、未有致知而不在敬者。」曰「心若走作不定、何緣見得道理。如理會這一件事未了、又要去理會那事、少間都成無理會。須是理會這事了、方好去理會那事、須是主一。」問「思慮難一、如何。」曰「徒然思慮、濟得甚事。某謂、若見得道理分曉、自無閑雜思慮。人所以思慮紛擾、只緣未見道理耳。天下何思何慮。是無閑思慮也。」問「程子常教人靜坐、如何。」曰「亦是他見人要多慮、且教人收拾此心耳。初學亦當如此。」

（1）程子言、未有致知而不在敬　『遺書』巻三・98条（六六頁）「入道莫如敬、未有能致知而不在敬者」。

（2）主一　程頤は「敬」を「主一無適」と定義する。『遺書』巻十五・177条（一六九頁）「所謂敬者、主一之謂敬。所謂一者、無適之謂一。且欲涵泳主一之義、一則無二三矣」、同45条（一四九頁）「敬只是主一也。主一、則既不之東、又不之西」。朱熹たちの「主一」「敬」をめぐる議論は程頤の発言を前提にしたもの。巻十二・70条（二〇六頁）「主一又是敬字注解。要之、事無小無大、常令自家精神思慮盡在此。遇事時如此、無事時也如此」、巻九六・23条（二四六四頁）「問主一。曰、做這一事、且做一事。做了這一事、却做那一事。今人做這一事未了、又要做那一事、心下千頭萬緒」。

（3）天下何思何慮　『易』繋辞下「子曰、天下何思何慮。天下同歸而殊塗、一致而百慮。天下何思何慮」。

（4）伊川嘗教人靜坐　静坐に関して朱熹がしばしば話題にするのは程顥の方である。前掲巻一一五・32条は「程子」に作る。巻十二・84条（二一〇頁）、同・137条（二一六頁）以下の数条参照。

【13】

用之（劉礪《れい》）「立ち居振る舞いが礼に適わず、物事に応対しても理にもとるところがまだあるのですが、どうすればよろしいでしょうか。」

朱子「それ（をどうにかしようとするの）が学ぶということだ。とはいえ、物事に対処するときに逐一点検して一つ一つ理に合致するようにしていけば、しばらくすれば自然に礼に適うようになろう。」

［劉砥］［劉礪への訓戒。］

用之問「動容周旋未能中禮(1)、於應事接物之間、未免有礙理處、如何。」曰「只此便是學。但能於應酬之頃、逐一點檢、便一一合於理、久久自能中禮也。」 ［砥］［訓礪(2)。］

（1）動容周旋未能中禮　『孟子』尽心下「動容周旋中禮者、盛徳之至也」。

（2）礪　劉礪（字、用之）は、記録者劉砥の弟。

【14】

『論語』『孟子』の疑問点をお尋ねした。

朱子「今の人の読書の疑問は、みな真の疑問ではない。私が（その疑問を解くべく）話したとしても、その場かぎりの話として聞き流してしまうだけで、自分自身に切実な学問として何の益があろう。だから以前南康にいたときにもまったく君たちに話さなかったのだ。」

翌日、自分自身に切実な学問について教えを乞うた。

朱子「たとえば『論語』に「孝弟は仁の本たるか」とあるが、なぜ仁の本たることができるのか。「巧言令色、鮮《すく》なし仁」とあるが、なぜ「鮮なし礼」や「鮮なし義」ではなく「鮮なし仁」とだけあるのか。必ずこのように着実に体認していかなければならない。一遍読んで分からなければすぐに投げ出してしまうようではいけない。そもそも道には目に見える形がないのだから、我が身で感じ取らなければならないのだ。」

［以下、李煇《き》への訓戒。］

問論孟疑處。曰「今人讀書有疑、皆非眞疑。某雖說了、只做一場説話過、於切己工夫何益。向年在南康(1)、都不曾爲(校1)諸公說。」次日、求教切己工夫。曰「且如論語說、孝弟爲仁之本(2)、因甚後便可以爲仁之本。巧言令色鮮矣仁(3)、却爲甚不鮮禮、不鮮義、而但鮮仁(4)。須是如此去著實體認、莫要才看一遍不通、便掉下了。蓋道本無形象、須體認之可矣(5)。」［以下訓煇。］

(校1)「爲」を、楠本本は「與」に、正中書局本・朝鮮整版・和刻本は「無」に作る。

(1) 南康　南康軍、現在の江西省星子県。朱熹は淳熙五年（一一七八）から三年間、知南康として赴任している。なお、本条で訓戒を与えている李煇は、南康軍建昌県出身。

(2) 孝弟爲仁之本　『論語』学而。『集注』では程子の説を引いてここの「爲仁之本」を「仁の本たる」ではなく「仁を為すの本」と解釈しており、しばしば朱熹の解釈の特徴として注目されるところであるが、本条の下文は「仁の本と為すことができる」という意味。

(3) 巧言令色鮮矣仁　『論語』学而。

(4) 爲甚不鮮禮、不鮮義、而但鮮仁　巻二〇・128条（四七六頁）「問、如何不道鮮矣義禮智、只道鮮矣仁。曰、程先生易傳說、四德之元、猶五常之仁、專言則包四者、偏言之則主一事。如仁者必有勇、便義也在裏面、知覺謂之仁、便智也在裏面。如孝弟爲仁之本、便只是主一事、主愛而言。如巧言令色、鮮矣仁、汎愛衆、而親仁、皆偏言也。如克己復禮爲仁、却是專言。纔有私欲、則義禮智都是私、愛也是私愛」。

（5）道本無形象、須體認之可矣　巻一〇〇・38条（二五五〇頁）「或問、性者道之形體（邵雍の言葉）、如何。曰、天之附與、其理本不可見、其總要却在此。蓋人得之於天、理元無欠闕。只是其理却無形象、不於性上體認、如何知得」。

【15】

李煇「私欲になかなか打ち勝つことができません。どうしたらよいでしょうか。」

朱子「（『論語』にあるように）「仁を為すは己に由る、人に由らんや（仁を行なうのは自分しだいだ。どうして人をあてにできようか）」だ。所謂「己に克ちて礼に復《かへ》るを仁と為す（己に打ち克ち礼に立ち返るのが仁だ）」というのは、ちょうど刃物で物を切るのと同じ（ようにすっぱりと己の私欲を切り捨てるの）だ。その刃物は自分自身がもともと持っているもの、どうして他人のものを借りる必要があろうか。もし自分自身を刃物と自覚して克服していけば、私欲は消えて天理が現われてくるのだ。」

問「私欲難克、奈何。」曰「爲仁由己、而由人乎哉(1)。所謂克己復禮爲仁(2)者、正如以刀切物(3)。那刀子乃我本自有之器物、何用更借別人底。若(校1)認我一己爲刀子而克之、則私欲去而天理見矣。」

（校1）「若」を、正中書局本・朝鮮整版・和刻本は「只」に、楠本本は「不」に作る。

（1）爲仁由己、而由人乎哉　『論語』顔淵。

（2）克己復禮爲仁　『論語』顔淵。

（3）正如以刀切物　巻四一・35条（一〇五一頁）「只克己復禮、如以刀割物。刀是自己刀、就此便割物、不須更借別人刀也」。

【16】

陳芝（字は廷秀）が謝昌国（諤《がく》）の『尚書』解釈と以前やりとりした詩文を携えて先生にお目通りし、言った。

陳芝「いつも書物を読むときには、一生懸命必死で考えるようにしているのですが、結局はそれらしいものになりません。」

朱子「何を読んでいるのかね。」

陳芝「『尚書』と『論語』『孟子』です。」

朱子「何をそんなに考えているのだね。」

陳芝「文義や道理について考えているだけです。」

朱子「そんなに大騒ぎをして考えるべきことなど何もない。聖賢の言葉は何ら飾るところもなく平易に書かれているのだ。たとえば夫子が「学びて時にこれを習ふ」と言えば、自分は何を「学」んでいるのかを考え、「時習」しなければならない。そして「これを習」って果たして「説《よろこ》」ばしく思えているかどうか、「朋の遠方より来たる有り」

とあれば、「楽」しく感じられているかどうかを考えればよい。今の人たちは人に知られるために学ぼうとするが、人に知られないでいて「慍《いか》」らないでいられるかどうかを考えるのだ。孟子が梁王にまみえたときに「仁義」と「利」について語ったところを読んだならば、自分のしていることが「義」か「利」かを考えるだけのこと、（自分の心が）内（自分自身のこと）に向かえば「義」であり、外（他人の思惑）に向かえば「利」であるということは分かり易いところだ。読書をしていないときでも、そのようにやっていくだけだ。もしやり方が正当なものであれば、「義」に他ならない。書物を読むのは自分が読むのであり、学問をするのも自分がするのであって、他人にはまったく関係がないし、他人に自分を助けてもらうことなどできはしない。もし人に好いと言ってもらおうとか、人に知られたいとか思うようでは（孔子のいう）「人の為」（の学問）であって、「己の為」ではない。」

そこで（『論語』の）子張が「達」を問うた章を朗読された。そのお声は朗々と澄み渡り、気合いに満ちあふれたもので、聞く者たちは背筋を伸ばし身の引き締まる思いであった。

［楊道夫］［以下、陳芝への訓戒。］

陳芝廷秀以謝昌國尚書書(1)、及嘗所往來詩文來見。且曰「毎嘗讀書、須極力苦思、終爾不似(2)。」曰「不知所讀何書。」曰「尚書語孟。」曰「不知又何所思。」曰「只是於文義道理致思爾。」曰「也無大段可思、聖賢言語平鋪説在裏(3)。如夫子説學而時習之(4)、自家是學何事、便須著時習。習之果能説否。有朋自遠方來、果能樂不樂。今人學所以求人知、人不見知、果能不慍否。至孟子見梁王、便説箇仁義與利(5)。今但看自家所爲是義乎、是利乎。向内便是義、向外便是利、此甚易見。雖不讀書、只恁做將去。若是路陌(6)正當、即便是義。讀書是自家讀書、爲學是自家爲學、不干別人一錢(校1)事(7)、別人助自家不得。若只是要人道好、要求人知、便是爲人、非爲己也(8)。」因誦子張問達一章(9)、語音琅然、氣節慷慨、聞者聳動。　[道夫]　[以下訓芝。]

(校1)底本は「綫」に作るが、諸本及び注(7)所引の同様の表現により「錢」に改める。

(1)謝昌國尚書書　謝昌国は謝諤(一一二一〜一一九四)。程頤の門人であった郭忠孝に学ぶ。『資料索引』五巻四一〇四頁、『学案』巻二八、『宋史』巻三八九。『尚書解』二〇巻があったとされる。朱熹は謝諤に対して批判的であった。巻一〇一・124条(二五七八頁)「郭子和(郭忠孝の子)傳其父學、又兼象數、其學已雜、又被謝昌國拈掇得愈不是了。……又曰、謝昌國論西銘理一而分殊、尤錯了」。

(2)不似　未詳。「不像」と同じように、「様にならない、それらしくない」の意味か。巻二七・100条(六九八頁)「此是三十歲以前書、大概也是、然說得不似、而今看得又較別」、巻八三・128条(二一七四頁)「呂舍人春秋却好、白直說去、卷首與末梢又好、中間不似」。巻一二一・九条(二九二〇頁)も参照。

(3)聖賢言語平鋪說在裏　巻二〇・48条(四五四頁)に、本条以下に似た記録が見える。記録者は本条と同じ楊道夫。「聖賢言語平鋪地說在那裏。如夫子說學而時習之、自家是學何事、便須著時習。習之果能說否。有朋自遠方來、果能樂不樂。今人之學、所以求人知之。不見知、果能不慍否」。

(4)學而時習之　『論語』学而「子曰、學而時習之、不亦說乎。有朋自遠方來、不亦樂乎。人不知而不慍、不亦君子乎」。

(5)孟子見梁王、便說箇仁義與利　『孟子』梁惠王上「孟子見梁惠王。王曰、叟不遠千里而來、亦將有以利吾國乎。孟子對曰、王何必曰利。亦有仁義而已矣……」。

(6)路陌　道路、道筋、方途、やり方。巻五・92条(九七頁)「情只是所發之路陌」、同・93条「但情是遇物而發、路陌曲折恁地去底」、巻一〇五・31条（二六三〇頁）「子細看來看去、却自中間有箇路陌」。

（7）不干別人一錢事　（校1）参照。巻五八・19条（一三六二頁）「今人有一等杜撰學問、皆是脫空狂妄、不濟一錢事」。「一錢事」とは、一銭の値打ちしかないわずかなこと。

（8）便是爲人、非爲己也　『論語』憲問「子曰、古之學者爲己、今之學者爲人」。

（9）子張問達一章　『論語』顔淵「子張問、士何如斯可謂之達矣。子曰、何哉、爾所謂達者。子張對曰、在邦必聞、在家必聞。子曰、是聞也、非達也。夫達也者、質直而好義、察言而觀色、慮以下人。在邦必達、在家必達。夫聞也者、色取仁而行違、居之不疑。在邦必聞、在家必聞」。

【17】

廷秀（陳芝）「いま何を読むべきでしょうか。」

朱子「聖賢の教えは、すべて自分自身に切実な話題であって、（意識を自分自身の）外に向けさせ、書物の上で読めばそれでおしまいというものではない。先ずは自分で「義」と「利」をしっかり区別するのだ。試みに自分を検討してみなさい。（自分が学問をするのは）人に知られたいためか、それとも自分自身のためか。孔子は「君子は義に喩り、小人は利に喩る」と言い、又「古の学者は己の為にし、今の学者は人の為にす」と言っている。孟子は「亦た仁義有るのみ、何ぞ必ず利を曰はんや」と言っている。孟子は時の君主のために語ったのであるが、（この言葉は）学ぶ者にとっても我が身に切実なことだ。だいたい学問をするには、（自分自身の）内と外とを区別しなければならない。これが生きるか死ぬかの分かれ道だ。人の一挙手一投足、あらゆる言動に「義」のためか「利」のためかの違いがある。こっちに行けば「義」のため、あっちに行けば「利」のためだ。内に向かえば聖賢の域に入ることができ、外に向かえば愚不肖へ一直線だ。ここのところは人がみずからの脚でふんばってやっていくだけのことで、あれこれ議論すべきことは何もない。もしすでにここのところを理解できたならば、そこにはやるべきことがたくさんあり、むしろ議論しやすい。」

廷秀問「今當讀何書。」曰「聖賢教人、都提切己說話、不是教人向外、只就紙上讀了便了。自家今且剖判一箇義利。試自睹當(1)自家、今是要求人知、要自爲己。孔子曰、君子喩於義、小人喩於利(2)。又曰、古之學者爲己、今之學者爲人(3)。孟子曰、亦有仁義而已矣、何必曰利(4)。孟子雖是爲時君言、在學者亦是切身事。大凡爲學、且須分箇內外、這便是生死路頭(5)。今人只一言一動、一步一趨、便有箇爲義爲利在裏(6)。從這邊便是爲義、從那邊便是爲利、向內便是入聖賢之域、向外便是趨愚不肖之途。這裏只在人劄定脚(7)做將去、無可商量。若是已認得這箇了、裏面煞有工夫、却好商量也。」

(1) 睹當　検討する、考える、分析する、算段する。「睹當」「覩當」とも書く。巻一一四・1条(二七五三頁)「但亦要識得義與不義。若不曾覩當得是、顚前錯後、依舊是胡做」、巻六・96条(一一六頁)「熟底是仁、生底是恕。自然底是仁、勉強底是恕。無計較無覩當底是仁、有計較有覩當底是恕」、巻十二・33条(二〇二頁)「若此心上工夫、則不待商量睹當、即今見得如此、則更無閑時」。

(2) 孔子曰、君子喩於義、小人喩於利　『論語』里仁。

(3) 古之學者爲己、今之學者爲人　『論語』憲問。

（4）孟子曰、亦有仁義而已矣、何必曰利　『孟子』梁恵王上。
（5）生死路頭　生きるか死ぬかの分かれ道。事の成否を分ける最も重要な分岐点。巻三四・59条（八六八頁）「這須知是箇生死路頭。因以手指分作兩邊去、云、這一邊是死路、那一邊去是生路。這去便善、那去便悪」、巻十二・67条（二〇六頁）「把定生死路頭」、巻五九・92条（一四〇〇頁）「如下文操則存、舍則亡、却是用功緊切處、是箇生死路頭」。
（6）有箇爲義爲利在裏　巻十三・34条（二二七頁）以下に「義」「利」の弁別についての発言がまとめて見える。
（7）箚定脚　脚をしっかり踏みしめて、粘り強くふんばって。巻十三・26条（二二五頁）「初學則要牢箚定脚與他捱」、巻二〇・111条（四六九頁）「義理才覺有疑、便箚定脚步、且與究竟到底」。本巻・19条にも「箚定脚跟」という表現が見える。

私（楊道夫）を顧みて言われた。
朱子「君は陸子静（九淵）の「義」と「利」についての説を読んだことがあるかね。」
道夫「いいえ、まだです。」
朱子「これは彼が南康に来たとき、私が経書について話してくれるよう頼んだものだが、彼はこの「義」と「利」をはっきりと説明し、とてもよい話だった。たとえば、今の人は「利」のために読書するばかりで、科挙に合格すれば今度は官職をほしがり、官職を得れば今度はより良い地位に替わることを求めるばかりで、若いときから老いるまで、頭のてっぺんから踵に至るまで、「利」だけを求めている、というものだ。何とも痛快な話ぶりで、涙を流しながら聞く者さえいた。今の人は物心ついたときからひたすらあくせく名声を求め「利」を追いかけるばかりで、それが骨身に染みついて抜き差しならないものになってしまっている。そうやって日々聖賢から遠ざかっていくとは、何とも惜しいことではないか。」　［楊道夫］

顧謂道夫曰「曾見陸子靜義利之説(1)否。」曰「未了。」曰「這是他來南康、某請他説書、他却説這義利分明、是説得好。如云、今人只讀書便是爲利。如取解後、又要得官、得官後、又要改官。自少至老、自頂至踵、無非爲利。説得來痛快、至有流涕者。今人初生稍有知識、此心便恁亹亹地去了、干名逐利、浸浸不已。其去聖賢日以益遠、豈不深可痛惜。」　［道夫］

（1）陸子靜義利之説　朱熹が知南康のとき再興した白鹿洞書院での陸九淵の講義（一一八一年）。「白鹿洞書院論語講義」（理学叢書『陸九淵集』二七五頁）、『文集』巻八一「跋金谿陸主簿白鹿洞書堂講義後」参照。

【18】

先生が陳廷秀（芝）に言われた。

朱子「今はただ何から手を着けて学んでいくかだけを考え、持って生まれた気質や習慣的に身につけたことがどうであるかなどを云々するのはやめなさい。正しいことならばやり、正しくないことならばやらない、ずっとそうやっていくだけのことだ。所謂「万里も行くを留めず（どれだけ長い道のりでも歩みを止めない）」というやつ、それ以上何を議論する必要があろう。いま当て推量ならばあれこれ言うことができようが、実際に行なう段に到れば正しいことならばやる、というだけのことだ。たとえ生まれつきの気質がどれだけ物欲に支配されていたとしても、（そんなことをあれこれ議論するよりも）自分はそんなふうではないとしていれば、（『中庸』に所謂）「愚と雖も必ず明に、柔と雖も必ず強く」なり、持って生まれた気質や身についてしまった性格も自然に変わるのだ。」〔楊道夫〕

先生謂陳廷秀曰「今只理會下手做工夫處、莫問他氣稟與習。只是是底便做、不是底莫做、一直做將去。那箇萬里不留行(1)、更無商量。如今推説雖有許多般様、到做處只是是底便做。一任(2)你氣稟物欲、我只是不恁地。如此則雖愚必明、雖柔必强(3)、氣習(4)不期變而變矣。」〔道夫〕

（1）萬里不留行　どれだけ長い道のりでも足を止めない。『莊子』説剣篇に見える「千里不留行」を誇張して言ったものか。

（2）任　たとえ～でも。「任你～、我…」という呼応が、次の19条にも見える。「你」に特に相手を指す意味はないか。巻十三・144条（二四四頁）「任你如何、只是我做不得」、巻一二〇・111条（二九一三頁）「但任你做得狼狽了、自家徐出以應之」。

（3）雖愚必明、雖柔必强　『中庸』（章句二〇章）。

（4）氣習　持って生まれた気質と習慣によってできた性格・性質・習性。本条冒頭に見える「氣稟與習」を指す。巻七・17条（一二七頁）「某外家子姪、未論其賢否如何、一出來便齊整、緣是他家長上元初教誨得如此。只一人外居、氣習便不同」。

【19】

朱子「学問をするときには気合いを込めなければならないところもあり、むだな力を抜くべきところもある。労力を費やさなければならないこともあり、むだな労力になってしまうこともある。つまり、人の精神力には限りがあるから、それをむだに費やしてしまうのはやはり残念だということだ。その労力を節約できれば、その分だけ書物が読めるのだ。私はむかし書物を読むのに、ある書物を読んでいるときには、その書物を読むことしか念頭になかった。いったいどこにそんなふうに人の書いたものを記録するひまがあっただろう。廷秀（陳芝）と行夫（蔡懇）はまったくこうしたことが分かっていない。いま徹底的に地に足をふんばって、一つの問題に取り組まなければいけない。上下四方どちらもよそ見せず、その一つ事だけを目の前に見据えるのだ。たとえ孔子が現われても（それに気をとられることなく）、自分でその問題に取り組み、気持ちを奮い起こし、ぼんやりしていてはいけない。火事を消そうとするように、病を治そうとするように（一刻の猶予もなく必死で取り組む）、どうしてのんびり歳月を過ごすことができようか。」［楊道夫］

爲學有用精神處、有惜精神處、有合著工夫處、有枉了工夫處。要之、人精神有得亦不多、自家將來枉用了、亦可惜。惜得那精神、便將來看得這文字。某（校1）舊讀書、看此一書、只看此一書、那裏得恁閑功夫錄人文字。廷秀行夫（1）都未理會得這箇功夫在。今當截頭截尾、劄定脚跟（1）、將這一箇意思帖在上面。上下四旁、都不管他、只見這物事在面前。任你（2）孔夫子見身、也還我（3）理會這箇了、直須抖擻精神（4）、莫要昏鈍。如救火（5）治病、豈可悠悠歲月。

［道夫］

（校1）楠本本は「某」を「其」に作る。

（1）劄定脚跟　本巻・17条注（7）参照。

（2）任伱　本巻・18条注（2）参照。

（3）還我　未詳。「由我」と同じか。以下の用例からみて、「我」が主体的に引き受ける語気か。巻三五・129条（九三九頁）「我要不行、便不行、要坐、便還我坐、莫非由我、更求甚方法」、巻一二三・73条（五五一頁）「能志學、許多科級須著還我」、巻一〇三・24条（二六〇三頁）「李先生言、事雖紛紛、須還我處置」。

（4）抖擻精神　気持ちを奮い起こす、気合いを入れる。巻十七・27条（三七七頁）「如人瞌睡、方其睡時、固無所覺。莫教纔醒、便抖擻起精神、莫要更教他睡、此便是醒」。

（5）救火　火災の火を消し止め、火事に見舞われた人を救おうとするように、何をおいても必死で取り組むこと。巻一二一・15条（二九二三頁）「人之爲學、當如救火追亡、猶恐不及」。

【20】

廷秀（陳芝）「私は（学んだことを）押し広げて発展させることができません。」

朱子「今はまだそんなことを考える必要はない。仏教では「先ずは成仏できないことだけを心配すればよいのであって、成仏した後で衆生を救うような話ができるかどうかを今から心配するには及ばない」というが、君は成仏した後で話ができないことを心配しているようなものだ。」

廷秀「理解が到ればおのずとそのように（発展）できるのでしょうか。」

朱子「そんなふうに尋ねる必要はない。今は一生懸命取り組み考えるだけのことで、理解できたときにも考え、理解できないときにも考えていくのだ。たとえばこの一段が分かったからといって、どうしてそこで止めてしまうことができよう。更に取り組み考えようとするものだ。理解できないときにも、自分には理解できないと言って止めてしまうのではなく、一層考えようとしなければならず、死ぬまで取り組み考えるのだ。それでも理解できないときは、仕方ないではないか。」　［楊道夫］

廷秀問「某緣不能推廣。」曰「而今也未要理會如此。如佛家云、只怕不成佛、不怕成佛後不會說話(1)。如公却是怕成佛後不會說話了。」廷秀又問「莫是見到後自會恁地否。」曰「不用恁地問。如今只用下工夫去理會、見到時也著去理會、見不到時也著去理會。且如見得此段後、如何便休得。自著去理會。見不到時、也不曾說自家見不到便休了、越著去理會、理會到死。若理會不得時、亦無可奈何。」　［道夫］

（1）佛家云、只怕不成佛、不怕成佛後不會說話　『景徳伝灯録』巻六・百丈懐海禅師「只如今但離一切有無諸法、透過三句外、自然與佛無差。既自是佛、何慮佛不解語、只恐不是佛、被有無諸法轉、不得自由」。『大慧普覚禅師語録』巻二五（『大慧書』答李参政第一書）「但知作佛、莫愁佛不解語」、同書巻二七（『大慧書』答劉寶學）「但得本莫愁末。但知作佛、莫愁佛不解語」。朱熹が見た可能性が高いのは『大慧書』か。

【21】

陳芝が暇乞いの挨拶をした際、先生は『近思録』を贈って言われた。

朱子「君は（帰郷して）母に仕えて（『易』の）「母の蠱《こと》に幹たり（母の不祥事を取り仕切る）」の意味を確かめてみなさい。おのずとその道理が分かるだろう。」

それに因んで言われた。

朱子「（程頤の）『易伝』はそれ自体でまとまりを成した書物だが、伯恭（呂祖謙）はあれこれ拾い集めてきて『閫範《はん》』を作った。（『易』のこの条についての程頤の説は）『近思録』にも載せている。私はもともと伯恭がこういう書物を作るのを好ましく思っていなかったのだが、細かく点検してみると、一段一段がすべて日常の身近な実践で不可欠のものであり、学ぶ者にとってはなはだ有益であることが分かった。」　［郭友仁］

陳芝拜辭、先生贈以近思錄、曰「公事母、可檢幹母之蠱(1)看、便自見得那道理。」因言「易傳自是成書、伯恭都摭來作閫範(2)、今亦載在近思錄。某本不喜他如此(3)、然細點檢來、段段皆是日用切近功夫而不可闕者、於學者甚有益。」　［友仁(校1)］

（校1）楠本本は記録者を「方仁」に作る。

（1）幹母之蠱　『易』蠱・九二「幹母之蠱、不可貞」、象伝「幹母之蠱、得中道也」。『近思録』巻六・斉家之道篇に、程頤『易伝』巻二（七九一頁）の語を朱熹がアレンジした条を載せる。「幹母之蠱、不可貞。子之於母、當以柔巽輔導之、使得於義。不順而致敗蠱、則子之罪也。從容將順、豈無道乎。若伸己剛陽之道、遽然矯拂則傷恩、

所害大矣、亦安能入乎。在乎屈己下意、巽順相承、使之身正事治而已。剛陽之臣、事柔弱之君、義亦相近」。

（2）閫範　呂祖謙撰。『宋史』芸文志に「三巻」とあるが、今は佚。『南軒集』巻十四に「閫範序」がある。「閫範」とは婦徳、女子の手本。

（3）某本不喜他如此　朱熹は呂祖謙の『閫範』作成に批判的であった。巻八二・4条（二一四二頁）「伯恭閫範無倫序、其所編書多是如此」、『文集』巻三一「與張敬夫」第四書「大抵博雜極害事、如閫範之作、指意極佳、然讀書只如此亦有何意味耶。先達所以深懲玩物喪志之弊者、正爲是耳」。

【22】

日々の努力のしどころについてお尋ねした。

朱子「日々の努力は、いつも意識を目覚めさせていることに尽きる。程（頤）先生の所謂「主一をこれ敬と謂う」、謝（良佐）氏の所謂「常惺惺」というのがそれだ。とはいえ、そこに「致知」の実践が含まれているのだ。程先生は「涵養はすべからく敬（を用いるべし）、進学は則ち致知に在り」と言われている。「敬」を保ちつつ理を窮めなければならないのだ。もし「敬」ができていなければ、学問をしても落ち着き処がない。」

問每日做工夫處。曰「每日工夫、只是常常喚醒、如程先生所謂主一之謂敬(1)、謝氏所謂常惺惺(2)、是也。然這裏便是致知(3)底工夫。程先生曰、涵養須是敬、進學則在致知(4)。須居敬以窮理。若不能敬、則講學又無安頓處。」(校1)

（校1）正中書局本・朝鮮整版は「以下訓卓」の小字注がある。

※本条と巻一一六・41条（二八〇一頁）はほぼ同文。後者は記録者名を欠くが、沈僩への訓戒の一群に属する。

（1）程先生所謂主一之謂敬　『遺書』巻十五・177条（一六九頁）「所謂敬者、主一之謂敬。所謂一者、無適之謂一」。

（2）謝氏所謂常惺惺　『上蔡語録』巻中・36条「敬是常惺惺法」。

（3）致知　『大学』（章句経一章）「……欲誠其意者、先致其知、致知在格物」。朱注「致、推極也。知、猶識也。推極吾之知識、欲其所知無不盡也」。

（4）程先生曰、涵養須是敬、進學則在致知　『遺書』巻十八・28条（一八八頁）「涵養須用敬、進學則在致知」。

【23】

質問「（程頤のいう）「主一無適（一つことを主として、心が他に適《ゆ》くことが無い）」とは、物事に遭遇したときにそのようでなければならないということでしょうか。」

朱子「何事もないときにこの心は主一なのであり、物事に遭遇したときにも同じようにということだ。たとえば、治めるべきことを治めず、やるべきことをやらないならば、それはもう主一ではなくなってしまう。主一のときは、座れば心も座ることにあり、行けば心も行くことにあるというように、身のあるところに心もあるのだ。もし主一にできなければ、どうして学問修養ができようか。」

さらに言われた。

朱子「人の心が正しさを失うのは、好悪（好き嫌い）がその人をくらましているからに他ならない。孟子は「平旦の気あるも、其の好悪の人と相近き者幾《ほとん》ど希《まれ》なり（夜の間に養われた清く正しい気があっても、好悪が多くの人と同じように公平であることができる者は少ない）」と言っているが、つまり物事に接する前の穏やかなときには、夜の間にたくさん養っているので、その心は明らかであり、好悪も公平で、好むべきものを好み、悪《にく》むべきものを悪み、そこに私意はない。ところがそのときを過ぎると、喜怒哀楽が目の前の物事に応じて紛擾し、必ず気に左右されてしまい、気に左右されれば、心がその影響を受ける、これが「これを梏すること反覆すれば、夜気も存すること能はず（昼間の物事に縛られることを繰り返していると、夜の間に養った気によっても良心を保つことができない）」ということだ。夜の間に少し養っても、この心は明らかであることができず、ついには善となることができないのだ。」

問「主一無適(1)、亦是遇事之時也須如此。」曰「於無事之時這心却只是主一、到遇事之時也是如此。且如這事當治不治、當爲不爲、便不是主一了。若主一時、坐則心坐、行則心行、身在這裏、心亦在這裏。若不能主一、如何做得工夫。」又曰「人之心不正、只是好惡昏了他。孟子言、平旦之氣、其好惡與人相近者幾希(2)。蓋平旦之時、得夜間息得許久、其心便明、則好惡公、好則人之所當好、惡則人之所當惡、而無私意於其間。過此時(校1)、則喜怒哀樂紛擾於前、則必有以動其氣、動其氣則必動其心、是梏之反覆、而夜氣不能存矣。雖得夜間稍息、而此心不能自明、是終不能善也。」

（校1）正中書局本・朝鮮整版は「時」を欠く。

（1）主一無適　『遺書』巻十五・177条（一六九頁）「所謂敬者、主一之謂敬。所謂一者、無適之謂一」。

（2）孟子言、平旦之氣、其好惡與人相近者幾希　『孟子』告子上「牛山之木嘗美矣。以其郊於大國也、斧斤伐之、可以爲美乎。是其日夜之所息、雨露之所潤、非無萌蘖之生焉、牛羊又從而牧之、是以若彼濯濯也。人見其濯濯也、以爲未嘗有材焉、此豈山之性也哉。雖存乎人者、豈無仁義之心哉。其所以放其良心者、亦猶斧斤之於木也。旦旦而伐之、可以爲美乎。其日夜之所息、平旦之氣、其好悪與人相近也者幾希、則其旦晝之所爲、有梏亡之矣。梏之反覆、則其夜氣不足以存、夜氣不足以存、則其違禽獸不遠矣。人見其禽獸也、而以爲未嘗有才焉者、是豈人之情也哉」。

【24】

質問「ふだん何事かに遭遇したときには、これが天理、あれが人欲と、道理の是非をはっきりと理解しているのですが、実際に行動する段になると人欲に引きずられていってしまい、事を為した後で後悔してしまいます。どうしたらよいのでしょうか。」

朱子「それは（『論語』にいう）「克己（己の私欲に打ち克つ）」の修養が欠けているのだ。そういったところは徹底して一掃しなればならない。ちょうど大通りと小さな脇道があり、自分でも大通りを行くべきだと知っていながら、脇道にある何かに引きつけられて知らず知らずのうちに脇道に逸れていってしまい、気がつくと目の前に雑草や棘の生い茂る荒れ野に出て、その時になって後悔するようなものだ。それこそが天理と人欲の分かれ道、物事に遭遇したときには、その場ですぐに（人欲を）克服し、決していい加減にやり過ごしてはならない。まずは道理を明らかにし、勇猛果敢にそれを実行するのだ。上智の聖人の資質であれば、意識的に努力するまでもなく、自然に天理に順って行動し、人欲に流れることはない。聖人に次ぐ賢人の資質であれば、物事に遭遇してもちろん誤ることはないが、それでも先ずは分別して正してから行動する。中人の資質であれば、大いに努力をして一刻たりとも気を抜かずに（人欲を）克服するよう意識しなければならない。曾子は「仁以て己が任と為す、亦た重からずや。死して後已《や》む、亦た遠からずや（仁を己の任務とする。なんと重いことか。その任務は死んではじめて終わる。なんと遠い道のりであることか）」と言っている。そういうふうに努力しなければならないのだ。また（曾子はその死の床で）「戦戦兢兢、深淵に臨むが如く、薄冰を履むが如し。而今《いま》よりして後、吾れ免るることを知るかな、小子（『詩経』にいう、深い淵に臨むように、薄い氷の上を歩くように畏れ慎み生きてきたが、これより後はその心配から免れられることよ、諸君）」とも言っている。まさにこのように努めなければならないのだ。」

問「毎常遇事時也分明知得理之是非、這是天理、那是人欲。然到做處、又却爲人欲引去、及至做了、又却悔。此是如何。」曰「此便是無克己(1)工夫、這様處極要與他掃(校1)除打疊(2)。如一條大路、又有一條小路。自家也知得合行大路、然被小路有箇物事引著、不知不覺走從小路去、及至前面荊棘蕪穢、又却生悔。此便是天理人欲交戰之機、須是遇事時便與克下、不得苟且放過。明理以先之、勇猛以行之。若是上智(3)聖人底資質、它不用著力、自然循天理而行、不流於人欲。若賢人之資(校2)次於聖人者、到得遇事時、固不會錯、只是先也用分別教是、而後行之。若是中人(4)之資(校2)、須大段著力、無一時一刻不照管克治、始得。曾子曰、仁以爲己任、不亦重乎。死而後已、不亦遠乎(5)。須是如此做工夫。其言曰、戰戰兢兢、如臨深淵、如履薄冰。而今而後、吾知免夫、小子(6)。直是恁地用工方得。」

（校1）底本は「埽」に作るが、諸本に拠り改めた。
（校2）正中書局本は「資」を「姿」に作る。
※本条と巻一一六・40条（二八〇〇頁、記録者名なし。沈僩に対する訓戒に属する。）は同一場面の別記録。

【25】

問「尋常遇事時、也知此爲天理、彼爲人欲。及到做時、乃爲人欲引去、事已却悔、如何。」曰「此便是無克己工夫。這樣處極要與他埽除打疊、方得。如一條大路、又有一條小路。明知合行大路、然小路面前有箇物引著、自家不知不覺行從小路去、及至前面荊棘蕪穢、又却生悔。此便是天理人欲交戰之機、須是遇事時便與克下、不得苟且放過。此須明理以先之、勇猛以行之。若是上智聖人底資質、不用著力、自然存天理而行、不流於人欲。若賢人資質次於聖人者、到遇事時、固不會錯、只是先也用分別教是、而後行之。若是中人之資質、須大段著力、無一時一刻不照管克治、始得。曾子曰、仁以爲己任、不亦重乎。死而後已、不亦遠乎。又曰、戰戰兢兢、如臨深淵、如履薄冰。而今而後、吾知免夫、小子。直是恁地用功方得。」

（1）克己　『論語』顏淵「顏淵問仁。子曰、克己復禮爲仁。一日克己復禮、天下歸仁焉。爲仁由己而由人乎哉」。『集注』「克、勝也。己、謂身之私欲也」。

（2）打疊　きれいさっぱり片付ける。すっかり取り除く。巻一一八・2条（二八三五頁）「初學且須先打疊去雜思慮、作得基址、方可下手」、同・4条「公大抵容貌語言皆急迫、須打疊了、令心下快活」。

（3）上智　『論語』陽貨「唯上知與下愚不移」。

（4）中人　『論語』雍也「中人以上可以語上也。中人以下不可以語上也」。

（5）曾子曰、仁以爲己任、不亦重乎。死而後已、不亦遠乎　『論語』泰伯。

（6）戰戰兢兢～吾知免夫、小子　『論語』泰伯。

黄先之（卓）の欠点を、数日諄々と語られた。

先之（黄卓）「今後、必ず猛省いたします。」

朱子「何を猛省することがある。これが緊要だと分かったならば、すぐにこちらに引き返せばよいだけのことだ。東が正しくなければ、西へ引き戻すようなもの、それ以上何を猛省すると言うのだ。昨夜の私の話し方が不十分だったせいで、君はまったく身に染みて分かっていないようだ。もし我が身に切実なところで了解できたならば、目の前に正しくないことを見れば、すぐさま素焼きの瓶《かめ》をたたき割るように（正しくないことを一掃）すればそれで済む。君のその身心は自分のものなのか、他人のものなのか、考えてみなさい。自分のものならば、少しでも引き戻せばすべて天理であり、それができなければすべて人欲なのだ。多くの道理を知ろうとするのは、自分のためか、他人のためか。多くの善の端緒が見えるのは、自分がもともと持っていたものか、今になって無理矢理外から取って来て我が身に貼り付けたものか。このように考えさえすれば、すっきり分かり易くなるはずだ。（『論語』にも）「未だこれを思はざるなり。夫れ何の遠きことかこれ有らん（思い方がまだ不十分なのだ。もし本気で思ったならば、どうして遠いということがあろうか）」とある。思いさえすれば、（心は）ここに在るのだ。私は常々言っているが、孟子の鶏犬の喩え（鶏や犬でさえいなくなれば必死で捜し求めるのに、心を見失ってどうしてそのままにしておいてよいものか）はまだ適切でないところがある。鶏や犬は捜し求めても捉まえられないこともあるが、心は求めて得られないことはなく、思いさえすればここに在るのであって、それ以上どこかへ捜しに行く必要はない。『荘子』に「其の熱するや焦火、其の寒なるや凝冰、其の疾きや俛仰の間にして再び四海の外を撫《おお》ふ（人の心は、熱すれば火のように燃えさかり、冷やせば氷のように凝り固まり、その素早さは俯して仰ぐ束の間に四方の海を二度覆う）」とあるが、心はこのように変幻自在なもの、人が自分から求めないことだけが問題なのだ。桀・紂や盗蹠などは、（心が）あっちへ行ってしまって思おうとしないのだが、そんな彼らでも思うことさえできれば、すぐさま（心は）ここに在るのだ。心の本体は窮まりなく、以前によからぬことをしても、後に入れ換えれば生まれ出てくるのは良心であり善なる性なのだ。」［葉賀孫］

語黃先之病處、數日諄諄。先之云「自今敢不猛省(1)。」曰「何用猛省。見得這箇是要緊、便拽轉(2)來。如東邊不是、便挈(3)過西邊、更何用猛省。只某夜來說得不力、故公領得尤未切。若領會得切、只眼下見不是、便一下打破沙瓶便了。公今只看一箇身心、是自家底、是別人底。是自家底時、今纔挈轉便都是天理、挈不轉便都是人欲。要識許多道理、是爲自家、是爲別人。看許多善端、是自家本來固有、是如今方從外面强取來附在身上。只恁地看、便灑然分明。未之思也、夫何遠之有(4)。纔思、便在這裏。某嘗說、孟子鷄犬之喩(5)也未甚切。鷄犬有求而不得、心則無求而不得、纔思、便在這裏(6)、更不離步。莊子云、其熱焦火、其寒凝冰、其疾俛仰之間、而再撫四海之外(7)。心之變化如此、只怕人自不求。如桀紂盜蹠、他自向那邊去、不肯思。他若纔會思、便又在這裏。心體無窮、前做不好、便換了後面一截、生出來便是良心善性。」［賀孫］

（1）猛省　懸命に反省すること。巻十二・20条（二〇一頁）「須是猛省」。他に、突然悟る、はっと気づくの意味もある。巻二七・42条（六七八頁）「曾子遲鈍、直是辛苦而後得之。故聞一貫之說、忽然猛省、謂這箇物事元來只是恁地」。

（2）拽轉　ひっくり返す、すぱっと方向を変える。巻六三・101条（一五四三頁）「凡人責人處急、責己處緩。愛己則急、愛人則緩。若拽轉頭來、便自道理流行」。巻一二〇・53条、57条にも見える。

（3）挈　引き連れる、持って行く（来る）。
（4）未之思也、夫何遠之有　『論語』子罕「唐棣之華、偏其反而、豈不爾思、室是遠而。子曰、未之思也、夫何遠之有」。
（5）孟子鷄犬之喩　『孟子』告子上「仁、人心也。義、人路也。舍其路而弗由、放其心而不知求、哀哉。人有鷄犬放、則知求之。有放心而不知求。學問之道無他、求其放心而已矣」。
（6）心則無求而不得、纔思、便在這裏　巻五九・129条（一四〇六頁）「某以爲、鷄犬放則有未必可求時、惟是心纔求則便在、未有求而不可得者」、同・130条「鷄犬之出、或遭傷害、或有去失、且有求而不得之時。至於此心、無有求而不得者。便求便在、更不用去尋討。那失底自是失了、這後底又在。節節求、節節在」。次の26条も参照。
（7）莊子云〜而再撫四海之外　『莊子』在宥篇「老聃曰、汝愼无攖人心。人心排下而進上、上下因殺、淖約柔乎剛彊、廉劌彫琢。其熱焦火、其寒凝冰、其疾俛仰之間、而再撫四海之外、其居也靜而淵、其動也縣而天、僨驕而不可係者、其唯人心乎」。巻七八・212条（二〇一三頁）「大凡狥人欲、自是危險。其心忽然在此、忽然在彼、又忽然在四方萬里之外。莊子所謂其熱焦火、其寒凝冰」。

【26】

朱子「昨夜、先之（黄卓）に（孟子のいう）「思えば得」られるということを話した。思いさえすれば、（心は）ここに在るのであり、失ってしまった心はすでにどこかへ行ってしまっている（から、それを取り戻そうとするのではない）。自分が思いさえすれば、道理はおのずと生まれてくる。途切れさせないようにすることが大事なのだ。途切れてしまったら、その途切れた分だけ正しくない。今日そんなふうに途切れ、明日もまたそんなふうに途切れ、ひたすら途切れてばかりいたら失うばかりだ。」　［葉賀孫］

昨夜與先之説思則得之(1)。纔思、便在這裏、這失底已自過去了。自家纔思、這道理便自生。認得著莫令斷、始(校1)得。一節斷、一節便不是。今日恁地一節斷了、明日又恁地一節斷、只管斷了、一向失去。　［賀孫］

(校1) 朝鮮整版は「始」を「如」に作る。

※巻五九・130条（一四〇六頁、記録者は林子蒙）は本条あるいは前条と本条を合わせたものの別記録。

孟子蓋謂、鶏犬不見、尚知求之、至於心、則不知求。鶏犬之出、或遭傷害、或有去失、且有求而不得之時。至於此心、無有求而不得者。便求便在、更不用去尋討。那失底自是失了、這後底又在。節節求、節節在。只恐段段恁地失去、便不得。今日這段失去了、明日那段又失、一向失却、便不是。

(1) 昨夜與先之説思則得之　前25条参照。「思則得之」は、『孟子』告子上「心之官則思。思則得之、不思則不得也」。『集注』「心則能思、而以思爲職。凡事物之來、心得其職、則得其理、而物不能蔽。失其職、則不得其理、而物來蔽之」。

【27】

(注) 徳輔「御教誨を賜って以来、数日読書をしておりますが、熟すればおのずと道理が見えてくると感じており

ます。」

朱子「それだけのことだ。もし卑近なことを忽《ゆるが》せにして高尚そうなことに趨《はし》り学問の完成を焦ってしまったらすべては台無しだ。（孔子も言っているように）「下学して上達す（身近なことから地道に学んでいって、高遠なことに到達する）」だ。学び初めはひたすら低いところからだ。」

［以下、汪徳輔への教誨。］

徳輔言「自承教誨、兩日來讀書、覺得只是熟時自見道理。」曰「只是如此。若忽下趨高以求快⑴、則都不是。下學而上達⑵、初學直是低。」　［以下訓德輔。］

（1）忽下趨高以求快　朱熹は学ぶ者たちの欠点を「好高」と「欲速」に見ている。本巻・1条注（1）参照。

（2）下學而上達　『論語』憲問「不怨天、不尤人。下學而上達。知我者其天乎」。

【28】

（汪）徳輔「今の人たちは書物を読んで正しい意味を考えるのに、どうしてあんなに大雑把なのでしょうか。」

朱子「書物を細かく読んだことがなく、むだに心を費やして考えなくてもよいことを考えてしまっているからに他ならない。孔子が「吾れ嘗て終日食らはず、終夜寝ず、以て思ふ。益無し、学ぶに如かざるなり（私はかつて一日中食事もせず、一晩中寝もせずに考えたが、無益であった。考えるよりも学んだ方がよい）」と言っているのは、まさしくそういうことだ。（『論語』に）所謂「思ひて学ばざれば則ち殆《あやふ》し」の「殆」とは心が不安定で危ういということだ。尹和靖（焞）は伊川（程頤）の言葉に非常に慣れ親しんでいたので、心底理解できていなかったとしても、彼なりに受けとめ役に立てることができたのだ。呂堅中が尹氏の墓誌を書いたが、その祭文に「尹氏は六経の書において、耳にすることはすべて心に通じ、自分の言葉のように暗誦した」とある。以前この話は言い得て妙だと気に入っていたが、ただ和靖（尹焞）は（「学びて思はざれば」の）「思う」ことを欠いていたのだ。」

徳輔言「今人看文字義理、如何得恁不細密。」曰「只是不曾仔細讀那書、枉用心、錯思了。孔子說、吾嘗終日不食、終夜不寢、以思。無益、不如學也(1)。正謂這樣底。所謂思而不學則殆(2)、殆者、心隉杌(3)危殆不安。尹和靖讀伊川說話煞熟、雖不通透、渠自有受用處。呂堅中作尹墓誌(4)、祭文云、尹於六經之書、耳順心通(5)、如誦己言。嘗愛此話說得好、但和靖却缺了思。」

（1）孔子說～無益、不如學也　『論語』衛霊公。

（2）思而不學則殆　『論語』為政「學而不思則罔、思而不學則殆」。

（3）隉杌　不安定で危ういこと。「杌隉」とも書く。『書経』秦誓「邦之杌隉、曰由一人」。巻三四・114条（八八一頁）「伯夷安於逃、叔齊安於讓、而其心舉無隉杌之慮、這便是得仁否」。同音（nie wu）に「臬兀」「嵲屼」「臲卼」の表記も見える。

（4）呂堅中作尹墓誌　呂堅中、字景実。『資料索引』二巻一二一七頁。『学案』巻二七。兄の呂本中・稽中とともに尹焞に学ぶ。ただし、尹焞の墓誌銘は呂稽中による。

（5）耳順心通　『外書』巻三・21条（三六八頁）「孔子、生而知之者也。……六十聞一以知百、耳順心通也」。

【29】

汪長孺（徳輔）に何を読んでいるのかお尋ねになった。長孺は『大学』の疑問の箇所を読み上げた。

朱子「まったくもって軽々しい。君はそんなふうに聖賢の書物を読むだけでなく、およそ話すことすべて、人物を論ずるときにもそんな調子だが、敬ができていないからに他ならない。」

朱子「長孺は気質が粗っぽいから細かく学問ができないのだ。いま学問修養をするときには静でなければならない。静が多くてもかまわない。今の人たちは動が静より多くなってしまっている。静にも議論すべきことはあるが、程子は「学問をするには静でなければならない」と言っている。」

さらに言われた。

朱子「静が多くてもかまわない。静でありさえすれば、物事すべてがわかるのだ。とはいえ、結局は敬ということに他ならないのだ。」　［蔡懇］

問汪長孺所讀何書。長孺誦大學所疑。先生曰「只是輕率。公不惟讀聖賢之書如此、凡說話及論人物亦如此、只是不敬。」又云「長孺氣粗、故不仔細。爲今工夫、須要靜、靜多不妨。今人只是動多了靜。靜亦自有說話（1）、程子曰、爲學須是靜（2）。」又曰「靜多不妨。才靜、事都見得。然總亦只是一箇敬。」　［懇］

（1）有說話　話すべきことがある、問題とすべきことがある。巻二四・85条（五八六頁）「聖人若說攻擊異端則有害、便也須更有說話在、不肯只恁地說遂休了」、巻九七・65条（二四九二頁）「此非說聖人、乃是言聖人之學如此。若學者則又有說話」。

（2）程子曰、爲學須是靜　同じ言葉は『遺書』その他には見えない。次の言葉が念頭にあったか。『外書』巻一・1条（三五一頁）「性靜者可以爲學」。

【30】

朱子「長孺（汪德輔）は以前自分で悟るところがあったと言っていたが、そのでたらめぶりはまったく理解に苦しむ。まるで金渓の輩（陸九淵の門人たち）のようだ。かつて金渓で学んだ者たちに会ったが、みな何か悪いものでも飲み込んだように、それにかき乱されてあんなふうにでたらめであった。あるいは腹の中に虫がいて、それが騒ぐものだから自分ではどうにもならないといった具合だった。私は喩えて言ったことがあるが、長孺と叔権（姜大中）はいずれも酒にやられてしまっている。ましな方は酔ってむやみにしんみりし、ひどい方は酔って大騒ぎをする。」

［呉必大］

長孺向來自謂有悟、其狂怪(1)殊不可曉、恰與金溪學徒(2)相似。嘗見受學於金溪者、便一似喫下箇甚物事、被他撓(3)得來恁地。又如有一箇蟲在他肚中、螬(4)得他自不得由己樣。某嘗(校1)皆譬云、長孺叔權(5)皆是爲酒所使、一箇善底只是發酒慈、那一箇便是酒顚。　［必大］

（校1）正中書局本・朝鮮整版・和刻本は「嘗」を「又」に、楠本本は「之」に作る。
（1）狂怪　勝手気まま、やりたい放題、でたらめ。巻四〇・15条（一〇二七頁）「（曾點）如季武子死、倚其門而歌、打曾參仆地、皆有些狂怪」。
（2）金溪學徒　「金溪」は江西省東部。陸九淵の学派を指す。長孺（汪徳輔）も江西の人。
（3）撓　阻害する、かき乱す。巻一三〇・90条（三一一六頁）「舊嘗與子瞻同在貢院。早起洗面了、遶諸房去胡說亂道、被他撓得不成模樣、人皆不得看卷子」。
（4）螬　「嘈」の意味か。「嘈」は「騒がしい、あれこれしゃべる、悩ます」の意。「螬」はコガネムシの幼虫のネキリムシ。
（5）長孺叔權　叔権は姜大中。両者同席の記事は、次の31条及び巻一二〇・111条（二九一二頁）、112条（二九一三頁）にも見える。

【31】

朱子「姜叔権（大中）も資質のすぐれた人物だ。ちょうど呉公済（楫）に似ている。汪長孺（徳輔）はこういう人と一緒することができてちょうど良かった。とはいえ、叔権には愚鈍なところもあって、はじけば転がり、指摘すればすぐ悟るという者ではない。道理についてもゆっくり考えて、それでようやく口にできるといった具合だ。長孺のような話があちこちに飛躍するような者は、彼もどうにもしてやれないであろう。」［楊道夫］

姜叔權也是箇資質好底人、正如呉公濟(1)相似。汪長孺正好得他這般人相處。但叔權也昏鈍、不是箇撥著便轉、挑著便省底。於道理只是慢慢思量後、方說得。若是長孺說話恁地横後跳躑(2)、他也無奈他何。［道夫］

（1）呉公濟　呉楫。巻一二〇・57条参照。

（2）横後跳躑　「横後」は意味未詳。「跳躑」は上下に飛び跳ねること。ここでは、飛躍すること、順を追わずに飛び越えることか。巻一二四・10条（二九六九頁）「聖賢言語一歩是一歩。近來一種議論只是跳躑。初則兩三歩做一歩、甚則十數歩作一歩、又甚則千百歩作一歩、所以學之者皆顛狂」。

【32】

『孟子』の「已むを得ざるが如し」の一段落をお尋ねした。

朱子「君は「已むを得ざるが如し」の一句を読むのに、力が入りすぎている。［声を張り上げて読んだのである。］（力を込めすぎず）素直に読みさえすれば理解できるはずだ。」

これは、言葉遣いが粗雑で性急であるのを戒めて下さったのであろう。

［呉振に対する訓戒。］

問孟子如不得已一段(1)。曰「公念得如不得已一句字重了。［聲高。］但平看、便理會得。」因此有警、以言語太粗急也。［訓振。］

（1）孟子如不得已一段　『孟子』梁恵王下「國君進賢、如不得已。將使卑踰尊、疏踰戚、可不愼與」。

【33】

朱子「日頃どのような修養に努めているのかね。」

（鍾）震「『大学章句』『大学或問』を読み、先生が学ぶ者に着実に努力するよう厳しく戒めておられるところを玩味しています。」

朱子「努力のしどころが分かったならば、『大学』を主とし、自分はしばらく客となって、『大学』の命じるところに耳を傾けなさい。」

震「『大学或問』には（北宋の）諸先生の「敬」についての説が載せられています。私はかねてより「整斉厳粛」を我が身に実践しようとしているのですが、往々にして長続きできません。この心も出たり入ったりを免れず、自分で制することができません。」

朱子「いつもいつも（心を）保持しようとするだけのことだ。人の心がどうして出たり入ったりせずにいられよう。ちょうど誰かが出かけようとするのをしばらく引き留めて遠くに行かせまいとするようなものだ。」

［鍾震への訓戒。］

先生問「日間做甚工夫。」震曰「讀大學章句或問、玩味先生所以警策學者著實用工處。」曰「既知工夫在此、便把大學爲主、我且做客、聽命於大學。」又問「或問中載諸先生敬之說(1)、震嘗以整齊嚴肅(2)體之於身、往往不能久。此心又未免出入、不能自制。」曰「只要常常操守、人心如何免得出入(3)。正(校1)如人要去、又且留住他、莫教他去得遠。」〔訓震。〕

(校1)正中書局本は「正」を「一」に作る。

(1)或問中載諸先生敬之說　『大学或問』の冒頭の一節「程子於此、嘗以主一無適言之矣。嘗以整齊嚴肅言之矣。至其門人謝氏之說、則又有所謂常惺惺法者焉。尹氏之說、則又有所謂其心收斂不容一物者焉」。

(2)整齊嚴肅　注(1)参照。表情や服装、立ち居振る舞いを整えて厳粛にすること。『遺書』巻十五・54条(一五〇頁)「只是整齊嚴肅、則心便一、一則自是無非僻之奸」、同・45条(一四九頁)「但惟是動容貌整思慮、則自然生敬、敬只是主一也」、同・182条(一七〇頁)「嚴威儼恪、非敬之道、但致敬須自此入」。

(3)只要常常操守、人心如何免得出入　『孟子』告子上「孔子曰、操則存、舍則亡、出入無時、莫知其鄉。惟心之謂與」。

【34】

私(魏椿)は暇乞いに際しお教えを請うた。

朱子「およそ人が我が身を律し様々な物事に対応していくときに、「誠敬」よりも大切なことはない。「誠」とは何か、みずからを欺かず偽りがないということだ。「敬」とは何か、怠らずいい加減にしないということだ。いま何事かをしようとして、「誠」を立てず「敬」も尽くさず、こんな事は適当にやればよいなどと言い、成し遂げられなくても仕方がないと放っておくようなのが、まさに「敬」ができていないということだ。人には表と裏があるが、外側でやったことを内心そう思っていないというのは、すべて「誠」ではないということだ。学ぶ者の心は、何事も「誠敬」を第一としなければならない。」

［魏椿への訓戒。］

椿臨行請教。曰「凡人所以立身行己、應事接物、莫大乎誠敬(1)。誠者何、不自欺不妄之謂也。敬者何、不怠慢不放蕩之謂也。今欲作一事、若不立誠以致敬、說這事不妨胡亂做了、做不成又付之無可奈何、這便是不能敬。人面前底是一樣、背後又是一樣、外面做底事、内心却不然、這箇皆不誠也。學者之心、大凡當以誠敬爲主。」［訓椿。］

（1）誠敬　「誠敬」と二字で熟して用いられる場合もあるが、本條や以下のように「誠」と「敬」を区別して対比する発言も散見する。巻六・30条（一〇三頁）「敬是不放肆底意思、誠是不欺妄底意思」、同・31条「誠只是一箇實、敬只是一箇畏」、同・32条「妄誕欺詐爲不誠、怠惰放肆爲不敬」。

【35】

紹興五年十月、先生は朝廷での侍講の職を退き、霊芝寺で祠録の官の任命を待っておられた。私（李杞）がお目にかかりに参上したところ、真っ先にこうお尋ねになった。

朱子「今までどのようなことに努めてきたのかね。」

李杞「以前、程端蒙先生に、人としての守るべき道には五つ（父子の親・君臣の義・夫婦の別・長幼の序・朋友の信）あり、緊要なことは寸を得れば寸を守り尺を得れば尺を守る（背伸びをせずに一歩一歩着実に努力する）ことだと教わりました。」

朱子「その寸や尺をどうやって得るのかね。」

李杞「おおまかには「敬」を保持することを基本とし、それを五つの場面に押し広げていきます。」

朱子「大筋はその通りだ。」

蘇氏を顧みて言われた。

朱子「だいたい人が学問をするときには理を窮めなければならない。理を窮めるには読書が基本となる。孔子も「古を好み敏にして以てこれを求む（自分は生まれながらに何でも知っているのではなく、書物に書かれた古を好み、必死でそれを求めているだけだ）」と言っている。もし理を窮めないで、じっと守っているだけならば、どうして学問を進めることができよう。李氏の言ったことはもちろん正しいが、さらに理を窮め、物事に即して考えなければいけない。一つ道理を徹底的に窮めたならば、もう一つ別の道理を窮めるのだ。そういうふうに久しく積み重ねてゆき、窮めた理が多くなれば、自然とすべてに通じるようになる。理を窮めるときは徹底的に窮めてこそよいのだ。」

李杞「（『大学』にあるように）「致知は格物に在り」ではないのでしょうか。」

朱子「もちろんそうだ。『大学』は「国を治め、天下を平らかにする」などたくさんの事を論じているが、つまるところ「格物」に帰着するのだ。およそ一つ一つの事物にはそれぞれ一つずつ道理がある。もし道理を窮めることができれば、それを事物に当てはめれば、すべての事物にそれぞれあるべき在り方がある。（『大学』にいう）「人君としてはは仁に止まり、人臣としては敬に止まる」というようなもので、それぞれ一つずつ究極の道理があるのだ。」
朱子「すべて万物にはそれぞれ一つずつ道理がある。その理を窮めれば、万物の理はすべてこの外に出ることはない。」
李杞「それが（孟子のいう）「万物皆我に備はる」ということですね。」
朱子「まさしくそうだ。」
［李杞に対する訓戒。］

紹熙（校1）甲寅良月（1）、先生繇（校2）經筵奉祠、待命靈芝（校3）（2）、杞往見。首問（校4）「曾作甚工夫。」曰「向蒙程先生端蒙（校5）賜教、謂人之大倫有（校6）五、緊要最是得寸守寸、得尺守尺（3）。」曰「如何得這寸、得這尺。」曰「大概以持敬爲本、推而行之於五者之間。」曰「大綱是如此。」

顧蘇兄云「凡人爲學須窮理、窮理以讀書爲本。孔子曰、好古敏以求之（4）。若不窮理、便只守此、安得有進底工夫。如李兄所云固是。且更窮理、就事物上看。窮得這箇道理到底了、又却窮那箇道理。如此積之以久、窮理益多、自然貫通。窮理須是窮得到底、方始是。」杞云「莫致知在格物（5）否。」曰「固是。大學論治國平天下許多事、却歸在格物上。凡事事物物、各有一箇道理。若能窮得道理、則施之事物、莫不各當其位。如人君止於仁、人臣止於敬（6）之類、各有一至極道理。」又云「凡萬物莫不有一道理。若窮理、則萬物之理皆不出此（7）。」曰「此是萬物皆備於我（8）。」曰「極是。」　［訓杞。］

（校1）底本は「紹興」に作るが、諸本に拠り「紹熙」に改める。注（2）参照。

（校2）底本は「由」に作るが、諸本に拠り「繇」に改める。「繇」と「由」は同じ意味。

（校3）底本・楠本本は「露芝」に作るが、その他諸本に拠り「靈芝」に改める。

（校4）楠本本は「問」を欠き、一字分を空格にする。

（校5）底本・和刻本・楠本本は「程先生曰端蒙」に作るが、正中書局本・朝鮮整版に拠り「曰」の字を除く。

（校6）楠本本は「有」を「看」に作る。

（1）良月　十月。『左伝』荘公十六年「使以十月入、曰、良月也、就盈數焉」。
（2）先生繇經筵奉祠、待命靈芝　この年（紹熙五年甲寅、一一九四）、朱熹は煥章閣待制兼侍講に任ぜられ、首都の臨安で皇帝に進講するが、わずか四十五日で罷免され祠録官に任命される。「靈芝」は寺の名前。『朱子年譜』に「甲寅、韓侂冑遣内侍王德謙、對内批附下、先生即附奏謝、仍申省乞放謝辭。得旨免謝、出靈芝寺、遂行」とある。霊芝寺については、余英時『朱熹的歴史世界』（三聯書店、二〇〇四年）第十章附説三「霊芝寺与北関」参照。
（3）得寸守寸、得尺守尺　『語類』の他の箇所では張載の言葉として引用している。『張子語録』中「志於道、道者無窮、志之而已。據於德、據、守也、得寸守寸、得尺守尺」。巻九九・34条（二五三八頁）「問横渠得尺守尺、得寸守寸之說。曰、不必如此、且放寬地步。不成讀書得一句且守一句。須一面居敬持養將去」、巻九七・51条（二四八九頁）及び『論語或問』述而も参照。張載の言葉は、あるいは『戦国策』秦策三「王不如遠交而近攻、得寸則王之寸、得尺則王之尺也」に基づいた言い回しか。なお、『戦国策』の語をそのまま用いている場面もある。巻十・38条（一六五頁）「讀書只逐段逐些子細理會。……得寸則王之寸、得尺則王之尺也、讀書當如此」。また「得寸則吾之寸、得尺則吾之尺」という表現も見える。巻一三三・12条（三一八九頁）。

（4）孔子曰、好古敏以求之　『論語』述而「我非生而知之者、好古敏以求之者也」。
（5）致知在格物　『大学』（章句経一章）。
（6）人君止於仁、人臣止於敬　『大学』（章句伝三章）。
（7）萬物之理皆不出此　意味未詳。「不出此」の「此」は下文に見える自分自身のことか、あるいは万物を貫通する一理のことか。
（8）萬物皆備於我　『孟子』尽心上「萬物皆備於我矣、反身而誠、樂莫大焉」。

【36】

初めて先生にお手紙を差し上げたとき、この心を放ち動かさないことが主敬であるという説を申し述べた。朱子「主敬の二字はそのように（心を放ち動かさないようにじっと守る）ばかりでは成り立たない。必ず内側と外側の双方から養っていかなければならない。つまり、人の心は活きたものなのだ。我々の学は仏教とは違うのだから、必ず理を窮めなければならないのだ。」

［書簡「最近ようやく学問の努力のしどころを些か窺い知ることができ、このことこそが我が身に切実なことであり、その及ぶところが非常に重大であることを知りました。」先生はこの言葉を取り上げて学友たちにお示しになり言われた。朱子「まことにその通りだ。」］

［以下、黄士毅への訓戒。］

初投先生書、以此心不放動爲主敬之說。先生曰「主敬二字只恁地做不得、須是內外交相養(1)。蓋人心活物、吾學非比釋氏、須是窮理(2)。」［書中有云「近乃微測(校1)爲學功用、知此事乃切己事、所係甚重。」先生擧以語朋友云「誠是如此。」］［以下訓士毅。］

(校1) 正中書局本・和刻本・楠本本は「測」を「側」に作る。

(1) 內外交相養　程子を承け、朱熹が頻用する表現。『遺書』巻二上・136条（三四頁）「孟子論四端處、則欲擴而充之。說約處、則博學詳說而反說約。此內外交相養之道也」、同巻十八・98条（二〇六頁）「持其志、無暴其氣、內外交相養也」。巻十二・13条（二〇〇頁）「心既常惺惺、又以規矩繩檢之、此內外交相養之道也」、巻九六・29条（二四六五頁）「主一似持其志、閑邪似無暴其氣。閑邪只是要邪氣不得入、主一則守之於內。二者不可有偏、此內外交相養之道也」。

(2) 人心活物、吾學非比釋氏、須是窮理　巻五九・95条（一四〇〇頁）「問操則存。曰、心不是死物、須把做活物看。不爾、則是釋氏入定坐禪。操存者、只是於應事接物之時、事事中理、便是存」。

【37】

黄士毅「理を窮めるには、物事に応じて十分に考察し、そうでなければならない道理を求めるのが一番かと存じます。」

朱子「その通りだ。」

黄士毅「人にはどうしても意図せずして過失を犯してしまうことがあります。これは気づかなかったという過失ですが、その気づかない時こそまさしく私意や物欲に蔽われてしまっているのであって、考察を尽くそうとしても真実を得ることができないのではないかと切に恐れております。」

朱子「そんなふうに（理を窮めようと考察するのが先か、私意物欲の覆いを去るのが先か）二つの間でぐずぐずしていてはいけない。考察しなさい。」

黄士毅「程子の「涵養は敬を用い、学問を進めるには致知である」という言葉は、どちらの一句が欠けてもいけないのですね。」

朱子「そうであってこそよいのだ。」

朱子「（致）知と敬が先に立てるべき立脚点なのだ。」

問「窮理莫如隨事致察、以求其當然之則。」曰「是如此。」問「人固有非意於爲過而終陷於過者、此則不知之失（校1）。然當不知之時、正私意物欲方蔽錮（校2）（1）、切（校3）恐雖欲致察而不得其眞。」曰「這箇（校4）恁地兩相擔閣（2）不得、須是察。」問「程子所謂涵養須用敬、進學則在致知（3）、不可除一句。」曰「如此方始是。」又曰「知與敬是先立底根脚。」

（校1）底本は「矣」に作るが、諸本に拠り「失」に改める。

（校2）正中書局本は「錮」を「固」に作る。

（校3）底本は「竊」に作るが、諸本に拠り「切」に改める。

（校4）「這箇」を正中書局本・朝鮮整版は「却」に、和刻本・楠本本は「這過」に作る。

(1) 蔽錮　覆い隠す。縛り付ける。巻十三・50条(二二九頁)「蓋人心本善、方其見善欲爲之時、此是眞心發見之端。然纔發、便被氣稟物欲隨卽蔽錮之、不教它發」。

(2) 擔閣　手間取る、ぐずぐずする、無駄にする、長引く。巻六二・137条(一五一五頁)「今言涵養則曰不先知理義底涵養不得、言省察則曰無涵養省察不得。二者相捱、却成擔閣」、巻一〇三・39条(二六〇五頁)「學者工夫當並進、不可推泥牽連、下梢成兩下擔閣」。

(3) 程子所謂涵養須用敬、進學則在致知　『遺書』巻十八・28条(一八八頁)。

【38】

朱子「議論はあくまでも議論であって、必ずそれを自分で体験しなければいけない。(書物を)一段また一段と解釈するだけで(自分にとって)何の補いになろうか。私はかつて師について学んだとき、その日一日の話を、夜に書物をおさらいするように反覆し、細かく考えた。そして、疑問があれば、翌日また質問した。」

黄士毅「私はふだん書物を読むときに、心について書かれたところは自分の心で体認し、物事に対応することが書かれたところは実際の物事におし当てて考え、一つ一つ明確にしてはじめて次に進みます。(私のこうした読書の仕方は、先生の言われた)体験の意味になっておりますでしょうか。」

朱子「まぁそうだ。」

朱子「体験というのは、心の中でひそかに自分で考えてみることだ。」

[輔広の記録:

ある人「先生は、議論はもちろん不可欠だが自分でそれを体認しなければならないと言われました。体認とはどのようなものなのでしょうか。」

朱子「体認とは聞いて得たものを自分の心の中で繰り返し考えることだ。伊川（程頤）は（『論語』の「学びて時にこれを習ふ」を解釈して）「時時に繰り返し考え、それが心にしっくり染みわたるようになれば説《よろこ》ばしい」と言っている。私はかつて師について学んだとき、日中に聞いた話を夜に書物をおさらいするように繰り返し、一つ一つ細かく考えた。そして、疑問があれば、翌日また質問した。」」

「講論自是講論、須是將來自體驗。説一段過又一段、何補。某向來從師、一日説話、晚頭如溫書一般、須子細看過。有疑、則明日又問。」問「士毅尋常讀書、須要將説心處(校1)自體之以心、言處事處推之以事、隨分量分曉、方放過、莫得體驗之意否。」曰「亦是。」又曰「體驗是自心裏暗自講量(1)一次。」［廣錄云(2)、或問「先生謂講論固不可無、須是自去體認。如何是體認。」曰(校2)「體認是把那聽得底、自去心裏重復思繹過。伊川曰、時復思繹、浹洽於中、則説矣(3)。某向來從師、日間所聞説話、夜間如溫書一般、一一子細思量過。方有疑、明日又問。」］

（校1）底本・和刻本・楠本本は「處」の後ろに「將」があるが、正中書局本・朝鮮整版に拠り削除した。
（校2）楠本本は「曰」を「以」に作る。
（1）講量　（言葉で）あれこれ考えること。巻五九・107条（一四〇二頁）「某常説、操則存、克己復禮、敬以直内等語、不須講量、不須論辨、只去操存克復便了」。
（2）廣錄云　以下の小字注は、巻一〇四・26条（二六一六頁）に見える。字句にやや違いがある。

或問「先生謂講論固不可無、須是自去體認。如何是體認。」曰「體認是把那聽得底、自去心裏重複思量過。伊川曰、時復思繹、浹洽於中、則説矣。某向來從師、一日間所聞説話、夜間如温書一般、字字子細思量過。才有疑、明日又問。」

（3）伊川曰、時復思繹、浹洽於中、則説矣　『河南程氏経説』「論語解」（一一三三頁）「學而時習之、不亦説乎。習、重習也、時復思繹、浹洽於中、則説也」。『論語集注』にも引く。

【39】

私（黄子毅）は暇乞いをし、最後のご教示をお願いした。

朱子「ここ数日話したことに尽きる。あとは実際に努力するだけだ。食べ物が目の前にあるとき、それを実際に口にしてはじめてその美味しさが分かるのと同じだ。」

朱子「学ぶ者にとって一番心配なのは正しい道筋を知らないということだ。そういう者とは話がしにくい。今日もある学友が書簡を持参して会いに来たが、外面的なことを話題にするばかり、それでいったい何の益があるというのだ。彼には『孟子』の「存心」の一節を読むように勧めるしかなかった。人は自分自身のことを理解しなければならない。たとえば（心を）存するといっても、もし自分のことを理解していなければどうして存することができようか。いま正しい道筋を知ったならば、それに沿って実践していくだけだ。ただ「主敬」と「窮理」はどちらかに偏ってはならない。この二つは、物（の両端）を踏むのと同じで、こちらを踏めばあちらは自然に動く。あるいは歩くのと同じで、左足を上げれば右足は自然について来る。」

朱子「さらにもう一つ、いま学ぶ者たちは（学問を自分自身の）外側のことと見なしてはならない。人は学ばなければならない。学ばなければ自分自身に欠けたところがあることになる。学んだときには何事もぴったりと適切になるのだ。」

子毅稟歸、請教。曰「只前數日說底便是、只要去做工夫。如飲食在前、須是去喫他、方知滋味。」又曰「學者最怕不知蹊徑(1)、難與他說。今日有一朋友將書來、說從外面去、不知何益。不免說與他、教看孟子存心一段(2)。人須是識得自家物事、且如存、若不識得他、如何存得。如今既知蹊徑、且與他做去。只如主敬窮理、不可偏廢(3)。這兩件事、如踏一物一般、踏著這頭、那頭便動。如行步、左足起、右足自來。」又曰「更有一事、如今學者須是莫把做外面事看(校1)。人須要學、不學便缺闕了他(校2)底、學時便得箇恰好。」

（校1）楠本本は「看」を「者」に作る。

（校2）楠本本は「他」を欠く。

（1）蹊徑　（正しい）道筋。巻一一五・41条（二七八二頁）「陳後之陳安卿二人、爲學頗得蹊徑次第」、巻一一六・80条（三〇二八頁）「置此心於危急之地、悟者爲禪、不悟者爲顚。雖爲禪、亦是蹉了蹊徑、置此心於別處、和一身皆不管、故喜怒任意」。

（2）孟子存心一段　『孟子』尽心上「存其心、養其性、所以事天也」、離婁下「君子所以異於人者、以其存心也。君子以仁存心、以禮存心」。

（3）主敬窮理、不可偏廢　「主（居）敬」と「（格物）窮理」の両者が互いに他を不可欠としていることについては、巻九・16条（一五〇頁）以下参照。

【40】

朱子「人は実際に学問修養に努めてこそ、はじめて疑問が出て来るものだ。最初はきっとあれこれひっかかることばかりで、何も理解できないだろう。「居敬」と「窮理」なども、はじめはきっとはっきり二つのものであって妨げ合うように感じるだろう。「居敬」は心をここでじっと保持することだが、少しでも動的な場面に遭遇すれば（「居敬」のことを）忘れてしまうだろう。」

黄士毅「学び始めたばかりのときはどうしてもそうなってしまうのでしょうか。」

朱子「もちろんそうだ。（本来は）ここで「居敬」に努めていれば、動的な場面には道理が自然と窮められるということを知らなければならない。とはいえ、こうした話は学問修養が未熟な段階では語りにくいものだ。」

朱子「何事も無いときに存養が十分できていてこそ、動的な場面にも道理を求めることができるのだ。」

「人須做工夫方有疑。初做時（校1）定是觸著相礙、沒理會處。只如居敬窮理、始初定分作兩段。居敬則執持在此、纔動則忘了（校2）。」問「始學必如此否。」曰「固然。要知居敬在此、動時理便自窮。只是此話、工夫未到時難說。」又曰「但能無事時存養教到、動時也會求理。」

（校1）底本・楠本本は「時」の後ろに「事」の字があるが、正中書局本・朝鮮整版・和刻本に拠り削除した。

（校2）底本・和刻本・楠本本は「了」の後ろに「也」の字があるが、正中書局本・朝鮮整版に拠り削除した。

※本条と次に掲げる巻九・18条（一五〇頁）は同一場面の別記録か。記録者は輔広。本條前半の訳文は、巻九・18条の記録により補って訳した。

人須做工夫方有疑。初做工夫時、欲做此一事、又礙彼一事、便沒理會處。只如居敬窮理兩事便相礙。居敬是箇收斂執持底道理、窮理是箇推尋究竟底道理。只此二者、便是相妨。若是熟時、則自不相礙矣。

【41】

陳枅《けい》「身に反《かえ》って理を窮めるとはどういうことでしょうか。」

朱子「身に反るとは、着実にという意味だ。」

朱子「自分自身の上で（理を）求めるということだ。」

［以下、陳枅への訓戒。］

問「如何是反身（1）窮理。」曰「反身是著實之謂。」又曰「向自家體分上求。」　［以下訓枅。］

※本条と巻九・75条（一五八頁）はほぼ同文。記録者は輔広。

（1）反身　『孟子』尽心上「萬物皆備於我矣。反身而誠、樂莫大焉」。

【42】

陳枅「天理はまことに明らかにし難く、私利私欲はまことに克服し難いものです。どうかご教示下さい。」

先生は叱って言われた。

朱子「君は努力もしないでひたすら難しいと言うばかりだ。孟子も「道は大路のごとし、豈に知り難からんや。人には求めざるを病《うれ》ふのみ（正しい道は大きな路のように分かり易いもの、どうして知り難いということがあろうか。人がそれを求めようとしないのだけが問題なのだ）」と言っている。大抵の場合、君だってこの道理が良いものだと知っているはずだが、ちょっとやってみようとするとどこから入っていけばよいのか分からず、すぐに難しいと言って、努力しようとしない。そんなことだから空しく歳月を過ごしてしまっているのだ。本当に惜しいことだ。君がもし久しく努力をすれば、自然に入り処が分かるはず、難しいなどと気に病む必要がどこにあろうか。」

問「天理眞箇難明、己私眞箇難克、望有以教之。」先生罵曰「公不去用力、只管説道是難。孟子曰、道若大路然、豈難知哉。人病不求耳(1)。往往公亦知得這箇道理好、纔下手、見未有入頭處、便説道是難、而不肯用力、所以空過了許多月日。可惜、可惜。公若用力久、亦自有箇入頭處、何患其難(校1)。」

（校1）楠本本は「難」を欠く。

（1）孟子曰～人病不求耳　『孟子』告子下。

【43】

私（陳枅）はかつて先生に次のようにお尋ねした。

「自らを矯正することに労力を払ってはいるものの、生まれつきの気質の偏りはいかんともし難いということは自覚しております。必死で戒めてはいるものの、身についてしまった怠惰な習性は除き難く、異端の学は望むところではありませんが、（正しい学問と異端の学問との間の）微かな差異を見極めることもできません。善と利とはきっぱりと区別して（善を）選ばなければならないことは知りつつも、（孟子のいう）「行なひを正す（言行一致の信のためにわざと行ないを正す）」「声を悪む（他人の不評を恐れて善行をする）」気持ちがひそかに動いて気づきません。聖賢の微かで奥深い言葉を読んでいるときにはそれなりに悟るところがあるのですが、それを自分の心にしっくりとさせることができません」云々。

朱子「君の言葉はすべて（『論語』にいう）「切に問ひ、近く思ふ（我が身に切実なこととして問いかけ考える）」ものだ。人が学問をするとき、自分の足らないところを自覚できないのだけが問題だ。いますでにそれが分かっているのならば、それに即して努力するだけだ。（孔子も言うように）「仁を為すは己に由る」、どうして他人がどうこうできよう。ただ読書をして理を窮める努力だけは不可欠だ。」

枅嘗問先生「自謂矯揉之力雖勞、而氣稟之偏自若。警覺之念雖至、而惰怠之習未除。異端之教雖非所願學、而芒忽之差未能辨。善利之間雖知所決擇、而正行(1)惡聲(2)之念或潛行而不自覺。先覺之微言奧論、讀之雖間有契、而不能浹洽於心意之間」云云。曰「所論皆切問近思(3)。人之爲學、惟患不自知其所不足。今既知之、則亦卽此而加勉焉耳。爲仁由己(4)、豈他人所能與。惟讀書窮理之功不可不講也。」

（1）正行　『孟子』尽心下「堯舜、性者也。湯武、反之也。動容周旋中禮者、盛德之至也。哭死而哀、非爲生者也。經德不回、非以干祿也。言語必信、非以正行也」。巻六一・63条（一四七四頁）「或問、言語必信、非以正行。信言語以正行、莫無害否。曰、言語在所當信。若有意以此而正行、便是有所爲而然也」。

（2）惡聲　『孟子』公孫丑上「今人乍見孺子將入於井、皆有怵惕惻隱之心。……非惡其聲而然也」。巻五三・20条（一二八二頁）「問、惡其聲而然、何爲不可。曰、惡其聲、已是有些計較。乍見而惻隱、天理之所發見、而無所計較也。惡其聲之念一形、則出於人欲矣」。

（3）切問近思　『論語』子張「子夏曰、博學而篤志、切問而近思、仁在其中矣」。

（4）爲仁由己　『論語』顏淵「爲仁由己、而由人乎哉」。

（第1〜44条担当　垣内　景子）

【44】

先生が私（陳枅）に言われた。

朱子「君は気性は良いようだ。ただ大本のところの修養を大きく欠いている。そんなふうに月日を過ごしてしまって、惜しいことだ。」

先生語枅曰「看公意思好。但本原處殊欠工夫、莫如此過了日月、可惜。」

『朱子語類』巻百二十

朱子十七　訓門人八

［雑訓諸門人者爲此卷（諸門人に雑訓する者を此の巻と為す）］

【1】

林択之（用中）のことに話が及んだ際に、
朱子「この人はものの道理がよくわかって察しがいい。その点では、ほかの学ぶ者たちの及ぶところではない。」
おもむろにまた言われた。
朱子「ただ、自分自身のこととなると、何事においてもよく見えていない。」　［陳文蔚］

因說林擇之曰「此人曉事(1)、非其他學者之比。」徐又曰「到他己分、事事却暗。」　［文蔚］

（1）曉事　事理に明るい、ものごとがよくわかっている、察しがよく気が利く。巻一〇一・92条（二五七四頁）「李先生嘗云、人見龜山似不管事、然甚曉事也」、巻一二一・20条（二九五三頁）「伯恭少時被人說他不曉事、故

其論事多指出人之情僞、云我亦知得此。有此意思不好」。

【2】

先生は堯卿（李唐咨《とうし》）におたずねになった。
朱子「最近、道理について何か掴んだところはあるかね。」
堯卿「日常の場面において些か落ち着き処を得て、以前のようには動揺しなくなりました。」
朱子「その言い方も曖昧だ。ずばり何がわかったのか、はっきり言いなさい。たとえばものを食べたり飲んだりしたときは、あれはおいしいとか、あの味はどうだとか、はっきりできなければいけない。まさか、何を食べても全部おいしいなどと言うわけにはいくまい。」　〔陳淳〕

先生問堯卿「近看道理、所得如何。」曰「日用間有些著落、不似從前走作(1)。」曰「此語亦是鶻突(2)、須是端的見得是如何。譬如飲食須見那箇是好喫、那箇滋味是如何、不成說道都好喫。」　〔淳〕

（1）日用間有些著落、不似從前走作　　本巻・4条冒頭参照。
（2）鶻突　　ぼんやりとして曖昧、いい加減。巻十・51条（一六八頁）「今看文字未熟、所以鶻突、都只見成一片黑淬淬地」、巻六・84条（一一四頁）「敬非別是一事、常喚醒此心便是。人毎日只鶻鶻突突過了、心都不曾收拾得在裏面」、巻一一五・11条（二七七一頁）「若專於涵養而不致知、却鶻突去了」。

【3】

堯卿（李唐咨）におたずねになった。
朱子「今日は何を読んだのかね。」
堯卿「安卿（陳淳）と、（『論語』の）「下学」の箇所について検討しただけです。」
朱子「安卿と比べていてはいなけい。君はもういい年なのだから、（道理を考えるのではなく）まずは既定の道理に基づいて実践してゆきなさい。安卿は若く気力もあり、まだ先が長いから、いくらでも長足の進歩ができよう。」
［陳淳］

問堯卿「今日看甚書。」曰「只與安卿較量下學處[1]。」曰「不須比安卿。公年高、且據見定[2]底道理受用。安卿後生[3]有精力、日子長、儘可闊著步[校1]去。」［淳］

（校1）正中書局本は「步」を欠き、一字空白とする。

（1）與安卿較量下學處　発言者の堯卿（李唐咨）は、安卿（陳淳）の岳父。「下學」は卑近なところから積み上げていく具体的な学問のこと。『論語』憲問「不怨天、不尤人、下學而上達。知我者其天乎」。

（2）見定　既に定まった、出来合いの、その時々の常識的な。巻七・10条（一二五頁）「縱待八九十歲覺悟、也當據見定劄住硬寨做去」、巻一二〇・100条（二九一〇頁）「若只恁地據見定做工夫、却又有苟且之病去」、巻一二

一・21条（二九二五頁）「眼前朋友大率只是據見定了、更不求進歩」。

（3）後生　『論語』子罕「後生可畏、焉知來者之不如今也」。

【4】

李丈（李唐咨）「先日、既定の道理に基づいて実践するようご教示いただきましたが、私は日常の場面においてすでに些か落ち着き処を得、事がやって来ても対応してゆくことができ、以前のように動揺することはありません。」

朱子「日常の場面はもちろんそれでよいが、それでもやはり自らの力量や成果に応じて（道理を）考えていかなければならない。」

李唐咨「学問修養がその段階に到れば、自ずと間断することはなくなりましょうか。」

朱子「（『中庸』の）「博学」「審問」「慎思」「明弁」「篤行」というように、学問修養というものはいつでもそういう（力量に応じて日常の中で間断なく積み重ねていく）ものだ。むかし李初平が読書に取り組もうとしたところ、濂渓（周敦頤）は「貴方は高齢であり、今からでは間に合わない。私が貴方に語って聞かせよう」と言い、初平は二年にしてようやく悟ったという。彼はもう書物を読むことができないから、濂渓が語って聞かせたのだが、どうして二年もの歳月が経ってから悟ったのか。二年のうちにはどれだけのことを話したことか。察するに一つ一つの事柄について彼に語って聞かせたにちがいない。今日一たび話せば明日にはたちまち悟り、いきなり別の段階の人間になれるなどという道理は無いのだ。君は高齢ではあるが、更に涵養に努めなさい。ちょうど一粒の野菜の種の中にはたくさんの生命力が包まれているが、やはり培養したり灌漑したりしてこそ生長できるようなものだ。ここに種があるから、自然に芽を出し根を出すのをただ待つという訳にはいくまい。もし、道理がこうだと分かると（それを涵養することなく）すぐさまそれを実践するばかりでは、一日は一日に過ぎず、一年は一年に過ぎず、（老い先の時間を補う）長足の進歩は望めない。それはちょうど野菜の種に、肥やしや水を与えないようなものだ。『論語』『孟子』『中庸』『大学』の中の道理によって、更に涵養しなさい。」〔陳淳〕〔黃義剛の記録も同じ。〕

李丈(1)問「前承教、只據見定道理受用(2)。某日用間已見有些落著(校1)、事來也應得去、不似從前走作(3)。」曰「日用間固是如此、也須隨自家力量成就去看如何。」問「工夫到此、自是不能間斷(校2)得。」曰「博學、審問、愼思(校3)、明辨、篤行(4)、這箇工夫常恁地。昔李初平欲讀書、濂溪曰、公老無及矣、只待某說與公。二年方覺悟(5)。他既讀不得書、濂溪說與他、何故必待二年之久覺悟。二年中說多少事、想見事事說與他。不解今日一說、明日便悟、頓成箇別一等人、無此理也。公雖年高、更著涵養工夫。如一粒菜子、中間含許多生意、亦須是培壅澆灌、方得成。不成說道有那種子在此、只待他自然生根生苗去。若只見道理如此、便要受用去、則一日止如一日、一年止如一年、不會長進。正如菜子無糞去培壅、無水去澆灌也。須是更將語孟中庸大學中道理來涵養。」〔淳〕〔義剛同。〕

（校1）朝鮮整版は「落著」を「著落」に作る。
（校2）正中書局本は「間斷」を「問所」に作る。
（校3）正中書局本は「愼思」を「謹思」に作る。
（1）李丈　「丈」は目上につける尊称。李唐咨は記録者である陳淳の岳父。
（2）前承教、只據見定道理受用　本巻・3条を指す。

（3）某日用間已見有些落著、事來也應得去、不似從前走作　本巻・2条参照。
（4）博學、審問、愼思、明辨、篤行　『中庸』（章句二〇章）。
（5）昔李初平欲讀書～二年方覺悟　『遺書』巻二上・6条（二七八頁）「古人有言曰、共君一夜話、勝讀十年書。若一日有所得、何止勝讀十年書也。嘗見李初平問周茂叔云、某欲讀書、如何。茂叔曰、公老矣、無及也。待某只說與公。初平遂聽說話、二年乃覺悟」。李初平については、『資料索引』二巻九七六頁、『学案』巻十二。

（第1～4条担当　阿部 光麿）

【5】

堯卿（李唐咨）「物事が目の前にやって来ると断制［陳淳の記録では「断置」］（すぱっと適切に判断・処置）することができません。どう対処すべきでしょうか。」
朱子「たとえできなくとも、やるしかない。まさかそのまま放っておくわけにもいくまい。」
堯卿「力量に応じてやっていかなければならないということでしょうか。」
朱子「力量に応じてやっていくしかあるまい。」
堯卿「物事には究極の理があり、理には十分《ぶ》の至当のところがあります。いまもし七、八分《ぶ》まで理解できているならば、あとはひたすら繰り返し窮めていき、熟すれば自ずと十分《ぶ》の処まで到達できるのでしょうか。」
朱子「まだ（聖人の境地のように）ゆったりと落ち着いて対処できなくとも、熟すれば自ずとできるようになる。熟するだけだ、熟するだけだ。」　［黄義剛］［陳淳の記録は略す。］

堯卿問「事來斷制〔淳錄作置〕不下、當何以處之。」曰「便斷制不得、也著斷制、不成掉了。」又問「莫須且隨力量做去(1)。」曰「也只得隨力量做去。」又問「事有至理、理有至當十分處。今已看得七八分、待窮來窮去、熟後自(校1)解到那分數足處。」曰「雖未能從容(2)、只是熟後便自會、只是熟、只是熟。」　〔義剛〕〔淳錄略。〕

(校1) 正中書局本は「自」を「白」に作る。

(1) 須且隨力量做去　本巻・4条参照。

(2) 從容　『中庸』(章句二〇章)「誠者不勉而中、不思而得、從容中道、聖人也」。

【6】

傅誠(字は至叔)が教えを請うた。

朱子「聖賢は非常に明確に教えてくれているのに、人はそれを自分に切実なこととして読まない。だから、科挙の作文のための書物を読むこととこれ(聖賢の書物)を読むこととが異なるように感じてしまうのだ。結局、これ(聖賢の書物)に尽きるのだ。今の人は、口で言えて、筆で紙の上に書ければ、それでいいと考えている。聖賢はそもそもそんなふうに教えていないし、そんなことをしていたら何を読んでも自分自身とは無関係になってしまうことをまったく分かっていない。」　〔楊道夫〕

傅誠至叔請教。曰「聖賢教人甚分曉、但人不將來做切己看、故覺得讀所做時文之書與這箇異。要之、只是這箇書。今人但見口頭道得、筆下去得、紙上寫得、以爲如此便了。殊不知聖賢教人初不如是、而今所讀亦自與自家不相干渉也。」［道夫］

【7】

先生は楊通老（楫《しゅう》）に言われた。

朱子「学問は、のんびり悠長に構えるのが一番怖い。読書で肝心なことは多読を求めることにはないが、先へ読み進められないときは、しばらくは前のすでに理解できたところを復習しなさい。読むたびごとに新たな理解が得られるものだ。」［葉賀孫］

與楊通老說「學問最怕悠悠(1)。讀書不在貪多(2)、未能讀從後面去、且溫習前面已曉底。一番看、一番別。」［賀孫］

（1）悠悠　のんびり悠長に構えること。朱熹はしばしば「悠悠」という表現で、門人たちの怠慢を戒めている。巻三四・143条（八八九頁）「爲學要剛毅果決、悠悠不濟事」、巻一一八・24条（二八四一頁）「今學者求不見得、舍不見失、只是悠悠、今日待明日、明日又待後日」。

（2）讀書不在貪多　読書の多さや速さを求めることを、朱熹は繰り返し戒めている。巻十・40条（一六六頁）

「讀書不可貪多、且要精熟」、巻一一四・38条（二七六六頁）「讀書初勤敏著力、子細窮究、後來却須緩緩溫尋、反復玩味、道理自出。又不得貪多欲速、直須養熟、工夫自熟中出」。

【8】

通老（楊楫）「孟子は「浩然の気」と言っていますが、「浩然の気」とはどのようなものでしょうか。」

先生はお答えにならなかった。しばらくして、

朱子「君はここに数日留まるのならば、ただ素直に『孟子』を熟読すればよい。孟子は一節ずつ説明してくれているのだから、ただその順序に沿って読んでゆけば、自然と明らかになるはずで、そうなれば議論がしやすいというものだ。いきなり質問して、説明してもらうのを待っていても何にもならない。邵康節（雍）は穆伯長（修）に師事した際、質問をするときには必ず「端緒だけお示しください。すべてを言わないでください」と言ったそうだ。彼は自分で考えて理解したいと思っていたのだ。およそ物事の道理は、自分で探求して分かれば格別なものなのだ。」

［葉賀孫］

通老問「孟子說浩然之氣(1)、如何是浩然之氣。」先生不答。久之、曰「公若留此數日、只消把孟子白(2)去熟讀。他逐句自解一句、自家只排句讀將去、自見得分明、却好來商量。若驀地問後、待與說將去、也徒然。康節學於穆伯長、每有扣請、必曰、願開其端、勿盡其意(3)。他要待自思量得。大凡事理、若是自去尋討得出來、直是別。」［賀孫］

（1）浩然之氣　『孟子』公孫丑上「我知言、我善養吾浩然之氣」。
（2）白　素直に、ストレートに。巻一一四・31条（二七六一頁）では、私見を前提にした読書を戒め「自後只要白看、乃好」と述べている。関連する表現として「白直」がある。巻二一・10条（五〇八頁）「良善之人、自然易直而無險詐、猶俗言白直也」、巻二四・130条（五九五頁）「忠、只是樸實頭白直做將去」、巻三九・2条（一〇〇九頁）「如今人恁地文理細密、倒未必好、寧可是白直粗疏底人」。
（3）康節學於穆伯長～勿盡其意　巻一一九・7条第二段落注（8）参照。

【9】

先生は通老（楊楫）に語って言われた。

朱子「さきに君は、何事もない時はこの理は存しているが、何か事があるとこの理はなくなってしまう、と言っていた。これは他でもない、その事をいい加減に扱っているからに他ならない。むしろその事の上で理を窮めなければならないのだ。事における理は本来（何事もないときに存している理と）同じものだ。それを、何か事が現われたときに、別の何かと考えるから、自然と誤ってしまうのだ。」　［鄭可学］

語通老「早來說無事時此理存、有事時此理亡。無他、只是把事做等閑。須是於事上窮理、方可。理於事本無異、今見事來、別把做一般看、自然錯了。」　［可學］

（第5～9条担当　宮下　和大）

【10】

周公謹（介）「学ぶ者が書物に取り組んでも、（書物にとらわれて）かえって眩まされてしまいます。かといって、もし読書をしなければ、（聖賢の学問に）入っていくすべがありません。」

朱子「それが難しいのだ。まずは聖賢の気象を見て、聖賢の規模を把握するようにしなさい。天下の理をすべて窮めようとしても、それはまた大変難しいことだ。まずは自分の規模の大きさに合わせてやっていきなさい。もし焦って効果を求めれば、それも弊害になる。そういう気持ちはどうして私意でなかろうか。」　［湯泳］

周公謹問「學者理會文字、又却昏了。若不去看、恐又無路可入。」曰「便是難。且去看聖賢氣象[1]、識他一箇規模[2]。若欲盡窮天下之理、亦甚難、且隨自家規模大小做去。若是迫切求益、亦害事。豈不是私意。」　［泳］

（1）氣象　人物評価に用いられる「気象」とは、その人物の全体的な雰囲気や境地、あるいはその人物の内面的充実度を指す。北宋以来、道学においては、聖賢の「気象」を看取することが求められた。『近思録』巻十四「聖賢氣象篇」参照。巻二九・126条（七五八頁）「要看聖賢氣象則甚。且如看子路氣象、見其輕財重義如此、則其胸中鄙吝消了幾多。看顏子氣象、見其無伐善、無施勞如此、則其胸中好施之心消了幾多」。また「気象」は注（2）の「規模」と一緒に使われることが多い。

（2）規模　人物評価に用いられる「規模」とは、その人物の度量や大きさ、あるいはその人物の学問や能力の及ぶ範囲を指す。注（1）の「気象」と合わせて用いられる場合も多い。巻一二六・14条（三〇一二頁）「釋老、其氣象規模大槪相似」。また朱熹は論敵陸氏兄弟を「気象」においては認めながらも、その「規模」を狭窄として批判している。『文集』巻三一「答張敬夫」第十八書「子壽兄弟氣象甚好、其病却是盡廢講學而專務踐履、却於踐履之中要人提撕省察、悟得本心、此爲病之大者。要其操持謹質、表裏不二、實有以過人者。惜乎其自信太過、規模窄狹、不復取人之善、將流於異學而不自知耳」。次の11条注（2）も参照。

【11】

李公謹（文子）「読書はまず大意を取るようにし、少しく行き詰まるところがあれば、しばらく置いておいて、後でまたしかるべき時に考えるというのはいかがでしょうか。」

朱子「君はすぐそういうふうに規模を立てようとするから（先々のことまで算段するから）、何もできないのだ。少しでもそのように規模を立てれば、目の前のことがおろそかになる。目の前の小さなことが理解できなければ、結局は大きなところも理解できないのだ。行き詰まった時のことを云々するが、その時にはどうしたって仕方がない、ひとまず置いておくしかないではないか。どうしてあらかじめそういう算段をするのだ。」　［葉賀孫］

李公謹問「讀書且看大意、有少窒礙處、且放過、後來旋(1)理會、如何。」曰「公合下便立這規模(2)、便不濟事了。才恁地立規模、只是要苟簡。小處曉不得、也終不見大處。若說窒礙、到臨時十分不得已、只得且放下。如何先如此立心。」　［賀孫］

（1）旋　その時になって、その都度、その後で。巻十二・52条（二〇五頁）「或問、初學恐有急迫之病。曰、未要如此安排、只須常恁地執持。待到急迫時、又旋理會」。

（2）規模　ここでは、読書という行為の全行程を意味する。朱熹は、先々の行程をあらかじめ算段しておくような態度を批判している。なお、「規模」は、学問の全体的な範囲や見取り図を示すものとして肯定的に用いられることの方が多い。巻十七・38条（三八一頁）「大學明明德於天下、只是且說箇規模如此。學者須是有如此規模、却是自家本來合如此、不如此便是欠了他底。……若無規模次第、只管去細碎處走、便入世之計功謀利處去。若有規模而又無細密工夫、又只是一箇空規模。外極規模之大、內推至於事事物物處、莫不盡其工夫、此所以爲聖賢之學」。前の10条注（2）も参照。

【12】

敬子（李燔《はん》）に語って言われた。

朱子「読書は、心が（『荀子』に所謂）「虚一にして静（何ものにもとらわれず専一で静か）」であってこそ、道理を読み取ることができるのだ。いま自分の心が外の事にとらわれていて、何が何でもこうしようとか人にもこうさせようとか考えているから、ここに来て多くの時間書物を読んでも、何にもならないし、進歩が見えないのだ。それはちょうど自分の心が門の外でうろうろし、他人を入れまいとして自分も門内に入ることができず、家の中がどんな様子か知らないようなものだ。道理というものは、もともと自然なものであって、そんなふうに（他人に強制したり、自分だけのものにしたり）はできない。君の言うことは、言葉としては正しいが、君自身のこととして考えたものではないから、まったく無益なのだ。ただ無理やり杭を打つように決めつけて（他人の意見を）拒んでいて、まったく自然なところがない。まるで活《い》きた水（源から滔々と流れている水）がなく、死んだ水（淀んで流れない水）をたくさん集めているようなものにすぎない。」

李燔「それでも積み重ねていかなければならないのではありませんか。」

朱子「死んだ水を積み重ねていくだけだ。源からわき出る活きた水は生じはしない。君は毎日無理やりこの水車を推しているようなもの、無駄な労力にすぎない。もし活きた水があれば、水車は自然と回転し、何の労力も要らない。」

李燔「恐れながら、そのように話されますと、不心得者は（積み重ねの努力を不要と考え）のんびりゆったり構えてしまい、何にもならないのではないでしょうか。」

朱子「だれが君にのんびりゆったり構えろと教えた。だから学問は難しいのだ。ゆったりと言えば緊張感を欠くし、引き締めすぎてもまた何にもならない。ゆったりすればもちろんいい加減になりがちだが、とはいえ引き締めすぎていても結局はどうにもならない。」［沈僩］

語敬子曰（校1）「讀書須是心虛一而靜（1）、方看得道理出。而今自家心只是管外事、硬定要如此、要別人也如此做、所以來這裏看許多時文字、都不濟事、不曾見有長進。是自家心只在門外走（2）、與人相抵拒在這裏、不曾入得門中、不知屋裏是甚模樣。這道理本自然、不消如此。如公所言、說得都是、只是不曾自理會得公身上事、所以全然無益。只是硬椿定（3）方法抵拒將去、全無自然意思、都無那活底水（4）、只是聚得許多死水（5）。」李曰「也須是積將去。」曰「也只積得那死水、那源頭活水不生了。公只是每日硬用力推這車子（6）、只見費力。若是有活水來、那車子自轉、不用費力。」李曰「恐才如此說、不善聽者放寛(7)、便不濟事。」曰「不曾教你放寛。所以學問難、才說得寛、便不著緊、才太緊、又不濟事。寛固是便狼狽、然緊底下梢(校2)頭也不濟事。」［僩］

（校1）正中書局本・朝鮮整版本は「曰」を「云」に作る。

（校2）正中書局本・和刻本・楠本本は「梢」を「稍」に作る。

（1）心虛一而靜　『荀子』解蔽「心何以知。曰、虛一而靜。心未嘗不臧也。然而有所謂虛。心未嘗不滿也。然而有所謂一。心未嘗不動也。然而有所謂靜」。

（2）在門外走　巻一二一・7条（二九一九頁）「若眞箇看得這一件道理透、入得這箇門路、以之推他道理、也只一般。只是公等不曾通得這箇門路、每日只是在門外走、所以都無入頭處、都不濟事」。

（3）椿定　（杭で固定するように）しっかりと固定する。かたくなに決めてかかる。巻五六・8条（一三二五頁）「此只是大概說讀書之法而已、如何恁地硬要椿定一句去包括他得」、巻九五・126条（二四四七頁）「這道理只熟看、久之自見如此、硬椿定說不得」。

（4）活底水（活水）　巻五七・23条（一三四四頁）「源頭便是那天之明命、滔滔汩汩底、似那一池有源底水。他那源頭只管來得不絕、取之不盡、用之不竭、來供自家用。似那魚湊活水相似、却似都湊著他源頭」。

（5）死水　巻八・145条（一四六頁）「人之資質有偏、則有縫罅。做工夫處、蓋就偏處做將去。若資質平底、則如死水然、終激作不起」。

（6）車子　水を比喩にしているので、水車をイメージすればよいか。本条の比喩とは異なるが、最初だけ力をいれて動かし始めれば、後は力を込めずとも自然に回転してゆくことを、学問を進めていくことの比喩として用い

る例が見える。巻三一・33条（七八八頁）「人之爲學、不能得心意勉勉循循而不已。若能如是了、如車子一般、初間著力推得行了、後來只是滾將去」。

（7）放寛　心持ちを大きくし、ゆったり構えること。気を緩めてのんびりすること。本條でもあるように、朱熹には「放寛」を求める場合と戒める場合の両方がある。巻十・30条（一六四頁）「讀書、放寛著心、道理自會出來。若憂愁迫切、道理終無緣得出來」、巻十六・103条（三三四頁）「此一箇心、須每日提撕、令常惺覺。頃刻放寬、便隨物流轉、無復收拾」。

【13】

敬子（李燔）「人はあれこれ恐れることが多いのに苦しみます。明らかに恐れる必要はないと分かっていても、克服することができません。とにかく無理やりにでもにこの心を動かさないようにさせるのがよいのでしょうか。」

朱子「ひたすら無理強いしていても、きりがない。理が明らかになれば、自然と恐れることはなくなるものだ。無理に恐れないようにする必要はない。」　［沈僩］

敬子問「人患多懼（1）、雖明知其不當懼、然不能克。莫若且強制此心使不動（2）否。」曰「只管強制、也無了期（3）。只是理明了、自是不懼、不須強制。」　［僩］

（1）人患多懼　同様の話題が次の14条にも見える。

（2）強制此心使不動　巻五二・9条（一二三三頁）「問、告子之不動心、是否。曰、告子之不動心、是粗法。或強制不動、不可知。或臨大事而能不動、亦未可知、非若孟子酬酢萬變而不動也」、巻五二・58条（一二四二頁）「知是知得此理。告子便不理會、故以義爲外。如云、不得於言、勿求於心、雖言亦謂是在外事、更不管著、只強制其心」。

（3）了期　終わり、きり。反語で「有甚了期」の形が多い。巻十五・5条（二八三頁）「致知有甚了期」、巻一一八・45条（二八四八頁）「講學切忌研究一事未得、又且放過別求一事。如此、則有甚了期」。

（第10〜13条担当　田村 有見恵）

【14】

胡叔器（安之）「いつもびくびく恐れてしまうことが多々あります。どうやって解決すればよいのでしょうか。」

朱子「自分で努力して、それが本当にびくびく恐れるべきことなのかどうかを見極めなさい。『遺書』に「怒りを沈めるのは難しく、恐れを克服するのも難しい。私欲に勝てば怒りを沈めることができ、道理がはっきりすれば恐れを克服することができる」とあるように、もし道理がしっかり理解できたならば、何を恐れることがあるだろう。」

［黄義剛］

胡叔器問「毎常多有恐懼(1)、何由可免。」曰「須是自下工夫、看此事是當恐懼不當恐懼。遺書云(2)治怒難、治懼亦難、克己可以治怒、明理可以治懼。若於道理見得了、何懼之有。」　［義剛］

（1）毎常多有恐懼　同様の話題が前の13条にも見える。
（2）遺書云～　『遺書』巻一・拾遺7条（一二頁）「忿懥、怒也。治怒爲難。治懼亦難。克己可以治怒。明理可以治懼」。また、道理を明らかにすることによって恐れを克服することについては、次を参照。『遺書』巻二下・9条（五一頁）「目畏尖物。此事不得放過、便與克下。室中率置尖物、須以理勝佗。尖必不刺人也、何畏之有」。

【15】


先生は叔器（胡安之）におたずねになった。

朱子「どんな書物を読んでいるのかね。」

叔器「ここ数日は、顔子の「楽」の境地について考えをめぐらせております。」

先生は語気を強めて言われた。

朱子「そんなことを考える必要はない。彼はただ（孔子から）「我を博むるに文を以てし、我を約するに礼を以てす（書物で広め、礼でひきしめる）」という指導を受けた後で、天理がはっきりと見えるようになり、そして日々の義理（正しい道理）に精通した後で、人欲というものに苦しめられることがなくなり、自然にあのように心地よい境地に至っただけなのだ。いまはただ「博文約礼」に努めていけば、（顔子の「楽」の境地は）自ずと分かるようになる。それを、わけのわからない漠然としたところに探し求めようとしても、いったいどこに「楽」の境地が見つけられようか。そんなことをしていれば、そのうちおかしくなってしまう。そもそも『論語』という書物は、こんなに明確に書かれているのだから、あれこれ考える必要はない。ただ着実に実践してゆけばよいだけだ。先日話した（『尚書』

大禹謨の）「人心」と「道心」だが、すべてこの二つに他ならない。その時々にどれが「人心」で、どれが「道心」かを考えるのだ。顔回であってもやはり「人心」をして「道心」に従わせ、「道心」が「人心」に負けないようにしただけなのだ。そうとなれば、常に（「人心」か「道心」かの）区別を精密にし、「道心」を常に内側で主人とし、「人心」は客人にすぎないようにさせるのだ。常にこのようにして途切れることがなければ、「允《まこと》に厥《そ》の中を執る（本当に適切なところを守って失わない）」ことができるようになるのだ。」　［黄義剛］

問叔器「看文字如何。」曰「兩日方在思量顏子樂處(1)。」先生疾言曰「不用思量。他只道博我以文、約我以禮(2)後、見得那天理分明、日用間義理純熟後、不被那人欲來苦楚、自恁地快活。而今只去博文約禮(3)、便自見得。今却索之於杳冥無眹之際、去何處討這樂處。將次思量得成病。而今一部論語、說得恁地分(校1)明、自不用思量、只要著實去用工。前日所說人心道心(4)、便只是這兩事。只去臨時思量那箇是人心、那箇是道心。便顏子也只是使人心聽命於道心、不被人心勝了道心。今便須是常常揀擇(5)教精、使道心常常在裏面如箇主人、人心只如客樣。常常如此無間斷、便能允執厥中(6)。」　［義剛］

（校1）朝鮮整版・楠本本は「分」を「今」に作る。

※本条と巻三一・76条（七九九頁、記録者は黄義剛）は、やや字句に違いはあるが、ほぼ同じ記録。記録者が同じであることから、同一場面の別記録というよりは重出か。

（1）顏子樂處　『論語』雍也「子曰、賢哉回也。一簞食、一瓢飲、在陋巷。人不堪其憂、回也不改其樂。賢哉回也」。顔淵の楽しんだ境地を話題にするのは程子に由来するが、本条に見えるように、朱熹は境地を話題にすることをしばしば戒めている。『遺書』巻二上・23条（一六頁）「昔受學於周茂叔、毎令尋顔子仲尼樂處。所樂何事」。

（2）博我以文、約我以禮　『論語』子罕「顔淵喟然歎曰、仰之彌高、鑽之彌堅、瞻之在前、忽焉在後、夫子循然善誘人、博我以文、約我以禮」。

（3）博文約禮　『論語』雍也「子曰、君子博學於文、約之以禮、亦可以弗畔矣夫」。注（2）参照。

（4）人心道心　『尚書』大禹謨「人心惟危、道心惟微。惟精惟一、允執厥中」。

（5）揀擇　（しっかり弁別して）えらびとる。巻十二・157条（二一〇頁）「人心是箇無揀擇底心、道心是箇有揀擇底心。佛氏也不可謂之邪、只是箇無揀擇底心。到心存時、已無大段不是處了」、巻七八・224条（二〇一六頁）「這箇便須是常常戒愼恐懼、精去揀擇。若揀得不精、又便只是人心」。

（6）允執厥中　注（4）を参照。

【16】

胡（安之）が静坐の修養方法を質問した。

朱子「静坐はただそのまま静かに座るだけのこと、余計なことをあれこれ算段する必要もないし、無駄に考えをめぐらせる必要もない。特別な方法などない。」

胡「静坐をしているときに一つの事を考えていると、心はその事柄に寄りかかってしまいますが、何も考えなければ、心は拠り所を無くしてしまいます。どうすればいいでしょうか。」

朱子「何かに頼ろうとしてはいけない。そんなことをすれば、道家が呼吸の数を数えたり、鼻先の白いところを凝視するようなものになってしまう。彼らの方法も、やはり心に拠り所が無いから、そういうふうに何かに寄りかかろうとしているのだ。（静坐の時に）もし何かを考えてしまうことが止められないのならば、（無理に考えないようにするよりは）とりあえずはそのままにしておいたほうがよい。それでも別に差し障りはない。」［陳淳］［黄義剛の記録も同じ。また別記録には「静坐をしてつまらない考えをめぐらせるのを止めれば、伸びやかな気持ちを養うことができる」とある。］

胡問靜坐用工之法。曰「靜坐只是恁靜坐、不要閑勾當(1)、不要閑思量、也無法。」問「靜坐時思一事、則心倚靠在事上、不思量、則心無所倚靠、如何。」曰「不須得倚靠、若然、又是道家數出入息、目視鼻端白(2)一般。他亦是心無所寄寓、故要如此倚靠。若不能斷得思量、又不如且恁地、也無害。」［淳］［義剛錄同。又曰「靜坐息閑雜思量、則養得來便條暢(3)。」］

（1）勾當　意識的に何かをしようと意図する、あらかじめあれこれ算段する。巻一・18条（四頁）「某謂天地別無勾當、只是以生物爲心」、巻十五・12条（二八四頁）「只是常教此心存、莫教他閑沒勾當處」、巻四三・3条（一〇九八頁）「如勸課農桑等事、也須是自家不憚勤勞、親履畎畝、與他勾當、方得」。

（2）道家數出入息、目視鼻端白　道教における心の修養方法。「數出入息」とは吐く息と吸う息を数えて心を静める方法。「目視鼻端白」とは呼吸の際に鼻先を注視して心を集中させる方法。朱熹はこれらを収心のための補助的手段として容認してはいるものの、心が鼻端などという卑近なものに左右されるため、原則的にはこれらの方法を異端的なものとしている。三浦國雄『朱子と気と身体』（平凡社、一九九七年）第五章・呼吸論（二〇四頁）を参照。

（3）靜坐息閑雜思量、則養得來便條暢　巻十二・138条（二一六頁）に同文が見える。記録者も同じく陳淳。重複か。

（第14～16条担当　石山　裕規）

【17】

胡叔器（安之）が根気に欠けることを悩んでいた。

朱子「もし根気に欠けるとしても、それはそれでやっていくしかない。まさか自分は根気がないから何もしないと言うわけにもいくまい。君は義理（書物の中の正しい道理）を考えることが精密ではなく、平素の読書も漫然と眺めるだけで、じっくりと書物を仔細に考えることをしない。君と安卿（陳淳）の欠点はまさに対照的だ。安卿は義理について非常に詳しく考えるが、卑近なことについてはまったく関心を払わない。君の方は義理について考えないから、何事かがあってもどうしていいかわからない。それは（書物の中の義理を）自分の内面の問題として考えないからに他ならない。それはちょうど市場に行けば店先には良いものばかり並んでいるのに、自分にはそれを買うだけのお金が無いようなものだ。書物の中には良い言葉ばかりが書かれているのに、自分ではそれをどうにもできないのだ。たとえば黄兄が先日話していた「忠恕」でも、「忠」と「恕」は体（本体）と用（作用）であって、一つのものに他ならない。それは形と影のようなものであり、どちらか一つを取り除こうとしても出来はしない。もし理解できないことがあれば、しばらく読み進めていき、しかるべき時に再度とりあげて玩味すれば、そのうち自ずと分かってくるだろう。」

叔器「私は遠方に暮らしております。どうか先生に一筋の道をお示し頂き、帰ってから自身で探求していきたいと存じます。」

朱子「いま歩んでいるところこそが道だ。それ以外に別の道があろうか。道理というものは、事物それぞれに分かれており、どこか一つ処にまとまって存在しているというわけではない。いまはまず『論語』『孟子』『中庸』『大学』を熟読しなさい。もし『論語』を読んで分からなくても、そのうち『孟子』から理解できることもあろう。『孟子』に書いてあることは、『論語』に書いてあることに他ならないのだ。だからといって、『孟子』が『論語』より優れていると考えてはいけない。自分が以前には分からなかったことが、いま理解できたというだけだ。」

叔器「「優游と涵泳し、勇猛に精進す」というのは、いかがでしょうか。」

朱子「そのように標語を定めたり［陳淳の記録では「標題を作る」とある］、草稿を書いてばかりではいけない。実践あるのみだ。」

叔器「物事への対応はどのようにしていくべきでしょうか。」

朱子「士人たるもの、家に居てどれほどの大事があるというのだ。ただ服を着て飯を喰らうだけのこと、眼前の事に取り組むだけだ。それ以外の天下の事については、聖賢がすべて十分に説き尽くしてくれている。他でもない、（孟子のいう）「高きを為すは必ず丘陵に因り、下《ひく》きを為すは必ず川沢に因る（高い山を作るには丘陵から積み重ねていき、低い谷を作るには河川より掘り下げていく）」というように、自分が聖賢の言葉に依拠して努力を積み重ねていけば、（聖賢の言葉は）すべて自分のものとなる。私も昔は、書物を読むのに非常に労力を費やした。たとえば『論語』『孟子』は、諸家の解釈が大量にあるが、一段を読むごとに、必ず多くのことを調べ、それぞれの諸説について文脈を探求し、得心するところがあってから、それらの説の是非を断定した。正しいところはすべて書き出し、また一字二字でも良いところがあれば書き出した。今の『集注』ほど簡潔に言い尽くしてはいないが、大筋はすでに定まっていたのだ。今の『集注』はこの時のものを土台として刪修していったものだ。ところが人は注意を払わずに、出来合いの説だけを守って、ただあわただしく読み過ごしてしまう。いま試しに『精義』をもって来て一、二段を読み比べ、取捨したものがどうであるかを見れば、自ずと分かるはずだ。

およそ物事は思慮しなければならないし、学問は議論しなければならない。たとえば、古人がある事柄を四、五人で一緒に取り組んだという場合、（読み手である）自分はどの人が正しく、どの人が誤っているかを読み取らねばならない。また目の前の事柄について、四、五人で議論した際、甲はこうだと言い、乙はああだと言ったとして、自分はやはりどの人の言うのが正しく、どの人の言うのが誤っているかを見極めなければならない。たとえその判断が誤っていたとしても、自分の心が一度考えたのならば、その誤った判断がいつか正しさを導いてくれることもある。たとえば、十の事について、九つまで見当がつかなくても、一つが分かれば、その分からなかった九つの事を考えたことも無駄ではない。あるいはまた、義理について分からないところを朋友と共に議論すると、十人十色の見解が出てくるが、自分は虚心にどれが正しくないかを考えるようにする。すると、誰かの正しい説によって、自分の間違いに気づくこともあれば、他の人がすべて正しくないことによって、自分の正しさに気づくこともある。だから先ほど言ったように、ここで理解できるときもあれば、別のところで理解できるときもあり、そうこうしているうちにやがてはすべて理解できるようになるのだ。これはただ自分の理解がそこまで及んだというだけのことであって、別に子細はない。学ぶ者は心をすっきりと大きく開き、一つ一つの事柄を考えていかなければならない。理解できないところは、しばらくおいておき、何もない時にまた採りあげて考えるようにすれば、やがてはどんな事でも理解できよう。」

［黄義剛］

胡叔器患精神短(1)。曰「若精神少、也只是做去。不成道我精神少、便不做。公只是思索義理不精、平日讀書只泛泛地過、不曾貼裏細密思量。公與安卿之病正相反。安卿思得義理甚精、只是要將那粗底物事都掉了。公又不去義理上思量、事物來、皆柰何不得、只是不曾向裏去理會。如入市見鋪席上都是好物事、只是自家沒錢買得。如書册上都是好說話、只是自家無柰他何。如黄兄前日說忠恕(校1)(2)。忠恕只是體用、只是一箇物事、猶形影、要除一箇除不得。若未曉、且看過去、那(校2)時復把來玩味、少間自見得(3)。」

叔器曰「安之在遠方。望先生指一路脈、去歸自尋。」曰「見行底便是路、那裏有別底路來。道理星散在事物上、却無總在一處底。而今只得且將論孟中庸大學熟看。如論語上看不出、少間就孟子上看得出。孟子上底、只是論語上底。不可道孟子勝論語。只是自家已前看不到、而今方見得到。」

又問「優游涵泳(4)、勇猛精進(5)字如何。」曰「也不須恁地立定牌牓(校3)［淳錄作做題目］、也不須恁地起草、只做將去。」

又問「應事當何如。」曰「士人在家有甚大事。只是著衣喫飯、理會眼前事而已。其他天下事、聖賢都說十分盡了。今無他法、爲高必因丘陵、爲下必因川澤(6)、自家只就他說話上寄搭(7)些(校4)工夫、便都是我底。某舊時看文字甚費力。如論孟、諸家解有一箱、每看一段、必檢許多、各就諸說上推尋意脈、各見得落著、然後斷其是非。是底都抄出、一兩字好亦抄出。雖未如今集注簡盡、然大綱已定。今集注只是就那上刪來、但人不著心、守見成說、只草草看了。今試將精義來參看一兩段、所以去取底是如何、便自見得。大抵事要思量、學要講。如古人一件事、有四五人共做、自家須看那人做得是、那人做得不是。又如眼前一件事、有四五人共議、甲要如此、乙要如彼。自家須見那人說得是、那人說得不是。便待(8)思量得不是、此心曾經思量一過、有時那不是底發我這是底。如十箇物事、團(9)九箇不著、那一箇便著、則九箇不著底、也不是枉思量。又如講義理有未通處、與朋友共講。十人十樣說、自家平心看那箇不是。或他說是底、却發得自家不是底。或十人都說不是、有時因此發得自家是底。所以適來說、有時是這處理會得、有時是那處理會得、少間便都理會得。只是自家見識到、別無法。學者須是撒開心胸、事事逐件都與理會過。未理會得底、且放下、待無事時復將來理會、少間甚事理會不得。」［義剛］

（校1）楠本本は「恕」を「怒」に作る。

（校2）正中書局本・朝鮮整版は「那」を「却」に作る。

（校3）和刻本・楠本本は「牓」を「榜」に作る。

（校4）和刻本は「些」を「此」に作る。

（1）精神短　根気に欠ける、気が短い。巻一一五・58条（二七八六頁）「問、非是讀書過當倦後如此、是纔收斂來、稍久便困。曰、便是精神短後如此」、巻一一七・16条（二八一一頁）「學者精神短底、看義理只到得半途、便以爲前面沒了」。

（2）黄兄前日說忠恕　「黄兄」は記録者の黄義剛を指すか、あるいは黄榦か。黄榦が『語類』の中で「忠恕」に言及しているのは次の二条のみ。巻二七・101条（六九八頁）「直卿云、聖人之忠是天之天、聖人之恕是天之人。忠恕只是學者事、不足以言聖人。只是借言爾。……又云、忠猶木根、恕猶枝葉條幹」、同・102条（六九九頁）「就聖人身上說、忠者天之天、恕者天之人。就學者身上說、忠者人之天、恕者人之人」。「忠恕」は『論語』顏淵「子曰、參乎、吾道一以貫之。……曾子曰、夫子之道忠恕而已矣」。

（3）忠恕只是體用～少間自見得　次の記録と本条は、同一場面の別記録か。記録者は楊道夫。巻二七・21条（六七二頁）「忠恕只是體用、便是一箇物事。猶形影、要除一箇除不得。若未曉、且看過去、却時復潛玩。忠與恕不可相離一步」。

（4）優游涵泳　『遺書』巻十五・174条（一六八頁）「説書必非古意、轉使人薄。學者須是潛心積慮、優游涵泳、使之自得」。巻十二・53条（二〇五頁）「學者須敬守此心、不可急迫、當栽培深厚。栽、只如種得一物在此。但涵養持守之功繼繼不已、是謂栽培深厚。如此而優游涵泳於其間、則浹洽而有以自得矣」。

（5）勇猛精進　仏教で、悟りに向けて強い意志をもって修業を積み重ねることを表すのに頻用される語。巻一三二・87条（三一八四頁）「蓋佛氏勇猛精進、清淨堅固之説、猶足以使人淡泊有守、不爲外物所移」、巻四五・23条（一一五四頁）「此亦不是些小病痛、須要勇猛精進、以脱此科臼、始得」。

（6）爲高必因丘陵、爲下必因川澤　『孟子』離婁上。

（7）寄搭　寄りかかる、依拠する。巻九四・75条（二三八一頁）「有氣稟、性方存在裏面、無氣稟、性便無所寄搭了」、巻七三・100条（一八六三頁）「（程頤の『易伝』について）伊川説得那道理多了。他見得許多道理了、不肯自做他説、須要寄搭放在經上」。

（8）便待　たとえ～でも。巻二五・78条（六二〇頁）「若非所當祭底、便待有誠意、然這箇都已錯了」、巻一一七・45条（二八二四頁）「若只是自了、便待工夫做得二十分到、終不足以應變」。

（9）團　推し量る、「團量」。巻九〇・42条（二三〇二頁）「項羽也是團量了高祖、故不敢殺」。

（第17条担当　松野　敏之）

【18】

林恭甫「『論語』には弟子たちとの問答の言葉が記録されておりますが、堯曰篇には堯・舜・湯・武王らの多くの事蹟が記録されています。これはなぜなのでしょうか。」

朱子「書物をそんなふうに読むものではない。（書物に書かれた）道理を理解すればよいのだ。例えば食事のとき、ご飯が盛ってあれば、それを食べて、どんな味かを知ればよいのであって、そのご飯がどこから来たのかなどとたずねる必要などない。堯曰篇については、私も以前に或る人の説を聞いたが、それによれば、これは孔子が古の聖人たちの言葉を口ずさんだ際に、弟子がまとめてここに記録したのだという。先人たちもまた同様のことを述べている。しかし、道理の肝心な点は、そんな所にはない。それは外側のことにすぎないのであり、読書はもっと内側に向かって理解しなければいけない。例えば、家を見るときには、その部屋の間取りを見るべきであって、外側の垣根や塀の装飾ばかりを見ていてはいけない。また例えば荔枝《ライチ》を食べるときは、その果肉を食べるのであって、皮は食べない。いま君は、果肉を剝ぎ取ってしまったあげく、皮や種を食べているようなものだ。読書は、自分の心でもって聖人の心を体験しなければならないのだ。やがてそれが熟すれば、自分の心はとりもなおさず聖人の心となるのだ。

私は二十歳の頃から、（書物の）道理を考えるときには、必ずその内側を理解するよう努めてきた。かつて上蔡（謝良佐）の『論語』解釈を読んだときには、まずは朱筆で（大切だと思った箇所を）塗り、次にまた青で塗り、また黄で塗り、三、四回繰り返したのち、さらに黒で塗って、その精髄を追究しようとしたものだ。道理を考えるときは、内へ内へとその精髄たる所を追究していかなければならない。例えば矢を射るときは、はじめに（的《まと》を立てかける）盛り土の上に当たったら、次は的紙に当てるように心がける。次に一番外周の円に当てるようにし、次に二番目の円に当てるようにし、最後には中心に当てるようにする。君はいま、盛り土のまわりを上に下に外れてばかりで、的に当てようとしていない。そんなふうでは何にもならない。まずは詳細に読んでいきなさい。いずれかの書物に習熟すれば、どんな書物もうまく読めるようになる。子どもの教科書のようなものでさえ、そこには道理があるのだ。理解できていないときには、緊要の書物に直接取り組まねばならないが、そのうち理解がゆきわたれば、どんな書物でも読めるようになる。最近の人が（書物に）取り組もうとしていないのはそもそも論外だが、取り組もうとしている人でも、何が緊要のところであるのかがわかっていないので、まったく取っかかりを見出せないのだ。」［黄義剛］

林恭甫(1)問「論語記門人問答之辭、而堯曰一篇乃記堯舜湯武許多事、何也。」曰「不消恁地理會文字、只消理會那道理。譬如喫飯(2)、椀中盛得飯、自家只去喫、看那滋味如何、莫要問他從那處來。堯曰一篇、某也嘗見人說來(3)、是夫子嘗誦述前聖之言、弟子類記於此。先儒亦只是如此說。然道理緊要却不在這裏、這只是外面一重、讀書須去裏面理會。譬如看屋(2)、須看那房屋(校1)間架、莫要只去看那外面墻壁粉飾。如喫茘枝、須喫那肉、不喫那皮。公而今却是剝了那肉、却喫那皮核。讀書須是以自家之心體驗聖人之心(4)。少間體驗得熟、自家之心便是聖人之心。

某自二十時看道理、便要看那裏面。嘗看上蔡論語(5)、其初將紅筆抹出、後又用青筆抹出、又用黃筆抹出、三四番後、又用墨筆抹出、是要尋那精底。看道理、須是漸漸向裏尋到那精英(6)處、方是。如射箭(7)、其初方上垜、後來又要中帖。少間又要中第一暈、又要中第二暈、後又要到紅心。公而今只在垜之左右、或上或下、却不要中的、恁地不濟事。須是子細看、看得這一般熟後、事事(校2)書都好看。便是七言雜字(8)、也有道理。未看得時、正要去緊要處鑽。少間透徹、則無書不可讀。而今人不去理會底、固是不足說。去理會底、又不知尋緊要處、也都(校3)討頭(9)不着。」［義剛］

(校1) 楠本本は「屋」を「室」に作る。
(校2) 楠本本は「事事」を「事々」に作る。
(校3) 楠本本は「都」を「却」に作る。
※巻五〇・1条（一二一五頁）は同じく黄義剛による記録であるが、本条の前半部分を部分的に省略したもの。林恭甫問「論語記門人問答之辭、而堯曰一篇乃記堯舜湯武許多事、何也。」曰「不消恁地理會文字。某見說、堯曰一篇是夫子嘗誦述前聖之言、弟子類記於此。先儒亦只是如此說。然道理緊要却不在這裏。」
(1) 林恭甫　諱・出身ともに未詳。
(2) 譬如喫飯／譬如看屋　同様の比喩が以下の条にも見える。巻二〇・35条（四五二頁）「此正如看屋、不向屋裏看其間架如何、好惡如何、堂奥如何、只在外略一綽過、便說更有一箇好屋在。又說上面更有一重好屋在。又如喫飯、不喫在肚裏、却向上家討一碗來比、下家討一碗來比、濟得甚事」、巻二八・44条（七一七頁）「曾點已見大意（『論語集注』先進篇所引の程子の語「曾點漆雕開、已見大意」）、却做得有欠缺。漆雕開見得不如點透徹、而用工却密。點天資甚高、見得這物事透徹。如一箇大屋、但見外面牆圍周匝、裏面間架却未見得、却又不肯做工夫」。
(3) 堯曰一篇、某也嘗見人說來　堯曰篇の成り立ちについて、『論語精義』巻十下・堯曰に諸説が引かれている。そのうち本条の記述に最も近いのは、「尹曰、孔子當周之末、不得見二帝三王之治。故嘗諷誦其言而思其人。弟子所以類而記之」として引かれる尹焞の説である。
(4) 以自家之心體驗聖人之心　巻十九・33条（四三二頁）「須以此心比孔孟之心、將孔孟心作自己心」。
(5) 嘗看上蔡論語　謝良佐には『論語解』がある。『論語解』に対する朱熹の評価は、以下を参照。巻十九・90条（四四二頁）「上蔡論語解、言語極多。看得透時、它只有一兩字是緊要」、巻一一七・24条（二八一四頁）「如

上蔡論語、義理雖未盡、然人多喜看、正以其説有過處、啓發得人、看者易入」。これを朱熹が繰り返し読んだ話は、巻一一五・41条小字注（二七八三頁）にも見える。「某少時爲學、十六歳便好理學、十七歳便有如今學者見識。後得謝顯道論語、甚喜、乃熟讀。先將朱筆抹出語意好處。又熟讀得趣、覺見朱抹處太煩、再用墨抹出。又熟讀得趣、別用靑筆抹出。又熟讀得其要領、乃用黄筆抹出。至此、自見所得處甚約、只是一兩句上。却日夜就此一兩句上用意玩味、胸中自是洒落」。

（6）精英　精髓、精粋、もっともすぐれた部分。巻十四・55条（二五九頁）「只是一箇陰陽五行之氣、滾在天地中、精英者爲人、渣滓者爲物、精英之中又精英者爲聖爲賢、精英之中渣滓者、爲愚爲不肖」、巻四一・22条（一〇四八頁）「曾點只是見他精英底、却不見那粗底」。

（7）如射箭　巻九・39条（一五四頁）「人爲學、須是要知箇是處、千定萬定。……且如人學射、若志在紅心上、少間有時只射得那帖上。志在帖上、少間有時只射得那垜上。志在垜上、少間都射在別處去了」、巻六二・149条（一五一八頁）「致其中、如射相似。有中帖者、有中垜者、有中紅心之邊暈者、皆是未致。須是到那中心、方始爲致」。

（8）七言雜字　「雜字」は、物の名前を一つの韻文にまとめ、暗誦するのに便利にしたもの。初学の子供の勉強に用いられた。

（9）討頭　手がかりをつかむ、とっかかりをつかむ、脈絡をつかむ。巻一一七・46条（二八二六頁）「曾子初亦無討頭處、只管從下面捱來捱去、捱到十分處、方悟得一貫」、巻十一・135条（一九六頁）「通鑑是逐年事、逐年過了、更無討頭處」［道夫錄云、更無蹤跡］。

【19】

子升「これまでの私の読書は、拙速という悪癖ゆえに、疑問ばかりが多く、全く身になりませんでした。いま先生のご教示を得て、『大学』から復習していこうと思うようになりました。」

朱子「その通りだ。そのつどそのつど（自分のこととして）意識的に取り組めばよいのだ。「持敬」のことを話題にする場合でも、内へと一歩踏み込んで取り組むことが大切であって、単に（自分とは無関係な）人ごととして考えるだけではいけない。」　［銭木之］

子升(1)問「向來讀書、病於草草、所以多疑而無益。今承先生之教、欲自大學溫去。」曰「然。只是著便把做事(2)。如說持敬、便須入隻脚在裏面做、不可只作說話看了。」　［木之(校1)］

（校1）楠本本は「木之」の後に「一」の一字あり。

（1）子升　姓名・出身ともに未詳。『学案補遺』巻六九によれば、「子升」は本条の記録者である銭木之の字であるという。しかし、巻一二〇・19条（本条）～21条は「子升問」で始まる銭木之の記録であることから、『語類』の編者は明らかに「子升」と銭木之を別人視している（以上、田中謙二「朱門弟子師事年攷」一〇二頁による）。

（2）把做事　（努力して取り組むべき）事柄とみなす、意識的に取り組む。巻五二・157条（一二六四頁）「必有事焉（『孟子』公孫丑上）、是須把做事做。如主敬、也須是把做事去主、如求放心、也須是把做事去求、如窮理、也須是把做事去窮」、巻一一八・78条（二八五七頁）「聖賢說得極分明。夫子說了、孟子恐後世不識、又說向裏。後之學者依舊不把做事、更說甚閑話」、巻一二五・19条（二九八九頁）「莊周是箇大秀才、他都理會得、只是不把做事」。

（第18～19条担当　江波戸　亙）

【20】

子升「主一の修養は、（静の場面を主としているようでも）動の場面も静の場面も兼ねているのでしょうか。」朱子「動の場面であっても精神を一つ事に向けて収斂し、あれこれみだりに考えず、右往左往しなければ、それが主一なのだ。」

子升「「敬」によって「誠」へと到達できるのでしょうか。」

朱子「「誠」とは嘘偽りなく真に実であること、「敬」とは厳粛であることだ。いまそんなふうな（「敬」によって「誠」に到るなどというような）見方をする必要はない。はっきりと理解できたならば、それを実践してゆくだけのことだ。「整斉厳粛」「其の心収斂す」「常惺惺」といったことがすべてを貫いている。」［銭木之］

子升問「主一工夫兼動靜否(1)。」曰「若動時收斂心神在一事上、不胡亂思想、東去西去、便是主一。」又問「由敬可以至誠否(2)。」曰「誠自是眞實(3)、敬自是嚴謹。如今正不要如此看。但見得分曉了、便下工夫做將去。如整齊嚴肅(4)、其心收斂(5)、常惺惺(6)數條、無不通貫。」［木之］

（1）主一工夫兼動靜否　程頤は心の修養法として提示した「敬」を「主一無適」と定義する。『遺書』巻十五・

177条（一六九頁）「所謂敬者、主一之謂敬。所謂一者、無適之謂一」。本条で話題になっている「兼動静」の背景になっているのは、「主一」が静に偏るのではないかという懸念。巻九六・39条（二四六八頁）「伊川云、主一之謂敬、無適之謂一。又曰、人心常要活、則周流無窮而不滞於一隅。或者疑主一則滞、滞則不能周流無窮矣。道夫竊謂、主一則此心便存、心存則物來順應、何有乎滞。曰、固是。然所謂主一者、何嘗滞於一事。不主一、則方理會此事而心留於彼、這却是滞於一隅」。

（2）由敬可以至誠否　「敬」と「誠」の先後については、程頤の次の言葉が前提となっている。『遺書』巻十一・111条（一二七頁）「誠者天之道、敬者人事之本。［敬者用也。］敬則誠」。なお、「敬」と「誠」の関係については、巻六・30条（一〇三頁）以下の数条、および巻十二・121条（二一三頁）、巻一一三・21条（二七四三頁）参照。

（3）誠自是眞實　『中庸章句』十六章「誠者、眞實無妄之謂」。

（4）整齊嚴肅　『遺書』巻十五・54条（一五〇頁）「主一則不消言閑邪。有以一爲難見、不可下工夫。如何一者、無他、只是整齊嚴肅、則心便一」、同・182条（一七〇頁）「嚴威儼恪、非敬之道、但致敬須自此入」。巻十七・10条（三七一頁）「問、或問擧伊川及謝氏尹氏之説、只是一意説敬。曰、主一無適、又説箇整齊嚴肅。整齊嚴肅、亦只是主一無適意。且自看整齊嚴肅時如何這裏便敬。常惺惺也便是敬。收斂此心、不容一物、也便是敬。此事最易見。試自體察看、便見。只是要教心下常如此」。

（5）其心收斂　尹焞の言葉。『外書』巻十二・88条（四三三頁、祁寛所記尹和靖語）「先生（＝尹焞）曰、初見伊川時、教某看敬字、某請益。伊川曰、主一則是敬。當時雖領此語、然不若近時看得更親切。寛問、如何是主一、願先生善喩。先生曰、敬有甚形影。只收斂身心便是主一。且如人到神祠中致敬時、其心收斂、更著不得毫髮事、非主一而何」。

（6）常惺惺　謝良佐の言葉。『上蔡語録』巻二・36条「敬是常惺惺法」。

【21】

子升が、事に直面すると心を保つことができないという欠点についておたずねした。

朱子「ただその度ごとに警戒反省し、どこかへ行ってしまった心をここに取り戻しなさい。心がここにあるかどこかへ行ってしまうかは、自分自身のほんの一瞬の気持ち次第なのだ。」

ある者が、先生の呂子約（祖倹）への書簡に「心がどこかへ行ってしまったことに気づき、それを取り戻せば、心は保たれる」とあるのを挙げた。この言葉は最も切実緊要である。

また、（『論語』で）曾子が孟敬子に「君子、道に貴ぶ所の者は三つ」と言ったことについて質問すると、

朱子「曾子の意としては、（君子が貴ぶ「容貌を動かす」「顔色を正す」「辞気を出す」の三つのことは）下文の「籩豆の事は則ち有司存す（祭器のことは専門の役人がいる）」との比較で言っている。つまり、君子が「容貌を動かす」のは、「暴慢を遠ざける」ため、「顔色を正す」のは、「信に近づく」ため、「辞気を出す」のは、「鄙倍を遠ざける」ためなのだ。これが優先すべき根本だ。「籩豆の事は則ち有司存す」となると、それはつまり後にすべき些末事にすぎないのであって、修養に関わる事として述べてはいない。上文の三つの修養は、ふだんの操存（心を意識的に保つこと）や省察（みずからを省み見極めること）にかかっている。」　［銭木之］

子升問遇事心不存之病。曰「只隨處警省、收其放心(1)。收放只在自家俄頃(2)瞬息間耳。」或擧先生與呂子約書(3)、

有知其所以爲放者而收之、則心存矣。此語最切要[4]。

又問曾子謂孟敬子、君子所貴乎道者三[5]之意。曰「曾子之意、且將對下面籩豆之事則有司存說。言君子動容貌、要得遠暴慢。正顏色、要得近信。出辭氣、要得遠鄙倍。此其本之所當先者。至於籩豆之事則有司存、蓋末而當後者耳、未說到做工夫上。若說三者工夫、則在平日操存省察耳。」　［木之］

（1）收其放心　『孟子』告子上「學問之道無他、求其放心而已」。

（2）俄頃　ほんの短い時間、瞬間。巻一〇一・183条（二五九二頁）「大抵心只操則存、捨則放了、俄頃之間、更不喫力」。

（3）先生與呂子約書　『文集』巻四八「答呂子約」第八書「舊讀胡子知言答或人以放心求放心之問、怪其覼縷散漫不切、嘗代之下語云、知其放而欲求之、則不放矣。嘗恨學者不領此意」。同巻七三「胡子知言疑義」参照。

（4）此語最切要　訳文は、記録者の言葉として訳出したが、朱熹の発言である可能性もあるか。

（5）君子所貴乎道者三　『論語』泰伯「曾子有疾、孟敬子問之。曾子言曰、鳥之將死、其鳴也哀。人之將死、其言也善。君子所貴乎道者三。動容貌、斯遠暴慢矣。正顏色、斯近信矣。出辭氣、斯遠鄙倍矣。籩豆之事、則有司存」。『集注』「道雖無所不在、然君子所重者、在此三事而已。是皆脩身之要、爲政之本、學者所當操存省察、而不可有造次顛沛之違者也」。

【22】

黎季成「これまでの学問修養は細々としていてまとまりのないものでしたが、いま先生のお教えを蒙り、人たる者の任務はきわめて重く、（その中に）全体を統括するものが貫かれていることがわかりました。」朱子「季成は相変わらず古巣（以前の学問）を守っている。一歩踏み出さなければならない。」

［龔蓋卿］

黎季成（1）問「向來工夫零碎、今聞先生之誨、乃見得人之所任甚重、統體（2）通貫。」曰「季成只是守舊窠窟（3）、須當進步。」　［蓋卿］

（1）黎季成　名は未詳。江西の人。

（2）統體　全体を統括するもの。ここでは下文の「通貫」とともに、上文の「零碎」に対して言ったものか。巻十五・113条（三〇四頁）「心、言其統體。意、是就其中發處」、巻三七・44条（九八九頁）「經者、道之常也。權者、道之變也。道是箇統體、貫乎經與權」。

（3）窠窟　巣、巣穴、住処。巻三六・95条（九六九頁）「聖人便不勉而中、不思而得。這處如何大段著力得。才著力、又成思勉去也。只恁地養熟了、便忽然落在那窠窟裏」、巻六三・91条（一五四〇頁）「但老子則猶自守箇規模子去做、到得莊子出來、將他那窠窟盡底掀番了、故他自以爲一家」、巻七三・32条（一八四八頁）「……却便先萌箇計功計獲底心、要如何濟他、如何有益、少間盡落入功利窠窟裏去」。本条で「守舊窠窟」と批判されているのは、黎季成の「統體通貫」という発言が、いかにも江西の学の弊害を脱し切れていないと感じられたからか。巻二七・53条（六八四頁）「若江西學者都無一錢、只有一條索、不知把甚麼來穿」。

【23】

敬之［姓は黄、名は顕子］「（『論語』の「思ひて学ばざれば則ち殆《あやふ》し」とは）道理が心に明らかとなった上でも、さらに手本となるものを参考にしなければ、安定は得られないということですね。」

朱子「（『中庸』にいう）「学」「問」「思」「辨」は、どれも（『論語』にいう）「学」だ。「学」はその事に習熟すること、「思」はその道理を考えることなのだ。ただ手本を参考にするというだけではだめで、その手本に基づいて行なわなければならない。しかしそれも瓢箪を手本どおり模写する（何も考えず丸写ししようとする）ようではだめで、あらゆる方面から自分で考え探究してゆかなければならない。」［徐寓］

敬之［黄、名顯子。］問「理既明於心、須又見這樣子(1)、方始安穩。」曰「學問思辨(2)、亦皆是學。但學是習此事、思是思量此理者(3)。只說見這樣子又不得、須是依樣去做。然只依本畫葫蘆(4)又不可、須是百方自去尋討、始得。」［寓］

（1）樣子　てほん。巻二四・77条（五八四頁）「學而不思、如讀書不思道理是如何。思而不學、如徒苦思索、不依樣子做」。本条の質問も、『論語』為政「學而不思則罔、思而不學則殆」の「思而不學則殆」の解釈をめぐるもの。

（2）學問思辨　『中庸』（章句二十章）「博學之、審問之、愼思之、明辨之、篤行之」。

（3）學是習此事、思是思量此理者　ここの「學」「思」は、注（1）所引の『論語』の言葉についてのもの。

（4）依本畫葫蘆　何も考えず見たままを模倣することの譬え。巻四一・29条（一〇七七頁）「如顔子克己復禮工

夫、却是從頭做起來、是先要見得後却做去、大要著手脚。仲弓却只是據見成本子做、只是依本畫葫蘆、都不問著那前一截了。……顏子似創業之君、仲弓似守成之君」。

【24】

敬之（黄顕子）に語って言われた。

朱子「君は書物を読むのに、ひたすら深く読み込もうとばかりしているようだが、そんなことをしてもきりがないし、それではたくさんの書物が読めない。ここはただ（程子の所謂）「主一無適（一つことに集中して、心がどこかへ逸れていかないようにする）」、（『易』の）「敬以て内を直くす」というように涵養していくだけだ。私は常々思うのだが、書物は深く読み過ぎるよりはむしろ浅く読む方がよいし、高尚に読み過ぎるよりは卑近に読む方がよい。つまり、浅く卑近な読み方であれば、たとえ緊要な所にまだ到達できずとも、そこから推し窮めてゆけば、いつか理解できる時も来る。深遠に過ぎると、もう後戻りする機会をなくしてしまう。たとえば、建陽に行くのに、信州を出て、崇安で足を止めても問題はない。翌日さらに進んでゆけば到着できるだろう。もし径路を問わずに、ひたすらまっすぐ進んで均亭を通り過ぎ、更にどんどん進んで行けば、いつまで経っても建陽に到着できない。」　［徐寓］

語敬之「今看文字、專要看做裏面去。如何裏面也更無去處、不看[校1]得許多言語。這裏只主一無適[1]、敬以直内[2]、涵養去。嘗謂文字寧是看得淺、不可太深、寧是低看、不可太高。蓋淺近雖未能到那切近處、更就上面推尋、却有見時節。若太深遠、更無回頭時。恰似[校2]人要來建陽、自信州來、行到崇安歇了、却不妨[3]。明日更行、須會到。

若不問來由、一向直走過均亭(4)去、迤邐(5)前去、更無到建陽時節。」 〔寓〕

（校1）「看」を、正中書局本は「着」に作り、朝鮮整版は「著」に作る。

（校2）底本は「似」を「是」に作る。諸本に従い改める。
（1）主一無適　『遺書』巻十五・177条（一六九頁）「所謂敬者、主一之謂敬。所謂一者、無適之謂一」。
（2）敬以直内　『易』坤・文言「君子敬以直内、義以方外。敬義立而徳不孤」。
（3）人要來建陽～却不妨　「建陽」「信州」「崇安」はいずれも地名。「建陽」は福建省北部の朱熹たちの居所。「信州」はその北の江西省南部、「崇安」は「信州」と「建陽」の中間に位置する。
（4）均亭　文脈から考えて、建陽よりも南に位置する福建省の地名であろうが、未詳。『文集』別集巻一に収める魏元履への書簡に「適有均亭便」とある。魏元履は建寧の人であるから、あるいは建寧の辺りか。
（5）迤邐　次々、順次。巻十五・144条（三一〇頁）「只是細推他節目緊要處、則須在致知格物誠意迤邐做將去」、巻一〇四・10条（二六一三頁）「只五年間可以讀得經子諸書、迤邐去看史傳、無不貫通」。

（第20～24条担当　小池　直）


【25】

敬之（黄顯子）に語って言われた。

朱子「（書物の中の）道理については、そのように読めばよい。それよりも自分自身が奮起して実践してゆかねばいけない。君の大きな欠点はぐずぐず臆病であることだ。もっと勇気をもってずばっとやるべき事はやるのだ。あれこれあらかじめ算段したり、じっと待っていてはいけない。人に頼ったり、書物や言葉に頼らずに、ただ自分で自分を点検するのだ。君は『易』を読んだことがあるだろう。『易』には「陽剛陰柔」とあるが、「陰柔」は非常によくない。」　［葉賀孫］

語敬之曰「這道理也只是如此看。須是自家自奮迅(1)做去、始得。看公大病痛只在箇懦弱、須是便勇猛果決、合做便做。不要安排、不要等待、不要靠別人、不要靠書籍(校1)言語、只是自家自檢點。公曾看易、易裏說陽剛陰柔、陰柔是極不好(2)。」　［賀孫］

（校1）和刻本・楠本本は「籍」を「藉」に作る。

（1）奮迅　奮起してすぐ行動するさま。巻七〇・192条（一七七四頁）「大抵資質柔巽之人、遇事便不能做事、無奮迅之意、所以事遂至於蠱壞了」。

（2）陰柔是極不好　巻十三・101条（二三八頁）「某看人也須是剛、雖則是偏、然較之柔不同。易以陽剛爲君子、陰柔爲小人。若是柔弱不剛之質、少間都不會振奮、只會困倒了」。

【26】

黄敬之（顯子）に語って言われた。

朱子「気持ちを奮い立たせなさい。そんなふうにのんびり構えていてはだめだ。のんびりしているところは引き締めて、引き締まったところは、のんびり気を緩めないようにするのだ。」［葉賀孫］

語黄敬之「須是打撲(校1)精神(1)、莫教恁地慢。慢底須是矯(校2)教緊、緊底須是莫放教慢(校3)(2)。」［賀孫］

（校1）正中書局本は「撲」を「僕」に作る。
（校2）「矯」を、正中書局本・朝鮮整版・楠本本は「橋」に作り、和刻本は「撟」に作る。
（校3）楠本本には、本条の直前に本条冒頭「語黄敬之～矯教緊」を掲げ、版心を挟んで、前条の末尾「是極不好［賀孫］」を重複した誤写がある。

（1）打撲精神　発憤して気持ちを奮い立たせる。次の27条にも見える。
（2）慢　のんびりする、気を緩める。巻三五・151条（九四三頁）「學如不及、猶恐失之、如今學者却恁地慢了。譬如捉賊相似、須是著起氣力精神、千方百計去趕捉他、如此猶恐不獲。今却只在此安坐熟視他、不管他、如何奈得他何。只忺時起來行得三兩步、懶時又坐、恁地如何做得事成」。

【27】

敬之（黄顯子）に語って言われた。

朱子「君は本当に意気地がない。書物を読んでもいつもそんなふうにぐずぐず優柔不断だ。それもこれも道理がはっきり分かっていないからに他ならない。」

（葉）賀孫「先生は以前、敬之に『孟子』を読ませました。この書をしっかり読めば、彼の気質も変えられるのでしょうか。」

朱子「道理が明らかになれば、自然に変わるだろう。『孟子』を読むことで言えば、読んでも以前のままのその人であれば、読まないも同然で、『孟子』の中身を何一つ読み取れていない。いつまでたっても孟子は孟子であり、自分自身は自分自身にすぎない。書物を読んで道理を考える時には、気合いを入れて、気持ちを奮い立たせて、すべてがすっきりするまで読んでこそ、自分自身に有益なのだ。私は近頃年を取ってしまい、あまり力を込めて書物を読まない。昔だったら、書物を読んで理解できない段落があれば、必ず理解できるまで頑張ったので、実に苦労した。最近はむしろさらっと読めている。昔はむりやりにでも明らかにしなければ気が済まなかった。やはり初めは私のように力を込めて頑張らなければならないことを、君たちは知らなくてはいけない。君たちはそんなふうにのんびり構えて、進もうにもその勇気がなく、取ろうにも取れず、まるで手探りをして手に何かが触れるのを恐れているかのようだ。そんなふうに書物を読んでも、結局は道理が分からないし、何にもならず、時間を無駄に費やすだけだ。もっと果敢に前へ進んで行って、「一匹の馬、一本の槍（自分自身の力）」だけを頼りにやってみなさい。ひたすら何を恐れているのだ。（孟子に）「彼丈夫なり、我丈夫なり、吾れ何ぞ彼を畏れんや（彼＝聖賢は人であり、私も人である。何を恐れることがあろうか）」とあるように、彼にはもともとたくさん道理があり、自分自身にももともと同じようにたくさん道理がある。彼がやれることは、自分自身もやれるのだ。私は近頃道理が明らかに分かるようになったので、たとえ何か利害や禍福に大きく関わることであっても、まったく恐れない。ただ道理としてそうすべきだと分かれば、そうするだけのことだ。」　［葉賀孫］

語敬之曰「敬之意氣甚弱、看文字都恁地遲疑不決、只是不見得道理分明。」賀孫問「先生向令敬之看孟子。若讀此書透、須自變得氣質否。」曰「只是道理明、自然會變。今且說讀孟子、讀了只依舊是這箇人、便是不曾讀、便是不曾得他裏面意思。孟子自是孟子、自家身己自是自家身己。讀書看道理、也須著些氣力、打撲精神(1)、看教分明透徹、方於身上有功。某近來衰晩、不甚著力看文字。若舊時看文字、有一段理會未得、須是要理會得、直是辛苦。近日却看得平易、舊時須要勉强說教得方了。要知、初間也著如此著力。看公如今只恁地慢慢、要進又不敢進、要取又不敢取、只如將手恁地探摸、只怕物事觸了手相似。若恁地看文字、終不見得道理、終不濟事、徒然費了時光。須是勇猛向前、匹馬單鎗(2)做將去看如何、只管怕箇甚麼。彼丈夫也、我丈夫也、吾何畏彼(校1)哉(3)。他合下也有許多義理、自家合下也有許多義理、他做得、自家也做得。某近看得道理分明、便是有甚利(校2)害、有甚禍福、直是不怕。只是見得道理合如此、便做將去。」［賀孫］

(校1) 楠本本は「彼」の字を欠き、空白とする。

(校2) 正中書局本は「利」を「刑」に作る。

(1) 打撲精神　前26条注(1)参照。

(2) 匹馬單鎗　一匹の馬、一本の槍で敵に立ち向かうこと。他人の助けを当てにせず、自分の力で行動することをいう禅語。『景徳伝灯録』巻十二「汝州南院和尚問、匹馬單鎗來時如何。師曰、待我斫棒」。『大慧普覚禅師語録』巻一「不動居士至。上堂。僧問、徑山布龍蛇陣、居士匹馬單槍、當恁麼時如何相見。師云、老僧打退鼓」。

(3) 彼丈夫也~吾何畏彼哉　『孟子』滕文公上「成覸謂齊景公曰、彼丈夫也、我丈夫也、吾何畏彼哉。顏淵曰、舜何人也、予何人也、有爲者亦若是。公明儀曰、文王我師也、周公豈欺我哉」。巻一一三・33条(二七五〇頁)

参照。

（第25～27条担当　蔣　建偉）

【28】

黄敬之（顗子）から手紙があり、先生が私（万人傑）にお見せになった。

人傑「彼が名義（経書の語義や解釈）を論じたところは、当たっているところもあれば、当たっていないところもあります。とはいえ、彼には実地の修養が伴っていないので、名義を論じても仕方がないものと存じます。」

朱子「名義についても考えなければならない。実地に修養をしていく場合でも、まず名義を理解し、すべて落ち着くべきところにきちんと落ち着けなければならないのだ。彼は「易は心の妙用、太極は性の本体」などと言っているが、この説には問題がある。伊川（程頤）の所謂「その体は則ちこれを易と謂い、その理は則ちこれを道と謂い、その用は則ちこれを神と謂う」であってこそ、妥当な説明といえる。しかし、伊川の所謂（「その体は則ちこれを易と謂う」の）「体」の字は、実の字の意味に近く、体（本体）と用（作用）を合わせて言っているのだ。陰陽動静の類は、つきつめれば陰が体であり、陽が用であり、静にして動、動にして静、これこそ易が「体（実体）」である理由なのだ。」

人傑「以前、先生は（「その体は則ちこれを易と謂う」の）「体」は形体（形のある実体）であるとし、形気において説明されていました。それよりも（易を）体と用とを兼ねたものとして説明する方がより包括的であるということでしょうか。」

朱子「形気において説明するならば、むしろ偏った説明になってしまう。体と用とを兼ねたものとして説明してこそ、全てが包括され、下文の「その理は則ちこれを道と謂い、その用は則ちこれを神と謂う」という二句をも一貫させることができるのだ。」［万人傑］

黄敬之有書、先生示人傑。人傑云「其説名義處、或中或否。蓋彼未有實功、説得不濟事。」曰「也須要理會。若實下功夫、亦須先理會名義、都要著落。彼謂易者心之妙用、太極者性之本體。其説有病。如伊川所謂、其體則謂之易、其理則謂之道、其用則謂之神(1)。方説得的當。然伊川所謂體字與實字相似。乃是該體用而言。如陰陽動靜之類、畢竟是陰爲體、陽爲用、靜而動、動而靜、是所以爲易之體也。」人傑云「向見先生云、體是形體(2)、却是著形氣説、不如説該體用者爲備耳。」曰「若作形氣説、然却只説得一邊。惟説作該體用、乃爲全備、却統得下面其理則謂之道、其用則謂之神兩句。」［人傑］

（1）其體則謂之易、其理則謂之道、其用則謂之神　『遺書』巻一・15条（四頁）「忠信所以進德、終日乾乾、君子當終日對越在天也。蓋上天之載、無聲無臭、其體則謂之易、其理則謂之道、其用則謂之神、其命於人則謂之性、率性則謂之道、修道則謂之教」。

（2）體是形體　巻九五・26条（二四二二頁）「其體則謂之易、在人則心也。其理則謂之道、在人則性也。其用則謂之神、在人則情也。所謂易者、變化錯綜、如陰陽晝夜、雷風水火、反復流轉、縱横經緯而不已也。人心則語默動靜、變化不測者是也。體是形體也。［賀孫録云、體非體用之謂］言體則亦是形而下者、其理則形而上者也。故程子曰、易中只是言反復往來上下、亦是意也」、巻六五・66条（一六一四頁）「昨日先生説、程子謂其體則謂之易、體猶形體也、乃形而下者。易中只說箇陰陽交易而已」、巻五・20条（八四頁）「賀孫問、其體則謂之易、體是如何。曰、體不是體用之體。恰似說體質之體、猶云其質則謂之易」。

【29】

朱子「私は普段から怠けるということができない。病が重いときでも、一心に先へ先へと進もうと思い、自然と怠けることができなかった。今の人が怠けてしまうのは、必ずしも本当に惰弱だからではない。物事を心配する気持ちが先に立ってしまい、何か事があれば、その難しさを思ってやろうとしなくなってしまうのだ。先に畏縮する心があるので、惰弱であることに慣れてしまい、何もできなくなってしまうのだ。」

昌父（趙蕃）「私は普段から気が弱いと自覚しております。日々の修養においても、ただ簡単なことを選んでやっているだけです。あるいは歴史上の人物を研究するときにも、自分と力量の近い人物を選んでこれを学ぶだけで、難しいと感じると進んでいくことができませんでした。」

朱子「そうした簡単なところから、ますますいわゆる難しいところを求めていかなければならないし、近いところから、ますますいわゆる遠いところを求めていかなくてはならない。現状を守って進歩を求めないようではだめだ。自分の力量があの難しいところに達することができないとしても、それでも慕って追い求めていくように努力していかなくてはならない。今の人はみな、もうこれ以上できないというところに至っていないうちに、初めから怠けてしまっているのだ。惰弱ではあったとしても、どうして難しいところや遠いところに向かって進んでいかなくてよいものか。求めさえすれば、得られないことはないのだ。もし本当に努力して求めていって得られないのであれば、それは仕方のないことだ。」

昌父「私は幸いに諸先輩方の言葉を聞くことができました。何とかそれを謹んで守り、背かないようにやっていきたいと存じます。」

朱子「それはもちろん良いことだ。しかし結局、活《い》きたやりかたとはいえまい。」［沈僴］

「某平生不會懶、雖甚病、然亦一心欲向前做事、自是懶不得。今人所以懶、未必是眞箇怯弱、自是先有畏事之心(校1)。纔見一事、便料其難而不爲。緣先有箇畏縮之心、所以習成怯弱而不能有所爲也。」昌父云「某平生自覺血氣弱、日用工夫多只揀易底事做。或尙論人物、亦只取其與己力量相近者學之、自覺難處進步不得也。」曰「便當因(校2)這易處而益求其所謂難、因這近處而益求其所謂遠、不可只守這箇而不求進步。縱自家力量到那難處不得、然不可不勉慕而求之。今人都是未到那做不得處、便先自懶怯了。雖是怯弱、然豈可不向前求其難者遠者。但求之、無有不得。若眞箇著力求而不得、則無如之何也。」趙曰「某幸聞諸老先生之緒言、粗知謹守、而不敢失墜爾。」曰「固是好、但終非活法(1)爾。」

［僴］

（校1）楠本本は「心」字を欠き、空白とする。

（校2）底本・楠本本は「因」の字を欠くが、正中書局本・朝鮮整版・和刻本に拠り補う。

（1）活法　応用の利く方法、融通性のある方法。反対は「死法」。巻一〇一・104条（二五七五頁）「和靖持守有餘而格物未至、故所見不精明、無活法」。

【30】

昌父（趙蕃）が辞去するに際し、教えを乞うた。

朱子「実なるところから修養していきなさい。」　［鄭可学］

昌父辭、請教。曰「當從實處(1)作工夫。」　［可學］

（1）實處　具体的な事物に即し、自分自身に切実なところ。抽象的で空虚な知識にとどまらない実感的なところ。卷一二〇・73条（二九〇四頁）「元昭告歸。先生曰、歸以何爲工夫。曰、子細觀來、平生只是夫實、當於實處用工夫。曰、只是粗、除去粗、便是實」、卷十四・7条（二五〇頁）「問、欲專看一書、以何爲先。曰、先讀大學、可見古人爲學首末次第。且就實處理會却好、不消得專去無形影處理會」、卷二七・37条（六七六頁）「曾子是事實上做出、子貢是就識上見得。看來曾子從實處做、一直透上去。子貢雖是知得、較似滯在知識上」。

（第28～30条担当　阿部　亘）

【31】

饒幹（字は廷老）が質問した。

饒幹「今の学ぶ者は、（孟子の所謂）「忘れる」でなければ「助長」になってしまいます。」

朱子「それはただ理を見ることが明らかでないだけだ。理は自分に本来あるもので、自分の中から出てくるのだから、どうして「忘れる」ことができようか。もし学ぶ者がはっきりとこれを分かっていれば、腹が減れば必ず食べ、咽が渇けば必ず飲むように、どうして「忘れる」ことがあろうか。腹いっぱいになったら食べることを止め、満腹になったら飲むことを止めるように、またどうして「助長」することがあるだろうか。それはすべて理を見ることが明らかでないがゆえの欠点だ。」［楊道夫］

饒幹廷老問「今之學者不是忘、便是助長(1)。」曰「這只是見理不明耳。理是自家固有底、從中而出、如何忘得。使他見之之明、如飢而必食、渴而必飲、則何忘之有。如食而至於飽則止、飲而至於滿腹則止、又何助長之有。此皆是見理不明之病。」［道夫］

（1）不是忘、便是助長　『孟子』公孫丑上「必有事焉而勿正、心勿忘、勿助長也。無若宋人然、宋人有閔其苗之不長而揠之者、芒芒然歸。謂其人曰、今日病矣、予助苗長矣。其子趨而往視之、苗則槁矣。天下之不助苗長者寡矣。以爲無益而舍之者、不耘苗者也。助之長者、揠苗者也。非徒無益、而又害之」。

【32】

先生が饒廷老（幹）に言われた。

朱子「君の最近の様子を見ていると、学問に対する気持ちを失ってしまっている。県事の仕事が繁雑であるのは仕

方のないこと、もっと学問修養に努めなさい。」　［襲蓋卿］

先生謂饒廷老曰「觀公近日都汩沒(1)了這箇意思。雖縣事(2)叢冗、自應如此、更宜做工夫。」　［蓋卿］

（1）汩沒　何かに蔽われて見えなくなってしまうこと。巻十一・4条（一七六頁）「日間常讀書、則此心不走作、或只去事物中袞、則此心易得汩沒。知得如此、便就讀書上體認義理、便可喚轉來」、巻十四・80条（二六二頁）「人本來皆具此明德、德内便有此仁義禮智四者。只被外物汩沒了不明、便都壞了」。

（2）縣事　官職名。県長官には、県令・知県事・丞・主簿・尉等がある（『宋代官制辭典』中華書局、五五二頁）。饒幹については、巻十一・135条（一九六頁）に「饒宰問看通鑑」という記述が見える。「宰」は県令の別称。『門人』（三六四頁）は「縣丞饒幹」とする。「縣丞」は県事の輔佐。

【33】

彭兄弟（彭尋、彭蠡）が初めて先生にお目にかかった時、先生は、普段どのような学問に努めているのかおたずねになった。

彭兄弟「科挙に煩わされており、受験用の文章のほかは学んでおりません。」

朱子「今の学ぶ者の多くはそうだ。しかし（科挙のためとはいえ）聖人の書物を読んでいるのだから、書かれていることを我が身に引き当てて反省すればよい。」

二人はしきりに家での実践のことなどを申し上げた。

朱子「身をもって実践することはもちろんよいことだが、学問もしなければいけない。学問をしなければ、事に遇うとふらふら安定しないところが出てくる。学問ができていれば、落ち着いて対処してゆける。道理というものは、聖人の言葉を出るものではないのだから、ただ熟読して深く考えなさい。例えば、人が慣れていない書物を読むのと慣れている書物を読むのでは、自ずと違うところがある。その書物に習熟した時には、人の言葉も自分の言葉のようになる。他の書物を読むより、『論語』を読むことが最も重要だ。つまり、『論語』の中にはすべての事が書かれているのだ。もしただ実践するだけで学問をしなければ、ぼんやりとした好人物であるにすぎない。」

朱子「『論語』は素焼きの型のような基礎となるもの、細かく考えていけばまだまだいろいろ議論すべき問題がある。」〔周謨〕

二彭〔尋蠡。〕初見、問平居做甚工夫。曰「爲科擧所累、自時文外不曾爲學。」曰「今之學者多如此。然既讀聖人書、當反身而求可也。」二公頗自言其居家實踐等事。曰「躬行固好、亦須講學。不講學、遇事便有嵲屼(1)不自安處。講學明、則坦坦地行將去。此道理無出聖人之言、但當熟讀深思。且如人看生文字與熟文字、自是兩般。既熟時、他人說底便是我底。讀其他書、不如讀論語最要。蓋其中無所不有。若只躬行而不講學、只是箇鶻突底好人。」又曰「論語只是箇坯璞子(2)、若子細理會、煞有商量處。」〔謨〕

（1）嵲屼　でこぼこ不安定であること、ふらふら落ち着かないこと。次の例に見える「隉杌」も同義。巻一一九・28条（二八七七頁）「所謂思而不學則殆、殆者、心隉杌危殆不安」。

（2）坯璞子　（素焼きの）型、下地、基礎。巻三四・42条（八六四頁）「志於道、如講學力行、皆是。據於德、則是這箇物事已成箇坯璞子了」、巻七・3条（一二四頁）「古者小學已自養得小兒子這裏定、已自是聖賢坯璞了、但未有聖賢許多知見」。

【34】

泉州の趙公に語って言われた。

朱子「学問はもちろん読書だけではない。しかし読書をしなければ、義理（正しい道理や意味）が明らかになる手立てがない。要するに、どんな事柄でも考え取り組まねばならないし、どんな書物でも読まねばならないということだ。もしある書物を読まなければ、その書物の道理を欠くことになるし、ある一つの事を理解しなければ、その一つの道理を欠いてしまうことになるのだ。要は、気合いを入れて張り切ってやらなければならないが、とはいえ漫然とやっていてもいけない。だから程先生は人に「敬」を本とすることを教えたのであり、そうしてこそ心が定まり理が明らかになるのだ。孔子のいう「門を出でては大賓に見ゆるが如くす（家の外に出た際は、大切な賓客に会うときのように恭しく慎重に）」というのも、やはり人が「敬」に取り組むことを個別の場面で説いているのだ。「敬」はただそれを一言に集約した道理なのであって、ひたすら目を閉じ静坐をして、何も聞かず何も見ず、物事に対応しないようであってはじめて「敬」だというのではない。表情や服装、立ち居振る舞いを厳粛にし、心を引き締め、この身と心を放縦にしないこと、それがまさしく「敬」なのだ。常々、「敬」の字は何の字に近いかを考えているが、ちょうど「畏」の字に近い。」　［徐寓］

語泉州趙公(1)曰「學固不在乎讀書、然不讀書、則義理無由明。要之、無事不要理會、無書不要讀。若不讀這一件書、便闕了這一件道理。不理會這一事、便闕這一事道理。要他底(2)、須著些精彩(3)方得、然泛泛做又不得。故程先生教人以敬爲本(4)、然後心定理明。孔子言、出門如見大賓(5)云云、也是散説要人敬。但敬便是箇關聚(6)底道理、非專是閉目靜坐、耳無聞、目無見、不接事物、然後爲敬。整齊收斂(7)、這身心不敢放縱、便是敬。嘗謂敬字似甚字、恰似箇畏字相似。」　［寓］

※本条と類似した内容が巻十二・75条（二〇八頁、記録者呉浩）にも見える。「因説敬、曰、聖人言語、當初未曾關聚。如説出門如見大賓、使民如承大祭等類、皆是敬之目。到程子始關聚説出一箇敬來教人。然敬有甚物。只如畏字相似。不是塊然兀坐、耳無聞、目無見、全不省事之謂。只收斂身心、整齊純一、不恁地放縱、便是敬」。

（1）趙公　未詳。

（2）要他底　未詳。訳文では、上文の「要之」を別の表現に言い換えたものとして訳出した。

（3）著些精彩　気合いをいれて、張り切って、やる気を出して生き生きと。「精彩」は日本語の「精彩（を欠く、放つ）」と同義で、目立ってすぐれていることを意味するが、上に動詞「著」を伴う場合は、意識的に「精彩を放つ」ように努めること。巻一一七・31条（二八一七頁）「這道理不是如堆金積寶在這裏、便把分付與人去、亦只是説一箇路頭、教人自去討。討得便是自底、討不得也無奈何。須是自著力、著些精彩去做、容易不得」、巻十・21条（一六三頁）「看文字、須大段着精彩看。聳起精神、樹起筋骨、不要困、如有刀劍在後一般。就一段中、須要透」。

（4）以敬爲本　『遺書』巻十五・177条（一六八頁）「學者先務、固在心志。有謂欲屛去聞見知思、則是絕聖棄智。

有欲屏去思慮、患其紛亂、則是須坐禪入定。如明鑑在此、萬物畢照、是鑑之常、難爲使之不照。人心不能不交感萬物、亦難爲使之不思慮。若欲免此、唯是心有主。如何爲主。敬而已矣。……事爲之主、尙無思慮紛擾之患、若主於敬、又焉有此患乎。所謂敬者、主一之謂敬。所謂一者、無適之謂一。且欲涵泳主一之義、一則無二三矣」。巻十二・81条（二〇九頁）「人之爲學、千頭萬緒、豈可無本領。此程先生所以有持敬之語」、同・83条（二一〇頁）「程先生所以有功於後學者、最是敬之一字有力」。

（5）孔子言、出門如見大賓　『論語』顔淵「仲弓問仁。子曰、出門如見大賓、使民如承大祭。己所不欲、勿施於人。在邦無怨、在家無怨。仲弓曰、雍雖不敏、請事斯語矣」。この言葉は、「敬」を論ずる場合にしばしば使われる。

（6）闘聚　ここでは、孔子は「敬」という名称を持ち出さないまでも、「敬」の内容を個別の場面に即して諸処に説いているのに対して、程頤がそれを「敬」という名称で集約したことを指す。

（7）整齊收斂　本巻・20条注（4）（5）参照。

（第31～34条担当　田村　有見恵）

【35】

蕭兄が、心は（客体としてそれを）把捉できないのではないかと質問した。

朱子「もちろんそうだ。そもそも心は自分を把捉できるが、自分がどうやって心を把捉できようか。（心に対しては、それを客体化するのではなく）ただ義理（正しい道理）でもって涵養していく他はない。」

蕭兄「(『孟子』に)「其の志を持す」とありますが、どうして「志」に対しては自分が主となってそれを把持しようとするのでしょうか。」

朱子「「志」は心の発したあとのものだ。どうしてそのままに任せて把持しないでおられようか。ただかたくなにじっと守ろうとしてはいけないだけのことだ。」［襲蓋卿］

蕭兄(1)問心不能自把捉。曰「自是如此。蓋心便能把捉自家、自家却如何把捉得他。唯有以義理涵養耳(2)。」又問「持其志(3)、如何却又要主張(4)。」曰「志是心之發、豈可聽其自放而不持(校1)之。但不可硬守定耳。」［蓋卿］

（校1）楠本本は「持」を「待」に作る。

（1）蕭兄　記録者の襲蓋卿と同席している蕭姓の者は蕭佐（字は定夫）。巻七四・43条（一八八三頁）にも「蕭兄問」とあり、記録者は襲蓋卿。

（2）蓋心便能把捉自家～唯有以義理涵養耳　同様の発言が次の條にも見える。巻二〇・53条（四五六頁）「……震又云、其初用力把捉此心時、未免難、不知用力久後自然熟否。曰、心是把捉人底、人如何去把捉得他。只是以義理養之、久而自熟」。心はあくまでも主体であって客体にはならないということについては、『文集』巻六七「観心説」参照。

なお、「以義理涵養」は、程子の次の発言を踏まえたもの。『遺書』巻二上・64条（二一頁）「今之學者、惟有義理以養其心。若威儀辭讓以養其體、文章物采以養其目、聲音以養其耳、舞蹈以養其血脉、皆所未備」、同巻十七・27条（一七七頁）「學莫大於致知、養心莫大於禮義。古人所養處多、若聲音以養其耳、舞蹈以養其血脈。今人都無、只有箇義理之養、人又不知求」、同巻十七・33条（一七八頁）「或問、如何學可謂之有得。曰、大凡學問、聞之知之、皆不爲得。得者、須默識心通。學者欲有所得、須是篤、誠意燭理。上知、則穎悟自別。其次、須以義理涵養而得之」。同巻二一上・4条（二六八頁）、同巻二二上・2条（二七七頁）にも同様の発言が見える。

（3）持其志　『孟子』公孫丑上「夫志、氣之帥也。氣、體之充也。夫志至焉、氣次焉。故曰、持其志、無暴其氣」。

（4）主張　主宰する、主となって司る。『莊子』天運「天其運乎、地其處乎、日月其爭於所乎。孰主張是、孰維綱是」。巻十二・3条（一九九頁）「古人言志帥心君、須心有主張、始得」、巻五・91条（九六頁）「志是公然主張要做底事、意是私地潛行間發處」。

【36】

先生が曾光祖（興宗）にたずねられた。

朱子「君は読書をしていて、何か大きな疑問点はあるかね。」

光祖「「敬」を保持しようとしても、あまり安定しないと感じております。」

朱子「学びはじめたばかりでどうしてすぐに安定できようか。孔子であってはじめて「恭にして安（うやうやしく謙虚でいて、なおかつゆったりと安定している）」なのだ。いまの人はふだんから好き放題にだらしなくしていて、身も心もとかく安定しない。「敬」を保持しようとしはじめたばかりのときは、やはり少しぐらいは無理をしなければならない。ほんの少しでも心が放たれて行ってしまったと感じたならば、すぐに気持ちを引き締めて奮い起こし、心をここにあるようにさせるのだ。それを常に途切れないようにしていれば、やがて自然に熟していく。」

先生はさらに言われた。

朱子「これ（「敬」の状態の心）はやはりなかなか把捉できるものではないが、まずは道理を理解しなければならない。学問というのは、道理を理解することに他ならない。（『詩経』に）「天、烝民を生ず、物有れば則《のり》有り」とあるように、一つの物があれば、そこには必ず一つの道理があるのだ。だからこそ、『大学』の教えの道は、人に物事に即して一つ一つその道理を考えさせるのだ。もし一つのことの道理が理解できないのなら、ただただそのことを繰り返し探求し、歩いても考え、坐っても考え、朝考えても分からなければ、夜にまた取り出して考え、夜考えてもわからなければ、翌日もまた考えるのだ。そうしていれば、どうして理解できない道理があろうか。もし大雑把にちょっと考えるだけで、わからなければすぐに放り投げてしまうようでは、千年経っても理解できず、ひたすら己の愚鈍さを責めるだけだ。私は常々思うのだが、この道理というものは、他でもない、ただ熟することが肝要なのだ。今日も取り出して考え、明日もまた取り出して考え、繰り返し考えていけば、やがて自然に理解できるようになる。もし理解できないところがあったとしても、そのうち別の何かがきっかけでふと自然に理解できるようになるものだ。つまり、天下の道理は一つだということだ。」［葉賀孫］

問曾光祖曰「公讀書、有甚大疑處。」曰「覺見持敬不甚安。」曰「初學如何便得安。除是孔子方始恭而安（1）。今人平日恁地放肆、身心一下自是不安。初要持敬、也須有些勉强。但須覺見有些子放去、便須收斂提掇（2）起、教在這裏、常常相接、久後自熟。」又曰「雖然這箇也恁地把捉不得、須是先理會得箇道理。而今學問、便只要理會一箇道理。天生烝民、有物有則（3）、有一箇物、便有一箇道理。所以大學之道、教人去事物上逐一理會得箇道理。若理會一件未（校1）得、直須反覆推究研窮、行也思量、坐也思量、早上思量不得、晚間又把出思量、晚間思量不得、明日又思量。如此、豈有不得底道理。若只略略地思量、思量不得便掉了、如此千年也理會不得、只管責道是自家魯鈍。某常謂、此道理無他、只是要熟。只是今日把來恁地看過、明日又把來恁地看過、看來看去、少間自然看得。或有看不得底、少間遇著別事沒巴沒鼻(4)、也會自然觸發、蓋爲天下只是一箇道理。」［賀孫］

(校1) 楠本本は「未」を「末」に作る。

(1) 恭而安　『論語』述而「子溫而厲、威而不猛、恭而安」。

(2) 提掇　(気持ち・精神・意識を)奮い起こすこと。巻十二・128条(二一五頁)「公若知得放下不好、便提掇起來、便是敬」、巻四四・132条(一一四七頁)「平日須提掇精神、莫令頽塌放倒、方可看得義理分明」。

(3) 天生烝民、有物有則　『詩経』大雅・烝民「天生烝民、有物有則。民之秉彝、好是懿德。天監有周、昭假于下、保茲天子、生仲山甫」。

(4) 沒巴沒鼻　「沒巴鼻」「無巴鼻」ともいう。根拠もなく唐突に、わけもわからず、どうしようもなく、とりとめもなく。巻十三・16条(二二四頁)「人生都是天理、人欲却是後來沒巴鼻生底」。

【37】

光祖(曾興宗)が『大学』の首尾を貫くものについて語った。［この箇所、必ずや脱字あり。］

朱子「読みはじめたばかりで、すぐにそのようなものを求めてはいけない。そもそも道理とはこの(目の前の当たり前の)道理にすぎないということを知らねばならない。ただそれを長年見失ってしまっているから、急に探し求めても見つけられないだけなのだ。ひたすら考えて熟したときには、何ということはない、やはりこの道理なのだ。はじめざっと見て少し理解しただけのときには、やはりあやふやでしっくりしないようで、落ち着き処がない。後に理解が熟してくれば、どうしてもそうでなければならないと感じるようになる。ちょうど長年どこかに放っておいた器を急に探しても見つからないのと同じだ。あちこち探した後でふと見つかってみれば、何ということはない、元々そこにあったものなのだ。」　［葉賀孫］

【38】

光祖說大學首尾該貫［此處必有脫字。］「初間看、便不得如此。要知道理只是這箇道理、只緣失了多年、卒急要尋討不見。待只管理會教熟、却便這箇道理。初間略見得些少時、也似白（校1）生（1）侄地、自無安頓去處。到後來理會熟了、便自合當如此。如一件器用掉在所在多年、卒乍要討、討不得。待尋來尋去、忽然討見、卽是元初的定底物事。」［賀孫］

（校1）底本及び正中書局本・和刻本・楠本本は「曰」に作るが、朝鮮整版に拠り「白」に改める。注（1）参照。

（1）白生　未詳。ここでは、「白」は「白地」と同様「何の根拠もなく」「いたずらに」の意味に、「生」は「熟」の反対の「見知らぬ」「不慣れな」の意味として解釈した。

（第35～37条担当　石山　裕規）

光祖（曾興宗）「（『大学』八条目の）「治国」「平天下」はいずれも「致知」「格物」に基づいています。つまりは「敬」ということなのだと思うのですが。」

そこで（『易』の「敬以て内を直くし、義以て外を方にす」について）「内が直であれば外は必ず方となる（内面が真っ直ぐで正しければ、必ず外面はきちんと整う）」という伊川（程頤）の説を挙げた。

朱子「伊川もおおまかにはそうだと言っているにすぎない。見たところ、世の中には内が直であっても外がそのまま方正たりえず、自分自身のことに対処できるだけで、物事に遭遇するとすっかり混乱して適切に対応できない人もいる。だからこそ、『大学』は人に（物事の）理を窮めることを求めているのだ。最近のある種の学問には、まさしくこうした弊害がある。自分のことは理解できたと言うばかりで、その他の事はすべて断ち切り、それらは理解せずとも自然に行ない得るとし、それ以上検討することも探求することもせず、結局はやることなすこと正しい道理に合致しない。聖人が「敬以て内を直くす」と言った上でさらに「義以て外を方にす（道理に照らして外的な物事に正しく対処する）」と言ったのは、世の中にこの種の人がいることをわかっていたからなのだ。学ぶ者は必ずや（物事の）理を窮めなければならない。事の大小を問わず、すべてとことん理解し、根本から末節まで、頭のてっぺんから足の先まで、少しの（理と自分自身を隔てる）夾雑物もないようにしていかなければならない。もしも自分の資質はこのように良いのだから、ただそのままやっていくだけだと言って、その他の道理を考えようともせず、他人に問おうともしないとしたら、それこそが夾雑物なのであり、私意なのだ。」　［葉賀孫］

光祖說「治國平天下、皆本於致知格物(1)。看來只是敬。」又舉伊川說內直則外無不方(2)。曰「伊川亦只是大體如此說。看來世上自有一般人、不解恁地內直外便方正。只是(校1)了得(3)自身己、遇事應物、都顚顚倒倒沒理會。大學須是要人窮理。今來一種學問、正坐此病。只說我自理會得了、其餘事皆截斷、不必理會、自會做得。更不解商量、更不解講究、到做出都不合義理。所以聖人說敬以直內、又說義以方外(4)、是見得世上有這般人。學者須是要窮理、不論小事大事、都識得通透、直得自本至末、自頂至踵、竝無些子夾雜處。若說自家資質恁地好、只消恁地做去、更不解理會其他道理、也不消問別人、這倒是夾雜、倒是私意。」［賀孫］

（校1）正中書局本・朝鮮整版は「只是」を「是只」に作る。

（1）治國平天下、皆本於致知格物　『大学』（経一章）に見える八条目。

（2）伊川說內直則外無不方　『易』坤卦・文言「君子敬以直內、義以方外。敬義立而德不孤」に関する程頤の說。『遺書』巻十八・11条（一八五頁）「問、人有專務敬以直內、不務方外、何如。曰、有諸中者、必形諸外（『孟子』告子下）。惟恐不直內。內直則外必方」。

（3）了得　解決する、適切に対処する、了解する。巻一一四・4条（二七五四頁）「子融曰、毎自思之、今亦不可謂不知、但知之未至。不可謂不誠、但其誠未至。不可謂不行、但行之未至。若得這三者皆至、便是了得此事」。

（4）聖人說敬以直內、又說義以方外　注（2）参照。

【39】

光祖（曾興宗）が暇乞いをした。

光祖「『大学』を読むことをお教えいただき、おおむね学問の順序を知ることができました。ふだんの言動についても、常に自分で点検していく所存です。ただ（不適切な言動が）気づかないうちに出てしまうのではないかと恐れています。どうかご訓戒をお示し下さいますようお願いいたします。」

朱子「君は心ばえが慎重だから、そうした過ちには至るまい。ただ読書の際にもっと仔細に読むように努め、もっと気合いをいれて元気よく取り組むだけだ。」［葉賀孫］

光祖告行、云「蒙教誨讀大學、已略知爲學之序。平日言語動作、亦自常去點檢。又恐有發露而不自覺、乞指示箴戒。」曰「看公意思遲重、不到有他過。只是看文字上、更子細加功、更須著些精采(1)。」［賀孫］

（1）著些精采　本巻・34条注（3）参照。

【40】

曾「『大学』を読んで学問の綱目と順序を理解することができましたが、最も力を注ぐべきところはやはり「敬」の一字にあるのではないでしょうか。以前、伊川（程頤）が（『易』の）「敬以て内を直くし、義以て外を方にす（敬によって心の内面を真っ直ぐにし、義によって外的な行動を整える）」について論じた箇所を読みましたが。」

朱子「「敬以て内を直くす」ることができ、さらに「義以て外を方にし」てこそ、物事の是非を知ることができ、（『大学』にいう）「物に格る（事物の理を窮める）」ことができるのだ。「義以て外を方にし」なければ、是非も好悪も区別できず、「物に格《いた》る」ことはできない。」

曾「「敬」が立てば「義」はその中にあるのではないでしょうか。伊川が（揚雄『法言』の）「これを中に弸《み》たせば、これを外に彪《あき》らかにす（内面が十分に満ちれば、おのずと外見にあらわれ出る）」について語っているのも、このことではないのでしょうか。」

朱子「「敬」が立って「義」がそこにあったとしても、それを着実に実体験できてこそわかるというものだ。いまある人たちは、胸の中でははっきりと知っていて、言うことも至極穏当だが、実際に物事に応対する時になると、慌てふためき間違いだらけ、すべてが私意という有り様だ。聖人のいわゆる「敬」や「義」はすべて天理であって、私意などありえないということがわかっていないのだ。」

これに関連して言われた。

朱子「いま仏教や老荘の輩があのように門戸を立てられているのも、彼らがそういったことを傍らからほぼ窺い知っているからだ。彼らが「敬」という時には、むしろたしかに「敬」ができている。笠影の喩え（仏僧が外出時に笠をかぶり、視線を笠の外に向けず内面に専一であったこと）もある。」〔黄卓〕

曾[1]問「讀大學已知綱目次第了、然大要用工夫、恐在敬之一字。前見伊川說敬以直內、義以方外處[2]。」先生曰「能敬以直內矣、亦須義以方外、方能知得是非、始格得物。不以義方外、則是非好惡不能分別、物亦不可格。」曾又問「恐敬立則義在其中、伊川所謂弸諸中彪諸外[3]、是也。」曰「雖敬立而義在、也須認得實、方見得。今有人雖胸中知得分明、說出來亦是見得千了百當[4]、及到應物之時、顚倒錯謬、全是私意。不知聖人所謂敬義處、全是天理、安得有私意。」因言「今釋老所以能立箇門戶恁地、亦是他從旁窺得近似。他所謂敬時、亦却是能敬、更有笠影之喩[5]。」〔卓〕

※この条とほぼ同様の記録が、巻一一六・38條（二七九九頁、記録者名なし）に見える。
（1）曾　巻一一六・38条は「曾兄」に作り、「訓祖道」の中の一条であることから、曾祖道（字、択之）を指す。本条は36条からの連続で曾興宗（字、光祖）に対する訓戒に入れられているが、あるいは本条の「曾」は曾祖道であり、誤って巻一二〇のこの位置に配列されたものか。ただし、前の38条との話題の関連性を考えれば、曾興宗を指す可能性もあるか。
（2）伊川説敬以直内、義以方外處　「敬以直内、義以方外」は『易』坤卦・文言伝。前の38条注（2）参照。
（3）伊川所謂硼諸中彪諸外　「硼諸中彪諸外」は、揚雄『法言』君子篇「以其硼中而彪外也」。程頤がこの言葉を引用している箇所は未詳。『孟子』告子下に同内容を示すものとして「有諸内、必形諸外」があり、程頤はしばしばこの語を引用している。『遺書』巻五・23条（七七頁）、同巻十八・11条（一八五頁）、同・25条（一八七頁）を参照。
（4）千了百當　万事適切で誤りがないこと。巻三四・221条（九〇六頁）「聖人發憤便忘食、樂便忘憂、直是一刀兩段、千了百當」、巻一二四・38条（二九七七頁）「看他（＝陸氏）意、只説儒者絶斷得許多利欲、便是千了百當、一向任意做出都不妨」。
（5）笠影之喩　巻十二・28条（二〇一頁）「昔林艾軒在臨安、曾見一僧與説話。此僧出入常頂一笠、眼視不曾出笠影外。某所以常道、他下面有人、自家上面沒人」。この最後の「他下面有人、自家上面沒人」については、巻八・91条（一四一頁）「佛家一向撤去許多事、只理會自身己、其教雖不是、其意思却是要自理會。所以他那下常有人、自家這下自無人」を参照。すなわち、「笠影之喩」とは、自分たち儒家よりもむしろ仏教の僧侶たちの方が外界に振り回されず自身の心を専一に保つことができていることをいうもの。

（第38〜40条担当　宮下　和大）

【41】

程次卿（永奇）が自説を述べた。

程次卿「これまでは程門の著作を読んでまいりました。私が思いますに、人は目の前の物事や状況に応じて思考すべきで、（『論語』にあるように）「視《み》る時は明ならんことを思ひ、聴く時は聡ならんことを思ふ（見る時ははっきり見ようと思い、聴く時にはつぶさに聴こうと思う）」ようにしなければなりません。視るもの聴くものがない時には、思うべきこともないのです。（『論語』に）いわゆる「思ふこと其の位を出でず（その状況にないことを考えない）」です。もし何事もないのに思考すれば、それはとりとめのない妄想となりましょう。」

朱子「もし何事もない時に道理について考えず、物事に臨む際になって考えるとしたら、それではもう間に合わない。自分のこの身だけをじっと守り、事があってはじめて考え、何事もない時にはまったく考えないというのであれば、それはむしろ至って容易《たやす》いこと、この一句（「思ふことその位を出でず」）を守ってさえいれば、それで事足れりということになってしまう。しかしそうなれば、聖賢の千言万語はいったい何のためであったのか。もし君の言う通りならば、六経や『論語』『孟子』の書は、全部要らなくなってしまう。聖人である孔子でさえも、学問を好んでいたにすぎず、「我は生まれながらにして之を知る者に非ず、古を好み、敏にして之を求むる者なり（私は生まれながらに何でも知っている者ではない。昔のことを好み、一生懸命それを求めた者なのだ）」といい、「文武の道は、未だ地に墜ちずして人に在り。賢者はその大なる者を識り、不賢者はその小なる者を識る。文武の道有らざること莫し。夫子焉《いづく》にか学ばざらん、而して亦た何の常師かこれ有らん（文王武王の道はまだすっかり失われてしまったのではなく、人に残っている。賢者は大きなことを記憶しており、そうでない者も小さなことを覚えている。文王武王の道はどこにでもあるのであり、孔子はどこからでも学んだ。だから孔子には定まった師などいないのだ）」といっている。もし何事もない時にはまったく何も考えないなどと言えば、世の中の大事小事にまったく対処できない。それで済むのであれば、むしろ何も難しいことはない。

一つ一つの事をまず考えて、理解できてこそ実行できるのだ。なぜ『中庸』は先に「篤く之を行ふ」を言わずに、「博く之を学び、審らかに之を問ひ、慎んで之を思ひ、明らかに之を弁ず」を先に言うのか。なぜ『大学』はまず「正心誠意」を言わずに、「致知」を先に言うのか。これはどういうことか。どうして『孟子』は「詖辞は其の蔽ふ所を知り、淫辞は其の陥る所を知り、邪辞は其の離るる所を知り、遁辞は其の窮する所を知る（偏った言説に対しては相手が隠そうとしていることを判断し、でたらめな言説に対してはどこに惑わされているのかを判断し、よこしまな言説に対してはどこが道理から外れているかを判断し、言い逃れの言説に対してはどこで行き詰まっているかを判断する）」と言っているのか。君の言う通りならば、何事もない時には何も考える必要はないということになってしまう。」

季通（蔡元定）「程君の考えはいかがでしょうか。」

朱子「彼はただ、自分のこの心を内側において理解しようとするばかりで、外の物事については事が起きてから考えればよいといった具合で、まったく考えようとしない。」

蔡（元定）「世の中の様々な物事を理解できていなければ、自分の内面のことも理解できないのではないでしょうか。」

朱子「自分の考えに拠るばかりで、小さく無味乾燥の偏見に固執していれば、大きな本質を理解できようはずもない。」

そこで、私（葉賀孫）を顧みて言われた。

朱子「君の同郷の陳叔向（葵）がまさにそうだ。彼は（『大学』の）「格物」を「物とは心である、この心をしっかりつなぎ止めるのだ」とし、「致知」とは、「すっきりはっきり、いつも知覚すること」としている。これは、彼のもともとの考えに、聖賢の言葉を都合よく利用しているにすぎない。そうしないと彼の学問には拠り所がなくなってしまうからだ。こういったことはすべて、聖賢の書を虚心に読むことをせずに、自分の心のうちをまず据えて、聖賢の言葉を無理やりそこに押し込めているにすぎない。（先ほど程次卿が言った）物事に応じて考えるべきで何事も無ければ考えないというのは、たしかに（言葉尻だけ見れば）聖賢もそのように（「思ふこと其の位を出でず」などのように）言う場合もあるが、それも聖賢の境地から語ったものだ。「思ふこと其の位を出でず」とは、そういう意味ではないのだ。この「位」の字は、ただ自分のこの身体だけをじっと守るという意味ではない。この「位」の字は極めて大きな意味を持っており、もしその意味が理解できれば、天下の何事が自分自身と無関係であろうか。それは最終的には（『中庸』にいう）天・地と並び立つ三つめの（人という）ものとなり、天地の造化を助けるというレベルにまで至るが、それもまたこの心に他ならず、すべては自分の分の内のことなのだ。」

蔡（元定）「陸子静（九淵）は、まさに（心の外の）色々なことに取り組む必要はないと考えております。王道夫（自中）が朝廷に対して国子監の書を象山（陸九淵の居地）に賜わるよう願い出ましたが、これはまさに彼が嫌がることをしてしまいましたね。」

朱子「まったくその通りだ。」

蔡（元定）「もし（陸九淵が禅を巧みに利用するだけでなく）ひたすら禅に専念していれば、やはりそれなりの高みには達したのでしょう。」

朱子「（禅にも）色々なことがある。そんな道理があるものか。もし自分たち（儒学）のことがはっきりと理解できれば、彼ら（仏教）の色々な道理を見ても、考えるまでもなく明らかなのだ。いま君たちは「それもまたよし」などと言うが、私は誓って請け合う、君たちはまだはっきりと理解できていないのだということを。もし洛党（程顥・程頤）も正しいし、蜀党（蘇軾・蘇轍）も正しいと言うならば、私はその者がまったく理解できていないと断言する。もし熙寧・元豊年間（における新法実施）も間違っているし、元祐年間（における旧法実施）も間違っていると言うならば、私はその者がまったく理解できていないことを請け合う。もし仏教も良いし、道教も良いと言うならば、私はその者がまったく理解できていないと断言する。もし自分たちのことがはっきりと理解できていれば、正しいものは正しく、間違っているものは間違っているのである。どうしてそんなふうに曖昧にして、当たり障りを恐れ、この人にも気を遣い、あの人にも気を遣う必要があるのだ。」［葉賀孫］

程次卿自述（1）「向嘗讀伊洛書。妄謂人當隨事而思、視時便思明、聽時便思聰（2）。視聽不接時、皆不可有所思、所謂思不出其位（3）。若無事而思、則是紛紜妄想。」曰「若閑時不思量義理、到臨事而思、已無及。若只塊然守自家箇軀殼、直到有事方思、閑時都莫思量、這却甚易、只守此一句足矣。聖賢千千萬萬、在這裏何用。如公所說、則六經語孟之書、皆一齊不消存得。以孔子之聖、也只是好學、我非生而知之者、好古敏以求之者也（4）。文武之道未墜於地、在人。賢者識其大者、不賢者識其小者、莫不有文武之道焉。夫子焉不學。而亦何常師之有（5）。若說閑時都莫思、則世上大事小事、都莫理會。如此、却都無難者。事事須先理會、知得了、方做得行得。何故中庸却不先説篤行之、却先博學之、審問之、愼思之、明辨之(6)。大學何故却不先説正心誠意、却先説致知(7)、是如何。如何孟子却説道詖辭知其所蔽、淫辭知其所陷、邪辭知其所離、遁辭知其所窮(8)。若如公説、閑時都不消思量。」

季通問「程君之意是如何。」曰「他只要理會自家這心在裏面、事至方思、外面事都不要思量理會。」蔡云「若不理會得世上許多事、自家裏面底也怕理會不得。」曰「只據他所見、自守一箇小小偏枯底物事、無緣知得大體。」因顧賀孫曰「公鄉間陳叔向(9)正是如此。如他説格物云、物是心、須是格住這心(10)。致知如了了的當、常常知覺。他所見既如彼、便將聖賢説話都入他腔裏面、不如此、則他所學無據。這都是不曾平心讀聖賢之書、只把自家心下先頓放在這裏、却捉聖賢説話壓在裏面。如説隨事而思、無事不消思(校1)、聖賢也自有如此説時節、又自就他地頭説。只如公説思不出其位、也不如公説、這位字却不是只守得這軀殼。這位字煞大、若見得這意思、天下甚麼事不關自家身己。極而至於參天地、贊化育(11)、也只是這箇心、都只是自家分內事。」蔡云「陸子靜正是不要理會許多。王道夫(12)乞朝廷以一監書(13)賜象山、此正犯其所忌。」曰「固是。」蔡云「若一向是禪時、也終是高。」曰「只是許多模樣、是甚道理如此(14)。若實見得自家底分明、看彼(校2)許多道理、不待辨而明。如今諸公説道這箇也好、某敢百口保(15)其自見不曾分明。如云洛底也是、蜀底也是、某定道他元不曾理會得。如熙豐也不是、元祐也不是、某定保他自元不曾理會得。如云佛氏也好、老氏也好、某定道他元不曾理會得。若見得自底分明、是底直是是、非底直是非、那得恁地含含胡胡、怕觸著人、這人也要周旋、那人也要周旋。」　［賀孫］

（校1）正中書局本・和刻本・楠本本は「思」を「息」に作る。

（校2）朝鮮整版は「彼」を「破」に作る。

（1）程次卿自述～　『論語或問』巻十六・季氏「君子有九思」をめぐる問答に、「或問、人當隨事而思。若無事而思、則是妄想。曰、若閑時不思量義理、則臨事而思、已無及。若只塊然守自家箇軀殼、直至有事方思、閑時却莫思量、這却甚易、只守此一句足矣。聖人説千千萬萬、在這裏何用。事事雖先理會、知得了、方做得行得。何故中庸却不先説篤行之、却先説博學之、審問之、愼思之、明辨之。大學何故不先便説正心誠意、却先説致知。是如何」とあり、本条の前半部分とほぼ同じ内容。また『文集』巻五九「答程次卿」にも、本条と同様の話題が見える。「示喩存心之説、此固爲學之本。然來喩又有所謂有是事必有是理者、不知又何從而察之耶。若如所謂當應事然後思是事之理、當接物然後思是物之理、則恐思之不豫而無所及。若豫講之、則又陷於所謂出位而思、念慮紛擾之病。竊意用力之久、必有説以處此矣」。

（2）視時便思明、聽時便思聰　『論語』季氏「孔子曰、君子有九思。視思明、聽思聰、色思溫、貌思恭、言思忠、事思敬、疑思問、忿思難、見得思義」。注（1）参照。また、『書経』洪範「五事、一曰貌、二曰言、三曰視、四曰聽、五曰思。貌曰恭、言曰從、視曰明、聽曰聰、思曰睿」。巻三一・11条（七八二頁）「問日月至焉。曰、日至、是一日一次至此。月至、是一月一次至此、言其疏也。閑時都思量別處。又問、思量事不到不好、然却只是閑事、如何。曰、也不是。視便要思明、聽便思聰。纔思量便要在正理上、如何可及閑事」。

（3）思不出其位　『論語』憲問「曾子曰、君子思不出其位」。『易』艮卦・象伝「兼山、艮。君子以思不出其位」。

（4）我非生而～求之者也　『論語』述而「子曰、我非生而知之者、好古敏以求之者也」。

（5）文武之道未墜於地～何常師之有　『論語』子張「衞公孫朝問於子貢曰、仲尼焉學。子貢曰、文武之道未墜於地、在人。賢者識其大者、不賢者識其小者、莫不有文武之道焉。夫子焉不學。而亦何常師之有」。

（6）中庸却不先説篤行之、却先博學之、審問之、愼思之、明辨之　『中庸』（章句二〇章）「博學之、審問之、愼思之、明辨之、篤行之」。

(7) 大學何故却不先説正心誠意、却先説致知　『大学』(章句経一章)「欲修其身者、先正其心。欲正其心者、先誠其意。欲誠其意者、先致其知。致知在格物」。

(8) 孟子却説道詖辭知其所蔽~遁辭知其所窮　『孟子』公孫丑上「何謂知言。曰、詖辭知其所蔽、淫辭知其所陷、邪辭知其所離、遁辭知其所窮。生於其心、害於其政、發於其政、害於其事。聖人復起、必從吾言矣」。

(9) 陳叔向　陳葵、字叔向。『資料索引』三巻二四九七頁、『学案』巻六一。処州青田(現在の浙江省麗水市)の人。葉賀孫は括蒼(同じく現在の浙江省麗水市)の人。巻二七・109条(七〇〇頁、葉賀孫の記録)「陳叔向也自説一様道理。某嘗説、這様説話、得他自立箇説、説道我自所見如此、也不妨。只是被他説出一様、却將聖賢言語硬折入他窩窟裏面。據他説底、先賢意思全不如此」は本条と同一場面か。注(10)参照。

(10) 物是心、須是格住這心　巻一三九・102条(三三一七頁、記録者は葉賀孫)「陳叔向是白撰一箇道理。某舊説、教他據自底所見恁地説也無害、只是又把那説來壓在這裏文字上。他也自見得自底虚了行不得、故如此。然如何將兩箇要捏做一箇得。……又説格物做心、云、格住這心、方會知得到。未嘗見人把物做心、與他恁地説、他只是自底是。以此知、人最是知見爲急。聖人尚説、學之不講、是吾憂也。若只恁地死守得這箇心便了、聖人又須要人講學何故。若只守這心、據自家所見做將去、少間錯處都不知」。

(11) 參天地、贊化育　『中庸』(章句二二章)「唯天下至誠、爲能盡其性。能盡其性、則能盡人之性。能盡人之性、則能盡物之性。能盡物之性、則可以贊天地之化育。可以贊天地之化育、則可以與天地參矣」。

(12) 王道夫　王自中。字は道甫とも、号は厚軒、温州平陽の人。『資料索引』一巻二八六頁、『宋史』巻三八九、『学案』巻五六。

(13) 監書　国子監が出版した書物。
(14) 只是許多模様、是甚道理如此　未詳。訳文は蔡元定の問いかけに答える文脈で訳出したが、「色々多くの物事の有り様があるが、(大切なのは)どのような道理でそうなのかということだ」の意味の可能性もあるか。
(15) 百口保　未詳。「百口」は家族みんな、一族郎党すべて。『朱子語類選注』(広西師範大学出版社、一九九八年)は「用全家之性命擔保」とする。

(第41条担当　江波戸　亙)

【42】

程(永奇)がさらに質問した。

程永奇「私は、何事もない時にはまったく何も考えないと申しているのではありません。ただ、その時々の物事に即して考えるということで、たとえば書物を読んでいる時にはその書物のことだけを考えるということです。」

朱子「書物を読んでいる時にはその書物のことを考えるが、書物を閉じればまったくそのことは考えず、行動に際して心の中でその書物のことを考えることができない。こっちに座ればこっちの事だけを考え、あっちに移って座るとこっちの事は考えられない。今日は今日の事しか考えられず、明日の事は考えられない。そんなことではまったく話にならない。試しに虚心に聖賢の書物を読んでみなさい。すべてそこに説き尽くされているはずだ。」　[葉賀孫]

程又問(1)「某不是說道閑時全不去思量、意謂臨事而思、如讀書時只思量這書。」曰「讀書時思量書、叠了策時、都莫思量去。行動時心下思量書都不得。在這裏坐、只思量這裏事。移過那邊去坐、便不可思量這裏事。今日只思量今日事、更不可思量明日事。這不成說話。試自去平心看聖賢書、都自說得盡。」［賀孫］

（1）程叉問　前の41条参照。

【43】

呉伯英（雄）が初めて先生にお目にかかり質問した。

呉伯英「書物はどのように読むべきでしょうか。」

朱子「書物を読むのに何のうまいコツがあろうか。ただ熟読するだけだ。一字ずつ一句ずつ、注解に従って仔細に言葉の意味をとらえていくのだ。一つ理解できれば一つ修養は進み、二つ理解できれば二つ進む。そうした積み重ねが熟してくれば、（書物の）正しい意味が自然と一貫し、人に質問するまでもなくなるのだ。」

先生がお訊ねになった。

朱子「ふだんどんなものを読んでいるのかね。」

呉伯英「『大学』を読みました。」

朱子「読んでみてどうだね。」

呉伯英「文字面を追いかけるばかりで、文意が通る程度に理解したに過ぎず、眼目（読解力）を養い言外の意を求めることはできておりません。」

朱子「言外の意とはどういうことかね。」

呉伯英「たとえば臣下としての忠、子としての孝、火は熱く、水は冷たいということについて申しますと、臣としては忠、子としては孝であるべく、火の本来の性質は熱いこと、水の性質は冷たいことを知るばかりで、臣が忠であるべき所以、子が孝であるべき所以、火が熱い所以、水が冷たい所以までは理解しておりません。」

朱子「(『大学』の)「格物」とは、事物において当然の理を尋ね求めることに他ならない。臣の忠ならば、臣はもとより当然忠でなければならず、子の孝ならば、子はもとより当然孝でなければならない。臣として試みに不忠であったならば、子として不孝であったならば、自分の心の中はどのようであるか想像してみなさい。火が熱く、水が冷たいことは、水と火の本来の性質が自然とそうなのだ。何事もただ当然そうでなければならないところを尋ね求めるだけのこと、求めすぎてはいけない。そんなことをすればおかしなことになってしまう。」〔沈僩〕

呉伯英初見、問「書如何讀。」曰「讀書無甚巧妙、只是熟讀。字字句句、對注解子細辯認語意。解得一遍(校1)是一遍工夫、解得兩遍是兩偏工夫。工夫熟時、義理自然通貫、不用問人。」先生問「尋常(校2)看甚文字。」曰「曾讀大學。」曰「看得如何。」曰「不過尋行數墨、解得文義通、自不曾(校3)生眼目於言外求意。」曰「如何是言外意。」曰「且如臣之忠、子之孝、火之熱、水之寒、只知爲臣當忠、爲子當孝、火性本熱、水性本寒。不知臣之所以忠、子之所以孝、火之所以熱、水之所以寒。」曰「格物只是就事物上求箇當然之理。若臣之忠、臣自是當忠。子之孝、子自是當孝。爲臣試不忠、爲子試不孝、看自家心中如何。火熱水寒、水火之性自然如此。凡事只是尋箇當然、不必過求、便生鬼怪(1)。」〔僩〕

（校1）底本は「遍」を「徧」に作るが、諸本に拠り改めた。以下同じ。
（校2）正中書局本・朝鮮整版は、「尋常」を「居常」に作る。
（校3）朝鮮整版は、「曾」を「會」に作る。
（1）生鬼怪　おかしなことになる、奇っ怪なことが生じる。巻三・13条（三五頁）「因説神怪事。曰、人心平鋪着便好。若做弄、便有鬼怪出來」。

【44】
呉伯英（雄）「私は「致知」「持敬」によって学問修養を進めていく所存です。（どのように努めていけばよいのでしょうか。）」
朱子「それは本来君自身のやるべきこと、あれこれ議論するまでもないことだ。」　［襲蓋卿］
呉伯英問「某當從致知持敬、如此用工夫。」曰「此自吾友身上合做底事、不須商量。」　［蓋卿］

【45】
呉伯英（雄）が「持敬」の意味を尋ねた。
朱子「しばらく「敬」を保とうとすることにこだわらないで、前へ一歩進みなさい。」

呉伯英「一歩進んだらどうなるのでしょうか。」
朱子「心の中に何事もなくなれば、それが「敬」だ。」　［襲蓋卿］
呉伯英問持敬之義。曰「且放下了持敬、更須向前進一步。」問「如何是進步處。」曰「心中若無一事時、便是敬。」
［蓋卿］

【46】

呉伯英（雄）が書物を講釈したところ、先生が言われた。

朱子「そもそも読書というものは、虚心に内側に入っていって道理を玩味すべきであって、表面的なことを述べるだけではいけない。たとえば食べ物と同じで、滋味は内側にあるのに、外側を舐めるだけでうま味を味わえないとしたら、何の意味もない。」

呉伯英講書。先生因曰「凡人讀書、須虛心入裏玩味道理、不可只說得皮膚上。譬如一食物、滋味盡在裏面、若只(校1)舐噬其外、而不得其味、無益也。」


（校1）楠本本は「只」の字を欠き、空格とする。

【47】

先生が器遠（曹叔遠）にこれまでの学問の経歴をお訊ねになった。

器遠「二十歳の頃から陳（傅良）先生について学んでまいりました。陳先生は、読書の際に一つ一つの事柄に取り組み、たとえば『周礼』を読むならば三百六十官がどのように配置されているか、『尚書』ならば二帝三王（堯帝・舜帝・禹王、湯王・文王・武王）がどのように天下の事案に対処したか、『春秋』ならば覇者を戒めるために孔子がどのように筆削を加えたかといったことを考えるよう指導されました。自身の修養については、（『易』に）「形而上なる者はこれを道と謂ひ、形而下なる者はこれを器と謂ふ」とあるが、器（具体的な事柄）には道（自身の修養に関わる道理の本質）が備わっており、（道と器は）二つのものではないから、（古の）礼楽法度もすべて同じ道理であることを知らなければならないと言われました。」

朱子「礼楽法度は、古人も考えなかったわけではない。ただそれは古人にとってはありふれたわかりやすいものであったから、必要なときに持ち出して使っていたのだ。孔子が顔淵に「夏の時を行ひ、殷の輅《ろ》に乗る」と告げたのも、ありふれたわかりやすいことだったからだ。字を学ぶことと同じで、幼い頃から知っていて、その後ひたすら使い慣れて習熟している（からいつでも自在に意味を考えることができる）だけのことだ。いま礼楽法度はすべて散乱し、考証することはできない。もしそのことに労力を注ぎ込んだならば、そのうち消耗し切ってしまう。」　［葉賀孫］

問器遠所學來歷。曰「自年二十從陳先生。其教人讀書、但令事事理會、如讀周禮、便理會三百六十官如何安頓。讀書、便理會二帝三王所以區處天下之事。讀春秋、便理會所以待伯者予奪之義(1)。至論身己上工夫、說道形而上者謂之道、形而下者謂之器(2)。器便有道、不是兩樣、須是識禮樂法度皆是道理。」曰「禮樂法度、古人不是不理會。只是古人都是見成物事、到合用時便將來使。如告顏淵行夏之時、乘殷之輅(3)、只是見成物事。如學字一般、從小兒便自曉得、後來只習教熟。如今禮樂法度都一齊亂散(校1)、不可稽考、若著心費力在上面、少間弄得都困了。」［賀孫］

（校1）和刻本・楠本本は、「亂散」を「散亂」に作る。

（1）所以待伯者予奪之義　孔子が覇者への戒めとして、『春秋』を刪定する過程で毀誉褒貶を加えたこと。「伯者」は、覇者。「伯」「覇」は音通。「予奪」は、孔子が『春秋』で筆削を加えたこと。

（2）形而上者謂之道、形而下者謂之器　『易』繋辞上伝。

（3）行夏之時、乘殷之輅　『論語』顏淵「顏淵問爲邦。子曰、行夏之時、乘殷之輅、服周之冕、樂則韶舞。放鄭聲、遠佞人。鄭聲淫、佞人殆」。

（第42～47条担当　松野　敏之）

【48】

器遠（曹叔遠）「若いころは程門の書を愛読しておりましたが、後に陳（傅良）先生にお目にかかったところ、具体的事柄に取り組む方がより堅実であると教わりました。ひたすら道理を考えるばかりでは、やがて空虚に流れていってしまうのではないでしょうか。」

朱子「かつて伯叔（呂祖謙）も同じような意見で、『論語』『孟子』を空虚なものだと考えていた。『論語』『孟子』は多くの大本のところを開陳し、どれだけ着実で実践的か。それなのに空虚に流れる嫌いがあるとして、『左伝』を堅実な書物とし、人に読ませていた。そんなことをしていればそのうちまったく主とするところがなくなり、なにやら怪しげな具合になって、結局は何もわからなくなってしまう。それこそが大いに不堅実だということがまったくわかっていない。また、ひたすら歴史書を読ませていたので、そのうち学生たちはやる気をなくしてしまった。潘叔度（景憲）は死に臨み、仏教書を求めて読んだというが、それも致し方のないことだ。彼自身に何も摑めていなかったから、仏教に求めてしまったのだ。ちょうど船に乗っていて、その船が突然壊れてしまって、やむなく一枚の板切れにしがみつくようなものだ。」

朱子「『孟子』に「其の心に作《お》これば、其の事に害あり。其の事に作これば、其の政に害あり（心に邪な思いが起これば行ないに害がある。行ないに邪なところがあれば、政治に害がある）」とある。もし自分の身と心において十分に明らかにできず、少々欠点があっても問題はない、事がやって来てから上手く処理すればいいと構えていると、やがて何かを摑み得てもわずかな隙間があるもので、そのうちそれが災いの端緒となるのだ。この害は小さいものではない。たとえ力を尽して必死に工夫を凝らし、あらゆる手段を講じたとしても、この心にちょっとでも病根があれば、よくない結果をもたらすのだ。」

朱子「また、自分自身についてはもちろん取り組むが、対応すべき物事についても取り組むべきだという者もいるが、これは明らかに（自分自身のことと対応すべき物事とを）二つに分けてしまっている。古人が（一連のこととして）「身を修めて天下平らか」というのを（身を修めることと天下を平らかにすることとは別のことだとして）否定するのだろうか。『大学』に「物格りて後に知至り、知至りて後に意誠なり」云々とあるが、いまもしそれを項目ごとに裁ち切り、いきなり「天下を平らかにする」ことだけに取り組もうとしても、そんなことがどうしてできようか。」

朱子「孔門の中で、孔子の学問を正しく受け止めたのは顔子だけだった。顔子が問い孔子が答えたやりとりは二つある。一つは仁を実践することについての問い、もう一つは国を治めることについての問いだ。どちらが先でどちらが後か、知らなければいけない。やはり（仁の実践の）「克己復礼」からやっていってこそ、国を治めることに及ぶことができるのだ。これはきわめて明白でわかりやすいことだ。」

朱子「君は先ほど、君挙（陳傅良）は経世の学に取り組むよう求めたと言ったが、ではいまある一つの喫緊の案件について考えてみなさい。国家はたくさんの帰明（宋朝支配地域外からの移民）や帰正（もともと宋朝の支配していた地域からの亡命者）、年老いた帰還兵を養っていて、食料を提供しているが、そのために州郡が困窮し、それがもう二三十年も続いている。それなのに手をこまねいてその困乏ぶりを座視するばかりだ。さて、君ならばこの問題をどう考える。養うことを止めれば朝廷のご威光を損なうことになるし、養い続ければ困窮するばかりだ。とはいえ、若く元気な時にはその力に頼っておいて、年を取ると捨てて顧みないというのでは、大いによろしくない。何らかの措置が必要であろう。」

器遠「郷里の諸先生はかねがね先生にお会いしたがっておりますが、顔を合わせて議論し、意見を一致させる機会を得ることができておりません。」

朱子「私はなにも人がみな足並みそろえて自分の考えに従ってくれることを求めているのではない。ただ是非を区別してはっきりさせ、正しいことは正しいとし、間違いは間違いとし、みながそれぞれ努力し、それぞれ頑張ってくれることを望むだけだ。君主は君主として職務を全うし、臣下は臣下としての功績を捧げ、各々が大道を行けば、自ずと一つの所に帰着していくのだ。これこそが不同の同、すなわち真の同なのだ。曖昧な態度で迎合し、やんわりと包み込んで、是非を区別しないでいては、一つの所（真の同）に行き着くことなど絶対にできっこない。」［葉賀孫］

器遠言「少時好讀伊洛諸書。後來見陳先生、却說只就事上理會(1)、較著實。若只管去理會道理、少間恐流於空虛。」曰「向見伯恭亦有此意(2)、却以語孟爲虛著(校1)(3)。語孟開陳許多大本原、多少的實可行、反以爲恐流於空虛、却把左傳做實、要人看。殊不知少間自都無主張(4)、只見許多神頭鬼面、一場沒理會、此乃是大不實也。又只管教人看史書、後來諸生都衰了。如潘叔度(5)臨死、却去討佛書看、且是止不得。緣是他那裏都無箇捉摸、却來尋討這箇。如人乘船、一齊破散了、無奈何、將一片板且守得在這裏。」又曰「孟子曰、作於其心、害於其事。作於其事、害於其政(6)。若不就自家身心理會教分明、只道有些病痛不妨、待有事來旋作安排。少間也把捉得一事了、只是有些子罅縫(7)(校2)、少間便是一箇禍端。這利害非輕、假饒你盡力極巧、百方去做、若此心有些病根、只是會不好。」又曰「又有說道、身己自著理會、一種應出底事又自著理會、這分明分做兩邊去。不知古人說修身而天下平、須說做不是始得(8)。大學云、物格而後知至、知至而後意誠云云(9)、今來却截斷一項、只便要理會平天下、如何得。」又曰「聖門之中、得其傳者惟顏子。顏子之問、夫子之答有二項、一則問爲仁(10)、一則問爲邦(11)。須知得那箇是先、那箇是後。也須從克己復禮上做來、方可及爲邦之事、這事最分曉可。」又曰「公適來說君學要理會經世之學。今且理會一件要緊事、如國家養許多歸明歸正(12)及還軍年老者、費粮食供之、州郡困乏、展轉二三十年、都縮手坐視其困。器遠且道、合如何商量。去之則傷恩、養之則益困。若壯資其力、而老棄其人、是大不可、須有箇措置(校3)。」

器遠言「鄉間諸先生嘗懷見先生之意、却不得面會剖析、使這意思合。」又曰(校4)「某不是要教人步步相循、都來入這圈套(13)。只是要教人分別是非教明白、是底還他(14)是、不是底還他不是、大家各自著力、各自橕柱(15)。君盡(校5)其職、臣效其功、各各行到大路頭、自有箇歸一處。是乃不同之同、乃所以爲眞同(16)也。若乃依阿(17)鶻突(18)、委曲(19)包含、不別是非、要打成一片、定是不可。」［賀孫］

（校1）正中書局本は「虛著」を「虛看」に作る。

（校2）正中書局本・和刻本は「罅縫」を「省縫」に作る。

（校3）底本・和刻本・楠本本は「措置」を「指實」に作るが、正中書局本・朝鮮整版に拠り改める。

（校4）正中書局本・朝鮮整版は「又曰」を「一曰」に作る。

（校5）楠本本は「盡」を「書」に作る。

（1）後來見陳先生、却説只就事上理會　前の47条参照。
（2）伯恭亦有此意　巻八三・22条（二一五〇頁）「呂伯恭愛教人看左傳、某謂不如教人看論孟。伯恭云、恐人去外面走。某謂、看論孟未走得三步、看左傳底已走十百步了。人若讀得左傳熟、直是會趨利避害。然世間利害、如何被人趨避了。君子只看道理合如何、可則行、不可則止、禍福自有天命」、巻一二三・1条（二九六〇頁）「昔呂伯恭亦多勸學者讀左傳、嘗語之云、論孟聖賢之言不使學者讀、反使讀左傳。伯恭曰、讀論孟、使學者易向外走。因語之云、論孟却向外走、左氏却不向外走。讀論孟、且先正人之見識、以參他書、無所不可。此書自傳惠公元妃孟子起、便沒理會」。呂祖謙は為学者に対し『春秋左氏伝』を薦め、『論語』『孟子』を読むことを警戒していた。ちなみに呂祖謙は『左氏伝説』『東萊呂太史左氏伝類篇』『東萊先生左氏博議』『春秋左氏伝続説』といった多くの著作を残している。
（3）虛著　未詳。『朱子語類選注』（広西師範大学出版社）は「圍棋稱下子爲著、虛著、虛下一子、比喻虛張聲勢」とする。巻六三・82条（一五三七頁）「今且虛放在此、未須强說。如虛著一箇紅心時、復射一射、久後自中」。
（4）主張　主宰（するもの）。巻十二・3条（一九九頁）「古人言志帥心君、須心有主張始得」、巻二〇・4条（四四六頁）「蓋人只有箇心、天下之理皆聚於此、此是主張自家一身者」。

（5）潘叔度　潘景憲（一一三四～一一九〇）、字叔度、金華の人。呂祖謙に師事。『資料索引』五巻三六四六頁、『門人』三三〇頁、『学案』巻七三。巻一二二・47条（二九五八頁）「叔度與伯恭同年進士、年又長、自視其學非伯恭比、卽俯首執子弟禮而師事之、略無難色、亦今世之所無耳」。

（6）作於其心～害於其政　『孟子』滕文公下「吾爲此懼、閑先聖之道、距楊墨、放淫辭。邪說者不得作。作於其心、害於其事、作於其事、害於其政。聖人復起、不易吾言矣」。

（7）罅縫　裂け目、隙間。巻一一一・25条（二七一九頁）「此等事難處、須是理會教他整密無些罅縫、方可」。

（8）須說做不是始得　意味未詳。『考文解義』の「修身而天下平、是始終一統事、而有先後之序耳。今作兩截則是古人之說非矣。其可乎」を参考に訳出した。

（9）大學云～知至而後意誠云云　『大学』（章句経一章）「物格而后知至、知至而后意誠、意誠而后心正、心正而后身修、身修而后家齊、家齊而后國治、國治而后天下平」。

（10）一則問爲仁　『論語』顔淵「顏淵問仁。子曰、克己復禮爲仁。一日克己復禮、天下歸仁焉。爲仁由己。而由人乎哉。顏淵曰、請問其目。子曰、非禮勿視、非禮勿聽、非禮勿言、非禮勿動。顏淵曰、回雖不敏、請事斯語矣」。

（11）一則問爲邦　『論語』衛霊公「顏淵問爲邦。子曰、行夏之時、乘殷之輅、服周之冕、樂則韶舞。放鄭聲、遠佞人。鄭聲淫、佞人殆」。

（12）歸明歸正　巻一一一・26条（二七一九頁）「歸正人、元是中原人、後陷於蕃而復歸中原、蓋自邪而歸於正也。歸明人、元不是中原人、是傜洞之人來歸中原、蓋自暗而歸於明也［如西夏人歸中國、亦謂之歸明］」。当時朝廷は、諸州・軍に命じて、これらの移民に対し金銭や米などの生活物資を支給させていた。榎並岳史「南宋の「帰正人」について──その呼称と実態をめぐって──」（『環東アジア研究センター年報』五、二〇一〇）参照。

（13）圏套　わな、策略。『伊洛淵源録』巻十「佛之徒如達磨輩最爲桀黠、見此間隙以爲無人、遂入中國、面壁端坐、揚眉瞬目、到處稱尊。此土之人拱手歸降、不能出他圏套」。

（14）還他　「須是～」、すなわち「ぜひとも～せねばならない」「～でなければならない」などの意。該語に関しては近年、芳澤勝弘氏の手により、宋元時代の禅語録を中心として網羅的な用例分析と分類がなされ、「須是～」とほぼ同義との見解が示されている。その根拠は、（一）「還他～須是～」「須是～還他～」の互文対応関係が多いこと、（二）「還他～始得」「須還他～始得」の形を取るものが多くあること、（三）「須是還他～」の形式があることなどである。「他」については、「那」（かの）と見て通じるが、なかには意味を失って虚指化する場合もあるとのこと。芳澤氏はさらに「還」字の語義変遷の過程を検討し、そもそも「還」に「須」の義があるとする。「還」の原義は「かえる」「かえす」だが、後に「本来帰すべきところに還す」の意に用いられるようになり、そこから徐々に当為性が付加され、助動詞や副詞として、「須」に相当する意味で用いられるに至った。元代に入ると、そこに「包」（保証する、うけあう）の意が加えられたとする。芳澤勝弘「岩波文庫版『碧巌録』箚記」（禅学研究会『禪學研究』第76號、一九九八）、同氏「關於〝還他…〟」（禅籍俗語言研究会編『俗語言研究』第五期、一九九八）参照。『語類』にも用例は多い。巻一八・84条（七二六頁）「若看文字、須還他平正。又須浹洽無虧缺、方得好」、巻一〇一・186条（二五九二頁）「今人於義處皆無辨、直恁鶻突去。是須還他是、不是還他不是。若都做都是、猶自有箇淺深。自如此說、必有一箇不是處、今則都無理會矣」、巻一二〇・122条（四七三三頁）「今人看道理、多要說做裏面去、不要說從外面來、不可曉。深處還他深、淺處還他淺」。

（15）橕柱　多くの場合「橕拄」に作る。支える、つっぱる、必死で頑張る。巻十一・25条（一七九頁）「聖賢言語、當虚心看、不可先自立說去橕拄、便喎斜了。不讀書者、固不足論。讀書者、病又如此」。

（16）眞同　巻十・95条（一七四頁）「尹先生門人言尹先生讀書云、耳順心得、如誦己言。功夫到後、誦聖賢言語、都一似自己言語。良久、曰、佛所謂心印是也。印第一箇了、印第二箇、只與第一箇一般。又印第三箇、只與第二箇一般。惟堯舜孔顏方能如此。堯老、遜位與舜、教舜做。及舜做出來、只與堯一般、此所謂眞同也」、巻三〇・34条（七七〇頁）「世上許多要説道理、各家理會得是非分明、少間事迹雖不一一相合、於道理却無差錯。一齊都得如此、豈不甚好。這箇便是眞同。只如今諸公都不識所謂眞同、各家只理會得半截、便道是了」。

（17）依阿　はっきりした意見をもたず迎合する。曖昧な態度で付和雷同する。巻一三・20条（二九六六頁）「或問、同父口説皇王帝覇之略、而一身不能自保。先生曰、這只是見不破。只説箇是與不是便了、若做不是、恁地依阿苟免以保其身、此何足道」。

（18）鶻突　ぼんやりしている、曖昧な。「糊突」に同じ。巻十・51条（一六八頁）「今看文字未熟、所以鶻突、都只見成一片黑淬淬地」。

（19）委曲　やんわりと、婉曲に。（事を収めるために、まわりとぶつからないために）曲げて、妥協して。巻十三・117条（二三九頁）「叔蒙問、程子説、避嫌之事、賢者且不爲、況聖人乎。若是有一項合委曲而不可以直遂者、這不可以爲避嫌」。

（第48条担当　原　信太郎　アレシャンドレ）

【49】

器遠（曹叔遠）「初学者は余計な物事に費やす労力を省いてこそ、修養に取り組めると思うのですが。」

朱子「まだ物事にうまく対応できない時は、結局は（余計な労力は）省いた方がよい。しかし省こうとすると、かえって省けないことに悩まされるだろう。何かする時にちょっと手間を省こうとすると、いざ仕上げる段に至って不都合が生じ、かえって不満が残るということがよくある。たとえば出かけていく際に、出費を抑えようとして旅支度を簡素にすると、いざ使う時になって足らず、かえって心を悩ますことになり、結局は何も省いたことにならないといった具合だ。特に何もない時は、ひとまず省いてもかまわない。だが、もし一家を取り仕切る立場で、父母があれば面倒な仕事は代わるのが当然なのであって、まさか放っておいて何事にも煩わされない場所に行き、腰を下ろして気にかけないなどということは許されまい。余計な手間を省くのは、もちろん良いことだ。しかし、何も経験していないと、いざ物事に向き合った時に、それにやられてしまう。」

器遠「郷里にあっても自分自身のことに力を尽くすのが当然であって、他人のことにかまってはいけないと思うのですが、もし自分に関わることがあった場合には、何も言わないわけにもいきません。どうするべきなのでしょうか。」

朱子「言うべき時は言わねばならない。（程子の）いわゆる「お前の頚を取ると言われても（言えば殺されるような場面であっても）、言うべき時は言わねばならない」だ。自分が言うべきではない場合と、言うべき相手ではない場合には、言わずにいるしかない。しかし自分が言わない場合でも、そうではないという意思は示す必要がある。言わねばならないか、言ってはならないか、二つに一つだ。相手の正しくないことを正しいと言うようなことは、絶対にしてはならない。」［葉賀孫］

器遠問「初學須省事(1)、方做得工夫。」曰「未能應得事、終是省好。然又怕要去省、却有不省病痛。某嘗看有時做事要省些工夫、到得做出却有不好、却不厭人意。且如出路(2)要減些用度令簡便、到要用時沒討處、也心煩、依前是不會省得。若可(校1)無事時、且省儘好。若主家事、及父母在上、當代勞役、終不成掉了去閑(校2)所在坐不管。省事固好、然一向不經歷、到得事來、却會被他來倒了。」問「處鄕黨固當自盡、不要理會別人(3)。若有事與己相關、不可以不說、當如何。」曰「若合說、便著說、如所謂若要我(校3)頭也須說(4)。若是不當自家說、與其人不可說、則只得不說。然自家雖然是不說、也須示之以不然之意。只有箇當說與不當說、若要把他不是處做是說、便決是不可。」

［賀孫］

（校1）正中書局本・朝鮮整版は「可」を「可以」に作る。

（校2）朝鮮整版は「閑」を「間」に作る。

（校3）朝鮮整版・和刻本は「我」を「他」に作る。注（4）参照。

（1）省事　余計な労力を省く、めんどうがない、効率的だ。巻一〇三・11条（二六〇二頁）「靜坐理會道理、自不妨。只是討要靜坐、則不可。理會得道理明透、自然是靜。今人都是討靜坐以省事、則不可」、巻七四・28条（一八八〇頁）「坤以簡能、坤最省事、更無勞攘、他只承受那乾底生將出來」。

（2）出路　（遠くに）出かける。旅に出る。巻一二一・58条（二九三四頁）「如人欲出路、若有馬、便騎馬去。有車、便乘車去。無車、便徒步去。只是從頭行將去、豈有不到之理」。

（3）處鄕黨固當自盡、不要理會別人　鄕里の者との関わり方については、巻一一五・17条（二七七六頁）にも見える。「問、處鄕鄙宗族、見他有礙理不安處、且欲與之和同、則又不便。欲正己以遠之、又失之孤介而不合中道、如何。曰、這般處也是難、也只得無忿疾之心爾」。

（4）若要我頭也須說　『遺書』巻三・27条（六一頁）「因論口將言而囁嚅云、若合開口時、要他頭也須開口」。「口

將言而囁嚅」は韓愈「送李愿歸盤谷序」に見える李愿の語。

【50】

曹（叔遠）「先生の解釈された（『大学』の）「致知格物」に沿って、私は実践してゆくつもりですが、そうしていけば、かりに貫通の境地に到達できなくても、害は無いのではないでしょうか。」

朱子「害は無いなどとどうして言えよう。君はまだ実際に学問をしていないからそんなことを言うのだ。（実際に学んでゆけば）貫通しないことがあろうか。学問が熟すれば、貫通するのだ。たとえばどこかへ行こうとするならば、必ずそこに到達しなければならない。一日進んでは、もしかしたら辿り着けないのではないかなどと言っているようで、どうやって到達できよう。世の中にはただ一つの道理があるだけで、（天下のあらゆる物事の道理が）そこにぎゅっと包まれている。（それぞれの物事という覆いを）破り去れば、光り輝くのだ。どうして貫通しないのではなどと心配する必要があろうか。」　［曹叔遠］

曹問「先生所解致知格物(1)處、某即就這上做去。如未能到貫通處、莫也無害否(2)。」曰「何謂無害。公只是不曾學、豈有不貫通處。學得熟便通。且如要去所在(3)、須是去到方得。若行得一日、又說恐未(校1)必能到、若如此、怎生到得。天下只有一箇道理、緊包在那下(4)、撒破便光明、那怕不通。」　［曹叔遠］

（校1）楠本本は「未」を「末」に作る。

（1）致知格物　『大学』（章句経一章）。

（2）如未能到貫通處、莫也無害否　次の51条にも同様の問いかけが見える。

（3）所在　場所。巻二三・72条（五五一頁）「如人要向箇所在去、便是志。到得那所在了、方始能立、立得牢了、方能向上去」。

（4）那下　そこ、そちら。巻一二一・10条（二九二一頁）「東邊見不得、西邊須見得。這下見不得、那下須見得。既見得一處、則其他處亦可類推」。

【51】

さらに質問した。

曹叔遠「孟子のいう「忘るること勿かれ、助長すること勿かれ」の方がむしろ簡潔で実践しやすいと存じます。それに対して、いま細々としたことから一つ一つ実践していこうとすると、貫通できないのではないかと不安です。」

朱子「「忘るること勿かれ、助長すること勿かれ」とは、気を養うことを言っているのだ。孟子の言うことを仔細に読んでみなさい。そもそも学問をする上で最も肝要なところは、自分自身の心身にある。その次が事をなすことだ。これが確かで喫緊のところだ。どこでそのことが分かるかと言えば、もちろん聖人の言葉だ。いま学ぶ者は、聖人の言葉を研究し、身心はこうでなければならない、事を行なうときはこうでなければならないということを理解しなければならない。天下には一つの道理が大きな道のように存在している。聖人の言葉はまさにその道案内なのだ。」

又問「如孟子言勿忘勿助長(1)、却簡易。而今要從細碎做去、却怕不能貫通(2)。」曰「勿忘勿助長、自是言養氣、試取孟子說處子細看。大凡爲學、最切要處在吾心身、其次便是做事、此是的實緊切處。又那裏見得如此、須是聖人之言。今之學者、須是把聖人之言來窮究、見得身心要如此、做事要如此。天下自有一箇道理若大路然、聖人之言、便是那引路底。」

※巻一一四・12条(二七五六頁)は、本条と同一場面の別記録。記録者名なし。「又問、如孟子言勿忘勿助長、却簡易。而今要細碎做去、怕不能貫通。曰、孟子言勿忘勿助長處、自是言養氣。試取孟子說處子細看、便見。大凡爲學、最切要處在吾身心、其次便是做事、此是的實緊切處。學者須是把聖人之言來窮究、見得身心要如此、做事要如此。天下自有一箇道理在、若大路然。聖人之言、便是一箇引路底」。

(1)勿忘勿助長　『孟子』公孫丑上「曰、我知言、我善養吾浩然之氣。敢問、何謂浩然之氣。曰、難言也。其爲氣也、至大至剛、以直養而無害、則塞于天地之間。其爲氣也、配義與道、無是、餒也。是集義所生者、非義襲而取之也。行有不慊於心、則餒矣。我故曰、告子未嘗知義、以其外之也。必有事焉而勿正、心勿忘、勿助長也」。

(2)怕不能貫通　前の50条参照。

【52】

江文卿(嗣)は数多くの書物を読み博学多識であったが、先生の教えに感銘を受けて、自らを咎めて言った。

文卿「私はこの五十年間、多くの労力を無駄に費やし、多くの書物を暗記してまいりました。」

朱子「それでもかまわない。今もしこの大切なところを理解したのならば、その多くのものがすべて役に立つのだ。十年近く柴を積み重ねて、今ようやく点火するようなものだ。」［葉賀孫］

江文卿博識群書、因感先生之教、自咎云「某五十年前、枉費許多工夫、記許多文字。」曰「也不妨。如今若理會得這要緊處、那許多都有用。如七年十載(1)積疊得柴了、如今方點火燒。」［賀孫］

(1) 七年十載　短くて七年、長くても十年。

（第49～52条担当　阿部　光麿）

【53】

江文卿（嗣）に対して言われた。

朱子「（『論語』に）「多く聞き其の善なる者を択《えら》びて之に従ひ、多く見て之を識《しる》す」とある。君はそもそも「善なる者を択ぶ」という段階が欠けている。聖人が「善なる者を択ぶ」というのは、何事も道理にかなうようにするということだ。いま君がそのことに気づいたのであれば、これまで多くやってきたことをすっぱり改めればそれでよい。変えようと思えば変わるもの、何も難しいことはない。見たところ君はまだこれまでの色々なことに引きずられていて、何か言うとだんだんそちらの方へ行ってしまう。まるで水車のように、（ひとたび動き出すと）どんどん回って止まらない。」

朱子「東坡（蘇軾）のいうことはもちろん大抵は正しくないが、彼の議論の中にもすぐれた所はある。たとえば『易』を解釈するのに「性命」とか何とか論じているのは、全くひどい様だ。しかし、『書経』の解釈には良い所がある。たとえば（蘇軾『書伝』に見える）「帝王が出現する際には、その人物が天より命を受けたことを示す祥瑞がある（ことは『書経』『詩経』にも多く見える。たとえば）河図洛書や玄鳥・生民の詩などは、道理としてたしかにあり得ることだが、ただ（学ぶ者にとっての）先務ではない。残念なことに、先学が（こういった神秘的なことを）あまりに深く推論し讖緯の学に流れてしまったため、後世の人はこぞってこれを否定したが、それもまた行き過ぎだ」といった所は、彼の議論の良い部分だ。それなのに君はこうした所を覚えていないとは、それもやはり君自身の根本が明らかでないからだ。もし大本のところが正しく理解できたならば、どれだけ多くのものを読んでもその善し悪しが弁別できるようになるだろう。程先生は禅僧とともに碑文を読んだとき、「あなたは字だけを読んでいるが、私が読んでいるのは理だけだ」と言ったという。いま君が読んでいるのも字だけであるのに対し、私が見ているのは理だけだ。」　［葉賀孫］

謂江文卿曰「多聞擇其善者而從之、多見而識之（1）。公今却無擇善一著（2）。聖人擇善、便是事不遺乎理。公今知得、便拽轉（3）前許多工夫自不妨。要轉便轉、更無難者。覺公意思尙放許多不下、說幾句又漸漸走上來、如車水相似、又滾將去。」又曰「東坡說話固多不是、就他一套中間又自有精處。如說易、說甚性命、全然惡模樣（4）。如說書、却有好處（5）。如說帝王之興、受命之祥、如河（校1）圖、洛書、玄（校2）鳥、生民之詩（6）、固有是理、然非以是爲先。恨學者推之過詳、流入讖緯、後人擧從而廢之、亦過矣（7）。這是他說得好處。公却不記得這般所在、亦是自家本領不明。若理會得原頭正、到得看那許多、方有辨別。如程先生與禪子讀碑云、公所看都是字、某所看都是理（8）。似公如今所說

亦都是字、自家看見都是理。」　［賀孫］

（校1）正中書局本は「河」を「何」に作る。
（校2）正中書局本は「玄」を「元」に作る。
（1）多聞擇其善者而從之、多見而識之　『論語』述而「子曰、蓋有不知而作之者、我無是也。多聞擇其善者而從之、多見而識之、知之次也」。
（2）公今却無擇善一著　本条と同じ葉賀孫の記録に次のような一条が見える。巻三四・186条（八九八頁）「多見、姑且識之。如沒要緊底語言文字、謾與他識在、不識也沒要緊。要緊却在多聞擇善而從之。如今人却只要多識、却無擇善一著［因坐客雜記而言］」。小字注にいう「客」はあるいは本条の江文卿（嗣）か。
（3）拽轉　ひっくり返す、すっぱり方向を変える。巻一一九・25条注（2）参照。
（4）如說易、說甚性命、全然惡模様　蘇軾『易伝』巻一・乾・文言伝「乾道變化各正性命、保合太和乃利貞」の註に、「性命」についての長い議論がある。朱子は蘇軾の『易』解釈を「仏老の説」であるとして批判する。巻六七・76条、（一六六三頁）「東坡解易、大體最不好。然他却會作文、識句法、解文釋義必有長處」、同・151条（一六七五頁）「老蘇說易、專得於愛惡相攻而吉凶生以下三句。……東坡見他恁地太麄疏、却添得些佛老在裏面」。
（5）如說書、却有好處　巻七八・40条（一九八六頁）「或問、書解誰者最好。莫是東坡書爲上否。曰、然。又問、但若失之簡。曰、亦有只消如此解者」、同・41条「東坡書解却好。他看得文勢好」、同・42条「東坡書解文義得處較多。尚有粘滯、是未盡透徹」。
（6）如說帝王之興、受命之祥～生民之詩　蘇軾『書伝』巻一・堯典「納于大麓烈風雷雨弗迷」の注「且帝王之興、其受命之祥、卓然見於書詩者多矣。河圖洛書、玄鳥生民之詩、豈可謂誣也哉。恨學者推之太詳讖緯、而後之君子亦矯枉過正、舉從而廢之、以爲王莽公孫述之流沿此作亂。使漢不失德、莽述何自而起、而歸罪三代受命之符、亦過矣。故夫君子之論取其實而已矣」。「河圖洛書」は『易』繋辞上、「玄鳥」は『詩経』商頌・玄鳥、「生民」は『詩経』大雅・生民。

（7）恨學者推之過詳、流入讖緯、後人舉從而廢之、亦過矣　注（6）参照。

（8）公所看都是字、某所看都是理　未詳、『遺書』その他には見えない。『語類』には禅語として引用している箇所もある。巻十一・83条（一八七頁）「先生戯引禪語云、一僧與人讀碑云、賢讀著總是字、某讀著總是禪」。

【54】

周（良）「私が平生取り組んでいるのは、この心を捉えて安定させることです。しかし一念がふと生ずると、心はそれに引かれていってしまいます。」

朱子「それもやはり熟するしかない（慣れるしかない）。熟すればそうはなるまい。今日一念が生じたならばそれを制禦し、明日一念が生じたならばまた制禦するというように、ずっと続けていけばそうしたことはなくなる。ただこちらの方が少なく、あちらの方が多ければ、あちらに負けてしまうだけだ。たとえば車一杯の薪が燃えているのを少しの水で消そうとしても、水をかけたところは消えるが、火はまた燃えさかるだろう。あるいは、力の弱い者と強い者とが引っ張り合うようなもので、強い方が門の外から引っ張り、弱い方が門の中から引っ張ったならば、弱い者は勝つことができず、強い者に引きずり出されてしまう。強い者に勝つためには、やはり力を鍛えて強くするしかなく、そうすればおのずと敵《かな》うようになるだろう。ほかに道理なぞ無い、ただ自分の心がどうにかしようとしているかどうかだけだ。『孟子』にいう「捨つれば則ち亡び、操《と》れば則ち常に存す（心は放置すれば見失い、把捉していれば常に存する）」とはこのことだ。『大学』に「忿懥（いかり）」「好楽（よろこび）」等（が心にあれば心は正しさを失うこと）を言うのも、そうした心を取り払えば心は自然と正しくなるということであって、心を以て心を正すということではない。」

朱子「心は「敬」であってこそ心だ。程先生（程頤）は「主一無適」と言ったが、「主一」とは専一にすることに他ならない。たとえばここで読書をしているのに、さらに文章を書くことを考えたり、別のことを考えたりしているのは、すべて専一ではない。」

朱子「徹底的に理解できたならば、徹頭徹尾ただ一つの道理であり、それを着実に理解しなければならない。こうするのが善であって、そうでなければ悪だということが動かしようのないこととして理解できてこそ、着実に理解したと言える。」［黄卓］

周兄良問「某平時所爲、把捉這心教定。一念忽生、則這心返被他引去。」曰「這箇亦只是認教熟、熟了便不如此。今日一念纔生、有以制之、明日一念生、又有以制之、久後便無此理。只是這邊較少、那邊較多、便被他勝了。如一車之火、以少水勝之、水撲處才滅、而火又發矣(1)。又如弱人與强人相牽一般、强人在門外、弱人在門裏、弱底不能勝、便被他强底拖去了。要得勝他、亦只是將養教力壯後、自然可以敵得他去。非別有箇道理、也只在自家心有以處之耳。孟子所謂捨則亡、操則常存在此(2)。大學所謂忿懥好樂等事(3)、亦是除了此心、則心自然正、不是把一箇心來正一箇心。」又曰「心只是敬。程子所謂主一無適(4)、主一只是專一。如在這裏讀書、又思量做文字、又(校1)思量別事去、皆是不專。」又曰「見得徹處、徹上徹下、只是一箇道理、須是見得實方是。見得鐵定如是便爲善、不如是便爲惡、此方是見得實。」　［卓］

（校1）楠本本は「又」を欠く。

（1）一車之火〜火又發矣　『孟子』告子上「仁之勝不仁也、猶水勝火。今之爲仁者、猶以一杯水救一車薪之火也。不熄、則謂之水不勝火。此又與於不仁之甚者也、亦終必亡而已矣」。

（2）孟子所謂捨則亡、操則常存在此　『孟子』告子上「孔子曰、操則存、舍則亡。出入無時、莫知其鄕。惟心之謂與」。

（3）大學所謂忿懥好樂等事　『大学』（章句伝七章）「所謂修身在正其心者、身有所忿懥、則不得其正、有所恐懼、則不得其正、有所好樂、則不得其正、有所憂患、則不得其正。心不在焉、視而不見、聽而不聞、食而不知其味。此謂修身在正其心」。

（4）主一無適　『遺書』巻十五・177条（一六九頁）「所謂敬者、主一之謂敬。所謂一者、無適之謂一」、同・45条（一四九頁）「敬只是主一也。主一則既不之東、又不之西、如是則只是中」。

（第53〜54条担当　小池　直）

【55】

門人たちが書物を講釈し終えた。

朱子「諸君は道理について、大まかな脈絡は摑んでいるようだ。言葉で説明する時はそれでよいが、自分の身心をきちんと保つことにもっと努力しなければならない。自身の行ないの上でもう二、三分《ぶ》着実に実践できなければいけない。そんなふうに口で言って済ますだけでは何にもならない。」

周貴卿（良）「常に（心を）きちんと守ろうとしていないわけではないのですが、ただ「志」が「気」を統御することができず、事に臨むと（心は）影響されてしまいます。」

朱子「それはでたらめだ。どうしてそれ（事に引きずられる心）を勝手にさせておくのか。どこかへ行ってしまいそうな時にこそ引き戻すのだ。（『論語』にもあるではないか、）「仁を為すは己に由る、人に由らんや（仁を行うことは自分に由る。人に由るのではない）」、「止むは吾れ止むなり。往くは吾れ往くなり（止めるのは私が止めるのである。往くのも私が往くのである）」。」　［黄義剛］

諸生說書畢、先生曰「諸公看道理、尋得一線子路脈著了。說時也只是恁地、但於持守處更須加工夫。須是著實於行己上做得三兩分始（校1）得、只恁說過不濟事。」周貴卿曰「非不欲常常持守、但志不能帥氣（1）、後臨事又變遷了。」曰「只是亂道。豈是由他自去、正要待他去時撥轉來。爲仁由己、而由人乎哉（2）。止、吾止也。往、吾往也（3）。」　［義剛］

（校1）正中書局本は「始」を「是」に作る。

（1）志不能帥氣　『孟子』公孫丑上「夫志、氣之帥也。氣、體之充也。夫志至焉、氣次焉。故曰、持其志、無暴其氣」。『集注』「若論其極、則志固心之所之、而爲氣之將帥。然氣亦人之所以充滿於身、而爲志之卒徒者也」。巻十七・13条（三七二頁）「志者、氣之帥也。此只當責志。孟子曰、持其志、毋暴其氣。若能持其志、氣自清明」、巻二六・58条（六五四頁）「志之所至、氣必至焉。這志如大將一般、指揮一出、三軍皆隨。只怕志不立、若能立志、氣自由我使。夫志、氣之帥也。氣、體之充也。人出來恁地萎萎衰衰、恁地柔弱、亦只是志不立。志立自是奮發敢爲、這氣便生。志在這裏、氣便在這裏」。

（2）爲仁由己、而由人乎哉　『論語』顔淵「子曰、克己復禮爲仁。一日克己復禮、天下歸仁焉。爲仁由己、而由人乎哉」。

（3）止、吾止也。往、吾往也　『論語』子罕「子曰、譬如爲山、未成一簣、止、吾止也。譬如平地、雖覆一簣、進、吾往也」。

【56】

李周翰（持国）は教えを請う際、しばしば、年を取ってなおいまだ科挙に悩まされていることを嘆いた。

朱子「それは自分で解決するしかない。子どもの頃から『孝経』や『論語』を読んできたはずだが、その中でどうして科挙のために学問せよと教えていないのか。読書をしてきたからには、やはり当然疑問に思うはずだ。まずは私が編纂した『小学』を細かく読んでみなさい。その中には昔の人の言葉もあれば、今の人の言葉もある。まずはそれがどういうものか見てみなさい。昔の人は子どもの頃からちゃんと修養が出来ていたのだ。」

その後、（『大学』の）「至善」について話が及んだとき、再び科挙のための文章を作ることについて質問した。

朱子「読書は、文章を書くためと考えた時点で間違っている。もし本当に理解できていれば、言うべきことは言い、言わざるべきことは言わなくてもいい。そもそも口で言ってそれで済むことではないのだ。科挙のための文章なども、聖賢の色々な言葉を言い直して作り出したにすぎない。たとえば忠信について述べたところなども、もっともらしいことを言っているだけで、自分自身とは全く関係がない始末だ。」

そこで、次の例を挙げられた。

朱子「漳州（福建省漳州）にいたある日、訴訟が終わると、一人の士人が庭に立っていた。尋ねたところ私に師事したいという。泉州に住んでいて、両親に科挙を目指すよう言いつけられたが、それを嫌って私のところへ学びにきたというのだ。私は、それでは両親の命に背くことになるので、いったん帰らせ、許可を得てから来るよう命じた。そうしてこそ差し障りがないと思ったのだ。とはいえ、その人にそうした（科挙よりも私のところで学びたいという）見識があるのは、なかなかないことだ。」［葉賀孫］

李周翰請教、屢歎年歳之高、未免時文之累(1)。曰「這須是自見得、從小兒也須讀孝經論語來、中間何故不教人如此。曾讀書、也須疑著。某所編小學(2)、公且子細去看、也有古人說話、也有今人說話、且看是如何。古人都自少涵養好了。」後因說至善(3)、又問作時文。先生曰「讀書才說要做文字使、此心便錯了。若剩(4)看得了、到合說處便說、當不說處不說也得、本來不是要人說得便了。如時文、也只不出聖賢許多(校1)說話翻謄(5)出來。且如到說忠信處、他也會說做好、只是與自身全不相干(6)。」因舉「在漳州日、詞訟(7)訖、有一士人立庭下。待詢問、乃是要來從學。居泉州、父母遣學擧業、乃厭彼、要從學。某以其非父母命、令且歸去、得請再來、始無所礙。然其有所見如此、自別。」［賀孫］

(校1) 底本は「許多」を「不多」に作るが、正中書局本・朝鮮整版に拠り改めた。

(1) 時文之累　「時文」は科挙のための文章。科挙に対する朱熹の態度は巻十三にまとまって見える。巻十三・152条（二四六頁）「科擧累人不淺、人多爲此所奪。但有父母在、仰事俯育、不得不資於此、故不可不勉爾。其實甚奪人志」、同・162条（二四七頁）「南安黃謙、父命之入郡學習擧業、而徑來見先生。先生曰、既是父要公習擧業、何不入郡學。日則習擧業、夜則看此書、自不相妨、如此則兩全。硬要咈父之命、如此則兩敗、父子相夷矣、何以學爲」。

(2) 某所編小學　朱熹は友人劉清之等とともに子ども向けの教科書を編纂している。『文集』巻七六「題小學」参照。内篇（立教・明倫・敬身・稽古）と外篇（嘉言・善行）に分かれ、前者は『書経』『礼記』『論語』『孝経』等の聖賢の言葉を、後者は主に漢代から宋代までの賢人の言行を集めたもの。

(3) 至善　『大学』（章句経一章）「大學之道、在明明德、在親民、在止於至善」。

(4) 剩　まことに、じつに。

(5) 翻謄　（もとの文章や話を利用して）作りかえる、写し取る。巻九六・77条（二四七六頁）「他本是釋學、但只是翻謄出來、說許多話耳」。

(6) 且如到說忠信處～只是與自身全不相干　巻十三・143条（二四四頁）「專做時文底人、他說底都是聖賢說話。且如說廉、他且會說得好。說義、他也會說得好。待他身做處、只自不廉、只自不義、緣他將許多話只是就紙上說。廉是題目上合說廉、義是題目上合說義、都不關自家身己些子事」。

(7) 詞訟　訴訟。巻十一・26条（一七九頁）「凡看書、須虛心看、不要先立說。看一段有下落了、然後又看一段。須如人受詞訟、聽其說盡、然後方可決斷」。

【57】

呉橤（字、直翁）「学問はやはり自立が肝要であることはわかっておりますが、まだまだ欠点だらけです。どうしたらよいのでしょうか。」

朱子「欠点などまだ論ずるにも及ばない。人は全体として正しくあってこそ、欠点を云々できるのだ。たとえば、真っ白なものであって、その中に黒い点があるから、それを欠点と言えるのだ。君はまだ全体として正しくないのに、どうして欠点を云々できようか。かりに善があっても、それは黒地に白い点が出ているにすぎず、やむにやまれぬ道理であるか、生まれつきの性質がたまたま良いかというだけのことだ。だいたい人はまず正しい方向に向かわなければならない。正しい方向に向いている人であれば、欠点があっても、白地に黒い模様が出ているだけだ。それはただ受けた気の偏りのせいで、完全には打ち勝てなかっただけのこと、要は白地が多いのだ。方向が正しくない人の場合は、善があっても、黒地に白い模様が出ているだけで、それが目を引くにすぎない。孔子の弟子たちであっても、すべて純粋な善であるわけではない。しかし、彼らは結局は白地が多く、愛すべき人たちなのだ。人はまず自分自身の方向を正しく向かわせなければならない。孔子は「苟《まこと》に仁に志せば、悪無きなり（本当に仁を目指しているのなら、悪はない）」と言っている。すなわち、義理（正しい道理）を目指している以上、おのずと悪は無いのであって、善でないところがあったとしても、それは過ちにすぎず、悪ではない。これを更に言えば、仁を目指しているのでなければ、善はないということだ。つまり、利欲を目指していれば、かりに善のことがあっても、それはたまたまにすぎず、その心はいつもいつも利欲だけに向かっているのだ。世の利欲を目指す人と義理を目指す人とは、全く別で交わるところはない。利欲を目指す人は夷狄や禽獣の道へと赴き、義理を目指す人は正道に向かっている。郷里の江徳功（默）や呉公済（楫）たちはやや人を困らせたり悩ませたりするが、しかし彼らが目指すところは結局は善なのだ。

世の中には人を困らせたり悩ませたりはしない人もいる。そういう人は、誰かが道理を語るのを聞くと、一緒になって賛美し、誰かが仏教や老荘を批判すれば、一緒になって批判する。しかし、それはいい加減に人に合わせているだけで、心の中で本当にそう思っているわけではなく、本気でそうしようとはしない。こういうのが一番だめなのだ。」

［童伯羽］

呉楶直翁問「學亦頗知自立、而病痛猶多、奈何。」曰「未論病痛。人必全體是、而(校1)後可以言病痛。譬如純是白物事了、而中有黑點、始可言病痛(1)。公今全體都未是、何病痛之可言。設雖有善、亦只是黑上出白點、特(校2)其義理之不能已與氣質之或美耳。大抵人須先要趨向是。若趨向正底人、雖有病痛、也是白地上出黑花。此特其氣稟之偏、未能盡勝耳、要之白地多也。趨向不正底人、雖有善、亦只是黑地上出白花、却成差異事。如孔門弟子、亦豈能純善乎。然終是白地多、可愛也。人須先拽轉了自己趨向始得。孔子曰、苟志於仁矣、無惡也(2)。既志於義理、自是無惡。雖有未善處、只是過耳、非惡也。以此推之、不志於仁、則無善矣。蓋志在於利欲、假有善事、亦偶然耳。蓋其心志念念只在利欲上。世之志利欲與志理義之人、自是不干事。志利欲者、便如趨夷狄禽獸之徑。志理義者、便是趨正路。鄉里如江德功呉公濟諸人、多少是激惱(3)人、然其志終在於善。世亦有一種不激惱人底、又見人說道理、他也從而美之。見人非佛老、他亦從而非之。但只是胡亂順人情說、而心實不然、不肯眞箇去做、此最不濟事。」［伯羽］

（校1）正中書局本は「而」を欠く。

（校2）楠本本は「特」を「待」に作る。

（1）譬如純是白物事了、而中有黑點、始可言病痛　以下に続く「黑地に白点」と「白地に黒点」の比喩は、次の

條にも見える。巻十五・84条（二九八頁）「某嘗謂、物格知至後、雖有不善、亦是白地上黑點。物未格、知未至、縱有善、也只是黑地上白點」、巻四四・29条（一一二二頁）「君子譬如純白底物事、雖有一點黑、是照管不到處。小人譬如純黑底物事、雖有一點白處、却當不得白也」。

（2）苟志於仁矣、無惡也　『論語』里仁「子曰、苟志於仁矣、無惡也」。『集注』「惡、如字。苟、誠也。志者、心之所之也。其心誠在於仁、則必無爲惡之事矣」。

（3）激惱　人を困らせたり悩ませたりする。巻五八・4条（一三五八頁）「象謀害舜者、舜隨卽化了、更無一毫在心、但有愛象之心。常有今人被弟激惱、便常以爲恨、而愛弟之心減少矣」。

（第55～57条担当　蔣　建偉）

【58】

朱子「ある人がやってきて書物を解釈したけれども、おおよそ寄せ集めの考えを述べたにすぎず、詳細で熟成されたものにはなっていなかった。そういった欠点は心の問題だ。おそらく心が静かに集中していないから、考えが精密ではっきりしていないのだろう。この心を養ってすっきりと落ち着かせることができれば、道理は内側から流れ出るようになる。それでこそよいのだ。」

（董）銖「（『易』の）豫卦の六二にある「石に介たり、日を終へず、貞にして吉（石のように堅固であれば、その思慮は聡明で、一日を終えないうちに吉凶の兆しを見抜くことができる）」とはまさにこのことですね。」

朱子「その通りだ。」

張仁叟「どうすれば、そうすることができるのでしょうか。静坐に取り組むしかないのでしょうか。」

朱子「自分で点検してみることだ。一日のなかでそれ（心）がどれ程のあいだ内にあり、どれ程のあいだ外にあるかを、試みに観察してみなさい。趙公（槩）が白と黒の豆を使って、善悪の念が起こったことを記録していたという逸話がある。これが昔の人の修養なのだ。そうやって点検すれば、おのずと見えてくるだろう。」

さらに言われた。

朱子「書物を読むときは、心を書物に集中して、一文字ずつぴったりと落ち着くまでその意味を考えてこそ、その先の議論もできるというものだ。心をきちんと保ち、静かに集中させ、ふだんの立ち居振る舞いのなかでも見失わないようにし、勝手にどこかへ行ってしまわぬようにしてこそ、文章を精密に読むことができるのだ。そうしてはじめて、基づくべき根本ができるのだ。」 ［董銖］

「某人來說書、大概只是捏合來說、都不詳密活熟。此病乃是心上病、蓋心不專靜純一、故思慮不精明。要須養得此心令虛明專靜、便道理從裏面流出、便好。」銖曰「豫六二、介于石、不終日、貞吉（1）、正謂此。」曰「然。」張仁叟問「何以能如此。莫只在靜坐否。」曰「自去檢點。且一日間試看此幾箇時在內、幾箇時在外。小說中載趙公以黑白豆記善惡念之起（2）、此是古人做工夫處。如此檢點、則自見矣。」又曰（3）「讀書須將心貼在書冊上、逐字看得各有著落、方好商量。須是收拾此心、令專靜純一、日用動靜間都在、不馳走散亂、方看得文字精審。如此、方是有本領（4）。」［銖］

（1）介于石、不終日、貞吉　『易』豫・六二。『本義』「豫雖主樂、然易以溺人。溺則反而憂矣。卦獨此爻中而得

正、是上下皆溺於豫、而獨能以中正自守、其介如石也。其德安靜而堅確。故其思慮明審、不俟終日而見凡事之幾微也。大學曰、安而后能慮、慮而后能得。意正如此。占者如是、則正而吉矣」。なお、巻七〇・173条（一七七一頁）には「介于石、言兩石相摩擊而出火之意。言介然之頃、不待終日、而便見得此道理」とあり、本条および『本義』とは解釈が異なる。

（2）趙公以黒白豆記善悪念之起　「趙公」は趙槩、字は叔平、南京虞城の人。葉夢得『石林避暑録話』上「趙康靖公槩、厚德長者、口未嘗言人短。與歐文忠公同爲知制誥、後亦同秉政。及文忠被謗、康靖密申辨理、至欲納平生誥敕以保之、而文忠不知也。中歳常置黄黒二豆于几案間。自旦數之、毎興一善念爲一善事則投一黄豆于別器、暮發視之、初黒豆多于黄豆、漸久反之。既謝事歸南京、二念不興遂徹豆無可數。人強于爲善亦要在造次之間毎日防檢。此與趙清獻公焚香日告其所行之事于上帝同」。このエピソードは巻一一三・26条（二七四六）、巻一二九・39条（三〇九三頁）にも引かれる。巻一二九・39条「趙叔平、樂易厚善人也。平生做工夫、欲驗心善悪之多少、以一器盛黒豆、一器盛白豆、中間置一虚器。才一善念動則取白豆投其中、悪念動則取黒豆投其中、至夜則倒虚器中之豆、觀其黒白以驗善悪之多少。初間黒多而白少、久之漸一般、又久之則白多而黒少、又久則和豆亦無了、便是心純一於善矣。或曰、恐無此理。曰、前輩有一種工夫如此、若能持敬則不消如此心煩、自然當下便復於善矣」。

（3）又曰〜　以下は巻十一・8条（一七七頁、記録者名なし）とほぼ同文。

（4）本領　根本、基づくべきもの。巻八・124条（一四四頁）「學者若有本領、相次千枝萬葉、都來湊著這裏、看也須易曉、讀也須易記」。

【59】

先生が陳公直に言われた。

朱子「書物を読むときは、まずは少しずつ取り組み、別の箇所のことを差し挟んではいけない。今の人の多くは書物を読むときに、一息に冒頭から終わりまで読んで、すべてをごちゃまぜにしてしまっている。」　［楊道夫］

先生語陳公直曰「讀書、且逐些子（1）理會、莫要攙動他別底。今人讀書、多是從頭一向看到尾、都攙渾了。」［道夫］

（1）逐些子　少しずつ。巻十・38条（一六五頁）「讀書、只逐段逐些子細理會」、巻一二一・80条（二九四〇頁）「若是有志朴實頭讀書、眞箇逐些理會將去、所疑直是疑、亦有可答」。

【60】

先生はかつて劉学古に言われた。

朱子「康節（邵雍）の詩に「閑居謹みて妨げ無しと説くこと莫かれ（ふだんから身を謹んでいれば、問題ないなどと思ってはならない）」とある。つまり「妨げ無し」と言うことが「妨げ」となるのだ。善き人であろうとすれば、そこには多くの段階がある。悪しき人になるのはあっという間のこと、しっかりと手綱をつかまえておくか、放縦になってしまうかの違いだけだ。」　［楊道夫］

先生嘗謂劉學古曰「康節詩云、閑居謹莫説無妨(1)。蓋道無妨、便是有妨、要做好人、則上面煞有等級、做不好人、則立地便至、只在把住放行之間爾。」［道夫］

（1）閑居謹莫説無妨　『撃壌集』巻六「仁者吟」「仁者難逢思有常、平居愼勿恃無傷。爭先徑路機關悪、近後語言滋味長。爽口物多須作疾、快心事過必爲殃。與其病後能求藥、不若病前能自防」。

【61】

彦忠（陳士直）「ふだんいつも私意（自分勝手でよこしまな考え）にまとわりつかれて悩まされています。すぐに気づいてきつく抑えようとするのですが、すっきりと私意が起こらないようにさせることができません。」

先生は笑ってお答えになった。

朱子「それはまさに子静（陸九淵）の有頭の説がそうさせているのだろう。この心に主となるものがないから、私意に負けてしまうのだ。常に反省し、良き心がいつもここにあるようにすれば、私意というものは外から入ってくるものにすぎないことを看破することができよう。たとえ（私意が）動き出しても、こちらが主となって客に対応するように、あるいは十分に休息をとった軍で疲弊した軍を攻めるようにすれば、自分の中にそれが留まることはできないはずだ。こういったことは、平生の努力であって、私意が起きるのを待ってそれから反省するというのでは何にもならない。」［楊道夫］

彦忠問「居常苦私意紛攪、雖即覺悟而痛抑之、然竟不能得潔靜不起。」先生笑曰「此正子靜有頭之說(1)、却是使得。惟其此心無主宰、故爲私意所勝。若常加省察、使良心常在、見破了這私意只是從外面入。縱饒有所發動、只是以主待客、以逸待勞(2)、自家這裏亦容他不得。此事須是平日著工夫、若待他起後方省察、殊不濟事。」　[道夫]

（1）子靜有頭之說　未詳。

（2）以逸待勞　『孫子』軍争「以近待遠、以佚待勞、以飽待饑、此治力者也」。

（第58～61条担当　阿部　亘）

【62】

林士謙が初めてお目通りした時、「仁」「智」を自得することについて質問した。

朱子「仁者は仁であることを得ているのであり、智者は智であることを得ているだけだ。それ以外に何を自得するというのか。君のその質問は、質問になっていない。まずは『論語』ならば「学びて時に習ふ」から、『孟子』ならば「梁の恵王」から、『大学』は「大学の道は明徳を明らかにするに在り」から、『中庸』は「天命を之れ性と謂ふ」から（というようにそれぞれの冒頭から）読み始めなさい。私のやり方はそういうものだ。途中の一二句をつまみ食いするように読んではならない。それでは文脈が一貫しない。」　[陳淳]

林士謙初見、問仁智自得處(1)。曰「仁者得其爲仁、智者得其爲智、豈仁智之外更有自得。公此問不成問。且去將論語從學而時習讀起、孟子將梁惠王讀起、大學從大學之道在明明德讀起、中庸從天命之謂性讀起。某之法是如此、不可只摘中間一兩句來理會(2)、意脈不相貫。」　[淳]

(1) 問仁智自得處　仁義礼智を循環するものとし、仁に先立つものとしての智を位置づけ、智から仁へと変化するところに万物生成の機密を読み取ろうとする議論を前提にした質問か。巻六・75条(一〇九頁)「仁爲四端之首、而智則能成始而成終。……蓋天地之化、不翕聚則不能發散也。仁智交際之間、乃萬化之機軸」、巻六〇・10条(一四二三頁)「然孔子多説仁智、如元亨利貞、元便是仁、貞便是智。四端、仁智最大。無貞、則元無起處。無智、則如何是仁」。

(2) 不可只摘中間一兩句來理會　巻十・47条(一六七頁)「某最不要人摘撮。看文字、須是逐一段一句理會」。

【63】

蘇宜久が暇乞いにあたり、帰郷の後は『易』を読みたいと申し出た。

朱子「いま君に『易』を読めと言えば、君は古注や近世の数家の注を読むのであろうが、それは私の本意ではない。かといって君に私の『易』解釈に依拠して読ませたところで、私の解釈は三分《ぶ》ほどを説明しただけで、いきおい残りの六七分《ぶ》はわかりにくいところがあろうし、それはやはり教育的ではない。『易』は理解しがたく、すぐには読めないものだから、しばらくは取り組まない方がよかろう。聖人(孔子)は、「詩書執礼、皆な雅《つね》に言ふなり(『詩経』と『書経』と礼の実践についてはふだんから話題にした)」とあるが、これを見れば、聖人が人に教えたのは、これら数者だけであったのだ。君は『詩経』を理解したのであれば、まずは『書経』に取り組むことだ。『書経』が理解できたならば、礼に取り組みなさい。礼に関する書物は、膨大で理解し難い。どうしてすぐにたくさん読めようか。たとえば『儀礼』一つを取ってみても、そこにはたくさんの項目がある。そこで私は（君のために）一つ策を考えてみた。まずは温公（司馬光）の『書儀』を一冊購入し、帰郷の後に子細に読むのがよかろう。これを読めば、世間の冠婚葬祭の礼に応用できるのみならず、併せて他の礼に関する書物、たとえば『礼記』や『儀礼』、『周礼』の類を読めば、そのうち自然に分かりやすくなり、あとは多くの細目のことだけになる。温公の『書儀』は、もとより是もあり非もあるが、その大要は正しい。」　［沈僩］

蘇宜久辭、問歸欲觀易。曰「而今若教公讀易、只看古注幷近世數家注、又非某之本心。若必欲教公依某之易看、某底又只說得三分、自有六七分曉不得、亦非所以爲教⑴。看來易是箇難理會底物事⑵、卒急看未得、不若且未要理會。聖人云、詩書執禮、皆雅言也⑶。看來聖人教人、不過此數者。公旣理會詩了、只得且理會書。理會書了、便當理會禮。禮之爲書、浩瀚難理會、卒急如何看得許多。且如箇儀禮、也是幾多頭項。某因爲思得一策、不若且買一本溫公書儀⑷、歸去子細看。看得這箇、不惟人家冠昏喪祭之禮、便得他用、兼以之看其他禮書、如禮記儀禮周禮之屬、少閒自然易、不過只是許多路徑節目。溫公書儀固有是有非、然他那箇大概是。」　［僩］

（1）某底又只說得三分～亦非所以爲教　朱熹は自らの『易』解釈を次のように語っている。巻六七・44条（一六五四頁）「某之易簡略者、當時只是略搭記。兼文義、伊川及諸儒皆已說了。某只就語脈中略牽過這意思」、同・42条「看易、先看某本義了、却看伊川解、以相參考。如未看他易、先看某說、却易看也、蓋未爲他說所汩故也」。

（2）易是箇難理會底物事　巻六七・50条（一六五七頁）以下の「讀易之法」参照。たとえば、51条「易是箇無形影底物、不如且先讀詩書禮却緊要」、同・52条（一六五八頁）「問、看易如何。曰、詩書執禮、聖人以教學者、獨不及於易。至於假我數年、五十以學易、乃是聖人自說、非學者事。蓋易是箇極難理會底物事、非他書之比」。

（3）詩書執禮、皆雅言也　『論語』述而。

（4）溫公書儀　司馬光『書儀』。巻八九・2条（二二七一頁）「問、冠昏喪祭、何書可用。曰、只溫公書儀略可行、亦不備」、同・5条（二二七二頁）「問冠昏喪祭禮。曰、今日行之正要簡、簡則人易從。如溫公書儀、人已以為難行」。

【64】

廖晋卿がどの書物を読むべきか教えを乞うた。

朱子「君の心は久しく制御を失っていて、気持ちがいまだ定まらず、いつも心がどこかあらぬ方へ行ってしまっている。まずは気持ちを集中させること、それでこそ読書について話ができる。」

続けて言われた。

朱子「（『礼記』）玉藻の九容（九つの立居振舞）の箇所を、まずは子細に体認しなさい。そこに得るものが出てくれば、読書はむしろしやすくなる。」　［潘時挙］

廖晉卿請讀何書。曰「公心放已久、精神收拾未定、無非走作之時。可且收斂精神、方好商量讀書。」繼謂之曰「玉

藻九容(1)處、且去子細體認。待有意思(2)、却好讀書。」　［時舉］

（1）玉藻九容　『礼記』玉藻「凡行容惕惕、廟中齊齊、朝庭濟濟翔翔。君子之容舒遲、見所尊者齊遬。足容重、手容恭、目容端、口容止、聲容靜、頭容直、氣容肅、立容德、色容莊、坐如尸、燕居告溫溫」。

（2）有意思　効果があらわれる、効き目が出る、作用する。ここでの意味は、「玉藻九容を子細に読むことの効果が出てくれば」。

【65】

厚之（陳易）が暇乞いに際して教えを請うた。
厚之「書物を読んでもしっくりしません。」
朱子「日数が満ちれば、しっくりする。」　［鄭可学］

厚之臨別請教、因云「看文字生(1)(校1)。」曰「日子足、便熟。」　［可學］

（校1）朝鮮整版は、「生」を「先生」に作る。

（1）生　下文の「熟」と対義。「生」は、不慣れで自分のものになっていない、熟していない、しっくりしない。「熟」は、慣れてすっかり自分のものになっている、習熟している、しっくりする。

【66】

陳希周が書物を読み学問を修めることについて質問した。

朱子「いわゆる読書とは、道理というものを理解しようとすることに他ならない。家を治めるには家を治める道理があり、官職にあれば官職にある道理がある。表に出てくるものは違っていても、すべて一つの道理にすぎない。それはちょうど水のようなもので、丸いところでは丸くなり、四角いところでは四角く、小さなところでは小さく、大きなところでは大きくなるが、結局は同じ水という一つのものなのだ。」［潘時挙］

陳希周請問讀書修學之門。曰「所謂讀書者、只是要理會這箇道理。治家有治家道理、居官有居官道理、雖然頭面不同、然又只是一箇道理。如水相似、遇圓處圓、方處方、小處小、大處大、然亦只是一箇水耳。」［時擧(校1)］

（校1）正中書局本・朝鮮整版・和刻本は、「時擧」の後ろに「植錄作傅希周」とある。

（第62～66条担当　中嶋　諒）

【67】

先生は鄭光弼（字は子直）に言われた。

朱子「書物は古の人が書いたものではあるが、今日我々がこれを読むのは、自らの徳を蓄えるためだ。とはいえ、こちらで少し読んだら、すぐさまそれをあちらへ持って行って使う、というようなものではない。『易』に「君子以て多く前言往行を識りて、以て其の徳を畜ふ（君子は昔の人の言行をたくさん知ることを通じて、みずからの徳を蓄える）」とある。いま君は一冊読み終わると、すぐにあれこれ文章を書いているが、（その文章は）勝手放題、あちこち飛んだり跳ねたりで、君の心はまったくもって書物の中にはない。そのような読書は、けっきょく自分自身と無関係になってしまう。」

朱子「義と利の分別こそまさに学ぶ者が深く理解していなければならないものだ。」［楊道夫］

先生謂鄭光弼子直曰「書雖是古人書、今日讀之、所以蓄自家之德。却不是欲這邊讀得些子、便搬出做那邊用。易曰、君子以多識前言往行、以蓄其德(1)。公今却是讀得一書、便做得許多文字。馳騁(2)跳躑(3)、心都不在裏面。如此讀書、終不干自家事。」又曰「義利之辨(4)、正學者所當深知。」［道夫］

（1）易曰〜以蓄其德　『易』大畜・象伝「天在山中大畜。君子以多識前言往行、以蓄其德」。

（2）馳騁　好き放題、奔放、のびのびと、調子にのって。文章を形容する用例が多く見える。巻一三九・41条（三三〇七頁）「到東坡文字便已馳騁、忒巧了」、同・98条（三三一六頁）「曾司直大故會做文字、大故馳騁有法度」、同・102条「諸公文章馳騁好異」。

（3）跳躑　飛んだり跳ねたり、あちこち飛び跳ねる。巻一一九・31条（二八七七頁）「若是長孺說話恁地橫後跳躑、他也無奈他何」、巻一二四・10条（二九六九頁）「聖賢言語一步是一步。近來一種議論、只是跳躑。初則兩三步做一步、甚則十數步作一步、又甚則千百步作一步。所以學之者皆顚狂」、同・47条（二九七八頁）「公們都被陸子靜誤、教莫要讀書、誤公一生。……使得這心飛揚跳躑、渺渺茫茫、都無所主」。

（4）義利之辨　義（道理としての正しさ）と利（自分にとって得かどうか）とを分別すること。『論語』里仁「君子喩於義、小人喩於利」、『孟子』梁恵王上「孟子對曰、王何必曰利、亦有仁義而已矣。……苟爲後義而先利、不奪不厭。未有仁而遺其親者也、未有義而後其君者也。王亦曰仁義而已矣、何必曰利」にもとづく。朱熹はしばしばこの「義利之辨」の重要性を説く。巻十三・34条（二二七頁）以下参照。

【68】

朱子「子合（王遇）はまごころがあって誠実であり、庸仲（陳孔碩）はそそっかしいが頭の回転は速い。」［楊道夫］

子合(1)純篤、庸仲(2)疏敏。［道夫］

（1）子合　子合（王遇）について、巻一一七・59条（二八三三頁）では「子合無長進、在學中將實錄課諸生、全不識輕重先後」と批判している。
（2）庸仲　庸仲（陳孔碩）は、巻九〇・26条（二二九四頁）「釋奠散齊、因云、陳庸仲以書問釋奠之儀」に見えるのみ。

【69】

先生は正甫［任忠厚、遂安の人］に言われた。

朱子「精神を集中させよ。」　［游倪］

先生謂正甫［任忠厚、遂安(1)人。］「精神専一(2)。」　［倪］

（1）遂安　現在の浙江省杭州市の一部。

（2）精神専一　あるいは「（正甫の《あなた》）精神は専一である」という意味か、断じ難い。なお、朱熹は「敬」を説明する際にしばしばこの語を用いる。巻十二・129条（二一五頁）「敬、莫把做一件事看、只是収拾自家精神、専一在此」。

【70】

鍾唐傑が「窮理」「持敬」について質問した。

朱子「これらのことについては、議論するまでもない。もし「持敬」を議論すれば、それはもう「持敬」ではないし、「窮理」を議論すれば、もう「窮理」ではない。実なる道理が（「持敬」「窮理」という）題目の後ろに控えているようでなければだめだ。」　［襲蓋卿］

鍾唐傑問窮理持敬。曰「此事不用商量。若商量持敬、便不成持敬、若商量窮理、便不成窮理。須令實理在題目之後。」

［蓋卿］

【71】

閭丘（字は次孟）「以前（『礼記』の）「曲礼」と『程氏遺書』と康節（邵雍）の詩を読んだところ、爽快な気持ちになりました。」

朱子「それらはもともとさり気なく淡々と書かれたものであるのに、君はむしろそこに卑近を厭い高みに飛んで行こうとするような意味を読み込んでしまっている。それらがもともとどういうものか知らなければならない。康節の詩に、「真楽、心を攻めて奈何ともせず（真の楽しみが私の心を攻め立ててどうしようもない）」とある。私は、これは真の楽しみなどではないと思う。真の楽しみならば心を攻め立てることはないはずだ。顔子の楽しみがどうしてそのようで（心を攻め立てることが）あったろうか。」

閭丘「私はどうして康節の境地を望みましょう。私はただの凡人に過ぎません。」

朱子「凡人ならばむしろ問題はない。君は腹の中にあれこれ多くの知識や道理を持っていて、それをごちゃ混ぜにしてそんなふうに大声で騒ぎ立てている（から余計に始末におえないのだ）。」

さらに（閭丘が）「曲礼」を暗誦した。

朱子「「曲礼」だけはあまり大きな声で騒ぎ立てないな。」

次孟「気が足りないのです。」

朱子「気が足りないのではない、むしろ気が有り余っているのだ。」　［楊道夫］

閭丘次孟言「嘗讀曲禮遺書康節詩、覺得心意快活(校1)。」曰「他本平鋪地說在裏、公却帖了箇飛揚底意思在上面、可知是恁地。康節詩云、眞樂攻心不奈何(1)。某謂此非眞樂也、眞樂便不攻心。如顏子之樂(2)、何嘗恁地。」曰「次孟何敢望康節、直塗之人爾。」曰「塗人却無許多病。公正是肚裏有許多見識道理、攪得恁地叫喚來。」又舉曲禮成誦。先生曰「但曲禮無許多叫喚。」曰「次孟氣不足。」曰「非氣不足、乃氣有餘也。」　［道夫］

（校1）楠本本は「活」を「居」に作る。

（1）康節詩云、眞樂攻心不奈何　邵雍『伊川撃壌集』巻八・林下五吟「儘快意時仍起舞、到忘言處只謳歌。賓朋莫怪無拘檢、眞樂攻心不奈何」。この邵雍の所謂「眞樂」について、朱熹は以下の箇所でも本条と同様の批判をしている。巻三一・69条（七九八頁）「顏子之樂平淡、曾點之樂已勞攘了。至邵康節云眞樂攻心不奈何、樂得大段顚蹷。或曰、顏子之樂、只是心有這道理便樂否。曰、不須如此說、且就實處做工夫」、巻一〇〇・9条（二五四三頁）「問、程子謂康節空中樓閣。曰、是四通八達。莊子比康節亦髣髴相似。然莊子見較高、氣較豪。他是事事識得了、又却蹴踏著、以爲不足爲。康節略有矩。然其詩云、賓朋莫怪無拘檢、眞樂攻心不奈何。不知是何物攻他心」。

（2）顏子之樂　『論語』雍也「子曰、賢哉回也。一簞食、一瓢飲、在陋巷。人不堪其憂、回也不改其樂。賢哉回也」。本巻・15条注（1）参照。

【72】

先生が元昭（徐琳）に言われた。

朱子「まずは虚心になって、あれこれ余計なことを考えないようにしなさい。」

元昭は先生に十篇の詩を献上した。その詩にはそれぞれ二字の題名が、たとえば「実理」といった具合に付けられていて、（十篇が）段階的に配列されていた。先生は「立命」と題された詩の二句を指して言われた。

朱子「「幾度か風霜猛しく摧折す、前に依り春草池塘に満つ（幾度もの風霜が激しく挫き折っても、春草は以前のように池の堤に満ちている）」とあるが、さきに仏老の誤りを述べていたのに、ここではまた仏老に流れてしまっている、これはどういうことなのだ。」

元昭「（万物万象が）止まることがないことを述べたのです。」

朱子「この詩を見ると、君の言うこととは違うようだ。この詩はただ人と争って勝とうするだけのもの、道理がわかっているのならば、どうしてあれこれ多くの言葉が必要であろうか。顔子は当時、このようなことはしなかった。この詩はただ人に知られたいがために、あれこれ意識してむやみに言葉を並べ立てているにすぎず、よろしくない。最後の一篇「極致」は最もよくない。どうしていきなりそんなふうに天門を突き破ろう（自然の神秘に迫ろう）とするのか。昨日はああ言い、今日はこう言う。これではただ口先だけの話だ。」　［鄭可学］

語元昭「且要虛心、勿要周遮(1)。」元昭以十詩獻、詩各以二字(校1)命題。如實理之類、節節推之。先生指立命詩兩句、「幾度風霜猛摧折、依前春草滿池塘。既說道佛老之非、又却流於佛老、此意如何。」元昭曰「言其無止息。」曰「觀此詩與賢說話又異。此只是要鬬勝。知道、安用許多言。顏子當時不曾如此。此只是要人知、安排餖飣(2)出來、

便不是。末篇極致尤不是。如何便到此、直要撞破天門。前日說話如彼、今日(校2)又如此、只是說話。」〔可學〕

(校1)正中書局本・朝鮮整版・和刻本・楠本本は「字」を「句」に作る。

(校2)正中書局本は「日」を「目」に作る。

(1)周遮　あれこれ余計なことに関わる、めんどうである、込み入っていてややこしい。巻三一・35条(八一二頁)「人之生也直、如飢食渴飲、是是非非、本是曰直、自無許多周遮」、巻二九・34条(七三五頁)「五峰疑孟之說、周遮全不分曉。若是恁地分疏孟子、剗地沉淪、不能得出」、巻一〇八・44条(二六八六頁)「南軒見義必爲、他便是沒安排周遮、要做便做」。

(2)飣餖　食べ物を食べきれないほどたんさん並べること、転じて文章を書くのにいたずらに古語などを持ち出して装飾すること。

(第67〜72条担当　江波戸　亙)

【73】

元昭(徐琳)が暇乞いをした。

朱子「帰郷してからはどんなことに取り組むつもりかね。」

元昭「よくよく自分を観察しますと、ふだん堅実でないところがあるように思いますので、堅実ということに努力しようと思います。」

朱子「それは粗雑だからに他ならない。粗雑なところを取り除けば、堅実になる。」

元昭「書物を読む時にはいつも、主に大意を理解するばかりで、まったく詳らかに検討しておりませんでした。」

朱子「大意はもちろん理解せねばならないが、言葉の意味もじっくり考えなければならない。最もよくないのは一方に偏ることだ。明道（程顥）がこう言っている。「君と話をするのは、まるで酔っ払いを助け起こしているようだ。こちらを支えると、反対側から崩れ落ちる」。今の学ぶ者たちは大概こんなものだ。史書を読んで暗誦できても、玩物喪志の域を出ない。そう言うと何も解っていない学ぶ者たちは、今度は（史書を）すべて打ち捨ててしまう。まずはしっかりと深く取り組んで、その後で徐々に広げていき、表裏に精通してこそよいのだ。だが、それも自分の力量を弁えなければならない。自分の力がそこまで達していないのに無制限に多読したりすると、そのうちそれに埋もれてしまって、得られるものがないどころか、かえって害になる。

最近の学ぶ者たちにはまた別の欠点がある。すなわち、理に求めるばかりで具体的な事柄に求めようとせず、心に求めるばかりで身に求めようとしない、というやつだ。たとえば（『論語』の）「一日己に克ちて礼に復れば、天下仁を帰す」だが、己に克つことができれば、自分の行為が事ごとに仁となり、天下の人々も自分を仁者として認識する、と解釈すれば（仁にかなった行為という）目に見える形のある話だ。それを強いて「天下がすべてわが仁のうちに帰着する」などと解釈すれば、影も形もない話になってしまう。亀山（楊時）以来、みんなこんなふうに解釈している。徐承叟（存）も亀山がこのように語るのを聞いたと言っていた。」

元昭告歸。先生曰「歸以何爲工夫。」曰「子細觀來、平生只是不實、當於實處用工夫。」曰「只是粗。除去粗、便是實。」曰「毎嘗觀書、多只理會大意、元不曾子細講究。」曰「大意固合理會、文義亦不可講究、最忌流於一偏。明道曰、與賢說話、却似扶醉漢、救得一邊、倒了一邊(1)。今之學者大抵皆然。如今人讀史成誦、亦是玩物喪志(2)。學者若不理會得、聞這說話、又一齊棄了。只是停埋攤布、使表裏相通方可。然亦須量力。若自家力不及、多讀無限書、少間埋沒於其間、不惟無益、反爲所害。近日學者又有一病、多求於理而不求於事、求於心而不求於身。如說一日克己復禮、天下歸仁(3)。既能克己、則事事皆仁(4)、天下皆歸仁於我、此皆有實迹。而必曰天下皆歸吾仁之中、只是無形無影。自龜山以來皆如此說(5)。徐承叟(6)亦云、見龜山說如此。」

※次の74条と一部話題が似通っている。

（1）明道曰～倒了一邊　『上蔡語録』巻中・8条「昔伯淳先生教予、只管看他言語。伯淳曰、與賢說話、却似扶醉漢。救得一邊、倒了一邊、只怕人執著一邊」。また『外書』巻十二・40条（四二六頁）、『近思録』為学篇・27条にも採録。

（2）玩物喪志　枝葉末節に拘って本来の志を失ってしまうこと。もと『尚書』旅獒「玩人喪德、玩物喪志」、孔安国伝「以人爲戲弄則喪其德、以器物爲戲弄則喪其志」。『上蔡語録』巻中・46条「明道見謝子記問甚博曰、賢却記得許多、可謂玩物喪志。謝子被他折難、身汗面赤。先生曰、只此便是惻隱之心」。『外書』巻十二・46条（四二七頁）「昔錄五經語作一册。伯淳見謂曰、玩物喪志」。

（3）克己復禮、天下歸仁　『論語』顔淵篇「顏淵問仁。子曰、克己復禮爲仁。一日克己復禮、天下歸仁焉。爲仁由己、而由人乎哉。顏淵曰、請問其目。子曰、非禮勿視、非禮勿聽、非禮勿言、非禮勿動。顏淵曰、回雖不敏、請事斯語矣」。「天下歸仁」は、呂大臨、楊時、王蘋らが「天下がわが仁のうちに帰着し、一体となる」と解するのに対し、朱熹は「天下の人々がわが仁を認めてくれる」と解釈する。『論語集注』該当箇所朱熹注「歸、猶與

也。又言一日克己復禮、則天下之人、皆與其仁、極言其效之甚速而至大也」、巻四一・88条（一〇六六頁）「問天下歸仁。曰、只是天下以仁稱之。又問、謝説如何。曰、只是他見得如此。大抵謝與范、只管就見處、却不若行上做工夫。只管扛、扛得大、下梢直是沒著處。如夫子告顏子非禮勿視聽言動、只是行上做工夫」。

（4）事事皆仁　『外書』巻三・11条（三六七頁）「克己復禮則事事皆仁、故曰天下歸仁。人之視最先、非禮而視、則所謂開目便錯了。次聽、次言、次動、有先後之序。人能克己、則心廣體胖、仰不愧、俯不怍、其樂可知、有息則餒矣」。

（5）自龜山以來皆如此説　楊時の「顏淵問仁」章解釈については、以下を参照。『論語精義』巻六下「楊曰、仁、人心也。學問之道、求其放心而已。放而不知求、則人欲肆而天理滅矣。楊子曰、勝己之私之謂克。克己、所以勝私欲而收放心也。雖收放心、閑之爲艱。復禮所以閑之也。能常操而存者、天下與吾一體耳。孰非吾仁乎。顏淵其復不遠。庶乎仁者也。故告之如此。若夫動容周旋中禮、則無事乎復矣」。巻四一・89条（一〇六六頁）「天下歸仁、言天下皆與其仁。伊川云稱其仁、是也。此却説得實。至楊氏以爲天下皆在吾之度內、則是謂見得吾仁之大如此、而天下皆囿於其中、則説得無形影。呂氏克己銘、如洞然八荒、皆在我闥之類同意」。

（6）徐承叟　徐存のことか。徐存は、字は誠叟。江山の人。楊時に従学。『資料索引』三巻一九八九頁、『学案』巻二五、『学案補遺』巻二五。巻四一・57条（一〇五七頁）「問、一日克己復禮、天下歸仁。向來徐誠叟説、此是克己工夫積習有素、到得一日果能克己復禮、然後天下歸仁。如何。曰、不必如此説、只是一日用其力之意」。

先生が元昭（徐琳）にお尋ねになった。
朱子「最近はどんな感じかね。」
元昭「この心に堅実なところがないように感じております。」
朱子「地に足の着かない高遠な問題を追究せず、実際の言行について点検するようにすれば、おのずと堅実なものになっていく。今の人の議論は、理を論じるばかりで事を論ぜず、心を言うばかりで身を言わない。議論は非常に高尚だが、漠然として主とすべきものがなく、やがて異端の説に流れていってしまう。たとえば（『論語』の）「天下仁を帰す」にしても、天下の人々がその仁たることを許す（自分を仁者であると認めてくれる）というだけのことだ。程子が「一つ一つの事（行為）がすべて仁である」と言っているのはこのことだ。それを今の人は「天下がすべてわが仁の内に帰着する」と解釈しようとする。そういう解釈も悪くはないが、影も形もない話で、まったくとっかかりがない。孔子が顔回に「己に克ちて礼に復る」の項目を答えた言葉も、やはり「視・聴・言・動」について取り組むことに他ならなかった。思慮の類いは、すべて「動」の中に含まれているので、「礼に非ざれば思ふこと勿れ」とは言わなかったのだ。そもそも（程子のいうように）外面を制御することができれば、内面を養うことができるもの、もちろん内面が本で、外面が末ではあるが、内面を存養する方ばかり言って、外面を制御することを言わないようでは、手の着け所がなくなり、この心も確かさを失ってしまう。外面に間違った言動があってもそのままにして、「わたしは心を正している」などと言うような、そんな馬鹿なことがあるか。浙中の王蘋（字は信伯）は伊川（程頤）と面識があったが、後に独自に教えを設けて妙なことをやっていた。舒州には語録の類が伝わっており、もっぱら「天下仁に帰す」の語によって人を教え導こうとしている。人の顔を見るや「天下仁に帰す」を言い、「己に克ちて礼に復る」の方はまったく語ろうとしなかったという。」　［滕璘］

先生問元昭「近來頗覺得如何。」曰「自覺此心不實。」曰「但不要窮高極遠、只於言行上點檢、便自實。今人論道、只論理、不論事。只說心、不說身。其說至高、而蕩然無守、流於空虚異端之說。且如天下歸仁(1)、只是天下與其仁、程子云事事皆仁(2)、是也。今人須要說天下皆歸吾仁之中、其說非不好、但無形無影、全無下手脚處。夫子對顏子克己復禮之目、亦只是就視聽言動上理會。凡思慮之類、皆動字上包了、不曾更出非禮勿思一條。蓋人能制其外、則可以養其內(3)。固是內是本、外是末。但偏說存於中、不說制於外、則無下手脚處、此心便不實。外面儘有過言過行更不管、却云吾正其心、有此理否。浙中王蘋信伯(4)親見伊川來、後來設教作怪。舒州有語錄之類(5)、專教人以天下歸仁。才見人、便說天下歸仁、更不說克己復禮。」［璘］

※前の73条と一部話題が似通っている。

（1）天下歸仁　前の73条注（3）参照。

（2）程子云事事皆仁　前の73条注（4）参照。

（3）人能制其外、則可以養其內　『論語集注』顏淵篇「顏淵問仁」章所引程頤語「程子曰、顏淵問克己復禮之目。子曰、非禮勿視、非禮勿聽、非禮勿言、非禮勿動。四者身之用也。由乎中而應乎外。制於外、所以養其中也。顏淵事斯語、所以進於聖人。後之學聖人者、宜服膺而勿失也」。もとは『河南程氏文集』巻八「四箴」序文（五八八頁）。巻四一・67条（一〇六〇頁）以下参照。

（4）王蘋信伯　王蘋（一〇八二～一一五三）、字は信伯、号は震沢。北宋、福清の人。後に太湖湖畔の震沢に移る。程頤に師事し、同門で先輩格の楊時に将来を嘱望された。『外書』巻九は王蘋の記録をもとにしたもの。著書に『王著作集』四巻があり、陳振孫『直斎書録解題』巻十八にも著録されるが、現在目にすることができるのは、明の弘治年間に子孫の王観により編纂された八巻本のもの。『資料索引』一巻二三六頁、『学案』巻二九、『学案補遺』巻二九。王蘋による「天下帰仁」に関する議論は、『王著作集』巻八「震沢記善録」に「先生在館中時范伯達如圭云、天下歸仁、只是物物皆歸吾仁。先生指窓問曰、此還歸仁否。范默然。其後齊之有詩云、大海因風起萬漚、形軀雖異暗同流。風漚未狀端何若、此處應須要徹頭」とある。朱熹は『文集』巻七〇「記疑」、及び『語類』巻五三・29条（一二八三頁）においてこの問答を取り上げ、反駁を加えている。

（5）舒州有語錄之類　王蘋の語録の類があったということか。舒州は淮南西路に所属。紹興十七年（一一四七）、安慶軍に改められ、慶元元年（一一九五）より、寧宗の潜邸の所在地であったことから安慶府に昇格。『宋史』巻八八「地理志四」（中華書局、二一八四頁）。ほぼ現在の安徽省安慶市に相当。古来より禅宗が盛んな地域であり、三祖僧璨が修行したとされる天柱山三祖寺、投子義青（一〇三二～一〇八三）の投子山投子寺、白雲守端（一〇二五～一〇七二）が住し、五祖法演（一〇二四～一一〇四）や圜悟克勤（一〇六三～一一三五）が修行した白雲山海会寺などがある。

（第73～74条担当　原　信太郎　アレシャンドレ）


【75】

楊丞（楫）が、心があれこれ乱れることについて質問した。

朱子「程（頤）先生が「（服装や表情・態度などの外面を）厳粛に整えれば心は専一になる。専一であればおのずと邪悪な心は無くなる」と言っている。少しでも整えようとすればそれがそのまま天理であり、それ以外に天理なぞ

ない。ただいつもいつも整えようとしていれば、思慮はおのずと専一になる。」　［滕璘］

楊丞(1)問心思擾擾。曰「程先生云、嚴威整肅(校1)、則心便一。一則自無非僻之干(2)。只才整頓起處、便是天理、無別(校2)天理。但常常整頓起、思慮自一。」　［璘］

(校1) 朝鮮整版は「嚴威整肅」を「整齊嚴肅」に作り、「整齊嚴」に傍点を附す。

(校2) 正中書局本・朝鮮整版は「無別」を「別無」に作る。

(1) 楊丞　楊楫、字は通老を指すか。楊楫は本条の記録者の滕璘と同席していた。また、巻十三・112条（一三九頁）に「楊丞通老」とある。

(2) 嚴威整肅～一則自無非僻之干　『遺書』巻十五・54条（一五〇頁）。

【76】

黄達才が精密に考えることができないことについて質問した。

朱子「やみくもに考えようとしてもだめだ。常に心を呼び醒まして、放ったらかしにしないようにしなさい。そうしていれば、そのうちおのずと手応えが得られよう。」　［黄義剛］

黄達才言思不能精之病。曰「硬思也不得。只要常常提撕、莫放下、將久自解有得。」　［義剛］

【77】

立之（潘植）「私は常々、物事がまだ目の前にやって来ず、思慮がまだ動き出していないときには、「惺惺（意識の覚醒）」ということがあるように感じております。それゆえ物事に応対する際も、動のうちに不動を感じます。これでよろしいのでしょうか。」

朱子「物事に応対する際は、是（対応の正しさ）を求めるだけだ。（『易』にいう）「敬以て内を直くし、義以て外を方にす」ということで、天下のあらゆる物事はこれによって対処できる。必ず不動であろうとすると、うまくやれる事も失敗してしまう。」　［潘時挙］

立之問「某常於事物未來、思慮未萠時、覺見有惺惺(1)底意思。故其應變接物、雖動却有不動之意存。未知是否。」曰「應變接物、只要得是。如敬以直內、義以方外(2)、此可以盡天下之事。若須要不動、則當好作事處、又蹉過了。」［時擧］

（1）惺惺　『上蔡語録』巻二「敬是常惺惺法」。

（2）敬以直內、義以方外　『易』坤・文言。

【78】

李伯誠「静坐をしているときは、心持ちはやはり良いものです。」

朱子「静坐をしているときはもちろん良いが、足を崩し目を開くと、すぐにそうではなくなる。物事に応対する時にも、できるだけ長く静坐時の心持ちであってこそよいのだ。物をひっぱるように、それ（静坐時の心持ち）が去って行きそうになったら、しっかりと引き戻すようにしてこそよい。」　［黄義剛］

李伯誠曰「打坐時意味也好。」曰「坐時固是好、但放下脚、放開眼、便不恁地了。須是臨事接物時、長如坐時、方可。如挽一物様、待他要去時、硬挽將轉來、方得。」　［義剛］

【79】

張以道が教えを請うた。

朱子「いつまでも自分の心を管理できさえすればそれでよい。人はその心を意識的に喚起できたときには、大いに違ってくるものだ。」　［黄義剛］

張以道請誨。曰「但長長照管得那心便了。人若能提撕得那心在時、煞爭事（1）。」　［義剛］（校1）

（校1）正中書局本は本条と次条の間に五行の空きがある。

（1）争事　違いがある。「煞争事」は「大違いである」の意。巻七八・34条（一九八五頁）「某嘗疑孔安國書是假書。比毛公詩如此高簡、大段争事」。

【80】

劉炳（字は韜仲）が手紙で、「格物」が不十分で義（正しい道理）を精密に理解できないことを質問した。朱子「これは学ぶ者の通弊だ。しかし病はそこにあるのではない。それ以前の別の所に病を得ているのだ。」余正叔（大雅）「どうしておのずとそうなるでしょうか（きっと原因があるはずです）。」朱子「（原因は）他のことではない、根本が確立していないのだ。」［童伯羽］

劉炳韜仲以書問格物未盡（校1）、處義未精。曰「此學者之通患。然受病不在此、這前面別有受病處。」余正叔曰「豈其自然乎。」曰「都不干別事、本不立耳。」［伯羽］

（校1）楠本本は「未盡」を「未書」に作る。

【81】

鄭昭先（字は景紹）が教えを請うた。

朱子「今の人はさかさまだ。古人は学んでから仕えたが、今の人は逆に仕えてから学ぶ。仕える前にも書物を読まないわけではないが、心が他の事に奪われてしまっているので、聖賢の考えがまったく理解できない。科挙がやはり（学ぶ者の）志を奪ってしまっているのだ。（君は）今やもうそんな患いは無いのだから、一心に学問に努めるべきだ。聖賢の経伝は人にすべてを余すところ無く伝えているが、（一言でいえば）人にこの心を保たせ、（心を）自分自身の主宰にさせることに他ならない。今の人はせわしなくあれこれ混乱して、心一つ我が身の内に保つことができていない。孟子は「学問の道は他無し、其の放心を求むるのみ（学問の道は他でもない、制御を離れてどこかへ行ってしまった心を取り戻すこと、これに尽きる）」と言い、また「其の心を存し、其の性を養ふ、天に事ふる所以なり（心を保ち性を養うこと、これが天に則り従う方法である）」と言った。学ぶ者はこれを肝に銘じなければならない。」［楊道夫］

鄭昭先景紹請教。曰「今人却是倒置。古人學而後仕、今人却反仕而後學。其未仕也、非不讀書、但心有所溺、聖賢意思都不能見。科擧也是奪志。今既免（校1）此、亦須汲汲於學。爲學之道、聖經賢傳所以告人者、已竭盡而無餘。不過欲人存此一心、使自家身有主宰。今人馳騖紛擾、一箇心都不在軀殼裏。孟子曰、學問之道無他、求其放心而已（1）。又曰、存其心、養其性、所以事天也（2）。學者須要識此。」［道夫］

（校1）楠本本は「免」を欠く。なお底本も明成化刻本により「免」を補っている。また、和刻本は「免此」を小字双行として一字分に収める。

（1）學問之道無他、求其放心而已　『孟子』告子上。

（2）存其心、養其性、所以事天也　『孟子』尽心上。

（第75〜81条担当　小池 直）

【82】

丘玉甫（珏《かく》）が暇乞いに際し、教えを請うた。

朱子「道理というものは、口で言うだけならばこれだけのことにすぎない。それを実践するか否かはすべてその人にかかっているのだが、人は聞いて喜ぶだけで、真剣に実践しようとしない。この道理は自分自身の問題であって他人事ではなく、わが心に得てわが身で行なうものであることを知ってこそ、学問修養の力になるのだ。書物の上の学問にばかりかまけていてはならない。私の言葉は、君たちはみなすでに見ていることと思うが、単に読み流しているだけなのだろう。だからこそ、読んでも相変わらずもとのままだ。自分自身を道理のはしっこに引っかけているだけで、本当にそれと一つになっていないのだ。（自分自身と道理とが）決して離れることはなく、（どちらかを）捨てることもできないことをしっかりと見抜けば、（学問は）おのずと止めようにも止められなくなるのだ。」

朱子「学ぶ者が自ら進んで学問修養に取り組むのには、しかるべき時があるのかもしれない。けれども、時というものは待っていてはならない。やろうと思った時こそが、その時なのだ。いま学ぶ者たちは空腹を感じていないようなもの、そういう者にどうやって無理に食べさせることができようか。のどが渇いていると感じていないのに、どうやって無理に飲ませることができようか。」　［呉必大］

丘玉甫（校1）（1）作別（校2）、請益。曰「此道理儘說只如此。工夫全在人、人却聽得頑［去聲］（2）了、不曾眞箇做。須知此理在己、不在人、得之於心而行之於身（3）、方有得力。不可只做冊子工夫。如某文字說話、朋友想都曾見之。想只是看過。所以既看過、依舊只如舊時。只是將身掛在理義邊頭（4）、不曾眞箇與之爲一。須是決然見得未嘗離不可相捨處、便自然著做不能已也。」又曰「學者肯做工夫、想是自有時。然所謂時者、不可等候、只自肯做時便是也。今學者自不以爲飢、如何强他使食。自不以爲渴、如何强他使飲。」　［必大］

（校1）丘玉甫　楠本本は「立玉甫」に作る。朝鮮整版は「丘三甫」に作る。

（校2）作別　楠本本は「作引」に作る。

（1）丘玉甫　丘珏、字は玉甫。邵武の人。『資料索引』二巻五一〇頁、『学案』巻六九。

（2）頑［去聲］　未詳。「玩」（去声）と通じるか。訳文は「玩」の意（もてあそぶ、めでる）に解した。

（3）得之於心而行之於身　巻十一・1条（一七六頁）「人之爲學固是欲得之於心、體之於身。但不讀書、則不知心之所得者何事」。「得之於心」は、朱熹が「德」字を解釈するに当たり頻用する表現。『論語集注』学而「德之爲言得也。得於心而不失也」、同・述而「德則行道而有得於心者也。得之於心、而守之不失、則終始惟一、而有日新之功矣」。

（4）邊頭　かたわら、はしっこ。巻三五・114条（九三五頁）「如今之作樂、亦只用七箇。如邊頭寫不成字者、卽是古之聲律」、巻一三七・80条（三二七六頁）「韓退之及歐蘇諸公議論、不過是主於文詞、少間却是邊頭帶說得些道理、其本意終自可見」。

【83】
江元益が「入徳」について質問した。
朱子「徳とは、自分がみずから持っているものだ。入徳とは、それを増進させることにすぎない。たとえば仁義礼智は、自分がそれを増進させられなければ、自分のものではないということだ。」［黄榦］
江元益問入德。曰「德者己之所自有。入德、只是進得底。且如仁義禮智、自家不得、便不是自家底。」［榦］

【84】
江元益が門人の中で勇なる者は誰かと質問した。
朱子「いまだ勇なる者を見たことはない。」［黄榦］
江元益問門人勇者(1)爲誰。曰「未見勇者。」［榦］

（1）勇者　「勇」は『論語』でしばしば取り上げられ、『中庸』では三達徳の一つとして、「知」「仁」と並挙される。『論語』為政「子曰、非其鬼而祭之、諂也。見義不爲、無勇也」、同・子罕「子曰、知者不惑、仁者不憂、勇者不懼」、『中庸』「子曰、好學近乎知。力行近乎仁。知恥近乎勇」。朱熹は「勇」を、学問を持続的に進めていく原動力とも見なしており、その意味で顔回を「大勇」と評価する。巻五二・66条（一二四四頁）。巻八・41条（一三五頁）「爲學不進、只是不勇」、巻三七・24条（九八五頁）「中庸言三德之序如何。曰、亦爲學者言也。問、何以勇皆在後。曰、末後做工夫不退轉、此方是勇」。

【85】

林叔和（鼐《さい》）が暇乞いに際し、教えを請うた。

朱子「根本のところでの修養が欠けていては、（何を読み何を学んでもそれらが）帰着する所がない。読書や物事の対応にはもちろん努力を傾けねばならないが、読書をしていない時や物事に対処していない時は、どうすべきだね。」

林叔和は好んで葉正則（適）の説を主にお答えした。

朱子「君の欠点は、先に論を立てて、それを説明するために聖賢の言葉を利用しているところだ。だいたい読書というものは、虚心でなければならない。まずはまるで文字を知らないかのように、本文をあるがままに熟読しなさい。今日読んで理解できなければ明日も読み、何度も何度も繰り返し読んでいるうちに、道理はおのずとあらわれてくるのだ。」　［李閎祖］

林叔和別去、請教。曰「根本上缺工夫、無歸宿處。如讀書應事接物、固當用功。不讀書、不應事接物時如何。」林好主葉正則（1）之説。曰「病在先立論、聖賢言語、却只將來證他説。凡讀書須虚心。且似未識字底、將本文熟讀平看、今日看不出、明日又看、看來看去、道理自出。」　［閎祖］

（1）葉正則　葉適（一一五〇～一二二三）、字は正則。『資料索引』四巻三二三七頁、『宋史』巻四三四。

【86】

周元卿「読書の際、半丁前には書物に集中していたのに、半丁後にはふと他の事を考えてしまい、口では読み上げていても、心はどこか他の場所に行ってしまうことがあります。どうすれば書物に集中することができるでしょうか。」

朱子「それは一番よくない。（『中庸』に）「誠ならざれば物無し（誠でなれば、何事も成り立たない）」というとおり、読んでいても読んでいないのと同じことだ。「誠は物の終始なり（誠は物事の終始を為すものである）」というが、半丁前には集中できていたのなら、その半丁分だけ「終始」があり、半丁後には心ここにあらずであったのなら、その分は「物無し」だ。」　［李壮祖］

周元卿問「讀書、有時半板前心在書上、半板後忽然思慮他事、口雖讀、心自在別處、如何得心只在書上。」曰「此最不可。不誠無物(1)、雖讀、猶不讀也。誠者物之終始(2)。如半板已前心在書上、則只在半板有始有終。半板以後心不在焉、則無物矣。」　［壯祖］

（1）不誠無物　『中庸』（章句二五章）「誠者物之終始。不誠無物。是故君子誠之爲貴」。朱注「天下之物、皆實理之所爲。故必得是理、然後有是物。所得之理既盡、則是物亦盡而無有矣。故人之心一有不實、則雖有所爲亦如無有。而君子必以誠爲貴也。蓋人之心能無不實、乃爲有以自成、而道之在我者亦無不行矣」。

（2）誠者物之終始　注（1）参照。

（第82〜86条担当　原　信太郎　アレシャンドレ）

【87】

先生が皆に向かって言われた。

朱子「鄭仲履の学問は、小さな（どうでもよい）ところを読むばかりで、経書の本旨がそもそもそういうものではないことに気づいていない。書物を読む際は大きな項目（全体の主旨となるところ）を読まなければならない。程子も「心を平らかにし、気を和らげ、疑わしいところは臆断を避けるようにすれば、聖人の考えはわかる」と言っている。」［襲蓋卿］

謂諸友曰「鄭仲履之學、只管從小小處看、不知經旨初不如此。觀書當從大節目處看。程子有言、平其心、易其氣、闕其疑、則聖人之意可見矣(1)。」［蓋卿］

（1）平其心、易其氣、闕其疑、則聖人之意可見矣　『遺書』巻二五・54条（三二二頁）「讀書者、當觀聖人所以作經之意、與聖人所以用心、與聖人所以至聖人、而吾之所以未至者、所以未得者、句句而求之、晝誦而味之、中夜而思之、平其心、易其氣、闕其疑、則聖人之意見矣」。

【88】

（余大雅の弟）方叔（余大猷）「日ごろ（学んだことを自分のものにするべく）復習するのですが、そのたびにすっきりしない感じがあります。これはどういったことなのでしょうか。」

朱子「それはその取り組みが途切れ途切れになっているからだ。習熟するためには、その取り組みを途切れさせないようにしなければならない。」

さらに古人の考えを尋ね求めることについて質問した。

朱子「私は常々思っているのだが、学ぶ者は（古人の言葉を）信じなければならないと同時に（鵜呑みにして）信じてもいけない。ずっとやっていけばおのずと信じることのできる道理というものに尋ねあたる。それが真の信ということだ。」　［余大雅］

方叔弟問「平居時習、而習中毎覺有愧(1)、何也。」曰「如此、只是工夫不接續。要習、須常令工夫接續則得。」又問尋求古人意思。曰「某常(校1)謂、學者須是信、又須不信。久之、却自尋得箇可信底道理、則是眞信也。」　［大雅］

（校1）正中書局本・朝鮮整版・和刻本・楠本本は「常」を「嘗」に作る。

※本条と巻二〇・26条（四五〇頁）はほぼ同文。重複と思われる。

（1）有愧　心の中に後悔や疑念があって、すっきりしないこと。巻五二・134条（一二五九頁）「集義、謂如十事有一事不合義、則便有愧」。

【89】

先生が林一之（易簡）の質問状を皆に示して言われた。

朱子「一之はこんなふうに深みにはまり込んでしまって、すっきり抜け出すことができない。彼は、物を生み育てる心は自分と物とで同じだから互いに感応し合うと言う。しかし、物を生み育てる心は自分のものであって、それが物と接触して自然に感応するだけのことだ。物の方にこの心があるから、自分にもその心があるというわけではない。たとえば（『孟子』に見える）赤ん坊が井戸に落ちることもなく、牛が怯えることもない時、この心はどこに行ってしまっているのか。いつも赤ん坊が井戸に落ちたり、牛が怯えたりという状況が目の前にあると想像しなければ「惻隠の心」はなく、何事もない時にはこの心は存在しないのか。その上「義」と「利」（の弁別の問題）を語ってどうしようというのだ。この心がほんのわずかでもどこかへ行ってしまうことがあれば、それで台無しなのだ。「義」か「利」かに説き及ぶ以前の問題だ。」　［陳淳］

先生以林一之問巻示諸生、曰「一之恁地沉淪、不能得超脱。他説生物之心(1)、我與那物同、便會相感。這生物之心、只是我底、觸物便自然感。非是因那物有此心、我方有此心。且赤子不入井(2)、牛不觳觫(3)時、此心何之。須常粧(4)箇赤子入井、牛觳觫在面前、方有此惻隱之心。無那物時、便無此心乎。又説義利作甚。此心才有不存、便錯了。未説到那義利處。」　［淳］

（1）生物之心　朱熹は仁を定義して、天地が万物を生み育てる心としており、人間もこの心を持つと説いている。『文集』巻六七「仁説」「天地以生物爲心者也。而人物之生、又各得夫天地之心以爲心者也」。『中庸章句』二十章「仁者、天地生物之心、而人得以生者」。『孟子集注』公孫丑上注「天地以生物爲心、而所生之物因各得夫天地生物之心以爲心。所以人皆有不忍人之心也」。これらは次の程子の説を踏まえたものである。『外書』巻三・8条（三六六頁）「復其見天地之心。一言以蔽之、天地以生爲心」。

（2）赤子不入井　『孟子』公孫丑上。幼子が井戸に落ちそうになる場面を目前にすると誰しも自然に惻隠の心が生じるという説を踏まえたもの。

（3）牛不觳觫　『孟子』梁恵王上。犠牲として連れて行かれる怯えた牛の様子を目の当たりにして、殺すに忍びなくなり、その牛を犠牲にするのをやめさせたという話を踏まえたもの。

（4）粧　「装」字に通じる。ふりをする、よそおう。ここでは、現実にはない状況をあると想像して。

【90】

林一之（易簡）「先生の語られる動静の意味とは、つまりは所謂「動中に静あり、静中に動あり」という道理のことでしょうか。」

朱子「もちろんそうだ。しかし、どうしてそのような言葉を引っ張ってくる必要があるのだ。私はひねくれているから、人が傍証を引っ張ってくるのを一番好まない。「動中の静、静中の動」というのは、古人がすでに言っている。

いまここにそれを引用して傍証としても、もともとの文義と何も変らず、何の深まるところもない。ここで知ったことを、すぐさま引用して何かに使おうとする、そんなふうになんでもかんでも引用していったい何の役に立つのだ。明道（程顥）が、介甫（王安石）は塔を口で説明するばかりで実際に塔に登っていないと言ったが、今の人はまさに塔を口で説明するばかりだ。必ずまっすぐ塔のてっぺんまで登って行かなければならない。口で説明したところで何になる。咸陽の地を獲得したければ、一直線に取りに向かうことこそ大切で、咸陽の広さはどれだけかとか、城壁と堀はどこかとか、宮殿はどこかなどと問う必要がどこにあろう。咸陽は雍州の地であるなどと説明する必要がどこにあるのか。ただその地を獲得できればいいだけの話だ。いまそんなふうに引用してきた言葉で傍証しようとするのは、ちょうど咸陽をあれこれ説明しようとするのと同じで、はなから咸陽を獲得する気がないのだ。」　［徐寓］

林一之問「先生說動靜義(校1)(1)、只是動中有靜、靜中有動(2)底道理。」曰「固是如此。然何須將來引證(3)。某僻性最不喜人引證。動中靜、靜中動、古人已說了。今更引來、要如何引證得是。但與此文義不差耳、有甚深長。今自家理會這處、便要將來得使。恁地泛泛引證、作何用。明道言介甫說塔(4)、不是上塔、今人正是說塔。須是要直上那頂(校2)上去、始得、說得濟甚事。如要去取咸陽、一直去取便好。何必要問咸陽是如何廣狹、城池在那處、宮殿在那處、亦何必說是雍州之地。但取得其地便是。今恁地引證、恰似要說咸陽元不曾要取他地。」　［寓］

（校1）正中書局本・朝鮮整版・和刻本・楠本本は「義」を「莫」に作る。

（校2）楠本本は「頂」を「項」に作る。

（1）先生說動靜義　巻十二・143条（二一八頁）参照。本条と同じ林一之の質問に答えて動静の問題を論じている。

（2）動中有靜、靜中有動　『遺書』巻七・38条（九八頁）「靜中便有動、動中自有靜」。周敦頤『通書』動靜第十六「動而無動、靜而無靜、非不動不靜也」。

（3）引證　証拠として引用する。ここでは、自説を補強するために他人の言葉をむやみに引用すること。巻十三・27条（二二五頁）「讀書亦不須牽連引證以爲工」。

（4）明道言介甫説塔　『遺書』巻一・23条（五頁）「先生嘗語王介甫曰、公之談道、正如説十三級塔上相輪、對望而談曰、相輪者如此如此、極是分明。如某則戇直、不能如此、直入塔中、上尋相輪、辛勤登攀、邐迤而上、直至十三級時、雖猶未見相輪、能如公之言、然某却實在塔中、去相輪漸近、要之須可以至也。至相輪中坐時、依舊見公對塔談説此相輪如此如此」。

（第87～90条担当　宮下　和大）

【91】

郭叔雲「学問の初めは、（『大学』にいう）「格物」にありますが、あらゆる物に理があります。どこから手を着ければよろしいでしょうか。」

朱子「人には誰しもそれぞれ知がある。まさかまったく知らないということはない。ただその知を推し広げて窮め尽くすことができていないだけだ。「格物」とは物事の道理の究極のところに至ることだ。」

さらに言われた。

朱子「「致知」と「格物」は、ただ一つのことにすぎない。今日は「格物」、明日は「致知」ということではない。

「格物」は理から言ったもの、「致知」は心から言ったものだ。」　［林恪］

郭叔雲問「爲學之初、在乎格物（1）。物物有理、從何處下手。」曰「人箇箇有知、不成都無知、但不能推而致之耳。格物、是格物理至徹底處。」又云「致知格物、只是一事（2）。非是今日格物、明日又致知。格物以理言、致知以心言（3）。」

［恪］

※本条と巻十五・49条（二九二頁、記録者も同じく林恪）は、字句に多少の違いはあるが、同一場面と考えられる。郭叔雲問「爲學之初、在乎格物。物物有理、第恐氣禀昏愚、不能格至其理。」曰「人箇箇有知、不成都無知、但不能推而致之耳。格物理至徹底處。」又云「致知格物、只是一事、非是今日格物、明日又致知。格物、以理言也、致知、以心言也。」

（1）格物　『大学』（章句経一章）「致知在格物」、朱注「致、推極也。知、猶識也。推極吾之知識、欲其所知無不盡也。格、至也。物、猶事也。窮至事物之理、欲其極處無不到也」。

（2）致知格物、只是一事　巻十八・33条（三九九頁）「格物致知、彼我相對而言耳。格物所以致知。於這一物上窮得一分之理、卽我之知亦知得一分、於物之理窮得二分、卽我之知亦知得二分、於物之理窮得愈多、則我之知愈廣。其實只是一理、才明彼、卽曉此。所以大學説致知在格物、又不説欲致其知者在格其物。蓋致知便在格物中、非格之外別有致處也」。

（3）格物以理言、致知以心言　あることを理から言うものと心から言うものとに分ける説明のしかたは、次の条にも見える。巻三九・13条（一〇一一頁）「事人事鬼、以心言、知生知死、以理言」。

【92】

先生が郭（叔雲）に教戒をあたえた。

朱子「学問は必ず気持ちを引き締め（表情や立ち居振る舞いを）きちんと整え厳粛にして、自分自身の心身において努力しなければならない。そうすれば自然に得るものがあるだろう。」［林恪］

先生教郭(1)曰「爲學切須收斂(2)端嚴、就自家身心上做工夫、自然有所得。」［恪］

（1）郭　91条との関係から郭叔雲のことと考えられるが、『師事年攷』には郭叔雲は「語類では巻一二〇（訓門人）第九十一条の林恪（一一九三）所録にただ一見するだけ」とある。

（2）收斂　巻十七・17条（三七三頁）「問、和靖說其心收斂、不容一物。曰、這心都不著一物、便收斂。他上文云、今人入神祠、當那時直是更不著得些子事、只有箇恭敬。此最親切。今人若能專一此心、便收斂緊密、都無些子空罅。若這事思量未了、又走做那邊去、心便成兩路」、同・18条（三七三頁）「問、尹氏其心收斂、不容一物之說。曰、心主這一事、不爲他事所亂、便是不容一物也」。「其心收斂、不容一物」は『外書』巻十二・88条（四三三頁）に見える尹焞（和靖）の語。

【93】

先生は馮徳貞に、（『論語』の）「己のため、人のため（自己向上のための学問と、人に知られたいがための学問）」について語られた。

朱子「もし己のためにしないのであれば、何をしようとすべて人のため（人に知られたいがため）にすることに他ならない。うまくできたとしても、やはり己とは無関係だ。誰かに師事しようとするのも、自分自身のことに取り組もうとしているのではないし、誰かと交遊しようとするのも、自分自身のことに取り組もうとしているのではない。ただ漫然とそうして、人にあれこれ言ってもらったり、ほめられたりしようとしているにすぎない。それでは、どんな人と知り合おうと、何人の友人を持とうと、まったく無駄なことだ。道理を考えると言っても、自分自身のことに即していなければ、どうして理解できようか。世の中にはそのように学問をする者が多い。己のためにするということがどういうことかというと、それはまったくもって本当に苦しく切実なものだ。あらゆる物事は自分がすべて負うべきことであり、そうであってこそよく、そうでなければ絶対よくないのだ。いま苦しみながら学問をする者がいたとして、その人はなぜそのように苦しんでいるのか。それはその人が物事を自分のやらなければならないことと見ているからに他ならない。たとえば、食事と同じで、自分が空腹であれば必ず食べようとするはずだ。また人が一家の主《あるじ》として使うお金が必要であれば、外で何とかして一銭でも手に入れようとするはずだ。何のためにそうするか。それはただ自分自身のことだからに他ならない。それと同じように学問をすれば、どうして何も得られないことがあろうか。」　［葉賀孫］

與馮徳貞（校1）說爲己爲人（1）。曰「若不爲己、看做甚事都只是爲別人。雖做得好、亦不關己。自家去從師、也不是要理會身己、自家去取友、也不是要理會身己。只是漫恁地、只是要人説道也曾如此、要人説道好。自家又識得甚麼人、自家又有幾箇朋友、這都是徒然。説道看道理、不曾著自家身己、如何會曉得。世上如此爲學者多。只看爲己底是如何、他直是苦切(2)。事事都是自家合做底事、如此方可、不如此定是不可。今有人苦學者、他因甚恁地苦。只爲見這物事是自家合做底事。如人喫飯(3)、是自家肚飢、定是要喫。又如人做家主、要錢使、在外面百方做計、壹錢也要將歸。這是爲甚如此。只爲自家身上事。若如此爲學、如何會無所得。」　［賀孫］

(校1) 和刻本は「馮德貞」を「馮德英」に作る。

(1) 爲己爲人　『論語』憲問「子曰、古之學者爲己、今之學者爲人」。『集注』「程子曰、爲己、欲得之於己也。爲人、欲見知於人也」。

(2) 苦切　心の苦しみから生じる差し迫ったもの、切実なもの。卷三六・92条（九六八頁）「恭父問、顏子平日深潛沉粹、觸處從容、只於喟然之歎見得他煞苦切處。揚子云顏苦孔之卓、恐也是如此。到這裏、見得聖人直是峻極、要進這一步不得、便覺有懇切處」。

(3) 如人喫飯　学問は自己の問題として体得しなければならないことを喩えるために用いられた言葉。朱熹はしばしば「喫飯」あるいは「喫酒」の喩えを用いている。卷十四・172条（二八一頁）「知止至能得、譬如喫飯、只管喫去、自會飽」、卷四一・59条（一〇五八頁）「又問、天下歸仁。曰、只是天下稱其仁。而今若能克己復禮、天下自是稱他是仁人、這也不須理會、只去理會那頭一件。如喫飯相似、只管喫、自解飽、若不去喫、只想箇飽、也無益」。

【94】

余国秀（宋傑）が、心を治め身を修めることの要点について質問し、物事の道理としてどうすべきかを分かってはいても、ふと心に思うことがふだん議論していることと食い違うことが多いと言った。

朱子「しばらくはそうやってその都度反省していくしかないが、いまとりあえず「熟」ということを考えてみよう。この「熟」というもの、どうしてすぐさまその境地に達することができようか。「熟」の境地に達するのは、いつの間にやらよくわからないところがある。これは無理に求めて得られることではなく、まったくもって知らず知らずのうちにそうなっているのだ。」 ［葉賀孫］

余國秀問治心修身之要。以爲雖知事理之當爲、而念慮之間多與日間所講論相違。曰「且旋(1)恁地做去、只是如今且說箇熟(2)字。這熟字如何便得到這地位。到得熟地位、自有忽然不可知處。不是被你硬要得、直是不知不覺得如此。」［賀孫］

（1）旋　その時になって、その都度、その後で。巻八・14条（一三〇頁）「爲學須先立得箇大腔當了、却旋去裏面修治壁落教綿密」、巻十二・52条（二〇五頁）「或問、初學恐有急迫之病。曰、未要如此安排、只須常恁地執持。待到急迫時、又旋理會」。

（2）熟　習慣化し、すっかり身について、無意識にそうできる状態・境地を指す。朱熹は学問修養における「熟」をしばしば強調する。巻三一・83条（八二五頁）「……也只一般、只有箇生熟。聖賢是已熟底學者、學者是未熟底聖賢」、巻一一七・36条（二八一七頁）「只有一箇熟處說不得。除了熟之外、無不可說者。未熟時、頓放這裏又

不穏帖、拈放那邊又不是。然終不成住了、也須從這裏更著力始得。到那熟處、頓放這邊也是、頓放那邊也是、七顚八倒無不是、……譬如梨柿、生時酸澀喫不得、到熟後、自是一般甘美。相去大遠、只在熟與不熟之間」。

（第91～94条担当　石山　裕規）

【95】

国秀（余宋傑）「先日、身心性情の徳についてお尋ねし、お教えをいただきました。自分自身を反省してみますに、この心が動いていない未発の時には、（性としての）仁義礼智の本体は渾然として区別のない状態です。この段階で（『論語』にいう）「敬して失無し（緊張感を保って粗相のないようにすること）」に心がければ、（仁義礼智が）発して惻隠・羞悪・辞遜・是非の情となっても、そこにはおのずと条理があって乱れません。このように体認いたしましたが、よろしいでしょうか。」

朱子「まだ「敬して失無し」だとか、「区別のない状態」だとか、「おのずと条理があって乱れない」などと言う段階ではない。まずはこの身心性情の徳とはどういうものなのかを身を以て理解するようにしなさい。「区別のない状態」などと言って何になるのか。未発の時には（具体的な表れとしての）区別がないとはいえ、（仁と義と礼と智という性それぞれを）区別しないままというわけにはいかない。つまり、仁には仁らしいものがその内にあり、義には義らしいものがその内にあり、礼も智も同じことだ。そこで、発したところに基づいてその内に有るものがどんな様子であるのかを理解しなければならないのだ。だから発して惻隠となったならば、惻隠の内にある根本がどんなものかを必ず理解し、発して羞悪となったならば、羞悪の内にある根本がどんなものかを必ず理解し、礼や智についても同じようにしなければならない。たとえば木に四本の枝があれば、太い根は一本だとしても、必ず四本の根がある。一本の枝には必ず一本の根があるものだ。」

国秀「私は常々みずからを愚鈍な資質と感じておりますが、それでも敬を保持しているときには心が虚静となり、好ましいように感じます。敬の心をわずかでも見失うと、心の内が暗く乱れるのはもちろんのこと、心が外に向かって動くときにもいい加減になってしまいます。ですから、「敬して失無し」に努めておりました。」

朱子「まだ敬だとか敬でないだとか言う段階ではない。敬は次の段階のことだ。それをごちゃ混ぜにして言うから、曖昧になってしまい、ますますわかりにくくなっているのだ。まずは一は一、二は二と（一つ一つ着実に）理解しなさい。たとえ虚静であってもそれがどういうものか理解しなければならないし、虚静でないとしたらそれもどういうものか理解しなければならない。それが理解できていなければ、虚静といってもそれは黒い虚静であり、白い虚静ではない。いまその黒い虚静を打破し、白く浄《きよ》い虚静に換えれば、すべての方向から光りが差し込むように明瞭になり、何事にも通じる。そうでなければ、いったいどんな虚静をじっと守って、一生真っ暗闇の中のように何もわからず過ごすのか。」［呂燾］

國秀問「向曾問身心性情之德、蒙批誨云云(1)。宋傑竊於自己省驗、見得此心未發時、其仁義禮智之體(2)渾然未有區別。於此敬而無失(3)、則發而爲惻隱羞惡辭遜(校1)是非之情(2)、自有條理而不亂。如此體認、不知是否。」曰「未須說那敬而無失、與未有區別、及自有條理而不亂在。且要識認得這身心性情之德是甚底模樣。說未有區別、亦如何得。雖是未發時無所分別、然亦不可不有所分別。蓋仁自有一箇仁底模樣物事在內、義自有箇義底模樣物事在內、禮智皆然。今要就發處認得在裏面物事是甚模樣。故發而爲惻隱、必要認得惻隱之根在裏面是甚底物事、發而爲羞惡、必要認得羞惡之根在裏面是甚底物事、禮智亦如之。譬如木有四枝、雖只一箇大根、然必有四根、一枝必有一根也。」又問「宋傑尋常覺得資質昏愚、但持敬則此心虚靜、覺得好。若敬心稍不存、則裏面固是昏雜、而發於外亦鶻突、所以專於敬而無失上用功。」曰「這裏未消説敬與不敬在。蓋敬是第二節事。而今便把來夾雜説、則鶻突了、愈難理會。且只要識得那一是一、二是二。便是虚靜也要識得這物事、不虚靜也要識得這物事。如未識得這物事時、則所謂虚靜、亦(校2)是箇黑底虚靜、不是箇白底虚靜(4)。而今須是要打破那黑底虚靜、換做箇白淨(校3)底虚靜、則八窗玲瓏(5)、無不融通。不然、則守定那裏底虚靜、終身黑淬淬地(6)、莫之通曉也。」［燾］

（校1）朝鮮整版は「辭遜」を「辭讓」に作る。
（校2）和刻本は「亦」を「也」に作る。
（校3）底本は「白淨」を「白」に作る。諸本に拠り改める。
（1）向曾問身心性情之德、蒙批誨云云　『文集』巻六二「答余国秀」第二書「其大概來歴固是如此、然須理會得其性情之德體用分別各是何面目始得。須逐一體認玩味、令日用間發見處的當分明也」。巻一一八・80条（二八五七頁）参照。
（2）仁義禮智之體／惻隱羞惡辭遜是非之情　『孟子』公孫丑上「惻隱之心、仁之端也。羞惡之心、義之端也。辭讓之心、禮之端也。是非之心、智之端也」。『集注』「惻隱羞惡辭讓是非、情也。仁義禮智、性也。心統性情者也。端、緒也。因其情之發、而性之本然可得而見、猶有物在中而緒見於外也」。
（3）敬而無失　『論語』顔淵。『遺書』巻二上・202条（四四頁）「敬而無失、便是喜怒哀樂未發之謂中也。敬不可謂之中。但敬而無失、即所以中也」。

（4）是箇黑底虛靜、不是箇白底虛靜　巻一二一・68条参照。
（5）八窗玲瓏　四方八方の窓から光が差し込んで中が明るく照らされているように、すっきり明瞭な様子。盧綸「賦得彭祖楼送楊徳宗帰徐州幕」（『全唐詩』巻二七六）「四戶八窗明、玲瓏逼上淸」。巻十四・19条（二五一頁）「明德、如八窗玲瓏、致知格物、各從其所明處去」。
（6）黑淬淬地　真っ黒。巻一・31条（六頁）「天明、則日月不明。天無明。夜半黑淬淬地、天之正色」、巻四二・21条（一〇七六頁）「若不見得、卽黑淬淬地守一箇敬、也不濟事」。

【96】

質問「先生は余国秀（宋傑）に、性情の徳を考えるようお答えになりました。」
朱子「何が仁義礼智の性で、何が惻隠・羞悪・恭敬・是非の情か知らなければならないということだ。」
質問「たとえば人に「揖《ゆう》（交差させた手を胸の前で上下する）」の挨拶をするには、相手に対する礼の程度として「揖」するのが相応だと知っていなければなりません。そうでなければ、（孟子のいう）「行ひて著ならず、習ひて察せず（身につけて行なってはいても、そのことの意味を理解していない）」です。」
朱子「いつもそのように意識していれば、行いにも大きな過ちはあるまい。」［胡泳］

問「先生答余國秀云、須理會得其性情之德(1)。」曰「須知那箇是仁義禮智之性、那箇是惻隱羞惡恭敬是非之情(2)、始得。」問「且如與人相揖、便要知得禮數(3)合當如此。不然、則行矣而不著、習矣而不察(4)。」曰「常常恁地覺得、

則所行也不會大段差舛。」　［胡泳］

（1）須理會得其性情之徳　前の95条注（1）参照。
（2）那箇是仁義禮智之性、那箇是惻隱羞惡恭敬是非之情　前の95条注（2）参照。
（3）禮數　相手の身分に応じた礼の等級。『左伝』荘公十八年伝「王命諸侯、名位不同、禮亦異數」。
（4）行矣而不著、習矣而不察　『孟子』尽心上「孟子曰、行之而不著焉、習矣而不察焉、終身由之而不知其道者、衆也」。

（第95〜96条担当　小池　直）

【97】

用之（劉礪）が、先生が先日蔡（元定）氏に返答した書簡を取り上げ話題にした。

朱子の書簡「あなたのお手紙にある（周敦頤の）「礼を以て先と為す」についての説は、「造化を識る」云々の議論と同じく、偏った見方であって、我が身の修養に切実なものではありません。そもそも濂渓（周敦頤）の言葉は的確です。『通書』にいくつか「幾（兆し）」字が出て来ますが、まさにそのように（兆しを察するように）すばやく理解すれば、自然に余計な力が省け、節度がなさそうで節度があり、造化を云々する以前にすでに造化の作用が働いているのです。」

用之「これはどういう意味なのでしょうか。」

朱子「「幾」はもちろん察知しなければならない。先ずは日常の場で我が身を省察し、善はそのまま保ち、悪は除いて行なわないようにすること、これが自分にとって切実なところなのだ。古人の礼儀は、いずれも古人が幼い時から理解しているものであって、今の人のお辞儀や挨拶と同じように自然に慣れ親しんだものだが、今となってはもう知りようがない。今の人がそれを理解しようとすれば、すぐにそれ自体が別の大問題となってしまう。それを、先ずは我が身に切実なところに取り組むべきだと言わずに、いきなり古人の礼儀の一連の沿革を理解しようとするならば、多くの精力をすっかり摩耗してしまい、結局自分自身に切実な問題にはならない。」

朱子「『大学』が教える「致知」「格物」こそが、まさに取り組むべきところであって、そうしていけば「意誠」「心正」の段階へと展開してゆき、自然に大きなものになっていく。もし造化だの何だのを理解しようと、先に自分の心を広げてしまうならば、そのうち何事も満足に説明することができなくなる。」［葉賀孫］

用之擧似(1)先生向日會答蔡丈(校1)書(2)「承喻以禮爲先之說(3)、又似識造化之云、不免倚於一物、未知(校2)親切工夫耳。大抵濂溪說得的當。通書中數數拈出幾字(4)、要當如此瞥地(5)、卽自然有箇省力處、無規矩中却有規矩、未造化時已有造化。」「此意如何。」曰「幾固(校3)要得。且於日用處省察、善便存放這裏、惡便去而不爲、便是自家切己(校4)處。古人禮儀、都是自少理會了、只如今人知躬唱喏(6)、自然習慣。今既不可考、而今人去理會、合下便別將做一箇大頭項(7)。又不道且理會切身處、直是要理會古人(校5)因革(8)一副當(9)、將許多精神都枉耗了、元未切自家身己在。」又曰「只有大學教人致知格物(10)底、便是就這處理會。到意誠心正(11)處展開去、自然大。若便要去理會甚造化、先將這心弄得大了、少間都沒物事說得滿。」［賀孫］

（校1）正中書局本・楠本本は「丈」を「文」に作る。
（校2）正中書局本・朝鮮整版は「知」を「是」に作る。
（校3）正中書局本・朝鮮整版は「固」を「是」に、和刻本は「箇」に作る。
（校4）楠本本は「切己」を「却」に作る。
（校5）正中書局本・朝鮮整版は「人」を「今」に作る。
（1）擧似　話題として先人の言などを提示すること。巻三三・88条（八五一頁）「先生再三擧似曰、這處極好看仁」、巻四四・26条（一一二一頁）「擧似某人詩云云、何似仲尼道最良」。
（2）答蔡丈書　『文集』巻四四「答蔡季通」第三書「所論以禮爲先之説、又似識造化之云、不免倚於一物、未是親切工夫耳。大抵濂溪先生説得的當、通書中數數拈出幾字、要當如此瞥地、即自然有箇省力處、無規矩中却有規矩、未造化時已有造化。然後本隱之顯推見至隱、無處不吻合也」。
（3）以禮爲先之説　周敦頤『通書』礼楽「禮理也。樂和也。陰陽理而後和、君君、臣臣、父父、子子、兄兄、弟弟、夫夫、婦婦、萬物各得其理、然後和。故禮先而樂後」。
（4）通書中數數拈出幾字　『通書』誠幾徳「誠無爲、幾善惡」、同・聖「寂然不動者、誠也。感而遂通者、神也。動而未形、有無之閒者、幾也。誠精故明。神應故妙。幾微故幽。誠神幾曰聖人」。
（5）瞥地　ちらりと見る、すばやく察する。『語類』では本条だけに見える表現。
（6）唱喏　お辞儀をしながら声を出して挨拶をすること。
（7）頭項　項目、端緒。巻二〇・4条（四四六頁）「蓋爲學之事雖多有頭項、而爲學之道則只求放心而已」、巻一二四・29条（二九七四頁）「吾儒頭項多、思量著得人頭痺」。

（8）因革　因襲と変革。ここでは古の礼儀の不変のところと変化したところ。

（9）一副當　一連の、ひとそろいの。現代語の「一套」「一系列」に近い語気。巻十八・82条（四一〇頁）「天之生人物、箇箇有一副當恰好無過不及底道理降與你」、巻十六・106条（三三六頁）「外面一副當雖好、然裏面却踏空、永不足以爲善、永不濟事」。

（10）大學教人致知格物　『大学』（章句経一章）「古之欲明明德於天下者、先治其國。欲治其國者、先齊其家。欲齊其家者、先脩其身。欲脩其身者、先正其心。欲正其心者、先誠其意。欲誠其意者、先致其知。致知在格物」。

（11）意誠心正　『大学』（章句経一章）「物格而后知至、知至而后意誠、意誠而后心正、心正而后身脩、身脩而后家齊、家齊而后國治、國治而后天下平」。

【98】

林仲参が、（孔子のいう）「下学（身近なことを一つ一つ積み上げて学んでいくこと）」の要点と実践すべき点について質問した。

朱子「すぱっと机に向かって家の中で座っていること、これが自分のものとして実践するということだ。外の（目を引く）高山や曲水を慕っているようでは、自分のものとして実践していることにはならず、何ら得るところがない。」

そこで先生は、（蘇軾の）詩を挙げられた。「貧家浄《きよ》く地を掃ひ、貧女好く頭を梳《す》く。下士晩に道を聞き、聊か拙を以て自ら修む（貧しい家でもきれいに掃除し、貧しい女でもきちんと髪を梳いていればそれなりに見えるように、遅まきながら学問の道に接した自分ではあるが、拙いながらも地道に自らを修めることに努めたい）。」

朱子「先人はただこのように言うのみだ。」　［董銖］

林仲參問下學(1)之要受用(2)處。曰「潑底椅(校1)桌在屋下坐(3)、便是受用。若貪慕外面高山曲水、便不是受用底。」學詩(4)云「貧家淨掃地、貧女好梳頭。下士晚聞道、聊以拙自修。」「前人只恁地說了。」　［銖］

（校1）正中書局本・朝鮮整版は「椅」を「倚」に作る。

（1）下學　『論語』憲問「子曰、不怨天、不尤人。下學而上達。知我者其天乎」。

（2）受用　身に受けて実践する、自分のものにして役立てる、得るところがある。巻十四・4条（二四九頁）「先看大學、次語孟、次中庸。果然下工夫、句句字字、涵泳切己、看得透徹、一生受用不盡」、巻九・62条（一五七頁）「今只是要理會道理。若理會得一分、便有一分受用、理會得二分、便有二分受用」。

（3）潑底椅桌在屋下坐　意味不明。『考文解義』は「潑、俗語未詳。謂廢撤床椅而坐於屋下。不作游山玩水之想、以喩反身守靜無外馳逐物之意」とするが、不自然か。訳文は、（校1）に示した「倚」の字の可能性と、後文からの類推で意訳した。

（4）詩　蘇軾「貧家淨掃地」（『蘇東坡詩集』巻四二所収）「貧家淨掃地、貧女好梳頭。下士晚聞道、聊以拙自修。叩門有佳客、一飯相邀留。春炊匆草草、此客未易媮。愼勿用勞薪、感我如薰蕕。德人抱衡石、銖黍安可廋」。なお、朱熹は『文集』巻三一「答張敬夫」第二八書においても、「此前輩所謂下士晚聞道、聊以拙自修者、若充擴不已、補復前非、庶其有日」と、この詩を「前輩」のものとして引いている。

【99】

劉淮が教えを乞うた。

朱子「私は特別なことをしているわけではない。ただ虚心に、穏やかに、聖賢の書物を読んでいるだけだ。先ずは、これは正しい、あれは正しくないというように読んでいくと、読み進めるたびに新しい発見がある。これが進歩だ。そうでなければ、（書物は自分の）外側のことに過ぎず、ひたすら実践していっても、（書物の）内にある味わいを知らないようでは、何にもならないのも当然だ。」

劉淮求教。曰「某無別法、只是將聖賢之書虛心下氣以讀之。且看這箇是、那箇不是。待得一回推出一回新、便是進處。不然、只是外面事、只管做出去、不見裏（校1）滋味、如何責得他。」

（校1）正中書局本・朝鮮整版は「裏」を「裏面」に作る。

【100】

趙恭父（師𨚫）が再びお目通りした。

朱子「その後、読書の調子はどうかね。」

趙恭父「最近は、自分の心持ちがあまり切実でないような気がしています。」

朱子「そのようにその場しのぎに適当に学ぶだけでは、むしろいい加減という悪癖になってしまう。」

趙恭父「どうして敢ていい加減にすることなどありましょうか。」
朱子「（心持ちが）切実でなければ、やがてそうなってしまうのだ。気をつけなければならない。」
先生がまた質問された。
朱子「自分自身に切実な問題はどう努力しているのかね。」
趙恭父「私欲に打ち勝つ難しさが、いよいよわかってきました。」
朱子「それも、私欲をしきりに目の敵にしてはならない。少しでもこの心が何かによって引きずられているということに気付いたら、すぐにそれを引き戻すだけのこと、それだけのことだ。」

趙恭父再見。問「別後讀書如何。」曰「近覺得意思却不甚迫切。」曰「若只恁地據見定(1)做工夫、却又有苟且之病去。」曰「安敢苟且。」曰「既不迫切、便相將(2)向這邉來、又不可不察。」又問「切己工夫、如何。」(校1)「愈見得己私難勝。」曰「這箇也不須苦苦與他爲敵。但纔覺得此心隨這物事去、便與他喚回來、便都沒事。」

（校1）正中書局本・朝鮮整版は、「愈」の前に「曰」が入る。
（1）據見定　その時の状況に応じて適当に、おざなりに。巻一二一・21条（二九二五頁）「眼前朋友大率只是據見定了、更不求進步」、巻一〇一・71条（二五六七頁）「如龜山極是簡易、衣服也只據見定」、巻七・10条（一二五頁）「三十歳覺悟、便從三十歳立定脚力做去、縱待八九十歳覺悟、也當據見定劄住硬寨做去」。本巻・3条注（2）参照。
（2）相將　やがて、そのうちすぐに。巻一一八・76条（二八五七頁）「理會這箇、且理會這箇。莫引證見、相將都理會不得」。

【101】

（先生が）南城の熊氏に言われた。

朱子「聖賢の言葉は、我々の日常の言葉と同じようなものだ。いま聖賢の言葉を集めて日常の言葉のように身近なものにしてこそよいのであって、（聖賢の言葉を解釈するために）あれこれ別の言葉を引いてきてはならない。この言葉が分からないからと別の言葉を引いてくるというようにやっていると、結局どちらも理解できない。もしこの言葉が分かれば、すぐに別の言葉も自然に分かるようになるのだ。」［董銖］

謂南城(1)熊曰「聖賢語言、只似常俗人說話。如今須是把得聖賢言語、湊得成常俗言語、方是、不要引東引西。若說這句未通、又引那句、終久兩下都理會不得。若這句已通、次第(2)到那句、自解通。」［銖］

（1）南城　南城県。現在の江西省撫州市の一部。
（2）次第　すぐに、まもなく。本巻・123条にも見える。

（第97～101条担当　江波戸　亙）

【102】

朱子「本を読むには、粗雑すぎてもいけないし、厳密すぎてもいけない。陳徳本は粗雑すぎるきらいがあり、楊志仁（復）は厳密すぎるきらいがある。いったい、あまりにも厳密にすぎると、やがて道理を考えても行き詰まってしまい、それ以上突き進めなくなる。（そういう時は）とりあえず気持ちを緩めて、ゆったり大まかに読んだほうがよい。」［呂燾］

看文字、不可過於疏、亦不可過於密。如陳徳本有過於疏之病、楊志仁有過於密之病。蓋太謹密、則少間看道理從那窮處去、更插不入。不若且放下、放開闊(1)看。［燾］

（1）開闊　広々としている様、からっと明るい様。巻一一七・42条（二八一九頁）「看道理須要就那大處看、便前面開闊」、巻八・130条（一四四頁）「開闊中又着細密、寬緩中又着謹嚴」。

【103】

朱子「器之（陳埴）は書物の理解がはやくなった。（蔣）叔蒙もちゃんと理解できるようになり、以前とは違う。」［葉賀孫］

器之看文字見得快。叔蒙亦看得好、與前不同。［賀孫］

【104】

許敬之は講義に参席し、たびたび議論を重ねたが、意見が合わなかった。

朱子「学問をして道理がまだ理解できなくとも害はない。経書を解釈してその意味がまだ分からなくとも害はない。（そんなことよりも）先ずは静かに人の話を聞いて、どういう脈絡かを考えなさい。（君のように）ひたすら強弁して、まったく人の話を聞かないようでは、胸中に自ら律するものがなく、やがては傲慢で憚るところのない人間になってしまうだけだ。」［陳淳］

許敬之侍教、屢與言、不合。曰「學未曉理、亦無害。說經未得其意、亦無害。且須靜聽說話、尋其語脈是如何。一向強辨、全不聽所說、胸中殊無主宰、少間只成箇狂妄(校1)(1)人去。」［淳］

(校1) 楠本本は「妄」を「忘」に作る。

(1) 狂妄　憚るところのない、傲慢で思い上がった。巻九五・147条（二四五二頁）「志不大則卑陋、心不小則狂妄。江西諸人便是志大而心不小者也」。

【105】

（劉）淳叟「読書をしている時には、静の修養はできないように感じます。読書の時と虚静の時と、両方必要なのですね。」

朱子「私はかつて李（侗）先生に師事していた時、いつも静坐をするよう教えられた。後に静坐よりも「敬」の一字がよいことが分かった。何事もない時には自ら心を把持することにおいて「敬」する。［そもそも心というものは、（荘子の所謂）「無何有の郷（何ものも存在しない虚無の空間）」に陥らせてしまってはならず、我が身のここに収斂させなければならない。］物事に対応する時には対応する事において「敬」し、読書をする時には書物を読むことにおいて「敬」する。そうすれば自然に動と静を貫いて、心がどんな時にも保たれるようになるのだ。」　［廖徳明］

淳叟問「方讀書時、覺得無靜底工夫。須（校1）有讀書之時、有虛靜之時。」曰「某舊見李先生嘗教令靜坐（1）。後來看得不然、只是一箇敬字好。方無事時、敬於自持。［凡心不可放入無何有之鄉（2）、須收斂在此。］及應事時、敬於應事。讀書時、敬於讀書。便自然該貫動靜、心無時不存。」　［德明］

（校1）楠本本は「須」を「得」に作る。

（1）李先生嘗教令靜坐　巻十二・84条（二一〇頁）「明道延平皆教人靜坐。看來須是靜坐」、同・137条（二一六頁）「明道教人靜坐、李先生亦教人靜坐。蓋精神不定、則道理無湊泊處」。朱熹は静坐をあくまでも補助的な方法として認めている。巻一〇三・11条（二六〇二頁）「靜坐理會道理、自不妨。只是討要靜坐、則不可。理會得道理明透、自然是靜。今人都是討靜坐以省事、則不可。……所謂靜坐、只是打疊得心下無事、則道理始出、道理既出、則心下愈明靜矣」。

（2）無何有之鄉　『莊子』逍遙遊「今子有大樹患其無用、何不樹之於無何有之鄉廣莫之野、彷徨乎無爲其側、逍遙乎寢臥其下」。

【106】

先生は劉淳叟が目を閉じて座っているのをご覧になって言われた。
朱子「淳叟は（『荘子』に所謂）物を遺《わす》れよう（事物の存在を忘れよう）としている。物はそもそも遺《わす》れることなどできないのに。」［余大雅］

先生見劉淳叟閉目坐、曰「淳叟待要(1)遺物(2)、物本不可遺。」［大雅］

（1）待要　「想要」に同じ。～しようとする。
（2）遺物　『荘子』田子方「丘也眩與、其信然與。向者先生形體掘若槁木、似遺物離人而立於獨也」。

【107】

席上、劉淳叟のことに話題が及んだ。
朱子「あそこまで変わってしまうとは思わなかった。以前、上奏に赴いた時に会ったが、陸子静（九淵）の学問は大いに間違っていると口を極めて非難していた。そこで私は詰問して、陸子静の学術の是非は公論に付せばおのずと分かるもの、君がどうしてそのように言わなければならない、と言ってやった。こういったところからも、彼の薄っぺらさが分かるというものだ。それでも初めは（陸子静を）深く信じていたのだから、結局自分に人を見る目がないと吹聴しているようなものだ。」［葉賀孫］

坐間有及劉淳叟事。曰「不意其變常至此。某向往奏事時來相見、極口説陸子靜之學大謬。某因詰(校1)之云、若子靜學術自當附之公論、公如何得如此説他。此亦見他質薄處。然其初間深信之、畢竟自家喚做不知人。」　[賀孫]

（校1）楠本本は「詰」を「誥」に作る。

【108】

朱子「（蘇洵の）弁姦論に「事の人情に近からざる者は、大姦慝たらざること鮮《すくな》し（人としての情に遠い者は、大悪人にならない方が少い）」とある。常々この言葉は言い過ぎではないかと疑っていたが、今ではそういう者もいることが分かった。かつて私が江西に行って子寿（陸九齢）と話をしていた時、劉淳叟（字、堯夫）はひとり後の隅に座り、話も聞かずに道家の打坐をしていた。私は、たとえ私と陸氏の話がとるに足らないものだとしても、我々は君より年長だ、どうしてそんなふざけた真似をするのか、と叱ってやった。」　[黄義剛]

辨姦論(1)謂事之不近人情者、鮮不爲大姦慝。每常嫌此句過當、今見得亦有此様人。某向年過江西與子壽對語、而劉淳叟堯夫(校1)獨去後面角頭坐、都不管、學道家打坐。被某罵云、便是某與陸丈言不足聽、亦有數年之長、何故恁地作怪(2)。　[義剛]

（校1）楠本本は「夫」を「天」に作る。
（1）辨姦論　蘇洵の文章。「姦」は王安石を指す。巻一三〇・63条（三一〇九頁）「老蘇辨姦、初間只是私意如此。後來荊公做不著、遂中他說」。
（2）作怪　怪しげな（ことをする）、悪ふざけをする。巻一三一・39条（三一五六頁）「竊意秦老只是要兵柄入手、此事做未成。若兵柄在手、後來必大段作怪」。

【109】

劉淳叟のことに話が及んで、
朱子「補充枠の通判くらいなら務まるだろう。」
三吏を治めることを論じて、
朱子「漕運司みずからやってきてやるのもよいが、そうでなければ他の者を遣って委任することだ。劉淳叟は自分からやりすぎてしまったので、問題になったのだ。」
そこで、趙帥は話のわかる人なのに、どうして塩の弊害について一言も言わないのか議論になった。
朱子「私がどうして介入できようか。だいたい物事は慎重が一番で、出すぎたまねは慎むことだ。」　［呉振］

因論劉淳叟事、云「添差倅⑴亦可以爲。」論治三吏⑵事、云「漕⑶自來爲之亦好。不然、委別了事人。淳叟自爲太掀揭、故生事。」因論今趙帥⑷可語、鹽弊⑸何不一言。云「某如何敢與。大率以沉審爲是、出位爲戒⑹。」

［振］

（1）添差倅　宋代の制度において、正官の他に補充枠で置く官吏を「添差」という。「倅」は通判の俗称。
（2）三吏　未詳。
（3）漕　漕運司の簡称。税の取り立てや食料の出納を管理する。
（4）趙帥　趙汝愚のことか。
（5）鹽弊　当時、福建のあちこちで塩税に関する不正の問題が起こっていた。巻一一一・36条（二七二三頁）「閩下四州鹽法分税、上四州官賣。浙東紹興四州邊海、亦合如閩下四州法、而官賣之、故其法甚弊」。
（6）大率以沈審爲是、出位爲戒　『考文解義』はこの部分を記録者の言葉ではないかとしている。

（第102〜109条担当　佐々木　仁美）

【110】

陳寅仲が劉淳叟について質問した。

朱子「劉淳叟は、学問に努めている時にも陳正已（剛）に勝っているが、でたらめぶりも陳正已以上のものがある。陳正已は軽薄だ。以前あちらに行った時、彼の考えは大いに軽薄で、何事に対しても自分の考える正しさを主張しているだけのように感じた。彼の性格が元々はくどくどしいところにもってきて、後にかの陳同父（亮）と意気投合してしまったのだ。それればかりか伯恭（呂祖謙）が彼を指導した時に、立身出世のしかたや処世術ばかりを教えてしまったのだ。伯恭の教え方は、どうしてそうなってしまったのだろうか。」

先生は笑って言われた。

朱子「以前、彼（伯恭）の門人が著した祭文を目にしたが、そこには、「有能な者には、功名を立て文章を作ることを教え、無能な者には、（『大学』の）正心誠意を語った」とあったよ。」　［黄義剛］

陳寅仲問劉淳叟。曰「劉淳叟、方其做工夫時、也過於陳正己(1)。及其狼狽、也甚於陳正己。陳正己輕薄、向到那裏、覺得他意思大段輕薄、毎事只説道他底是。他資質(校1)本自撈攘(2)、後來又去合那陳同父。兼是伯恭教他時、只是教他權數了。伯恭教人、不知是怎生地至此。」笑云「向前見(校2)他門人(校3)有箇祭文云、其有能底、則教他立功名作文章。其無能底、便語他正心誠意(3)。」　［義剛］

（校1）正中書局本は「資質」を「姿質」に作る。
（校2）朝鮮整版は「見」を「是」に作る。
（校3）底本は「們人」に作るが、諸本に拠り「門人」に改めた。
（1）陳正己　陳剛（字、正己）は、もと陸九淵に師事していたが、朱門にも出入りし、朱熹の前で陸氏を批判している。巻一二四・15条（二九七一頁）、28条（二九七四頁）参照。朱熹が陳剛に与えた書簡に、次のような批判が見える。『文集』巻五四「答陳正己」第一書「是以所論嘗有厭平實而趨高妙、輕道義而喜功名之心。其浮陽動任俠之意、往往發於詞氣之間、絕不類聖門學者氣象。不知向來伯恭亦嘗以是相規否也」。
（2）撈攘　だらだらとまとまりがない、煩瑣ですっきりとしていない。また「勞攘」に作る。巻十五・146条（三

一一頁)「然這裏只是說學之次序如此、說得來快、無恁地勞攘、且當循此次序」、巻七四・28条(一八八〇頁)「坤以簡能、坤最省事、更無勞攘」。

(3)正心誠意　『大学』(章句経一章)。

【111】

朱子「陳正己(剛)について、薛象先(叔似)は彼の何を評価しているのかね。」

(葉)賀孫「才覚があることを評価しているのだと思います。」

汪長孺(徳輔)「才覚などあるものですか。まったく何をやってもものになりません。」

朱子「叔権(姜大中)が君(長孺)のことについて「後日、気質の変化ぶりを観て、それによって学問の進み具合を確かめる」と言ったが、この言葉が(今の君の発言に対しては)一番だ。だいたい人は何事に対してもきめ細やかに考え、静かに落ち着いていなければならない。『大学』には「止まるを知りてのち定まる有り、定まりてのち能く静かに、静かにしてのち能く安んじ、安んじてのち能く慮り、慮りてのち能く得」とあるが、ある事柄について、「知る」ことがここ(「止まる」レベルに)まで到っていなければ、考え方が「定まる」ことはなく、「定まる」とこのない考えでその事柄を断定しようとしても、どうしてすっぱり断ずることができようか。物事にはそれぞれ長短がある。どこが長で、どこが短か、自分で実際に理解しなければいけない。いま何が何でもその短所だけにこだわっていては、長所も一緒に見失ってしまう。そんなことをしていれば、やがて何も分からなくなってしまう。『礼記』に「疑事は質《ただ》すこと毋かれ。直にして而《しか》も有すること勿かれ(疑問があってもすぐに穿鑿してはならない。

率直にものを言うのはよいが、あくまでも我を張ろうとしてはいけない）」とある。古人はみなこのように（慎重で）物事をいい加減にはしなかったということだ。だからこそ周（敦頤）先生には「主静」の説があり、『易』の蒙・艮の二卦にも「静」や「止」の本質が具わっているのだ。（『書経』の）洪範の五事（慎むべき五つの事）にも、「聴には聡を曰ふ（聴く時には聞き漏らさない聡《さと》さが大切だ）」、「聡は謀を作す（耳聡さは物事に対処する明敏さとなる）」とある。「謀」は（五行の）金に対応するが、金には静かで細やかというような意味がある。人が「謀」をなすにも、静かで細やかでなければならないのだ。また、「貌には恭を曰ふ（顔の表情は恭《うやうや》しさが大切だ）」、「恭は粛を作す（恭しさは粛《つつま》しさとなる）」とある。「粛」は（五行の）水に対応し、水には細やかで潤いのあるという意味がある。人の挙動も、細やかで潤いのあるものでなければならないのだ。聖人の聖人たる所以は、（『易』の艮卦にある）「動静、其の時を失わず（動くも止まるも、時宜を見失わない）」、「時止まれば則ち止まり、時行けば則ち行く（止まる時には止まり、行くべき時には行く）」ということに他ならない。聖人のこうした所は本当に良い手本として真似しなければならない。それなのに、君はそもそもそんなふうに浮わついて落ち着かずにいて、どうして（『中庸』にいう）「発して節に中《あた》る（心の動きが適切さを保つ）」ことができようか。何をしても何事も成し得ず、人を評価しても着実なことが言えない。」

朱子「老子の術は、一歩退くところにある。何かをするにも前に出て行かず、何かを言うにもはっきり言わず、ただ人が追い詰められた時に、おもむろにやって来て対応するのみだ。例えばもめごとが起こっている時には、その渦中から離れた静かなところに身を置いて、成り行きの如何に任せる。そのことの利害や長短を、逐一冷静に観察し、横から一手を下すのであるから、定めし的確であろう。これはもちろん良くない術策だが、昨今の浮ついてでたらめばかりを言う輩と比べれば、まだいくらかましだ。」

そこで『老子』の言葉を挙げられた。「豫として冬に川を渉るが若《ごと》く、猶として四隣を畏るるが若く、儼としてそれ客の若く、渙として氷の将に釈けんとするが若し（おずおずと冬の川を渡るように慎重に、びくびくと周囲を警戒するように用心深く、威儀を正した客のように厳粛であり、解けてゆく氷のように素直である）。」

朱子「子房（張良）は老子の学に精通していた。曹参はこれを学び、本質はつかんでいたがそれを実践に役立てることはできなかった。」［葉賀孫］

先生說「陳正已、薛象先(1)喜之者何事。」賀孫云「想是喜其有才。」汪長孺謂「併無其才、全做事不成。」曰「叔權謂長孺、他日觀氣質之變、以驗進道(校1)之淺深。此說(校2)最好。大凡人須是子細沉靜、大學謂、知(校3)止而後有定、定而後能靜、靜而後能安、安而後能慮、慮而後能得(2)。如一件物事、自家知得未曾到這裏、所見未曾定。以無定之見、遂要決斷此事、如何斷得盡。一件物事、有長有短。自家須實見得他那處是長、那處是短。如今便一定把著他短處、便一齊沒他長處。若只如此、少間一齊不通。禮記云、疑事毋質、直而勿有(3)。看古人都是恁地不敢草草。周先生所以有主靜之說(4)、如蒙艮二卦、皆有靜止之體(5)。洪範五事、聽曰聰、聰作謀(6)。謀屬金(7)、金有靜密意思。人之爲謀、亦欲靜密。貌曰恭、恭作肅(8)。肅(校4)屬水(9)、水有細潤意思。人之擧動、亦欲細潤。聖人所以爲聖人、只是動靜不失其時、時止則止、時行則行(10)。聖人這般所在、直是則得好(11)。自家先恁地浮躁、如何要發得中節(12)。做事便事事做不成、說人則不曾說得著實。」又曰「老子之術、自有退後一著(13)。事也不攙前去做、說也不曾說將出、但任你做得狼狽了、自家徐出以應之。如人當紛爭之際、自去僻靜處坐、任其如何。彼之利害長短、一一都冷看破了、從旁下一著。定是的當、此固是不好底術數。然較之今者浮躁胡說亂道底人、彼又較勝。」因擧老子語豫兮若冬涉川、猶兮若畏四鄰、儼若客、渙若冰將釋(14)。子房深於老子之學(15)。曹參學之(16)、有體而無用。」［賀孫］

(校1) 底本は「進退」に作るが、諸本に拠り「進道」に改めた。
(校2) 朝鮮整版は、「説」を「誠」に作る。
(校3) 正中書局本は、「知」を「之」に作る。
(校4) 正中書局本・朝鮮整版は、「肅」を「恭」に作る。
(1) 薛象先　薛叔似、字は象先。永嘉学派の薛季宣の兄の子。『資料索引』五巻四一九四頁。『学案』巻五二。『宋史』巻三九七。巻一一四・36条(二七六五頁)参照。
(2) 大學謂~慮而後能得　『大学』(章句経一章)。
(3) 禮記云、疑事毋質、直而勿有　『礼記』曲礼上。
(4) 周先生所以有主靜之説　周敦頤『太極図説』「聖人定之以中正仁義、而主靜」。
(5) 如蒙艮二卦、皆有靜止之體　『易』艮卦・彖伝「艮、止也。時止則止、時行則行、動靜不失其時、其道光明」、蒙卦・彖伝「蒙、山下有險、險而止、蒙」。なお、周敦頤『通書』の最終章の表題は「蒙艮」。朱熹は「此章發明二卦、皆所謂聖人之蘊、而主靜之意矣」と注している。
(6) 洪範五事、聽曰聰、聰作謀　『書経』洪範「二、五事。一曰貌、二曰言、三曰視、四曰聽、五曰思。貌曰恭、言曰從、視曰明、聽曰聰、思曰睿。恭作肅、從作乂、明作哲、聰作謀、睿作聖」。
(7) 謀屬金　『書経』洪範の注(6)所引部分の前に「一、五行。一曰水。二曰火。三曰木。四曰金。五曰土」とある。五行と五事を対応させれば、「四曰金」=「四曰聽」「聽作謀」となる。なお、『書集伝』は五事の箇所で、「貌言視聽思者、五事之敍也。貌澤、水也。言揚、火也。視散、木也。聽收、金也。思通、土也」と注し、貌言視聴思それぞれに五行を配当している。

（8）貌曰恭、恭作肅　注（6）参照。
（9）肅屬水　注（7）参照。
（10）動靜不失其時、時止則止、時行則行　『易』艮卦・彖伝。注（5）参照。
（11）則得好　未詳。訳文は、「則」を「則る」「手本にする」の意味の動詞として解釈した。『考文解義』は「未詳。則似指上文兩則字。謂隨時處得好也」とする。
（12）發得中節　『中庸』（章句首章）「喜怒哀樂之未發、謂之中。發而皆中節、謂之和」。
（13）老子之術、自有退後一著　巻一二五・36条（二九九六頁）「老子之學只要退步柔伏、不與你爭。……常見畫本老子便是這般氣象、笑嘻嘻地、便是箇退歩占便宜底人」。
（14）老子語～渙若冰將釋　『老子』十五章。
（15）子房深於老子之學　子房は、漢の高祖の参謀役を務めた張良。老子の学との関係については、巻一二五・5条、6条、7条（二九八七頁）、36条（二九九六頁）を参照。山田俊『『朱子語類』訳注　巻百二十五』（汲古書院、二〇一三年）に詳しい注釈がある。
（16）曹參學之　曹參は漢の高祖の名臣。巻一二五・7条（二九八七頁）・26条（二九九二頁）・27条（二九九三頁）参照。

（第110～111条担当　中嶋　諒）

【112】

汪徳輔「姜叔権（大中）は自分で、終日思慮することが無く、（『易』にいう）「寂然不動」の意味を体得したと言っておりますが、私は彼が本当にその境地に到達したのか疑わしく思っております。」

朱子「彼に（「寂然不動」の下文にある）「感じて遂に天下の故《こと》に通ず」ることもできるのか尋ねてみればいい。（天下の事柄に通じるためには、やはり）理を窮めなければならないのだ。それだけで済めば、（『大学』に所謂）「格物致知」を言う必要はない。」

汪徳輔「ということは、叔権の得た静の境地は、まだ究極のものではないということでしょうか。」

朱子「もちろんだ。」　［汪徳輔］

問「姜叔権自言終日無思慮、有寂然不動(1)之意。徳輔疑其已至。」曰「且(校1)問他還能感而遂通天下之故(2)否。須是窮理。若只如此、則不須説格物致知(3)。」問「如此、則叔権之靜未是至。」曰「固是。」　［徳輔］

（校1）正中書局本・朝鮮整版は「且」を「只」に作る。

（1）寂然不動　『易経』繫辞上伝「易無思也、無爲也。寂然不動、感而遂通天下之故」。

（2）感而遂通天下之故　注（1）参照。

（3）格物致知　『大学』（章句経一章）。

【113】

戴明伯が教えを請うた。

朱子「先ずは一冊の書物を読みなさい。聖人の言葉は聖人の心そのものであり、聖人の心は天下の理なのだ。とりあえず一段ごとに読んで明確にし、一段が明確になったら、さらに次の一段を読む。そのように十段二十段に至っても、まだ道理というものが理解できないかもしれない。しかし、そうやって心を穏やかにして気持ちを落ち着かせ、東へ行ったり西へ行ったりと右往左往せずにいれば、道理はおのずと一つ一つ分かってくる。自分の心にある欠点を一つ取り払えれば、一つ道理が明らかになるのだ。道理はもともと自分の中にあるのだが、今は（肉体の気に）隔てられてしまっているから、徐々に磨きをかけ、呼び覚まして（本来の姿に）復帰する必要があるのだ。とはいえ、一度呼び覚ませばすぐに分かるなどという道理はない。金渓の学問（陸九淵の学派）などはしきりに「自得」を求めるが、自得したものが正しければまだしも、間違ったものならばどうするつもりか。ひとまず虚心に書物を読むのが一番だ。読書においては、決して自分から理解できたと言ってはいけない。たとえ理解できても、ひとまず理解できていないと見做すのだ。私が見るところ、理解できていないと言う者には進歩があり、進歩しない者の多くは理解できたと自分で口にしている連中だ。そんなことをしていては、生涯進歩しないだけではなく、仏教のいう「三生六十劫」かかっても結局理解できないのだ。」

朱子「まちがって東に向かってしまった心を、西の方へ呼び戻すことができたとしても、その心はさっきまで東に向かっていた心に外ならない。ただちょっと押しとどめて方向を変えて置いてみたに過ぎず、元来何も改まってはいないのだ。ある者がかつて仏教に流れ、日々『金剛経』や「大悲呪」を唱え続けていた。後に念仏はやめたが、こちらで『大学』や『論語』や『孟子』を読んでも、以前の通り読誦回数を追い求めて、慌ただしく読み上げていく。こ

れも先の例と同様、「大悲呪」を唱えていた時の気持ちのまま儒書を読んでいるに過ぎないのだ。」　［呉必大］

戴明伯請教。曰「且將一件書讀。聖人之言卽聖人之心、聖人之心卽天下之理。且逐段看令分曉、一段分曉、又看一段。如此至一二十段、亦未解便見箇道理。但如此心平氣定、不東馳西騖、則道理自逐旋(1)分明。去得自家心上一病、便是一箇道理明也。道理固是自家本有、但如今隔一隔了、須逐旋揩磨(2)呼喚得歸。然無一喚便見之理。如金溪只要自得(3)。若自得底是固(校1)善、若自得底非却如何。不若且虛心讀書。讀書、切不可自謂理會得了。便理會得、且只做理會不得。某見說不會底、便有長進。不長進者、多是自謂已理會得了底。如此、則非特終身不長進。便假如釋氏三生六十劫(校2)(4)、也終理會不得。」又云「此心先錯用向東去、及至喚回西邊、又也只是那向東底心。但只列轉(5)些頓放、元不曾改換。有一學者先佞佛(6)、日逐(校3)念金剛大悲呪(7)不停口。後來雖不念佛、來誦大學論孟、却依舊趕徧數、荒荒忙忙誦過、此亦只是將念大悲呪時意思移來念儒書爾。」　［必大］

（校1）楠本本は「固」を「箇」に作る。

（校2）底本・正中書局本・朝鮮整版・楠本本は「三生六十劫」を「三生十六劫」に作る。和刻本に拠り改めた。注（4）参照。

（校3）朝鮮整版は「日逐」を「逐日」に作る。

（1）逐旋　徐々に。順を追って、一つ一つ。巻七一・36条（一七八八頁）「陽生時、逐旋生、生到十一月冬至、方生得就一畫陽」。

（2）揩磨　拭い去る、磨きをかける。巻十四・15条（二五一頁）「大學重處都在前面。後面工夫漸漸輕了。只是

揩磨在」、巻十四・115条（二七一頁）「但從來爲氣稟所拘、物欲所蔽、一向昏昧、更不光明。而今却在挑剔揩磨出來、以復向來得之於天者、此便是明明德」、巻一〇四・45条（二六二一頁）「歐陽公則就作文上改換、只管揩磨、逐旋捱將去、久之漸漸揩磨得光」。

（3）金溪只要自得　金溪（今の江西省撫州市）は陸九淵の出身地。巻二七・52条（六八三頁）「江西學者偏要説甚自得、説甚一貫。看他意思、只是揀一箇儱侗底説話、將來籠罩、其實理會這箇道理不得」。

（4）釋氏三生六十劫　悟るまでに利根でも三生、鈍根は六十劫かかるということで、無限に長い時間を意味する。あるいは永遠に悟れないという意味でも用いられる。『碧巖録』七則「向這裏薦得去、可以丹霄獨歩。你若作情解、三生六十劫」。

（5）列轉　未詳。「列」は「迾」（遮る、止める）の意味か。『考文解義』も「列、未詳」とする。

（6）佞佛　御利益を得ようと仏に媚びへつらうこと。仏教信者を悪く言う言葉。

（7）大悲呪　『千手千眼大悲心陀羅尼』のこと。呪語として読誦の対象とされていた。巻一三〇・62条（三一〇九頁）「有一等人能談仁義之道、做事處却乖。此與鬼念大悲呪一般、更無奈何他處」。

【114】

括蒼の徐元明［名は琳］と鄭子上（可学）が揃ってお目にかかった。

朱子「（『孟子』に）「博く学びて詳らかに之を説くは、将に以て反て約を説かんとすればなり（博く学んで事細かに説くのは、むしろ簡約を説くためである）」とあるが、いま江西の者たちの学問は簡約を求めるばかりで、博く学ぼうとしない。彼らはもともと多少はよいところもあるのだが、物事に臨むとまったくでたらめでいい加減だ。一方、呂子約（祖倹）に至っては、ひたすら博学に努めるばかりで、簡約に立ち返ることができない。多くの書物を読み、博引旁証してあれこれ言うのはどれも理に適っているのだが、すっきりせず緊要さに欠け、つなげても意味の無いことがある。沈叔晦（煥）は書物を読まず、人を教育せず、浅く狭いものを守っているだけだ。少し道理が分かるとそれをじっと守って固執してしまう。これもやはり博く学ばないことの弊害だ。」［滕璘］

括蒼(校1)(1)徐元明(2)［名琳］、鄭子上同見。先生說「博學而詳說之、將以反說約也(3)。今江西諸人之學、只是要約、更不務博。本來雖有些好處、臨事盡是鑿空杜撰。至於呂子約(4)、又一向務博、而不能反約。讀得書多、左牽右撰、橫說直說、皆是此理。只是不潔淨(5)、不切要、有牽合(6)無謂處。沈叔晦不讀書、不教人、只是所守者淺狹。只有些子道理、便守定了、亦不博之弊。」［璘］

(校1) 正中書局本・朝鮮整版・楠本本は「括蒼」を「栝蒼」に作る。

(1) 括蒼　地名。今の浙江省麗水市。

(2) 徐元明　『門人』（一八〇頁）に拠れば、巻一二〇・72条〜74条（二九〇三頁〜二九〇五頁）等に見える徐元昭と同一人物であり、字は「元昭」が正しい。

(3) 博學而詳說之、將以反說約也　『孟子』離婁下。巻五七・29条（一三四五頁）「約自博中來。既博學、又詳說、講貫得直是精確、將來臨事自有箇頭緒。才有頭緒、便見簡約。若是平日講貫得不詳悉、及至臨事只覺得千頭萬緒、更理會不下、如此則豈得為約」、巻十八・18条（三九五頁）「今人務博者却要盡窮天下之理、務約者又謂反身而誠則天下之物無不在我者、皆不是」。

（4）呂子約　呂祖倹、字子約、呂祖謙の弟。巻一二二・37条（二九五六頁）「呂子約死。先生曰、子約竟齎著許多鶻突道理去矣」。

（5）潔淨　すっきり清潔なこと。すっきりしていて余計なものが何もないこと。巻一一六・50条（二八〇四頁）「如此屋相似、只中間潔淨、四邊也未在。未能博學、便要約禮」、巻一一三・24条（二七四五頁）「横渠説做工夫處、更精切似二程。二程資稟高、潔淨、不大段用工夫。横渠資稟有偏駁夾雜處、他大段用工夫來」。

（6）牽合　つなげる、つながる。巻十一・57条（一八四頁）「看文字、且逐條看。各是一事、不相牽合」。

（第112～114条担当　阿部　光麿）

【115】

陸深甫（濬）が学問の順序について質問した。

朱子「君の家の年長者はどういうふうに教えているのだ。」

陸深甫「大叔父の刪定（陸九淵）より「心はもともと完全無欠で足りないものはない。人はこの心を悟ってはじめて学問ができるのだ」と教えられました。」

朱子「この心はもちろん完全無欠だが、それでも一つ一つの事を正しく行うことができてはじめて完全無欠なのだ。もともと足らないものはないのだからそれさえ悟ればいいと言うだけならば、そんな道理があるものか。」

そこでまた言われた。

朱子「江西の学者たちは自分で陸刪定の学問を体得したと思い込んで、大いに弁舌を振るい、憚るところがない。ある日突然道を悟ったと言うくせに、翌日には人と酒を飲み、相変わらず人を罵っている。思うに、賈誼は「秦の二世、今日即位して明日人を射る」と言ったが、今の江西の学者たちは「今日道を悟ったら、明日には人を罵る」といった具合だ。いったい何の道を悟っているのやら。」　［潘時挙］

陸深甫(1)問爲學次序。曰「公家庭尊長平日所以教公者如何。」陸云「刪定(2)叔祖所以見教者、謂此心本無虧欠、人須見得此心、方(校1)可爲學。」曰「此心固是無虧欠、然須是事事做得是、方無虧欠。若只說道本無虧欠、只見得這箇便了、豈有是理。」因說「江西學者自以爲得陸刪定之學、便高談大論、略無忌憚。忽一日自以爲悟道、明日與人飲酒、如法罵人(3)。某謂、賈誼云秦二世今日卽位而明日射人(4)、今江西學者乃今日悟道而明日罵人。不知所悟(校2)者果何道哉。」　［時擧］

（校1）楠本本は「方」を「万」に作る。

（校2）底本は「所修」に作るが、諸本に拠り「所悟」に改めた。

（1）陸深甫　陸九淵の長兄たる陸九思の孫。『資料索引』三巻二六六〇頁。

（2）刪定　陸九淵を指す。陸九淵は刪定官に任じられたことがあり、陸刪定とも呼ばれる。

（3）明日與人飲酒、如法罵人　『文集』巻五五「答包顯道」第二書に「從頭罵去、如人醉酒發狂」という類似した文句が見られる。包顯道（揚）は、陸九淵の門人。陳来『朱子書信編年考証』（増訂本、生活・読書・新知三聯書店、二七一頁）は、これを取り上げて「皆力斥陸氏門人之狂」としている。

（4）秦二世今日即位而明日射人　『漢書』賈誼伝第十八「夫三代之所以長久者、以其輔翼太子有此具也。及秦而不然。其俗固非貴辭讓也、所上者告訐也。固非貴禮義也、所上者刑罰也。使趙高傅胡亥而教之獄、所習者非斬劓人、則夷人之三族也。故胡亥今日即位而明日射人、忠諫者謂之誹謗、深計者謂之妖言、其視殺人若艾草菅然」。ほぼ同じ内容は『大戴礼記』保傅第四八にも見える。

【116】

包詳道（約）からの手紙に「壬子（紹熙三年、一一九二年）九月にひと度はっと悟って以降」云々とあった。先生は（兄の）顕道（包揚）に言われた。

朱子「人の心の存亡は息を吸って吐く間にある（存したかと思えばすぐに亡び、亡んだかと思えばすぐに存す）。どうして今日のこの時まででたらめをやっていて、その後すぐにおとなしくなるというような道理があろうか。聖賢の学問は一歩一歩確実にやって行って、知らず知らずに自然にやり遂げることが出来るものだ。もし（包詳道の）言う通りなら、聖賢の修養や学問は必要なくなり、ただある日突然はっと悟るのを待ち続けるだけとなってしまう。そういう考えは、人に僥倖を期待する心を起こさせるものだ。」　［黄義剛］

包詳道書來言「自壬子九月一省之後」云云。先生謂顯道曰「人心存亡之決(1)、只在出入息之閒。豈有截自今日今時便鬼亂(2)、已後便悄悄之理。聖賢之學、是捎捎定定做、不知不覺、自然做得徹。若如所言、則是聖賢修爲講學都不須得、只等得一旦恍然悟去(3)、如此者起人僥倖之心(4)。」　［義剛］

（1）人心存亡之決　『孟子』告子上「孔子曰、操則存、舍則亡、出入無時、莫知其鄉、惟心之謂與」。巻二七・51条（六八二頁）「今有一種學者、愛說某自某月某日有一箇悟處後、便覺不同。及問他如何地悟、又却不說。便是曾子傳夫子一貫之道、也須可說、也須有箇來歷、因做甚麼工夫、聞甚麼說話、方能如此。今若云都不可說、只是截自甚月甚日爲始、已前都不是、已後都是、則無此理。已前也有是時、已後也有不是時。蓋人心存亡之決、只在一息之間、此心常存則皆是、此心才亡便不是。聖賢教人、亦只據眼前便著實做將去」。

（2）鬼亂　でたらめをやる。『語類』ではここだけに見える表現。

（3）只等得一旦恍然悟去　『文集』巻五五「答包詳道」第二書「示喩爲學之意、自信不疑如此、他人尚復何說。然觀古人爲學只是升高自下、步步踏實、漸次解剝、人欲自去、天理自明、無似此一般作捺紐揑底工夫、必要豁然頓悟、然後漸次修行也」。

（4）起人僥倖之心　巻一一五・10条（二七七一頁）「學問亦無箇一超直入之理、直是銖積寸累做將去。某是如此喫辛苦、從漸做來。若要得知、亦須是喫辛苦了做、不是可以坐談僥倖而得」。

【117】

朱子「孫吉甫（枝）の手紙を読むと、文章を作ることばかりに血道を上げる癖が抜けきれていないようだ。たとえば両漢・晉・宋・隋・唐それぞれの風俗は、誰か一人によってそのように変わっていったのではない。風俗の変化は、あれこれ変化していって、自然にそうなったに過ぎない。漢の末期、名節への尊崇が極まると、（名節などにとらわれず、恬淡とした）清虛へと変じた。陳・隋以後になると、名節も清虛もどうでもよくなって、ただそろいもそろって同じように繊細流麗な文章を作ろうとしたというだけだ。政治の表舞台でも、文章というものを一大事として取り組むようになってしまった。たとえば科挙制度を作ったのは隋の煬帝だが、その後唐の三百年間を経て本朝の初めに至るまで、ずっと文辞を尊んできたのだ。」

鄭子上（可学）「風俗があれこれ変化して、どうして本朝に至って、程先生が現われて、聖賢の道理を明らかにすることができたのでしょうか。」

朱子「周（敦頤）先生、二程（程頤、程顥）がこのように道理を説くことができたのも、それまでの先賢たちの蓄積を踏まえてこそのことだ。（宋初の）楊（億）・劉（筠）の時は、ただ文章に取り組んでいただけだったが、范文正（仲淹）・孫明復（復）・石守道（介）・李太伯（覯）・常夷甫（秩）などに至ると、だんだん枝葉を切り落とし、政治に勤め、学問の実践について考えるようになった。胡安定（瑗）が現われて、治道斎を作って政治に取り組ませて、だんだんと内面の問題に近づいて行ったのだ。つまり、周氏程氏が道理を明らかにできたのは、彼らだけの力によるものではないということだ。」　［滕璘］

「看孫吉甫書、見得是要做文字底氣習。且如兩漢晉宋隋唐風俗、何嘗有箇人要如此變來。只是其風俗之變、滾來滾去(校1)、自然如此。漢末名節之極、便變作清虛底道理。到得陳隋以後、都不理會名節、也不理會清虛、只是相與做一般纖艷底文字。君臣之間、把這文字做一件大事理會。如進士舉是隋煬帝做出來、至唐三百年以至國初、皆是崇尚文辭。」鄭子上問「風俗滾來滾去(校1)、如何到本朝程先生出來、便理會發明得聖賢道理。」曰「周子二程說得道理如此、亦是上面諸公挪(校2)趲(1)將來。當楊劉(2)時、只是理會文字。到范文正孫明復石守道李太(校3)伯常夷甫諸人、漸漸刊落枝葉、務去理會政事、思學問見於用處。及胡安定出、又教人作治道(校4)齋(3)、理會政事、漸漸挪(校2)得近裏(4)、

所以周程發明道理出來、非一人之力也。」〔璘〕

（校1）正中書局本・朝鮮整版は「滚來滚去」を「袞來袞去」に作る。

（校2）正中書局本・朝鮮整版・和刻本・楠本本は「挪」を「那」に作る。注（1）参照。

（校3）正中書局本・朝鮮整版は「太」を「泰」に作る。

（校4）朝鮮整版は「道」を「事」に作る。注（3）参照。

※以下に掲げる巻一二九・21条（三〇八九頁）の前半部分は、本条と同一場面の別記録と考えられる（記録者は鄭可学）。引用した最後の部分に、「璘録云……」の小字注があることから、本条はもともとの記録の一部か。

　德粹以明州士人所寄書納先生、因請問其書中所言。先生曰「渠言、漢之名節、魏晉之曠蕩、隋唐之辭章、皆懲其弊爲之。不然。此只是正理不明、相袞將去、遂成風俗。後漢名節、至於末年、有貴己賤人之弊。如皇甫規、鄉人見之、却問、卿在鴈門、食鴈美乎。擧此可見。積此不已、其勢必至於虛浮入老莊。相袞到齊梁間、又不復如此、只是作一般艷辭、君臣賡歌褻瀆之語、不以爲怪。隋之辭章、乃起於煬帝。進士科至不成科目、故遂袞纏至唐、至本朝然後此理復明。正如人有病、今日一病、明日變一病、不成要將此病變作彼病。」

　某問「已前皆袞纏成風俗。本朝道學之盛、豈是袞纏。」先生曰「亦有其漸。自范文正以來已有好議論、如山東有孫明復、徂徠有石守道、湖州有胡安定、到後來遂有周子程子張子出。故程子平生不敢忘此數公、依舊尊他。若如楊劉之徒、作四六駢儷之文、又非此比。然數人者皆天資高、知尊王黜霸、明義去利。但只是如此便了、於理未見、故不得中。」

　某問「安定學甚盛、何故無傳。」曰「當時所講止此、只此門人受去做官、死後便已。嘗言劉彝善治水、後來果然。彝有一部詩、遇水處便廣說。」〔璘録云「劉彝治水、所至興水利。劉有一部詩解、處處作水利說、好笑。熟處難忘。」〕

(以下省略)

(1)挪趲　「那趲」とも書く。移る、移動する。

(2)楊劉　楊億と劉筠。宋初の「西崑派」の詩人。

(3)治道齋　北宋の胡瑗(安定)は、湖州州学および太学で「経義斎」「治事斎」という二つの学舎を立てて学生を指導した。本条にいう「治道斎」は「治事斎」を指すか。『遺書』巻二上・34条(一八頁)「胡安定在湖州置治道齋、學者有欲明治道者、講之於中。如治兵治民水利算數之類。嘗言劉彝善治水利、後果爲政、皆興水利有功」。吾妻重二他『『朱子語類』訳注　巻八十四・八十五・八十六』(汲古書院、二〇一四年)巻八四・8条を参照。

(4)近裏　内面的なこと、自分に身近で切実なこと。『遺書』巻十一・171条(一二三頁)「學只要鞭辟近裏、著己而已」。巻三二・64条(八一九頁)「仁字説較近裏、知字説較近外」、同・65条「事也是心裏做出來、但心是較近裏説」。

(第115～117条担当　蔣　建偉)

【118】

先生が杜叔高(斿《ゆう》)に言われた。

朱子「学問は、実用に適《かな》うことが大切だ。」

先生謂杜叔高曰「學貴適用(1)。」(校1)

(校1) 正中書局本・朝鮮整版・和刻本は末尾に「節」の小字注がある。「節」は甘節。

(1) 適用　実用に適する、現実に役に立つ。巻九四・185条(二四〇四頁)「凡物皆有此理。且如這竹椅、固是一器、到適用處、便有箇道在其中」。

【119】

先生が魯可幾に言われた。

朱子「物事というものは、何もかも明らかにし尽そうとしてはならない。」　[楊道夫]

先生謂魯可幾、曰「事不要察取盡。」　[道夫]

【120】

ある人が徐子顔のことを質問した。

朱子「自分なりの信条はあるようだが、どのような見識の持ち主かは知らない。」　[陳文蔚]

或問徐子顔。曰「其人有守、但未知所見如何。」　[文蔚]

【121】

朱子「今の学ぶ者には二種類ある。（一つは）頭の回転が鈍い者で、なかなか理解させることができない。（もう一つは）頭の回転がはやい者で、すぐに理解できるが、しっかりと身についていないのではないかと思う。龔郯伯なども理解ははやいが、しっかりと身についてはいないのではないだろうか。」［葉賀孫］

今學者有兩様、意思鈍底、又不能得他理會得。到得(校1)意思快捷底、雖能當下曉得、然又恐其不牢固。如龔郯伯理會也快、但恐其不牢固。［賀孫］

（校1）楠本本は「得」を「德」に作る。

【122】

先生が郭廷碩に尋ねられた。

朱子「最近はどうだね。」

郭廷碩「昔のままの学問です。」

朱子「優秀な江西の人には、善を楽しむ者は多くいても、学問を知る者は少ない、ということか。」

朱子「楊誠斎（万里）は清廉潔白だが、ただこういう人は少ない。謝尚書（謝諤《がく》）はもの柔らかで寛大であり、また非常に実直で飾り気がない。かつて、湘（現在の湖南省）の地に赴いた折、謝公の家に寄ったことがあった。彼はくずれかけた粗末な家に住み、少しも富貴の気配がなかった。得難い人物だ。」

朱子「彭子寿（亀年）の邸宅は広大であると聞いているが、どうしてそのようにする必要があろう。」

さらに一、二人のことに言及された。

朱子「こうしてみると、謝尚書はやはり実直で飾り気のない人物だ。」　［曾祖道］

先生問郭廷碩「今如何。」曰「也只如舊爲學。」曰「賢江西人、樂善者多、知學者少。」又説「楊誠齋(1)廉介清潔、直是少。謝尚書(2)和易寛厚、也煞朴直。昔過湘中時、曾到謝公之家(3)、頽然在敗屋之下、全無一點富貴氣(4)、也難得。」又曰「聞彭子壽造居甚大、何必如此。」又及一二人、曰「以此觀謝尚書、直是朴實。」　［祖道］

（1）楊誠齋　楊万里（一一二七～一二〇六）、字誠斎。吉水（現在の江西省吉安市）の人。『資料索引』四巻三一八六頁、『宋史』巻四三三、『学案』巻四四。

（2）謝尚書　謝諤（一一二一～一一九四）、字昌国。新喩（現在の江西省新余市）の人。光宗の時、御史中丞、権工部尚書に任ぜられた。『資料索引』五巻四一〇八頁、『宋史』巻三八九、『学案』巻二八。

（3）昔過湘中時、曾到謝公之家　朱熹は知潭州として紹熙五年（一一九四）五月から八月まで潭州に赴任していた。『文集』巻八三「跋郭長陽醫書」に、「紹熙甲寅夏、豫赴長沙、道過新喩、謁見故煥章學士謝公昌國於其家。公爲留飲、語及長陽沖晦郭公先生言行甚悉」とあり、謝昌国の家を訪問していたことが記されている。なお、李道伝『晦庵先生朱文公語録』（池録）は本条を巻三七・曾祖道録・丁巳所聞に収めており、慶元三年（丁巳・一一九七）の問答となる。

（4）頽然在敗屋之下、全無一點富貴氣　巻一三二・70条（三一八〇頁）「某曾訪謝昌國、問艮齋安在。謝指廳事云、卽此便是。［其廳亦敝陋］」。『学案』巻二八「學士謝艮齋先生諤」「朱子嘗過之、見其破屋蕭然、歎息以爲不可及」。

【123】

朱子「湘郷で昔から南軒（張栻）に従学していた者は誰だね。」

私（蕭佐）は、周奭（字は允升）と自分の外舅（妻の父）の舒誼（字は周臣）だとお答えした。

蕭佐「外舅は亡くなってからすでに数年が経っておりますが、「知言疑義」を論じたものに南軒が答えた書簡一通が、文集の中に載せられております。允升（周奭）が学問に専心していたところはちょうど川のほとりに臨んでいたので、南軒は「濂渓書室」と題しました。その郷里の後学たちはそこで講学に努めておりますが、允升（周奭）自身は今は病気で出かけることはできません。」

朱子「南軒がかつて静江（現在の江西省桂林市）で書簡を受け取り、允升のことを非常に称賛していた。きっと格別の見識があるのだろう。こちらに一度来てもらえればよいのだが。すぐに薬を少し送ろう。」［蕭佐］

先生問「湘鄉(1)舊有從南軒遊者、爲誰。」佐對以周奭允升(2)、佐外舅舒誼周臣(3)。「外舅沒已數歲、南軒答其論知言疑義一書、載文集中(4)。允升藏修(5)之所正枕江上、南軒題曰濂溪書室。鄉曲後學講習其間、但允升今病不能

出矣。」先生曰「南軒向在靜江曾得書、甚稱說允升、所見必別、安得其一來。次第(6)送少藥物與之。」［佐］

（1）湘郷　地名、長沙の西南（現在の湖南省湘潭市）。
（2）周奭允升　周奭、字允升、湘郷の人。『資料索引』二巻一四五八頁、『学案』巻七一。『南軒集』巻二六に「答周允升」が二書見える。
（3）舒誼周臣　未詳。『語類』では本条のみにその名が見える。
（4）南軒答其論知言疑義一書、載文集中　未詳。『南軒集』巻二七に一書だけ「答舒秀才」を収めるが、『知言疑義』に関する話題は見えない。『知言疑義』は胡宏の『知言』についての疑義を、張栻と朱熹が議論してまとめたもの。
（5）藏修　学問に専心すること。『礼記』学記「君子之於學也、藏焉、脩焉、息焉、游焉」。鄭玄注「藏謂懷抱之。脩、習」。
（6）次第　巻一二〇・101条注（2）参照。

【124】

直卿（黄榦）が趙友裕からまた（子弟の家庭教師に）招かれたことを先生に申し上げた。

朱子「今の時勢を考えたら、それも致し方ないことだ。どこでも（道理を）人に教え語るしかない。道理を知る人が多くなれば、それも幸いな事だ。」［葉賀孫］

直卿告先生以趙友裕復有相招之意。先生曰「看今世務已自沒可奈何。只得隨處與人說、得識道理人多、亦是幸事。」［賀孫］

【125】

呂徳遠（煥）が、妻を迎えるため某日に帰郷する旨をお伝えした。その日になると兄（呂燾）が言った。呂燾「弟と相談しまして、もうひと月ご教示を賜ってから帰ろうということになりました。」朱子「君の家では妻を娶らんとしているのに、どうしてそんなことを言っているのだ。この大事に際し、そのようにすべきではない。きっと君の家の方ではすべて準備を終えて、帰郷を待っているにちがいない。そのようなことをすべきではない。」

（呂兄弟は）その日のうちに帰郷の途に就いた。［黄義剛］

呂徳遠辭、云將娶、擬某日歸。及期、其兄(1)云「與舍弟商量了、且更承教一月、却歸。」曰「公將娶了、如何又恁地說。此大事、不可恁地。宅中想都安排了、須在等待、不可如此了(校1)。」即日歸。［義剛］

（校1）正中書局本・朝鮮整版は「了」を「呂」に作る（不可如此、呂即日歸）。和刻本は「了」の後に「呂」が入る（不可如此了、呂即日歸）。

（1）其兄　呂煥の兄・呂燾。字徳昭、南康の人。

【126】

季繹は蔡季通（元定）に酒を勧め、泉南（福建省泉州）に行くのを引き留めようとした。蔡季通は先生に決を仰ごうとしたが、先生は笑って答えなかった。しばらくしてから、言われた。

朱子「（荀子のいうように）身労して心安き者はこれを為せ、利少なくして義多き者はこれを為せ（身体は疲労するが心は安らかになることならば実行せよ。利は少ないが義が多いことならば実行せよ）。」［万人傑］

［輔廣の記録：ある人がやろうとしていることについて先生に相談した。先生は「心佚にして身労すればこれを為せ、利少なくして義多ければこれを為せ」と言われた。］

季繹（1）勸蔡季通酒、止其泉南之行。蔡決於先生、先生笑而不答。良久、云「身勞而心安者爲之、利少而義多者爲之（2）。」　［人傑］［廣錄云、或有所欲爲、謀於先生。曰、心佚而身勞、爲之。利少而義多、爲之。］

（1）季繹　未詳。127条の「朱季繹」と同一人物か。『象山語録』巻三にその名が見える。

（2）身勞而心安者爲之、利少而義多者爲之　『荀子』修身「身勞而心安、爲之。利少而義多、爲之」。

【127】

先生は、窓の目張りのために糊付けした紙を見て言われた。

朱子「少しでも真っ直ぐにきちんと貼られてないならば、（目張りをすることの）道理ではない。」

朱季繹「見栄えをよくしようと、外から糊付けしたのです。」

直卿（黄榦）「それこそ（『大学』に所謂）「自ら欺く」ことの始まりだ。」　［葉賀孫］

先生看糊窗云「有些子不齊整、便不是他道理。」朱季繹(1)云「要好看、却從外糊。」直卿云「此自欺(2)之端也。」

［賀孫］

（1）朱季繹　未詳。126条の「季繹」と同一人物か。『象山語録』巻三にその名が見える。

（2）自欺　『大学』（章句伝六章）「所謂誠其意者、毋自欺也」。朱注「自欺云者、知爲善以去惡、而心之所發有未實也」。

（第118〜127条担当　松野　敏之）

『朱子語類』巻百二十一

朱子十八　訓門人九

［およそ門人への訓戒で氏名のわからないものをこの巻にまとめた。］

［總訓門人而無名氏者爲此卷。］

【1】

いきなり先生に教えを請おうとする学友がいると、先生は常に言われた。

朱子「もしここに来ようとするのであれば、まず私の解釈した書を読んでからにしなさい。」［王過］

朋友乍見先生者、先生毎曰「若要來此、先看熹所解書也。」［過］

【2】

世昌（彭興宗）「先生が人に教えられる際、何か旨とするものがおありですか。」

朱子「私にそんなものはない。いつも学ぶ者にそれぞれの力量に応じて読書をさせているだけだ。」［陳文蔚］

世昌(1)問「先生教人、有何宗旨。」曰「某無宗旨、尋常只是教學者隨分讀書。」［文蔚］

（1）世昌　彭興宗、字は世昌。陸九淵の門人で、九淵の死後象山精舎を守る。『資料索引』四巻二九五八頁。『学案』巻七七。

【3】

朱子「読書は暗唱してこそ精密で熟したものになる。いま覚えることもできず、説明することもできず、（読んだものが）心の中にあるようなないような状態であるのは、すべて精密でなく熟していないことの弊害だ。もし正しい意味を理解していて、さらに全部覚えているのであれば、それに越したことはない。しかし、文章の意味は理解できず暗唱できるだけだとしても、そのうち知らず知らずのうちに、自然に（覚えていることが）触発し合って正しい意味が分かるようになる。つまり、ある一節が心の中にあれば、おのずと気になって、理解せずにはいられないというわけだ。理解もできず、覚えてもいなくて、何が読書だ。横渠（張載）は「読書は暗唱しなければならない」と言っている。今の人が昔の人にかなわない理由は、ただこのわずかな違いにある。昔の人は覚えたから理解できたのだ。

今の人はいい加減で覚えることができないから、理解することもできない。重要なところも、そうでないところも、すべて暗唱すれば自然に理解できるのだ。いま学ぶ者がすでに全体の主旨を理解していて、数カ所分かりにくいところが上手く解釈できないというだけならば、私がここで少し説明をして背中を押せば、自然に理解できるようになるだろう。ところが君たちときたら、まったく何も理解していないのだから、たとえ私が言葉を費して説明したとしても、何の益もない。他でもない、ただ熟読するだけだ。他に方法はないのだ。」〔黄卓〕〔沈僩の記録は省略。〕

讀書須是成誦、方精熟。今所以記不得、説不去、心下若存若亡、皆是不精不熟之患。若曉得義理、又皆記得、固是好。若曉文義不得、只背得、少間不知不覺、自然相觸發、曉得這義理。蓋這一段文義横在心下、自是放不得、必曉而後已。若曉不得、又記不得、更不消讀書矣。横渠説(校1)讀書須是成誦(1)。今人所以不如古人處、只爭這些子。古人記得、故曉得。今人鹵莽、記不得、故曉不得。緊要處、慢處、皆須成誦、自然曉得也。今學者若已曉得大義、但有一兩處阻礙説不去、某這裏略些數句發(校2)動、自然曉得。今諸公盡不曾曉得、縱某多言何益。無他、只要熟看熟讀而已、別無方法也。〔卓〕〔僩略〕

(校1)正中書局本・朝鮮整版は「説」を「云」に作る。
(校2)正中書局本・朝鮮整版は「發」を「撥」に作る。
(1)横渠説讀書須是成誦　『経学理窟』義理（理学叢書『張載集』二七五頁）「讀書少則無由考校得義精、蓋書以維持此心、一時放下則一時德性有懈、讀書則此心常在、不讀書則終看義理不見。書須成誦精思、多在夜中或靜坐得之、不記則思不起、但通貫得大原後、書亦易記。所以觀書者、釋己之疑、明己之未達、每見每知所益、則學進矣、於不疑處有疑、方是進矣」。

【4】

ある学生が文章を暗記できないことを悩んでいた。

朱子「熟していないだけだ。心に染み入るまでじっくり味わったことがなく、ただ書物の中の言葉を守っているだけだから、書物を見ている時には覚えていても、書物を手放せばすぐに忘れてしまうのだ。もし自分が本当に書物に書かれていたことの意味を理解していれば、どうして忘れることがありえよう。例えば、誰かが生姜を持って来れば、辛《から》いということが分かるが、砂糖を持って来て（それを人が辛いと言って）も、辛いとは信じまい。」　［程端蒙］

一學者患記文字不起。先生曰「只是不熟。不曾玩味入心、但守得册子上言語、所以見册子時記得、纔放下便忘了。若使自家實得他那意思、如何會忘。譬如人將一塊生薑來、須知道是辣(1)。若將一塊砂糖來、便不信是辣。」　［端蒙］

（1）人將一塊生薑來、須知道是辣　巻五・67条（九二頁）「如擧天下説生薑辣、待我喫得眞箇辣、方敢信」。

【5】

ある学友に言われた。

朱子「以前もらった書簡に、「読書は精密に熟読する必要はない」だの、「熟考してはならない」だのとあった。読書はまさに精密に熟読することが必要であるのに、その必要はないと言い、学問はまさに熟考しなければならないのに、熟考してはならないと言う。この二つが君の心の中で病根となっているのだ。ちょうど人が冷たいものを食べてそれが脾臓と胃臓のところで留まってしまい、十数年それが身体の害となっているようなものだ。十年ぶりに会っても相変わらずそんなふうであるのは、病根が除かれていないからだ。」［襲蓋卿］

謂一士友曰（校1）「向嘗收書云、讀書不用精熟。又云、不要思惟。讀書正要精熟、而言不用精熟。學問正要思惟、而言不可思惟、只爲此兩句在胸中做病根。正如人食冷物留於脾胃之間、十數年爲害。所以與吾友相別十年只如此者、病根不除也。」［蓋卿］

（校1）底本・和刻本・楠本本は「日」に作るが、正中書局本・朝鮮整版に拠り「曰」に改めた。

（第1〜5条担当　戸丸　凌太）

【6】

朱子「以前に老蘇（蘇洵）が読書を語った言葉を読んだことがある。曰く『孟子』や『論語』、韓子（愈）やその他の聖人の文章を、静かに姿勢を正して終日読むこと七、八年。当初は、内に分け入っては（その奥深さに）呆然とし、外を概観しては（その幅広さに）驚嘆するばかりであった。久しく続けるうちに、だんだん精密に読めるようになり、胸中が広々と明るくなって、人として語るべき言葉というものはこのようでなければならないということがわかったが、自分からは敢えて言葉にはしなかった。時が経つにつれ、胸中に積もった言葉が日増しに多くなり、自ら止めることができなくなり、試みにそれを書き出してみた。その後何度もそれを読んでみたが、水が湧き出るように自然に言葉が湧き出ているように感じた」。また韓退之（愈）の「李翊に答ふ」や柳子厚（宗元）の「韋中立に答ふるの書」も読書の方法を述べており、見るべきものである。私はかつて溜め息をつきながら思ったのだが、この人たちがただ言葉や韻の巧みさを求めることばかりにこれだけ多くの労力を払い、多くの精力を費やしたのは、なんとも惜しいことだ。

いま道理を理解しようとするのは、天下第一の至難のことだ。それなのに、十日やひと月の時間を費やして一巻の書を熟読するということもせず、ただ漫然と問いを発し、その場その場であれこれ言葉を寄せ集め、本文すらろくに覚えておらず、質問するにもその一段の文脈を覚えていない始末。何か言えるとしても、自分の考えを押し広げてこじつけているだけで、聖人の言葉とまったく関係していない。それで何になるというのか。いま君たちに願うのは、家に帰って襟を正してきちんと坐り、『大学』『論語』『中庸』『孟子』を手に取って、一句一字ごとにそれぞれ正確に理解し、聖賢の意を求めて、我が身に引きつけて考察をし、己のものとして実践し、虚心に実感できるまで追究することだ。そうやって二、三年経ってはじめて、師を求め是非を確かめてこそ、話になるというものだし、議論できるというものだ。これこそ（『論語』にいう）「有道に就きて正す（道義を身につけた人に従って己の過ちを正していく）」というものだ。正しい学問の道に入るための方法とは、我が身を道理の中に浸して、徐々に親しませ、時間をかけて（道理と）己とを一つとすることなのだ。それなのに、今の人は、道理はここ、自分は外という具合に、まったく（道理と自分とが）関わり合いがない。」

嘗見老蘇說他讀書、孟子論語韓子及其他聖人之文、兀然端坐、終日以讀者七八年(校1)。方其始也、入其中而惶然、博觀於其外而駭然以驚。及其久也、讀之益精、而其胸中豁然以明、若人之言固當然者、猶未敢自出其言也。時既久、胸中之言日益多、不能自制、試出而書之、已而再三讀之、渾渾乎覺其來之易矣(1)。又韓退之答李翊(2)、柳子厚答韋中立書(3)、言讀書用功之法、亦可見。某嘗歎息、以爲此數人者、但求文字言語聲響之工、用了許多功夫、費了許多精力、甚可惜也。

今欲理會這箇道理、是天下第一至大至難之事。乃不曾用得旬月功夫熟讀得一卷書、只是泛然發問、臨時湊合、元不曾記得本文、及至問著、元不曾記得一段首尾、其能言者、不過敷演己說、與聖人言語初不相干、是濟甚事。今請歸家正襟危坐、取大學論語中庸孟子、逐句逐字分曉精切、求聖賢之意、切己體察、著己踐履、虛心體究。如是兩三年、然後方去尋師證(校2)其是非、方有可商量、有可議論、方是就有道而正焉(4)者。入道之門、是將自家身己入那道理中去、漸漸相親、久之與己爲一。而今人道理在這裏、自家身在外面、全不曾相干涉。

(校1) 底本及び諸本はいずれも「十八年」に作るが、注（1）に引く蘇洵の原文に拠り、「七八年」に改める。下に引く『文集』「滄洲精舍諭學者」、巻十・65条参照。

(校2) 朝鮮整版は「證」を「訂」に作る。

※『文集』巻七四「滄洲精舍諭學者」は本条と類似している。

「老蘇自言其初學爲文時、取論語孟子韓子及其他聖賢之文而兀然端坐、終日以讀之者七八年。方其始也、入其中而惶然以博、觀於其外而駭然以驚。及其久也、讀之益精而其胸中豁然以明、若人之言固當然者、猶未敢自出其言也。歷時既久、胸中之言日益多、不能自制、試出而書之、已而再三讀之、渾渾乎覺其來之易矣。予謂老蘇但爲欲學古人說話聲響、極爲細事、乃肯用功如此、故其所就亦非常人所及。如韓退之柳子厚輩、亦是如此。其答李翊韋中立書、可見其用力處矣。然皆只是要作好文章、令人稱賞而已、究竟何預己事。却用了許多歲月、費了許多精神、甚可惜也。

今人說要學道、乃是天下第一至大至難之事、却全然不曾著力。蓋未有能用旬月功夫熟讀一卷書者。及至見人泛然發問、臨時揍合、不曾擧得一兩行經傳成文、不曾照一兩處首尾相貫、其能言者、不過以己私意敷演立說、與聖賢本意義理實處了無干涉、何況望其更能反求諸己、眞實見得、眞實行得耶。如此求師、徒費脚力、不如歸家杜門、依老蘇法、以二三年爲期、正襟危坐、將大學論語中庸孟子及詩書禮記、程張諸書分明易曉處反復讀之、更就自己身心上存養玩索、著實行履、有箇入處、方好求師、證其所得而訂其謬誤。是乃所謂就有道而正焉者、而學之成也可冀矣。如其不然、未見其可。故書其說、以示來者云。」

※本条の前半部分と次の二条は類似している。記録者はいずれも沈僩。

卷十・65条（一七〇頁）「……老蘇只取孟子論語韓子與諸聖人之書、安坐而讀之者七八年、後來做出許多文字如此好。他資質固不可及、然亦須著如此讀。只是他讀時、便只要模寫他言語、做文章。若移此心與這樣資質去講究義理、那裏得來。是知書只貴熟讀、別無方法」。

卷一〇四・45条（二六二一頁）「……如韓文公答李翊一書、與老蘇上歐陽公書、他直如此用工夫。未有茍然而成者。歐陽公則就作文上改換、只管揩磨、逐旋捱將去、久之、漸漸揩磨得光。老蘇則直是心中都透熟了、方出之於書。看他們用工夫更難、可惜。若移之於此、大段可畏」。

（1）孟子論語韓子及其他聖人之文～其來之易矣　蘇洵『嘉祐集』卷十二「上歐陽內翰」第一書「取論語孟子韓子及其他聖人賢人之文、而兀然端坐、終日以讀之者七八年。方其始也、入其中而惶然、博觀於其外而駭然以驚。及其久也、讀之益精、而其胸中豁然以明、若人之言固當然者、然猶未敢自出其言也。時既久、胸中之言日益多、不能自制、試出而書之、已而再三讀之、渾渾乎覺其來之易矣」。

（2）韓退之答李翊　韓愈『昌黎集』巻十六「答李翊」「識古書之正僞、與雖正而不至焉者、昭昭然白黑分矣。而務去之、乃徐有得也。當其取於心而注於手也、汨汨然來矣」。

（3）柳子厚答韋中立書　柳宗元『柳河東集』巻三四「答韋中立書」「本之書以求其質、本之詩以求其恆、本之禮以求其宜、本之春秋以求其斷、本之易以求其動、此吾所以取道之原也。參之穀梁氏以厲其氣、參之孟荀以暢其支、參之莊老以肆其端、參之國語以博其趣、參之離騷以致其幽、參之太史公以著其潔、此吾所以旁推交通而以爲之文也」。

（4）就有道而正焉　『論語』学而「子曰、君子食無求飽、居無求安、敏於事而愼於言、就有道而正焉、可謂好學也已」。

【7】

仏教に言及して言われた。

朱子「僧侶の心はむしろ意識されている。もし良い寺院で、良い師が得られれば、彼らは朝夕ひたすら汲汲と修業に励むだろうから、得るものがないはずはない。いま君たちは学問の道にありながら、その心は彼らのような（汲々と励む）心たり得ているだろうか。それは、（君たちが）心をまったく意識せず、日々気ままに適当に過ごし、まるで家の無い（根本とするところを欠いた）人のようだからだ。ある道理を考えて分からなければ、すぐに片隅に放り出して見向きもせず、三日五日経っても改めて取り上げることもせず、毎日ただのんびりと過ごして、無駄話をしては外の物を追いかけているばかりだ。敢えて言うが、君たちは一日として心があるべきところにない。一日どころか、一時もなく、一時どころか、瞬間にすらない。のんびりふらふら、何かをしているようで何もしておらず、生まれてから死ぬまで、ぼんやりとして何も得ないままだ。いま我々の仲間に謹厳で誤ったことをしない者がいたとしても、それはその人の資質が元来そうであったからに過ぎず、心を意識したことはなく、漫然と日々を過ごしているだけなのだ。」

ある人「汲汲としなければいけないのですね。」

朱子「君はただ口で汲汲とすると言うだけで、まったく汲汲としていない。汲汲と修養している人は、自然とちがってくるはずだ。そういう人はどうして無駄話をすることを考えようか。何事にも集中して丁寧に行ない、一時一瞬も漫然とすることがないはずだ。一つの道理を考えるならば、徹底的に熟するまで考えて、ほんの少しも尽さないところがないというふうでなければいけない。いま君たちは何か一つの道理を考えても、中途半端なところで投げ出してしまい、しばらくするとまた別の何かを考え始めるが、それも理解できなかったら、また放り出して、また別の何かを考えようとする。そんなふうでは、死ぬまで何もできはしない。もし本当にある一つの道理を徹底して理解したならば、それを入り口にして他の道理にまで押しひろげていけば、他の道理も同じだということが分かるはずだ。君たちはその入り口に入らず、毎日ただ入り口の外をうろうろしているばかり、だからまったく何から手を着けてよいかわからず、結局何もできないのだ。」

［朱子「もし大きなところから入れないのであれば、小さなところから入り、東から入れないのであれば、西から入るのだ。いったん入ってしまったのならば、触れるものみな同じ道理なのだ。いま君たちはあれこれやってはいる

が、一つのことを徹底して理解していないから、東でうろうろ西でうろうろ、入り口一つ見つけられないのだ。」

朱子「学問の修養は、発奮して常に気を抜かないようにし、まるで何か失ったものがあって嘆くように、それを取り戻すまではやめないというようでなければならない。もし自分が一つの大きな光り輝く宝石を持っていて、それを人に盗まれたとしたら、君の心はどうしてそれを諦めることができるだろうか。きっと追いかけ、取りもどさずにはいられないと思うはずだ。学問の修養というものも同じようでなければならない。」

［沈僩］

因言及釋氏、而曰「釋子之心却有用處。若是好叢林、得一好長老、他直是朝夕汲汲不捨、所以無有不得之理。今公等學道、此心安得似他。是此心元不曾有所用、逐日流蕩放逐、如無家之人。思量一件道理不透、便颺［去聲］掉放一壁、不能管得、三日五日不知拈起、每日只是悠悠度日、說閑話逐物而已。敢說(1)公等無一日心在此上。莫說一日、一時也無、莫說一時、頃刻也無。悠悠漾漾、似做不做、從生至死、忽然無得而已。今朋友有謹飭不妄作者、亦是他資稟自如此。然其心亦無所用、只是閑慢過日。」或云「須是汲汲。」曰「公只會說汲汲、元不曾汲汲。若是汲汲用功底人、自別。他那得工夫說閑話。精專懇切、無一時一息不在裏許。思量一件道理、直是思量得徹底透熟、無一毫(校1)不盡。今公等思量這一件道理、思量到半間不界(2)、便掉了、少間又看那一件、那件看不得、又掉了、又看那一件。如此沒世不濟事。若眞箇看得這一件道理透、入得這箇門路、以之推他道理、也只一般。只是公等不曾通得這箇門路、每日只是在門外走、所以都無入頭處、都不濟事。」［又曰「若是大處入不得、便從小處入、東邊入不得、便從西邊入。及至入得了、觸處皆是此理。今公等千頭萬緒、不曾理會得一箇透徹、所以東解西模、便(校2)無一箇入頭處。」］又曰「學道做工夫(3)、須是奮厲警發、悵然如有所失、不尋得則不休。如自家有一大光明寶藏、被人偸將去、此心還肯放捨否。定是去追捕尋捉得了、方休。做工夫亦須如此。」［僩］

（校1）正中書局本は「毫」を「豪」に作る。
（校2）正中書局本は「便」を「更」に作る。
※次に掲げる巻一一四・5条（二七五四頁、記録者なし）は、本条の要約になっている。同一場面の別記録か。
因說僧家有規矩嚴整、士人却不循禮、曰「他却是心有用處。今士人雖有好底、不肯爲非、亦是他資質偶然如此。要之、其心實無所用、每日閑慢時多。如欲理會道理、理會不得、便掉過三五日半月日不當事、鑽不透便休了。既是來這一門、鑽不透、又須別尋一門。不從大處入、須從小處入、不從東邊入、便從西邊入、及其入得、却只是一般。今頭處處鑽不透、便休了。如此、則無說矣。有理會不得處、須是皇皇汲汲然、無有理會不得者。譬如人有大寶珠、失了、不著緊尋、如何會得。」
（1）敢說～　以下の部分と次に掲げる巻一一四・8条（二七五五頁）は部分的に類似している。「……敢說公們無一日心在上面。莫說一日、便十日心也不在。莫說十日、便是數月心也不在。莫說數月、便是整年心也不在……」。記録者は本条と同じく沈僩。
（2）半間不界　中途半端な。巻三四・139条（八八八頁）「聖人之爲人、自有不可及處、直要做到底、不做箇半間不界底人」。
（3）學道做工夫～　以下の部分と巻一二一・15条（二九二三頁）は部分的に類似している。15条参照。記録者は本条と同じく沈僩。

（第6～7条担当　村田　岳）

【8】

朱子「諸君は私の話を聞きにやって来たわけだが、私が話すことは聖賢が既に述べた言葉の範囲を超えるものではない。とはいえ漫然と聞いているだけでは何の役にも立たない。すぐさま実際に努めようとしなければいけない。近頃思うのだが、学ぶ者が取っかかりを見つけられず右往左往しているのは、聖賢が多くのことを述べているので、これもやろうあれもやろうとしてしまうからなのだろう。たとえば昨夜話した（『易』の）「敬以て内を直にし、義以て外を方にす」も、実際にこのことに取り組んでみて、真に（程頤のいうように）「敬が立てば内が直になり、義が表れ出て外が方正になる」ことがわかってこそ、生涯にわたって実践するに価するものとなるのだ。今の人はこの両句（敬以直内、義以方外）がよいとわかっても、（『論語』の）「己に克ちて礼に復す」の話を聞くと、それもまたよいと思い、（『論語』の）「門を出でては大賓に見えるが如し」の話を聞くと、それもよいと思う。こうして徒《いたずら》に（気になることが）多くなると、結局一つのこともしっかりと捉えられなくなってしまうのだ。」［葉賀孫］

諸公來聽説話、某所説亦不出聖賢之言。然徒聽之、亦不濟事、須是便去下工夫、始得。近覺(校1)得學者所以不成頭項(1)者、只緣聖賢説得多了、既欲爲此、又欲爲彼。如夜來説、敬以直内、義以方外(2)、若實下工夫、見得眞箇是敬立則内直、義形而外方(3)、這終身可以受用。今人却似見得這兩句好、又見説克己復禮(4)也好、又見説出門如見大賓(5)也好。空多了、少間却不把捉得一項周全。［賀孫］

（校1）楠本本は「覺」を「學」に作る。

※楠本本は本条を巻十三「力行」（一四九頁）にも収録している。

（1）不成頭項　「頭項」は項目や端緒の意。「不成頭項」は、筋道立っていないこと。どこから手を着けてよいかわからず、混乱していること。巻十二・141条（二一七頁）「不要因一事而惹出三件兩件。如此則雜然無頭項、何以得他專一」、巻六四・170条（一五九四頁）「人若是理會得那源頭、只是這一箇物事。許多頭項都有歸著、如天下雨、一點一點都著在地上」。

（2）敬以直內、義以方外　『易』坤卦・文言伝「君子敬以直內、義以方外。敬義立而德不孤」。

（3）敬立則內直、義形而外方　程頤『周易程氏易伝』「敬立而內直、義形而外方。義形於外、非在外也」。

（4）克己復禮　『論語』顏淵「顏淵問仁。子曰、克己復禮爲仁。一日克己復禮、天下歸仁焉。爲仁由己、而由人乎哉」。

（5）出門如見大賓　『論語』顏淵「仲弓問仁。子曰、出門如見大賓、使民如承大祭。己所不欲、勿施於人。在邦無怨、在家無怨」。

【9】

朱子「今の学ぶ者が書物を読む場合、自説を立てる必要はなく、過去の賢人たちや諸家の説を暗記できればそれで十分だ。いま自分がどう説明してみようとも、結局のところ過去の賢人たちの説を超え出ることはない。諸家の説をことごとく覚えてこそ、基礎となるものができ、正しい道理の基盤も牢固になり、この心も定まるようになる。心をその道筋に定めて進めば、いつしか自然に理解がすっきりして熟してくる。いま諸君が書物を読む際、大概はみな熟していないという欠点がある。それゆえ説明してみてもすっきりしないのだ。なんでもかんでも寄せ集めていい加減に概括するだけで、もとより何も実際にわかっていない。

私はかつて非常に苦労して書物を読み、諸家の説をことごとく覚えた。たとえば『詩経』など、以前は今のようにすらすらと説明することができなかった。古今の諸家の説を暗記して、何もない時にそれらを思い起こして考えたのだ。この人のこの字の説は正しいが、あの字については間違っている、あの人のこの字の説は間違っているが、あの字については正しい、この人は全て正しく、あの人は全て間違っている、正しいとする根拠は何か、間違っているとする根拠は何か。このようにひたすら考えていけば、そのうち正しい道理というものが自然に心のなかで光り輝いてはっきりとしてくる。いま君たちは牽強付会して説明しようとするだけで、記憶が熟しておらず、それゆえ道理をとらえられていない。自分も道理をしっかり捉まえられないし、道理も自分のいうことをきかない。しばらく一つところに集まっても、すぐに散らばってしまうのは、熟していないからに他ならない。道理というものは、古の聖賢もこのように語り、今の人もこのように語るもので、だいたい同じようなことを言うものなのだ。とはいえ、今の人の説が結局のところそれらしく（古の聖賢のようで）ないのは、熟か不熟かという違いにある。たとえ十分に古の聖賢と同じように言えたとしても、それでもなお似ていないところが残る。まして十分に聖賢のように語れる者などお目にかかったことがない。」

敬子（李燔）「今は毎日ゆったり穏やかに取り組んでおりますが、いつもより余分に何度も目を通したり音読したりすることで、自分の心が違ってきたように感じます。」

朱子「今からゆったり穏やかにしていて何になる。今はまだ苦しんで力を尽くして努めてこそよいのだ。ゆったり穏やかというのは、八割九割方でき上がってこそできることで、今のうちからゆったり穏やかなどと言うのは、浮ついているにすぎない。学問修養というものは、大きな火の中に放りこんで鍛錬するようなもので、真っ赤になって溶け出したものを型に流し込んで地金にするようでなければならない。それをいま、ちょっと火にかざして焼くだけでは、まったく生焼けで、自分が自由に使えるものにはなっていない。それで何ができると言うのか。必ず（熱して溶けた鉄のように）縦にも横にも自在に伸ばしたり固めたり自分が使えるようにしてこそ、こねて丸くしたり、押して平たくしたり、放り投げたり、受け止めたりできるようになるのであって、そうであってこそよいのだ。私は常々思うのだが、今の学ぶ者たちが力をつけられず、何事も成し得ない原因は、熟していないということに他ならない。日ごろから多くの労力を費やして読書をしているのに結局何の力もつけられないのは、まさに熟していないからなのだ。熟していないがゆえに、ついには一つの事すら精確に理解できなくなるのだ。呂居仁（本中）の記録によれば、老蘇（洵）は平生「一升ますで転じ、一斗ますで量る」という言葉を聞いて、作文の妙所を悟ったと述べたという。ドロドロに熟成させて、縦横自在に自分で使えるようであってこそ、事を成し遂げられるのだ。」　［沈僩］

「今學者看文字、不必自立說、只記得前賢與諸家說、便得。而今看自家如何說、終是不如前賢。須盡記得諸家說、方有箇襯簟(1)處、這義理根脚方牢、這心也有殺泊(2)處。心路只在這上走、久久自然曉得透熟。今公輩看文字、大概都有箇生之病、所以說得來不透徹。只是去巴攬(3)包籠(4)他、元無實見處。某舊時看文字極難、諸家說盡用記。且如毛詩、那時未似如今說得如此條暢。古今諸家說、蓋用記取、閑時將起思量。這一家說得那字是、那字不是。那一家說得那字不是、那字是。那家說得全是、那家說得全非。所以是者是如何、所以非者是如何。只管思量、少間這正當道理、自然光明燦爛在心目間、如指諸掌。今公們只是扭(校1)捏(5)巴攬來說、都記得不熟、所以這道理收拾他不住、自家也使他不動、他也不服自家使。相聚得一朝半日、又散去了、只是不熟。這箇道理、古時聖賢也如此說、今人也如此說、說得大概一般。然今人說終是不似、所爭者只是熟與不熟耳。縱使說得十分全似、猶不似在、何況和那十分似底也不曾看得出。」

敬子云「而今每日只是優游和緩、分外看得幾遍、分外讀得幾遍、意思便覺得不同。」曰「而今便(校2)未得優游和緩、須是苦心竭力下工夫方得。那箇優游和緩、須是做得八分九分成了、方使得優游和緩。而今便說優游和緩、只是泛泛而已矣。這箇做工夫、須是放大火中鍛煉、鍛教他通紅、溶成汁、瀉成鋌、方得。今只是(校3)略略火面上熁得透、全然生硬、不屬自家使在、濟得甚事。須是縱橫舒卷皆由自家使得、方好搦成團、捺成匾、放得去、收得來、方可。某嘗思、今之學者所以多不得力、不濟事者、只是不熟。平生也費許多功夫看文字、下梢頭都不得力者、正緣不熟耳。只緣一箇不熟、少間無一件事理會得精。呂居仁(6)記老蘇說平生因聞升裏轉、斗裏量(7)之語、遂悟作文章妙處。這箇須是爛泥醬熟、縱橫妙用皆由自家、方濟得事也。」［僩］

(校1) 正中書局本・朝鮮整版・和刻本・楠本本は「扭」を「紐」に作る。

(校2) 正中書局本・朝鮮整版・和刻本・楠本本は「便」を「使」に作る。

(校3) 楠本本は「只是」の字を欠く。

(1) 襯簟　補い支える意。「簟」はむしろ。「襯」は裏地などの布をあてて補強すること。巻一一八・49条(二八五〇頁)「須是理會得多、方始襯簟得起」、巻一三七・17条(三二五五頁)「只是空見得箇本原如此、下面工夫都空疏、更無物事撐住襯簟、所以於用處不甚可人意」。

(2) 殺泊　とどまること。「殺」は停止の意。

(3) 巴攬　何でもかんでも寄せ集めること。手を伸ばして引き寄せる、何かに頼る、手掛かりにすることも指す。巻九七・57条(二四九一頁)「人於敬上未有用力處、且自思入、庶幾有箇巴攬處。思之一字、於學者最有力」。

【10】

（4）包籠　丸ごと包み込むこと、いい加減に概括すること。巻八〇・73条（二〇八六頁）「今公讀詩、只是將己意去包籠他、如做時文相似。中間委曲周旋之意、盡不曾理會得、濟得甚事」、巻一三九・106条（三三一九頁）「今東坡之言曰、吾所謂文、必與道俱。則是文自文而道自道、待作文時、旋去討箇道來入放裏面、此是它大病處。只是它毎常文字華妙、包籠將去、到此不覺漏逗」。

（5）扭捏　牽強付会する、こじつける、知ったかぶりをする。巻一一六・47条（二八〇三頁）「此間說時、旋扭捏湊合、說得些小、才過了又便忘了。或他日被人問起、又遂旋扭捏說得些小、過了又忘記了」、巻一一八・89条（二八六二頁）「大凡自家見得都是、也且做一半是、留取一半且做未是。萬一果是、終久不會變著。萬一未是、將久浹洽、自然貫通。不可才有所見、便就上面扭捏」。

（6）呂居仁　呂本中、字は居仁。張鎡『仕学規範』巻三四に「呂居仁云、老蘇嘗自言、升裏轉斗裏量、因聞此、遂悟文章妙處」とある。同書には呂本中『呂氏童蒙訓』からの引用とあるが、現行の『童蒙訓』には見えない。

（7）升裏轉、斗裏量　未詳。当時の俗語と考えられるが、特に「轉」の字の意味不明。徐時儀『《朱子語類》詞彙研究』（上海古籍出版社、二〇一三）は「比喩做事因地制宜、無論大小場合、都能得心應手、游刃有餘」とする（三二六頁）。また賀貽孫『詩筏』に「昔人論文云、貴在升里能轉、斗里能量」とあることを指摘している。一升ならば一升なりに、一斗ならば一斗なりに、ますの容量に応じて量ることができるという意味か。

（第8～9条担当　宮下　和大）

朱子「私は諸君に言いたいことが山ほどあるのだが、まだその段階ではないと感じている。いま目の前のちょっとした文章の意味すら充分に理解できていないのに、どうしてそれ以上のことが言えようか。物事というものは、四方上下、大小本末、すべて一つのことに貫かれているから、一貫して取り組まなければならない。この心を常に意識して保持するといった実践は、もちろん緊要であり、どんなときでも間断があってはならないものだが、道理の根本についても、もちろん考えなければならない。微妙で込み入った細かいことも理解しなければならないし、制度や文飾も理解しなければならないし、古今の治乱も理解しなければならない。事の精粗大小にかかわらず、理解しようと取り組まなくていいことなどない。そうしてすべての面が一つに合わさると、学問修養に遺漏がなくなるのだ。東で分からないことも西で分かり、ここで分からないこともあっちで分かるはずであって、一箇所が分かれば、その他のところも類推できる。それなのに、いまだ一つのところから攻めるのにも力を尽さないでいて、いったい何ができようか。（例えば戦術において）ある土地に本陣を定めるとしても、他の支部隊も広く配置しておかなければなるまい。大軍同士が殺し合うときも同じで、大軍がある地に駐屯してその地を鎮圧したとしても、遊撃部隊は依然として別のところで応戦しているものだ。学問修養も、このようでなければならない。

それなのにいま諸君ときては、のんびり悠長に構えて、一方面の道だけをじっと守って、通り一遍に表面を撫でるばかり、今日はちょっと行って何かにぶつかればすぐに退散し、明日もまた同じことの繰り返しだ。痒いところすら掻けていないのだから、まして痛いところ（我が身に痛切なところ）に手が届くことなど望むべくもない。そんなふうだから五年十年同じ調子で、全くもって進歩が見られない。こういったことは勇敢に奮戦して、振り返ることなく真っ直ぐ前に進んで行って、四方上下一斉に取り組んでこそ、はじめて次の段階への取っ掛かりが見えてくるものだ。孔子のいう「仁遠からんや。我仁を欲すれば、斯《ここ》に仁至る（仁は遠いものだろうか。自分が仁を求めれば、仁はすぐやってくる)」とは、人にすべて自分からやろうとするよう教えたものだ。また『孟子』に出てくる奕秋《えきしゅう》の話も、まさにこの違いであって、一人は進んで学ぼうとし、もう一人は大したことと見なしていなかったということだ。私は八、九歳の頃、『孟子』のこの部分を読むといつも心から奮い立ち、学問とはこのように努めるべきものだと思った。そういうことは初めからわかっていたつもりであったが、碁はどのように打つものなのか、そこにどのような修養があるのか知らなかったのだ。その後、なおいっそう弛むことなくひたすら何事においても努力するようになった。ところが、今の学ぶ者には発奮するところが見えず、ただのんびり悠長に過ごすばかり、今日見ても明日見ても相変わらず同じ様子で少しも進歩しない。」

某煞(校1)有話要與諸公說、只是覺次序未到。而今只是面前小小文義尙如此理會不透、如何說得到其他事。這箇(校2)事、須是四方上下、小大本末、一齊貫穿在這裏、一齊理會過。其操存(1)踐履處、固是緊要、不可間斷。至於道理之大原(校3)、固要理會、纖悉委曲處也要理會、制度文爲處也要理會、古今治亂處也要理會、精粗大小、無不當理會。四邊一齊合起、功夫無些(校4)罅漏。東邊見不得、西邊須見得、這下見不得、那下須見得、既見得一處、則其他處亦可類推(校5)。而今只從一處去攻擊他、又不曾著力、濟得甚事。如坐定一箇地頭、而他支脚、也須分布擺陣(2)。如大軍廝殺相似、大軍在此坐以鎭之、游軍依舊去別處邀截、須如此作工夫方得。而今都只是悠悠、礙定這一路、略略拂過、今日走來挨一挨、又退去、明日亦是如此。都不曾抓著那痒(校6)處、何況更望掐著痛處。所以五年十年只是恁地、全不見長進。這箇須是勇猛奮厲、直前不顧去做、四方上下一齊著到、方有箇入頭。孔子曰、仁遠乎哉。我欲仁、斯仁至矣(3)。這箇全要人自去做。孟子所謂奕秋(4)、只是爭這些子、一箇進前要做、一箇不把當事。某八九歲時讀孟子到此、未嘗不慨然奮發、以爲爲學須如此做工夫。當初便有這箇意思如此、只是未知得那碁是如何著、是如何做工夫。自後更不肯休、一向要去做工夫。今學者不見有奮發底意思、只是如此悠悠地過、今日見他是如此、明日見他亦是如此。

（校1）楠本本は「煞」を「殺」に作る。
（校2）和刻本は「箇」を「他」に作る。
（校3）楠本本は「道理之大原」を「踐履大原」に作る。
（校4）楠本本は「鏄」を「省」に作る。
（校5）楠本本は「推」を「椎」に作る。
（校6）楠本本は「痒」を「庠」に作る。
（1）操存　『孟子』告子上「孔子曰、操則存、舍則亡。出入無時、莫知其鄉、惟心之謂與」。
（2）擺陣　陣立てする。配置編成する。
（3）仁遠乎哉。我欲仁、斯仁至矣　『論語』述而。
（4）孟子所謂奕秋　『孟子』告子上「今夫弈之爲數、小數也。不專心致志、則不得也。弈秋、通國之善弈者也。使弈秋誨二人弈、其一人專心致志、惟弈秋之爲聽。一人雖聽之、一心以爲有鴻鵠將至。思援弓繳而射之。雖與之俱學、弗若之矣。爲是其智弗若與。曰、非然也」。

【11】
建陽の士人がやって来て教えを乞うた折、先生が言われた。

朱子「君たちはそんなふうに学問をして、大いに歳月を無駄にしてしまっている。今年も去年と変わらず、昨日も今日と変わらず、まったくもって志大きく張り切ってやってやろうという気概が見受けられない。物事は徹底的に理解して、一日千里の速さでどんどん先に進んでいかなければならないのだ。いまただ漫然と上っ面だけで取り組み、痒いところに手が届かないようでは、いったい何ができるというのか。学問修養というものは、ちょうど井戸を掘るようなもので、水源に到達したならば、自然と水が流れ出て止まることはない。今の君たちは、まったく乾燥した状態だ。それは心ここに在らずだからで、何をするにも心がこもっていないからに他ならない。今日は出かけるから修養はできないなどとどうして言うのか。いつも言っているが、出かけた道すがらこそまさに修養のしどころなのだ。十里も外に出かければ、家の雑事に悩まされることもないし、客人の相手をする必要もなく、まさに気持ちを集中させて道理を考えるのに最適だ。だから、学問は（『論語』にいうように）「時習（機会あるたびに学ぶこと）」を貴ぶのであり、「時習」すれば自然と「説《よろこ》」ぶようになるのだ。いま君たちは「時習」以前の段階、物事が見えてはじめて「時習」もできるのだ。いま何も見えないのは、心が込められていないからで、だから窓辺で（机に向かって）読書をしていても、立ち上がった途端にすべて忘れてしまうのだ。いつも心の中で書物に書かれていたことを考えていれば、たとえ細かい注釈の字句を覚えていなくとも、折に触れて経書の本文を思い出していれば、また違ってくるはずだ。君たちはいま上っ面に取り組むだけで、痒いところをまったく掻けていない。物事の理解が熟した時には、やがて自然に動揺しなくなる。自分の脚を少しでも動かせば、自然にその物事を着実に踏みしめて実践してゆけるようになる。」

朱子「道理を心の内に入れて忘れないようにし、その後で折に触れて義理（正しい道理）を注ぎこむようにして涵養しなさい。いまの君たちは種を地面に置いて土の中に埋めずにいるのも同じ、（種が）まったく土の気に触れていないようなものだ。」

因建陽士人來請問、先生曰「公們如此做工夫、大故費日子。覺得今年只似去年、前日只是今日、都無昌大發越底意思。這物事須教看得精透後、一日千里始得。而今都只泛泛在那皮毛上理會、都不曾抓著那痒處、濟得甚事。做工夫一似穿井相似、穿到水處、自然流出來不住。而今都乾燥、只是心不在、不曾著心。如何說道出去一日、便不曾做得工夫。某常說、正是出去路上好做工夫。且如出十里外、既無家事炒、又無應接人客、正好提撕思量道理。所以學貴時習、到時習、自然說也(1)。如今不敢說時習、須看得見那物事方能時習。如今都看不見、只是不曾入心、所以在窗下看、才起去便都忘了。須是心心念念在上、便記不得細注字、也須時時提起經正文在心、也爭事(2)。而今都只在那皮毛上理會、盡不曾抓著痒處。若看得那物事熟時、少間自轉動不得(3)。自家脚才動、自然踏著那物事行。」又云「須是得這道理入心不忘了、然後時時以義理澆灌之。而今這種子只在地面上、不曾入地裏去、都不曾與土氣相接著。」

（1）學貴時習、到時習、自然說也　『論語』学而「子曰、學而時習之、不亦說乎」。

（2）爭事　差がある。違いがある、同じではない。卷七八・34条（一九八五頁）「某嘗疑孔安國書是假書。比毛公詩如此高簡、大段爭事」、卷一二〇・79条（二九〇五頁）「人若能提掇得此心在時、煞爭事」。

（3）轉動不得　卷一一四・39条（二七六六頁）「公看道理、失之太寬。譬如小物而用大籠罩、終有轉動」。

（第10～11条担当　石山　裕規）

【12】

朱子「学ぶ者がのんびり悠長にしているのは大きな問題だ。いま君たちはみな一寸進んで一尺（十寸）退くといった具合で、毎日わずかな字句の意味に取り組むものの、どれもさっと撫でるだけで、表面的なことも理解できていない。道理というものは規模が大きく、範囲が広いので、あらゆる方面から包括的に考えてこそ、漏れが無くなる。それなのにいま君たちは、一方面から向かっていくだけで、しかもそこに十分力を尽くさないのだから、どうして道理を理解することができようか。例えば、（『論語』の中の）曾点と漆雕開に関する箇所ならば、漆雕開のことについては言及が少ないから理解するのが難しいが、曾点のことに関しては、彼が何を楽しみとしたのか、どのように楽しんだのか、詳細に読まなくてはならない。聖人（孔子）がそれを楽しむべきことだと言ったからそれを信じたということではないのだ。曾点はそもそもこの楽しむべきことを自分自身で悟ったからそう語ったのであって、他人の言葉の受け売りで言ったのではない。」

朱子「いま本来の心を保持しようとするならば、（雑念を）きれいさっぱり片付けてすっきりさせなければならない。文章を読むならば、意識を集中させて考え求めなければならない。物事に応対するのならば、何事も適切に処理しなければならない。あらゆる方面から取り組んでいけば、おのずとどこか一方面から通じるようになるものだ。」

朱子「例えば（軍隊が）戦場で殺し合っている時、（出撃の）鼓が鳴り響けば、前進する他なく、死ぬしかないと覚悟して、決して振り返らないというようでなければならない（のと同じように、学問修養に取り組まなければならない）。」　［胡泳］

「學者悠悠是大病。今覺諸公都是進寸退尺、毎日理會些小文義、都輕輕地拂過、不曾動得皮毛上。這箇道理規模大、體面闊、須是四面去包括、方無走處。今只從一面去、又不曾著力、如何可得。且如曾點漆雕開兩處、漆雕開事言語少(1)、難理會。曾點底(2)、須子細看他是樂箇甚底。是如何地樂。不只是聖人說這箇事可樂、便信著。他原(校1)是自見得箇可樂底、依人口說不得。」又曰「而今持守、便打疊教淨潔。看文字、須著意思索。應接事物、都要是當。四面去討他、自有一面通處。」又曰「如見陳厮殺、擂著鼓、只是向前去、有死無二、莫更回頭始得。」［胡泳］

（校1）正中書局本・朝鮮整版は「原」を「須」に作る。

※本条と次に掲げる巻一一四・47条（二八〇三頁）の後半部分は、同一場面の別記録。記録者名なし。

李敬子曰「覺得已前都是如此悠悠過了。」曰「既知得悠悠、何不便莫要悠悠、便是覺意思都不曾痛切。每日看文字、只是輕輕地拂過、寸進尺退、都不曾依傍築磕著那物事來。此間說時、旋扭捏湊合、說得些小、才過了又便忘了。或他日被人問起、又遂旋扭捏說得些小、過了又忘記了。如此濟得甚事。早間說如負痛相似。」因言「持敬如書所云若有疾、如此方謂之持敬。如人負一箇大痛、念念在此、日夜求所以去之之術。理會這一件物、須是徹頭徹尾、全文記得、始是如此、末是如此、中間是如此、如此謂之是、如此謂之非。須是理會教透徹、無些子疑滯、方得。若只是如此輕輕拂過、是濟甚事。如兩軍厮殺、兩邊擂起鼓了、只得拌命進前、有死無二、方有箇生路、更不容放慢。若纔攻慢、便被他殺了。」

（1）漆雕開事言語少　『論語』公冶長「子使漆雕開仕。對曰、吾斯之未能信。子說」。『論語』の中で漆雕開への言及はこの箇所のみ。

（2）曾點底　『論語』先進「點爾何如。鼓瑟希。鏗爾、舍瑟而作。對曰、異乎三子者之撰。子曰、何傷乎。亦各言其志也。曰、莫春者、春服既成。冠者五六人、童子六七人、浴乎沂、風乎舞雩、詠而歸。夫子喟然歎曰、吾與點也」。

【13】

或る人「家では（家事に追われ）せわしなく、読書を忘れたわけではありませんが、どうしても途切れ途切れになってしまいます。」

朱子「それは志がないからに過ぎない。家の事と言うが、どうしてそんなものに自分を埋没させていてよかろうか。いま少しましな人であれば、きっとそこから脱却して、山中に一年か半年ばかり留まることだろう。そうすれば、どれだけ修養ができることか。そうするだけでも、土台を築くことができるのだ。そうしておけば時に物事に対処しても何の害にもならないし、ずっと物事に忙殺されているのと比べてどれほどましか。君と会うのは三年や五年ぶりだが、相変わらずそのようにのんびり悠長にしている。人生にあといくつ三年や五年があると思っているのだ。」

［葉賀孫］

或言「在家衮衮(1)、但不敢忘書册、亦覺未免間斷。」曰「只是無志。若說家事、又如何汩沒(2)得自家。如今有稍高底人、也須會擺脫得過、山間坐一年半歲、是做得多少工夫。只恁地、也立得箇根脚。若時往應事、亦無害、較之一向在事務裏衮、是爭那裏去。公今三五年不相見、又只恁地悠悠、人生有幾箇三五年耶。」［賀孫］

※次条（14条）と話題が似通っている。同一場面の別記録か。

（1）衮衮　絶え間なく、忙しく、あわただしく。巻十・38条（一六五頁）「讀書、只逐段逐些子細理會。小兒讀書所以記得、是渠不識後面字、只專讀一進耳。今人讀書、只衮衮讀去。假饒讀得十遍、是讀得十遍不曾理會得底書耳」。

（2）汨沒　埋没する、なくなる。巻九六・5条（二四六〇頁）「學者全體此心、只是全得此心、不爲私欲汨沒、非是更有一心能體此心也」、巻十一・4条（一七六頁）「或只去事物中衮、則此心易得汨沒」。

【14】

久しぶりに先生の元を訪れた者がいた。

朱子「一別以来、どんな書物を読んでいたのかね。」

ある人「学問をやめるつもりはありませんでしたが、家では雑事も多く、十分に取り組むことができませんでした。」

朱子「君はまだ土台が出来ていないようだ。光陰惜しむべし。知らず知らずのうちに、三年や五年すぐに経ってしまうぞ。いま役人として任地に赴けば、役所の仕事はとりわけ繁多で、他の事をする余力がますます得にくくなってしまう。人生においてあといくつ三年や五年があると思っているのか。自分で頑張るようにしなさい。もし人里離れた静かな寺で、一、二年修養することができれば、土台が出来、そこから進めていくことができよう。そんなふうにのんびり悠長にしていて、どうして進歩できようか。」［輔広］

或有來省先生者。曰「別後讀何書。」曰「雖不敢廢學、然家間事亦多、難得全功。」曰「覺得公今未有箇地頭（1）在。光陰可惜。不知不覺、便是三五年。如今又去赴官、官所事尤多、益難得餘力。人生能得幾箇三五年。須是自强。若尋得箇僻靜寺院、做一兩年工夫、須尋得箇地頭、可以自上做將去。若似此悠悠、如何得進。」［廣］

※前条（13条）と話題が似通っている。同一場面の別記録か。

（1）地頭　場所、段階、方面。巻五・20条（八四頁）「如心字、各有地頭說。如孟子云、仁、人心也。仁便是人心、這說心是合理說。如說顏子其心三月不違仁、是心爲主而不違乎理。就地頭看、始得」、巻四一・61条（一〇五八頁）「仁是地頭、克己復禮是工夫、所以到那地頭底」。ここでは、学問修養の立脚点・土台となるものを指すか。下文の「若尋得箇僻靜寺院、做一兩年工夫、須尋得箇地頭、可以自上做將去」と前条（13条）の「山間坐一年半歲、是做得多少工夫。只恁地、也立得箇根脚」を参照。

【15】

朱子「最近の学ぶ者たちを見るに、何もせず、まるで無頼の輩のようだ。人が学問をする際には、所謂「火を救い亡を追ふがごとく、猶ほ及ばざるを恐る（火事を消し止めたり、逃亡者を追いかける人のように、ひたすら間に合わないことを恐れる）」というように（切迫した心持ちで）臨まなくてはならない。もし自分が大事にしている光り輝く宝物が他人に奪い去られてしまったら、探し求めて急ぎ追いかけて捕まえ、取り戻さないではいられまい。今の学ぶ者たちは、のんびり悠長に構えていて、意識して何かに努めるところがない。だから、別れて二年経っても、三年経っても、五年経っても、七年経っても、再び会うと前と何も変っていないのだ。」［沈僴］

某見今之學者皆似箇無所作爲、無圖底人(1)相似。人之爲學、當如救火追亡、猶恐不及(2)。如自家有箇光明寶藏被人奪去、尋求趕捉、必要取得始得(3)。今學者只是悠悠地無所用心、所以兩年三年五年七年相別、及再相見、只是

如此。［僩］

（1）無圖底人　何の計画も目的も無い輩、無頼の輩。次の巻九五・100条（二四四一頁）によれば、当時の俗語であるという。「緣他不知聖人之可學、飽食終日、無所用心、不成空過。須討箇業次弄、或爲詩、或作文。是他沒著渾身處、只得向那裏去、俗語所謂無圖之輩、是也」、巻一一四・8条（二七五五頁）「毎日讀書、心全不在上、只是要自說一段文義便了。如做一篇文義相似、心中全無所作爲。恰似一箇無圖之人、飽食終日、無所用心」。

（2）救火追亡、猶恐不及　『国語』越語下「臣聞從時者、猶救火追亡人也。蹶而趨之、唯恐弗及」。

（3）如自家有箇光明寶藏～必要取得始得　同様の喩えは、巻一二一・7条（二九一九頁）にも見える。

【16】

門人たちに言われた。

朱子「君たちはみなそのように悠長に構えていて、結局は何もできない。いま書物を理解しようと一生懸命取り組めば、一日やれば一日やった成果があるが、それでもまだその理解が細切れで、全体を見通せていない恐れがある。それを君たちのようにのんびり構えていては、いったいどうなってしまうことか。光陰過ぎ易し。一日経てば（残された時間は）一日減り、一年経てば一年減り、気がつけば年老いて、ある日突然死がやって来る。そう考えれば、何がおもしろくてそんなふうにのんびり悠長にして来られたのだ。」［葉賀孫］

謂諸生曰「公皆如此悠悠、終不濟事。今朋友著力理會文字、一日有一日工夫、然尚恐其理會得零碎、不見得周匝。若如諸公悠悠、是要如何。光陰易過、一日減一日、一歲無一歲、只見老大、忽然死著。思量來這是甚則劇(1)、恁地悠悠過了。」［賀孫］

(1) 則劇　おもしろい（こと、もの）。巻一一六・30条（二七九七頁）「子細看來、亦好則劇」。

（第12〜16条担当　江波戸　亙）

【17】

朱子「私はふだん諸君の書物の読み方について、とても寛容に相対し、先ずは自分で（好きなように）読ませてきた。先日病を得て、残された年月も長くはないと気づき、大いに恐ろしくなった。諸君がこのようにのんびりとしているようでは、何にもならないで終わってしまうのではないか、と。みんなが心を尽くし、道理を徹底的に理解して明らかにしなければならないのだ。道理というものも、やはり聖賢の言葉にもとづいてその根本の意味を体認するものなのだ。根本の意味が体得できれば、（聖賢が）語っていることがそのまま道理に他ならないのであって、それを一つ一つ理解して十分にはっきりさせ、少しの漏れも滞りもないところまで突き詰めなければならない。常々思うのだが、かつて諸先生は心を尽くし力を尽くして多くの道理を考えたであろうし、また当時それぞれ師から弟子へと親しく伝えられたはずなのに、今見ると各人がそれぞれ自分の（勝手な）説を立てている。そもそも諸先生の考えを体認などしておらず、各人が少しずつ（諸先生の説の一部を）抜き出して、自分の説をでっち上げたに過ぎず、もともと諸先生の心などまったく理解していなかったのだ。私は今（自分の心を理解してほしいというのではなく）ただ諸君が道理をとことんまではっきりと理解し、少しの滞りもないようにしてほしいと願うだけだ。そうなれば、私の心はそのまま諸君の心であり、諸君の心は私の心であって、すべて一つの心なのだ。どうしてある人はここまで語ることができるのか、どうしてある人はここまで語ることができないのか。その違いは何に因るのか。それは自分に大いに欠けたところがあるからに他ならないのだ。」［葉賀孫］

某平日於諸友看文字、相待甚寬、且只令自看。前日因病、覺得無多時月、於是大懼。若諸友都只恁悠悠、終於無益。只要得大家盡心、看得這道理教分明透徹。所謂道理、也只是將聖賢言語體認本意。得其本意、則所言者便只此道理、一一理會令十分透徹、無些罅（校1）縫蔽塞、方始住。每思以前諸先生盡心盡力、理會許多道理、當時亦各各親近師承、今看來各人自是一說。本來諸先生之意、初不體認得、只各人挑載得些去、自做一家說話、本不曾得諸先生之心。某今惟要諸公看得道理分明透徹、無些小蔽塞。某之心卽諸公之心、諸公之心卽某之心、都只是這箇心（1）。如何有人說到這地頭、又如何有人說不得（校2）這地頭。這是因甚恁地。這須是自家大段欠處。［賀孫］

（校1）楠本本は「罅」を「省」に作る。
（校2）正中書局本・朝鮮整版・和刻本・楠本本は「得」を「到」に作る。
（1）某之心卽諸公之心、諸公之心卽某之心、都只是這箇心　以下の二条は本条と同一場面の記録か。巻一二一・95条（五〇一一頁、記録者鄭南升）「……又云、近覺多病、恐來日無多、欲得朋友勇猛近前、也要相傳。某之心、便是公之心一般」、巻六七・163条（一六七八頁、記録者潘時挙）「……又云、某病後、自知日月已不多、故欲力勉。

諸公不可悠悠。天下只是一箇道理、更無三般兩樣。若得諸公見得道理透、使諸公之心便是某心、某之心便是諸公之心、見得不差不錯、豈不濟事耶」。

【18】

先生は門人諸生の取り組みがのんびり悠長であることを激しく叱って言われた。

朱子「いま人が何かをする場合、大して重要ではないことでも心してやらなければうまくいかないもの、どうしてのんびり構えていてうまくやれようか。例えば、字を書くのが上手な人は、いつもそのことが念頭にあるので、見るものすべてが字を書くことの道理となる。賈島は詩作を追究し、ひたすら「推」と「敲」の二字のことだけを考えていたので、驢馬に乗っても手で押したり（推）叩いたり（敲）の仕草をしていて、多くの車馬と人を従えた大尹（韓愈）に出くわしたことにも気づかず、不覚にも無礼をはたらいてしまった。そもそもこの「推」と「敲」の二字にどれだけの違いがあるというのか。とはいえ、彼はひたすらそのように努力していったので、後に詩を作ると極めて精巧で優れた詩であったのだ。我々の学問は、（詩作に比べて）どれだけ重要なことか。にもかかわらず、まったくもってのんびり悠長に構え、（心がここに）あるのだか無いのだか、緊張感をもって努力することもなく、人が大して重要ではないことをするのにも及ばないとは、まったく逆さまだと言わねばならない。諸君、よくよく努めるように。」［潘時挙］

先生痛言諸生工夫悠悠、云「今人做一件事（校1）、沒緊要底事、也著心去做、方始會成、如何悠悠會做得事。且如好寫字底人、念念在此、則所見之物、無非是寫字底道理。又(校2)如賈島(1)學作詩、只思推敲兩字、在驢上坐、把手作推敲勢。大尹(2)出、有許多車馬人從、渠更不見、不覺犯了節。只此推敲二字、計甚利害。他直得恁地用力、所以後來做得詩來極是精高。今吾人學問、是大小大事。却全悠悠若存若亡、更不著緊用力、反不如他人做沒要緊底事、可謂倒置、諸公切宜勉之。」［時學］

（校1）正中書局本・朝鮮整版は「事」の字を欠く。

（校2）楠本本は「又」を「工」に作る。

（1）賈島　字は浪仙、閬仙。唐代の詩人。『唐詩紀事』巻四〇「賈島赴擧至京。騎驢賦詩、得僧推月下門之句。欲改推作敲。引手作推敲之勢、未決。不覺衝大尹韓愈。乃具言。愈曰、敲字佳矣。遂並轡論詩久之」。

（2）大尹　韓愈を指す。京兆尹であった。注（1）所引参照。

【19】

朱子「諸君はただ学ぶ意思があるだけで、まったくもって散漫、猛然と突き進む気概もない。おそらく日々を空しく過ごして終わってしまうことだろう。火急痛切の気持ちで、期限を厳しく切って、必死で修養に努め、数ヶ月分の気力を込めて一気に突破し、その後でおもむろに内側を涵養するようにしなさい。砦を攻めるには、決死の覚悟で計略を立て、関門を突破しなければならない。今の君たちは、砦を攻め落とせずに、ただただその周りをうろうろしているにすぎない。道理すらかみ切れず（すっぱり判断できず）、いつになったら理解が徹底することか。」［陳淳］

諸友只有箇學之意、都散漫(校1)、不恁地勇猛、恐度了日子。須著火急痛切意思、嚴了期限、趲了工夫、辦(校2)幾箇月日氣力去攻破一過、便就裏面旋旋涵養。如攻寨(校3)、須出萬死一生之計、攻破了關限、始得。而今都打寨未破、只循寨外走。道理都咬不斷、何時得透。［淳］

（校1）楠本本は「漫」を「慢」に作る。

（校2）楠本本は「辦」を「作」に作る。

（校3）楠本本は「寨」を「開」に作る。


【20】


先生がある学生に言われた。

朱子「君は（『易』にいう）「善に遷《うつ》り、過を改め」たいと思っていながらできないと言うが、それは自分からそうしようと努めていないからにすぎない。そんなふうにあれこれ算段するように考えているだけでは、何も成し遂げられない。人は困難に立ち向かおうとするとき、そう心がすこしでも動いた瞬間にその中に飛び込むしかない。その手前であれこれ思案しているようでは、どうにもならない。見たところ、君はここに来て以来、毎日ただ向かい合って黙って座っているだけで、一言も発しない。そんなふうにぐずぐずしていて、何ができるというのか。」

数日後、再び言われた。

朱子「ここにいる諸君の中には、修養のできている者もいれば、欠点のある者もいる。私は一人一人を見て、逐一その欠点を直そうとしている。ところが君だけはただひたすら黙って頷くばかりで、まったく君の心の中が分からない。君のそういうところは大変薄気味悪く卑怯なことで、大きな欠点だ。つよく勇気のある者ならば、善と分かればそのままとことん行ない、かりに間違ったとしても隠したりしないから人の耳目に触れ、みんなが見ていることになる。先日、君は（『易』の）「風雷益」について講釈していたが、君にはまったく「風」の趣（すばやさ）も「雷」の趣（いさぎよさ）もない。」［葉賀孫］

謂諸生曰「公說欲遷善改過(1)而不能、只是公不自去做工夫。若恁地安安排排、只是做不成。如人要赴水火(2)、這心才(校1)發、便入裏面去。若說道在這裏安排、便只不成。看公來此、逐日只是相對、默坐無言、恁地慢滕滕(校2)、如何做事。」數日後、復云「坐中諸公有會做工夫底、有病痛處底、某一一(校3)都看見、逐一救正他。惟公恁地循循默默、都理會公心下不得、這是幽冥暗弱、這是大病。若是剛勇底人、見得善便(校4)、還他做得透、做不是處、也顯然在人耳目、人皆見之。前日公說風雷益(3)、看公也無些子風意思、也無些子雷意思。」［賀孫］

（校1）楠本本は「才」を「纔」に作る。
（校2）楠本本は「滕滕」を「縢」に作る。
（校3）楠本本は「一一」を「逐一」に作る。
（校4）底本は「便」を「別」に作るが、諸本により改めた。
（1）遷善改過　『易』益卦・象伝「象曰、風雷益、君子以見善則遷、有過則改」。
（2）水火　困難や危険なことの喩え。

（3）風雷益　注（1）参照。巻七二・94条（一八三五頁）「問、遷善改過。曰、風是一箇急底物、見人之善、己所不及、遷之如風之急。雷是一箇勇決底物、己有過、便斷然改之、如雷之勇、決不容有些子遲緩」。

（第17～20条担当　佐々木　仁美）

【21】

朱子「私は人相を見るとき、苦悩に満ちてげっそりとした顔付きの人物を好む。とはいえ、それはもちろん学問に苦悩した者という意味で、単に苦しげな顔だけして学問をすることを知らないのであれば、何の価値もない。いま遠方よりやってきた学友の中には、学問に意を向けている者もあるが、目の前の君たちは、おおよそありきたりなものに満足してしまい、それ以上進歩を求めることがない。いま更に何かを学ぶことは言うに及ばず、わずか何百何十文字の文章を精密に理解している者すらお目にかからない。」

ある人「昨今の学友たちは、おおむね時文（科挙用の文章）を作ることに忙しく、学問に支障をきたしているのです。」

朱子「そうは言っても、よくできた時文など見たことがない。あるのは剽窃だらけででたらめなものばかりだ。もし本当によい時文を作りたいのであれば、やはり拠り処を深く広くして、自らに有益なものでなければならない。そのようにして時文を作るならば、あるいはもっとよいものになろう。でたらめな時文を読んで、でたらめな試験官に迎合しようとするばかりでは、いい加減で支離滅裂の学問になってしまう。彼らはそういったよい時文を子細に読んだこともないし、時文すら時にいい加減に読んでいる始末だ。今でも覚えているが、私は若いころ試験に臨んだ時、試験官を見下して、こいつにどうして私の考えが理解できようか、と思っていた。今の人はみな試験官に迎合しようと、ますます低俗なものを作ってしまっている。かつての知り合いの中で（科挙のための）賦を作った人たちが、どのように読書をしていたかを考えてみると、その人たちはあらゆる書物を読んでいた。今はでたらめな賦を読むばかりで、何の見識もない。もしもう少し見識が高く、もう少し沢山の書物を読み、より高度な議論ができる人であれば、どうしてよい文章を作れないことがあろうか。今の人たちの理解はその程度に過ぎず、結局お互いに真似し合って、ひたすらいい加減で支離滅裂な学問をしているのだ。」

先生はしばらくため息をついておられた。［沈僩］

「某於相法、却愛苦硬(校1)清癯(1)底人、然須是做得那苦硬(校1)底事。若只要苦硬(校1)、亦(校2)不知爲學、何貴之有。而今朋友遠處來者、或有意於爲學。眼前朋友大率只是據見定(2)了、更不求進步。而今莫說更做甚工夫、只眞箇看得百十字精細底、也不見有。」或曰「今之朋友、大率多爲作時文妨了工夫。」曰「也不曾見做得好底時文、只是剽竊亂道之文而已。若要眞箇做時文底、也須深資廣取以自輔益、以之爲時文、莫(3)更好。只是讀得那亂道底時文、求合那亂道底試官、爲苟簡滅裂(校3)底工夫。他亦不曾子細讀那好底時文、和時文也有時不子細讀得。某記少年應擧時、嘗下視那試官、說他如何曉得我底意思。今人盡要去求合試官、越做得那物事低了。嘗見已前相識門做賦(4)者、甚麼樣讀書。無書不讀。而今只念那亂道底賦、有甚見識。若見識稍高、讀書稍多、議論高人、豈不更做得好文字出。他見得底只是如此、遂互相倣傚(校4)、專爲苟簡滅裂底工夫。」歎息者久之。［僩］

（校1）楠本本は、「苦硬」を「若硬」に作る。

（校2）正中書局本・朝鮮整版は、「亦」を「而」に作る。
（校3）正中書局本・朝鮮整版・楠本本は、「滅裂」を「蔑裂」に作る。
（校4）楠本本は、「倣傚」を「傚倣」に作る。
（1）清癯　痩せていることの婉曲表現。
（2）見定　既に定まった、出来合いの、その時々の常識的な。巻一二〇・100条（二九一〇頁）注（1）参照。
（3）莫　推測や反問を意味する。～ではないだろうか、ひょっとしたら～ではないか。
（4）賦　韻文における文体の一。当時、科挙の選択科目の一つであった。

【22】

朱子「今の学ぶ者の欠点は、多くは名声を好むことにあるようだ。たとえば読書においても、子細に義理（正しい意味や道理）を探究して徹底的に明らかにしようとはせず、ちょっと目を通せばそれで終わりにし、自分は何々の書を読んだと言うばかりで、まったく我が身に引きつけて考えようともしない。それでいったい何になるというのだ。それは単に名声を得たいがために過ぎないが、実際それが何の名声になるというのだ。結局のところ人に彼は何々の書を読んだと言ってもらえるだけではないか。これはひとり卓氏だけの欠点ではなく、見たところ誰もが皆同じようだ。そんなことをしていると、一生を無駄にしてしまう。」［葉賀孫］

看來如今學者之病、多是箇好名。且如讀書、却不去子細考究義理、教極分明。只是纔看過便了、只道自家已看得甚麼文字了、都不思量於身上、濟得甚事。這箇只是做名聲、其實又做得甚麼名聲。下梢只得人說他已看得甚文字了。這箇非獨卓丈(1)如此、看來都如此。若恁地、也是枉了一生。［賀孫］

（1）卓丈　未詳。

【23】

朱子「今の学ぶ者はみな子細に聖賢の言葉の意味を味わうことをせず、みだりに空論を立てたがる。ちょうど物を食べて、本当はまだ満腹ではないのに、腹つづみをして、人に「もう満腹だ」と言うのと同じだ。（そんなことをわざわざ人に言うこと自体）それこそがまだ満腹ではない証拠だ。もし本当に満腹であれば、わざわざ言う必要はあるまい。誰もが何々の銘だの賛だのを作りたがるが、実際のところそれが自分自身の何の役に立つと言うのだ。本当に書物を読み、聖賢の言葉の意味を味わえていないから、今日も明日も同じ話をするばかりで、どうして新たな見解が生まれようか。切に戒めなければならない。」［潘時挙］

今學者大抵不曾子細玩味得聖賢言意、却要懸空妄立議論。一似喫物事相似、肚裏其實未曾飽、却以手鼓腹、向人說我已飽了。只此乃是未飽、若眞箇飽者、却未必說也。人人好做甚銘、做甚贊、於己分上其實何益。既不曾實讀(校1)得書、玩味得聖賢言意、則今日所說者是這箇話、明日又只是這箇話、豈得有新見邪。切宜戒之。［時擧］

（校１）底本は「講」に作るが、正中書局本・朝鮮整版・楠本本に拠り「讀」に改めた。

【24】

朱子「いま君たちに進歩がないのは、みな（孟子のいう）「彼、此よりも善し（あれはこれよりもましだ）」で事足れりとする気持ちがあり、聖賢になろうという志がないからだ。それ故みな自分に甘く、自分の欠点を厳しく除き去ることができないのだ。だから欠点がいつまでもついてまわり、相変わらず物事に流されて、「彼、此より善し」を求めてもそれすら覚束ない。」［余大雅］

今朋友之不進者、皆有彼善於此(1)爲足矣之心、而無求爲聖賢之志。故皆有自恕之心、而不能痛去其病。故其病常隨在、依舊逐事物流轉、將求其彼善於此亦不可得矣。［大雅(校1)］

（校１）正中書局本・楠本本は、「大雅」を「太雅」に作る。

（１）彼善於此　『孟子』尽心下「孟子曰、春秋無義戰、彼善於此、則有之矣。征者、上伐下也、敵國不相征也」。巻一一八・33条（二八四四頁）「今人爲學、彼善於此、隨分做箇好人、亦自足矣」。

【25】

昌父（趙蕃）「学問修養の努力がどうしても途切れがちになってしまいます。」

朱子「聖賢の教えは、まさにその途切れることを救おうとしたのだ。」［陳文蔚］

昌父言「學者工夫多間斷。」曰「聖賢教人、只是要救一箇間斷。」［文蔚］

※本条と次に掲げる巻五九・171条（一四一五頁）の最後の部分は同一場面の別記録と考えられる。記録者は同じく陳文蔚。

「孟子說、先立乎其大者、則其小者弗能奪也。此語最有力、且看他下一箇立字。昔汪尙書問焦先生爲學之道、焦只說一句曰、先立乎其大者。以此觀之、他之學亦自有要。卓然竪起自心、［方子錄云、立者、卓然竪起此心。］便是立、所謂敬以直內也。故孟子又說、學問之道無他、求其放心而已矣。求放心、非是心放出去、又討一箇心去求他。如人睡著覺來、睡是他自睡、覺是他自覺、只是要常惺惺。」趙昌父云「學者只緣斷續處多。」曰「只要學一箇不斷續。」

【26】

学問修養が途切れてしまうことに触れて言われた。

朱子「古山和尚は「古山の飯を食らい、古山の糞をし、ただ一頭の白い牝牛を見るだけだ（悟りを得るために特別な修行があるのではなく、日常の些細な全てが悟りへとつながっている）」と言った。今の学ぶ者は、彼にも及ばない。」［陳文蔚］

因說學者工夫間斷、謂「古山和尚自言、喫古山飯、阿古山矢、只是看得一頭白水牯(1)。今之學者却不如他。」〔文蔚〕

(1) 古山和尚～只是看得一頭白水牯　古山和尚は、福州大安禅師。『景徳伝灯録』巻九「……佛更何處別討。所以安在潙山三十來年、喫潙山飯、屙潙山屎、不學潙山禪。只看一頭水牯牛、若落路入草、便牽出、若犯人苗稼、即鞭撻調伏」。

【27】

朱子「初めは非常に集中しているが、だんだんと散漫になり、遂には忘れてしまうようなタイプの学友がいる。そうなってしまうのは、初めにいつまでに何をするという期限を定めてからやっていかないからだ。」〔黄士毅〕

有一等朋友、始初甚銳意、漸漸疏散、終至於忘了。如此、是當初不立界分(1)做去。〔士毅〕

(1) 立界分　いつまでに何をするという期限を定めた計画を立てること。同様の意味に「立程限」もある。巻十・93条（一七四頁）「讀書不可不先立程限。……今之始學者不知此理、初時甚銳、漸漸懶去、終至都不理會了。此只是當初不立程限之故」。

（第21～27条担当　中嶋　諒）

【28】

朱子「いまここに集まっている諸君は、いずれもまだ大きな道理を理解できていない。君たちはいったいとりあえずいい加減に段落を逐って書物を読んでいるだけなのか、それともまっすぐに多くの道理をすべて理解し尽くして、我身にいささかも欠けたところがないようにしようとしているのか。もしただそんなふうに段落を逐って読んでいるだけで、大きな道理を理解しないならば、今までと変わらず何にもならない。大きな道理というものは、広々とした基礎となる土地のようなもので、これを開墾できてこそ、その上に色々造ったりしつらえたりして落ち着きどころができるのだ。大きな道理が理解できてはじめて、そこに立脚し落ち着けるところが得られるのだ。もし大きな道理が理解できなければ、ちょうど人に住居が無いのと同じで、どれだけ多くの金をかせいで帰ってきてもそれを置くところがない。ましてや、すばらしい財宝であれば、いったいどこに置いておくというのだ。自分の一身はまるごと多くの道理だ。誰もがみな多くの道理を持っているのであり、(『書経』にいう)天が「衷(過不足のない中としての性)」を下し与えて以来あらゆる道理がすべて具わっている。仁義礼智であれ、君臣父子兄弟朋友夫婦(の道理としての五常の道)であれ、自分の一身がすべて担っているのだ。そうした道理を理解し、一つ一つ十分に体認して、少しも欠けたところがないようにしなければならない。心を緩やかにし、まっすぐに理解し尽くすようにするのだ。学問の範囲を大きく掲げて、土台を開き、足場を広くして、やがてすみずみにまで到るようにすれば、あらゆるところに落ち着きどころができてくる。

日々の生活は、ただこの多くの道理の中で展開しているにすぎないのであって、ご飯を食べるのもその中、床《とこ》に就くのもその中、床を離れるのもその中、衣服を着るのもその中といった具合で、いささかも（道理との）隙間はない。堯・舜・禹・湯であってもこの道理に他ならないのだ。

もし誰かが花や草を刺繡したとして、その人の刺繡が上手だということを見ていても仕方がない。必ずやその人の針の下ろし方を見なければならない。誰かが字を上手に書くとして、その人が上手に書くということを見るのではなく、筆の使い方を見なければならないのだ。」［葉賀孫］

今來朋友相聚、都未見得大底道理。還且謾(1)恁地逐段看、還要直截盡理會許多道理、教身上沒些子虧欠。若只恁地逐段看、不理會大底道理、依前不濟事。這大底道理、如曠闊底基址、須是開墾得這箇了(校1)、方始架造(2)安排、有頓放處。見得大底道理、方有立脚安頓處。若不見得大底道理、如人無箇居著、趁(3)得百十(4)錢歸來、也無頓放處、況得明珠至寶、安頓在那裏。自家一身都是許多道理。人人有許多道理、蓋自天降衷(5)(校2)、萬理皆具(校3)、仁義禮智、君臣父子兄弟朋友夫婦、自家一身都擔在這裏。須是理會了、體認教一一周足、略欠缺(校4)些子不得。須要緩心、直要理會教盡。須是大作規模、闊開其基、廣闊其地、少間到逐處、即看逐處都有頓放處。日用之間、只在這許多道理裏面轉、喫飯也在上面、上床也在上面、下床也在上面、脫衣服也在上面、更無些子空闕處。堯舜禹湯也只是這道理。如人刺繡花草、不要看他繡得好、須看他下針處。如人寫字好、不要看他寫得好、只看他把筆處。［賀孫］

（校1）底本及び和刻本・楠本本は「了」を「些」に作るが、正中書局本・朝鮮整版に拠り改めた。

（校2）楠本本は「衷」を「裏」に作る。

（校3）正中書局本は「具」を「其」に作る。

（校4）楠本本は「缺」字を「鈌」に作る。
（1）且謾　その場限りにいい加減に。とりあえず適当に。巻九六・51条（二四七一頁）「若只做得兩三分、說道今且謾恁地做、恁地也得、不恁地也得、便是不誠」。
（2）架造　（意図的に）立てる、造る。『語類』ではここのみに見える。
（3）趁　（金を）かせぐ、儲ける。本巻・30条にも見える。巻一一六・18条（二七九一頁）「如人趁養家一般、一日不去趁、便受飢餓」。
（4）百十　おおよそ百。多いことをいう。巻十二・26条（二〇一頁）「人常須收斂得身心、使精神常在這裏。似擔百十斤擔相似、須硬着筋骨擔」。
（5）天降衷　『書経』湯誥「惟皇上帝降衷于下民」。「衷」は過不及のない「中」の意味。

【29】

朱子「君たち、何かもっと議論することはないのかね。」
座中のある者が答えた。
ある者「ここにいる者たちの学問はいずれも高遠なことを追うばかりで地に足のつかないものでしたが、最近ようやく先生によってその蒙を啓かれたところです。ですから急には質問すべきことも見つかりません。将来疑問が生じたならば、お手紙で教えを乞いたいと存じます。」
朱子「それこそ（孟子のいう）「以て来年を待ちて然る後已む（今はとりあえず少しずつ改めて来年には止めたい）」

の言い草だ。それは単に己に切実な問題として学問の志を立てることができていないからに他ならない。もし己に切実な問題として志を立てているのならば、眠ってもいられず起き上がって学問に取り組むはず、（孔子のいう）「発憤しては食も忘れ」「終日食らはず、終夜寝ねず」となって考えるにちがいない。今の人には二種類の考え方がある。一つは、とりとめのない高尚そうな議論をするばかりで、少しも自分自身の身に染みず、その場のおしゃべりにしてしまっている者たち。もう一つは、そうした学問のことは難しいから自分はこのままで満足、他の人にやってもらおうという者たちだ。それはちょうど物を売り買いするのに「批退（購買できる優先権を放棄すること）」を願い、他の人が買うのを待っているようなものだ。今の人たちは学問を「批退」する者が多い。」　［廖謙］

先生問「諸公莫更有甚商量。」坐中有云「此中諸公學問皆溺於高遠無根、近來方得先生發明、未遽[校1]有問。將來有所疑、却寫去問。」先生曰「却是以待來年然後已[1]說話、此只是不曾切己立志。若果切己立志、睡也不著、起來理會、所以發憤忘食[2]、終日不食、終夜不寢[3]去理會。今人有兩般見識。一般只是談虛說妙、全不切己、把做一場說話了。又有一般人說此事難理會、只恁地做人自得、讓與他們自理會。如人交易、情願[校2]批退[4]帳、待別人典買。今人情願批退學問底多。」　［謙］

（校1）楠本本は「遽」を「據」に作る。

（校2）底本は「情愿」に作るが、諸本に拠り「情願」に改めた。

※本条と次に掲げる巻八・51条（一三六頁、記録者は龔蓋卿）は同一場面の別記録か。

今人不肯做工夫。有先覺得難、後遂不肯做。有自知不可爲、公然遜與他人。如退產相似、甘伏批退、自己不願要。

（1）以待來年然後已　『孟子』滕文公下「戴盈之曰、什一、去關市之制征、今茲未能。請輕之、以待來年然後已、何如。孟子曰、今有人日攘其鄰之雞者、或告之曰、是非君子之道。曰、請損之、月攘一雞、以待來年然後已」。

（2）發憤忘食　『論語』述而「葉公問孔子於子路、子路不對。子曰、女奚不曰、其爲人也、發憤忘食、樂以忘憂、不知老之將至云爾」。

（3）終日不食、終夜不寝　『論語』衛霊公「子曰、吾嘗終日不食、終夜不寢、以思、無益、不如學也」。

（4）批退　宋代の制度で、売買の優先権を放棄すること。馮青『「朱子語類」詞語研究』（中国社会科学出版社、二〇一四年）一一五頁参照。

【30】

朱子「諸君はここ数日書物を読んでいるが、単に文字面《づら》で理解しているだけで、少しも己に切実なこととして読めていない。そもそも書物を読むのは、文字面を理解しようとするのではなく、自分自身（に与えられた使命として）の性のこととして理解しなければならないのだ。学ぶ者は、主一でなければならない。主一とは心をここに在らしめることで、それができてはじめて学問や修養が可能になるのだ。ちょうど人が住む家を見つけてはじめてそこから農工商と様々な仕事に赴くことができるようなものだ。主人に家がなければ、使用人が外でどれだけ稼いで来ても、持って帰ってくるところがない。孟子は「其の放心を求む（放たれてどこかへ行ってしまった心を求める）」と言ったが、この言い方がすでに（求める心と求められる心とに）二つに分かれてしまっている。もしいつでも心がここに在ることを意識していれば、心は自然に放たれることなどないのだ。」

朱子「何事もない時には自分のこの心を意識するようにしなければならない。心を意識しなければ、まるで寝ぼけているのと同じで、何も成し得ない。いま書物を読んでも書かれている道理や意味が理解できないのは、やはり主一の努力が欠けているからに他ならない。」［潘植］［潘時挙の記録も同じ。］

「諸公數日看文字、但就文字上理會、不曾切己。凡看文字、非是要理會文字、正要理會自家性分上事。學者須要主一(1)、主一當要心存在這裏、方可做工夫。如人須尋箇屋子住、至於爲農工商賈、方惟(校1)其所之。主者無箇屋子、如小人趁(2)得百錢、亦無歸宿。孟子說求其放心、已是兩截(3)。如常知得心在這裏、則心自不放。」又云「無事時須要知得此心。不知此心、恰(校2)似睡困、都不濟事。今看文字、又理會理義不出、亦只緣主一工夫欠闕。」［植］［時擧同。］

（校1）楠本本は「惟」を「性」に作る。

（校2）底本は「恰」を「却」に作るが、諸本に拠り改めた。

（1）主一　心を一つことに集中させること。巻九六・23条（二四六四頁）「問主一。曰、做這一事、且做一事、做了這一事、却做那一事。今人做這一事未了、又要做那一事、心下千頭萬緒」。北宋の程頤が「敬」を「主一無適」と定義したことを承ける。

（2）趁　本巻・28条注（3）参照。

（3）孟子說求其放心、已是兩截　『孟子』告子上「學問之道無他、求其放心而已矣」。巻五九・105条（一四〇一頁）「孟子求放心語已是寬。若居處恭、執事敬二語、更無餘欠」、同・171条（一四一五頁）「求放心、非是心放出去、又討一箇心去求他。如人睡著覺來、睡是他自睡、覺是他自覺、只是要常惺惺」、同・139条（一四〇八頁）「求放心、非以一心求一心、只求底便是已收之心」。

【31】

先生がある日、学生たちに言われた。

朱子「私は、学ぶ者たちが経書を読んでも本旨を求めず、とりとめのない空談に耽るのを心配して、それ故先ずは文章の意味に通暁し、書かれている言葉に即して意味を考えるように指導したのだが、その結果、書物の上の言葉をじっと守るばかりで、自分自身のこととして切実に書物を読まない者が往々見受けられるようになってしまった。己に切実なこととして読み、じっくりと心に染みわたるように玩味し、それを一生懸命実践してこそ、（書物を読む）意味があるのだ。」　［程端蒙］

先生一日謂諸生曰「某患學者讀書不求經旨、談說空妙、故欲令先通曉文義、就文求意、下梢頭往往又只守定册子上言語、却看得不切己。須是將切己看、玩味入心、力去行之、方有所益。」　［端蒙］

【32】

ある学生が書物を解釈したところ支離滅裂であった。

朱子「もっと自分に切実なこととして読みなさい。」［陳文蔚］

學者説文字或支離泛濫、先生曰「看教切己。」［文蔚］

（第28～32条担当　垣内　景子）

【33】

朱子「学ぶ者は学問をする際に、往々にして疑問を持つべき点に疑問を持たず、疑問を持つべきでない点に疑問を持つ。疑問を持つべき点に疑問を持たないから、目の前の取り組むべき事柄が見逃されがちになる。疑問を持つべきでない点に疑問を持つから、無駄な労力を費やすことになる。金渓（陸九淵の学派）の連中は学問をないがしろにし、心だけを取り上げて弄び、でたらめばかりをやっている。私のところで学ぶ者に細かく経書を読むよう努めさせているのは、正に聖賢の言葉を熟考し、確かなものの在処を探究させようと思ったからだ。それなのに、こんなふうにあれこれつまらないことに関心を分散させてしまっているようでは、結局何の役にも立ちはしない。私が以前『或問』を書いたのも、学ぶ者に真意を捉まえてもらいたかったからに他ならない。この書物を読む者は、それによって、どの説が議論すべきで、どの説が議論に値しないかを弁え、論ずるに値しないものを省略し、真意をさらにはっきりさせればよい。文字面からあれこれ議論を立てるようでは、真意は反って不明瞭になる。いま諸君は経文の真意を捉えそこねているのみならず、諸家の説すら正しく理解できていない。」

朱子「『中庸』に「慎んで思ふ」とあるが、なぜ「深く思ふ」とか、「勤めて思ふ」とは言わなかったのか。やはり、無駄なことに思慮を費やしてはならず、思慮すべきことを思慮せねばならないからこそ「慎んで思ふ」と言ったのだ。」

［呉必大］

「學者講學、多是不疑其所當疑、而疑其所不當疑。不疑其所當疑、故眼前合理會處多蹉過（1）。疑其所不當疑、故枉費了工夫。金溪之徒（2）不事講學、只將箇心來作弄、胡撞亂撞。此間所以令學者入細觀書做工夫者、正欲其熟考聖賢言語、求箇的確所在。今却考索（校1）得如此支離（校2）、反不濟事。如某向來作或問（3）、蓋欲學者識取正意。觀此書者、當於其中見得此是當辨、此不足辨、删其不足辨者、令正意愈明白可也。若更去外面生出許多議論、則正意反不明矣。今非特不見經文正意、只諸家之説、亦看他正意未著。」又曰「中庸言愼思（4）、何故不言深思。又不言勤思（校3）。蓋不可枉費心去思之、須是思其所當思者、故曰愼思也。」［必大］

（校1）正中書局本・朝鮮整版・和刻本・楠本本は「考索」を「攷索」に作る。

（校2）正中書局本・和刻本・楠本本は「支離」を「攴離」に作る。

（校3）楠本本は「勤思」を「勸思」に作る。

（1）蹉過　目の前の機会を逃してしまう、時機を逸してしまう、見過ごしてしまう。巻八・21条（一三二頁）「學者做工夫、莫説道是要待一箇頓段大項目工夫後方做得、卽今逐些零碎積累將去。才等待大項目後方做、卽今便蹉過了」、『文集』巻五八「答陳廉夫」「若卽今全不下手、必待他日遠求師友然後用力、則目下蹉過却合做底親切功夫、虚度了難得底少壯時節」、同巻六四「答或人」第十書「知得如此是病、卽便不如此是藥。若更問何由得如此、則是騎驢覓驢、只成一場閑説話矣。誠敬固非窮理不能。然一向如此牽連説過、前頭却恐蹉過脚下工夫也」。

（2）金溪之徒　「金溪」は、江南西路（現在の江西省）撫州に屬する県。朱熹の論敵である陸九淵の出身地であり本拠地であることから、朱熹は陸九淵のことを「金溪」、その学問のことを「金溪之學」、その学を奉じる者を「金溪之徒」と呼ぶことがある。

（3）或問　門人らが『四書或問』を読むことにより反って疑問を増したことは、以下の諸条を参照。巻十四・37条（二五五頁）「某所成章句或問之書、已是傷多了。當初只怕人曉不得、故說許多。今人看、反曉不得」、同・49条（二五八頁）「某作或問、恐人有疑、所以設此、要他通曉。而今學者未有疑、却反被這箇生出疑」。

（4）愼思　『中庸』（章句二〇章）「博學之、審問之。愼思之、明辨之、篤行之」。

【34】

ある人「以前、読書は「涵泳」しなければならず、隅々にまで行き渡るようにしなければならないと教えていただきました。そこで『孟子』をじっくり読んでみましたが、その千言万語はすべて心を論じたものに他ならないと気づきました。『孟子』全七篇をそのように読むことは、「涵泳」の修養と言えましょうか。」

朱子「私はこちら（長沙）の人の読書のしかたがとても大雑把なのを見て、そこで読書は「涵泳」しなければならず、子細に読んでじっくり味わい深く考え、心中に得るところがあるように促したのだ。それなのに君は、（私の話に）別の考えをくっつけて無理やり理屈をつけようとしている。読書はそういうものではない。」

ある人「先生の「涵泳」の御説は、つまり杜元凱（杜預）の所謂「優にして之を游す」のこころですね。」

朱子「もちろんそうだが、そんなふうに解説する必要はない。私の言う「涵泳」というのは、細かく本を読むことの別名に過ぎない。人に話しをするのは実に難しい。私はただ「涵泳」と言っただけなのに、一人は無理に理屈をつけようとするし、一人は強いて解釈を付そうとする。これは、ひとこと言うごとに別の解釈が生まれるというやつで、どんどん支離滅裂になり、どうでもいい無駄話になって、やがてそれを繰り返しているうちに添えられる言葉が増えれば増えるほど本旨から遠くなっていく。そんなことをして、いったいどうしようと言うのか。そんなふうに読書したり、人の話を聞いたりしているようでは、自身の修養にはならず、まったく手の着けようもない。学問は空談にすぎないと人に言われてしまうのも当然だ。こちらの人の質問は概ねこのようなものばかりだ。分かり易いことを考えようとせず、取り組むべきでないことにごちゃごちゃと言葉を並べ立てるばかりで、言葉に何の深みもない。」

［襲蓋卿］

或問「向蒙見教、讀書須要涵泳、須要浹洽。因看孟子千言萬語、只是論心。七篇之書如此看、是涵泳工夫否。」曰「某爲見此中人(1)讀書大段鹵莽(2)、所以說讀書須當涵泳、只要子細看玩尋繹、令胸中有所得爾。如吾友所說、又襯貼(校1)(3)一件意思、硬要差排(4)。看書豈是如此。」或曰「先生涵泳之說、乃杜元凱優而游之(校2)(5)之意。」曰「固是如此、亦不用如此解說。所謂涵泳者、只是子細讀書之異名。與人說話便是難。某只是說一箇涵泳、一人硬來安排、一人硬來解說。此是隨語生解、支離延蔓、閑說閑講、少間展轉只是添得多、說得遠、却要做甚。若是如此讀書、如此聽人說話、全不是自做工夫、全無巴鼻。可知(6)是使人說學是空談。此中人所問、大率如此。好理會處不理會、不當理會處却支離去說、說得全無意思。」［蓋卿(校3)］

（校1）正中書局本・朝鮮整版・楠本本は「襯貼」を「櫬貼」に作る。

（校2）正中書局本・朝鮮整版・和刻本・楠本本は「優而游之」を「優而柔之」に作る。注（5）参照。

（校3）底本は記録者を「蓋」に作るが、諸本に拠り「蓋卿」に改めた。

※巻一一六・15条（二七九〇頁）に襲蓋卿によるほぼ同文の記録がある。こちらの記録は冒頭「或問」の前に「甲寅八月三日、蓋卿以書見先生於長沙郡齋、請隨諸生遇晩聽講、是晩請教者七十餘人」とある。

（1）此中人　「此中」はここ、こちら。巻一一六・15条の記録によると、この場面は紹熙五年（一一九四）八月三日、朱熹が知潭州として赴任中に長沙の郡斎においてなされたものであり、従って「此中人」は長沙の為学者らを指す。

（2）鹵莽　いい加減である、粗雑である。巻十三・145条（二四五頁）「語或人曰、公且道不去讀書、專去讀些時文、下梢是要做甚麼人。赴試屢試不得、到老只恁地衰颯了、沈浮鄉曲間。若因時文做得一箇官、只是恁地鹵莽、都不說著要爲國爲民興利除害、盡心奉職」。

（3）襯貼　『語類』では「襯帖」「帖襯」に作るケースもある。ぴったりとくっつくこと、べったり張り付くこと。巻五二・71条（一二四五頁）「孟子養氣一章……曰、道義是虛底物、本自孤單。得這氣帖起來、便自張主無所不達。如今人非不爲善、亦有合於道義者。若無此氣、便只是一箇衰底人。李先生曰、配、是襯帖起來。又曰、若說道襯貼、却是兩物。氣與道義、只是一滾發出來、思之。一滾發出來、說得道理好。襯帖字、說配字極親切」、同・88条（一二五〇頁）「道義在人。須是將浩然之氣襯貼起、則道義自然張主、所謂配合而助之者、乃是貼起來也」。

（4）差排　こじつける、理屈をつける。巻六〇・125条（一四四六頁）「利善、若只是利善、則易理會。今人所爲處都是利、只管硬差排道是善。今人直是差處多」。本巻・34条にも見える。

（5）杜元凱優而游之　「杜元凱」は、西晋の杜預（二二二～二八四）、字は元凱。「優而游之」は、『春秋経伝集解』

巻一「春秋左氏伝序」に「優而柔之、使自求之。饜而飫之、使自趨之。若江海之浸、膏澤之潤、渙然冰釋、怡然理順、然後爲得也」とある。「優而柔之、使自求之」は、もと『大戴礼記』子張問入官の語。巻一一六・15条の記録では「優而游之」を「優而柔之」に作る。

（6）可知　張相『詩詞曲語辞匯釈』（中華書局、一九六二、八三頁）巻一「可知」の項に「可知、猶云當然也、難怪也」とあり、「当然～だ」「～なのも無理はない」の意。巻二二・43条（五一五頁）「又問、知和而和是如何。曰、知和而和、却是一向去求和、便是離了禮。且如端坐不如箕踞、徐行後長者不如疾行先長者、到這裏更有甚禮。可知是不可行也」。

【35】

ある人が（『論語』の）「居処には恭、事を執りて敬、人に与《まじ》はりて忠」を解釈して質問した。

ある人「内面からそうしていくからこそ、外面がこんなふうに整うのでしょうか。」

朱子「君の本の読み方にはそういう欠点が多い。この言葉のどこから内面からやっていくなどという話が出て来るのかね。ただ「居処」の時には「恭」、「事を執」れば「敬」、「人と与」わる時には「忠」というだけのことで、それが「夷狄に之《ゆ》くと雖も、棄つべからず」だということを言っているに過ぎないのだ。

だいたい読書というのは、本文に即して素直に読むべきで、そんなふうにあれこれ余計な解釈を増やして、それに足をとられてぐずぐずしているようでは、結局は何にもならない。聖賢の言葉はどれ一つとっても直截でないものはない。まるで鋭利な刃物で切り出してきたかのようだ。孔子の言葉は渾然としていて温かみがあるものだが、それでもこの言葉はずばりと言い切っている。君はこの一句を解釈するのにさらに数十字を費やして包み込もうとするが、もしそうなら、聖賢は最初からなぜ一句ごとにいくつかの字を増して、意味をはっきりさせなかったのか。濂渓（周敦頤）や二程（程顥、程頤）、横渠（張載）らの言葉はすべてずばりとしていて力がこもっており、一語一句、かくも重厚である。他でもない、君の読み方がそんなふうに散漫で弱々しいのは、君の心がきちんと整っていないからだ。心がきちんとしていないから、気持ちが緩み、まったく意識を一つ事に集中できず、話がよそへ行ってしまうのだ。心をきちんと整え、気持ちを引き締め、言うことにも力がこもるようになり、どこから見てもきっぱりとけじめができるようにならなければいけない。いまそんなふうに話があちらこちらへ行くようでは、まったく解釈としての態をなさない。こうした欠点の根は、心がきちんと整っていないことにあるのだ。」［沈僩］

或解（校1）居處恭、執事敬、與人忠（1）、云「須是從裏面做出來、方得他外面如此。」曰「公讀書便是多有此病。這裏面（校2）又那得箇裏面做出來底說話來。只是居處時便用恭、執事便用敬、與人時便用忠、雖之夷狄、不可棄也。不過只是如此說。大凡看書、須只就他本文看教直截、切忌如此支離蔓衍、拖脚拖尾、不濟得事。聖賢說話、那一句不直截。如利刃削成相似。雖以孔子之語、渾然溫厚、然他那句語更是斬截。若如公說一句、更用數十字去包他、則聖賢何不逐句上更添幾字、教他分曉。只看濂溪二程橫渠們（校3）說話、無不斬截有力、語句自是恁地重。無他、所以看得如此寬緩無力者、只是心念不整肅、所以如此。緣心念不整肅、所以意思寬緩、都湊泊他那意思不著、說從別處去。須是整肅心念、看教他意思嚴緊、說出來有力、四方八面截然有界限、始得。如今說得如此支蔓、都不成箇物事。其病只在心念不整肅上。」［僩］

(校1)底本は「或問」に作るが、諸本に拠り「或解」に改めた。
(校2)正中書局本・朝鮮整版は「面」の字を欠く。
(校3)正中書局本・朝鮮整版・和刻本は「們」を「門」に作る。
(1)居處恭、執事敬、與人忠　『論語』子路「樊遲問仁。子曰、居處恭、執事敬、與人忠。雖之夷狄、不可棄也」。

(第33～35条担当　原 信太郎 アレシャンドレ)

【36】

朱子「読書のしかたは、ただ理解が落ち着くべきところに落ち着くようにするだけだ。いま君たちの読書は、まったく当たり前のところに落ち着かず、要点から逸れたことばかり考えている。だから、何を語ってもでたらめになってしまうのだ。たとえば大水の時、はじめはあたり一面水浸しであっても、やがて水が引けば水は低い窪地に流れていくようなもので、これこそが理解が落ち着くということなのだ。それなのに君たちはまったくうわべをなでるばかりで話があらぬ方へいってしまっている。私は常々思っているのだが、書物は読み難いものではなく、ただしっかりと聖人の言葉に寄り添って虚心に読んでいきさえすれば、文義はおのずと理解できるものなのだ。それを、無理矢理こじつけるばかりで、考えるべきでないことを考え、疑問にすべきでないことを疑問にし、弁別すべきでないことを弁別しようとするのは、まったく無駄なことであり、それで何ができるというのか。」［沈僩］

讀書之法、只要落窠槽（1）。今公們讀書、盡（校1）不曾落得那窠槽、只是走向外去思量、所以都說差去。如初間大水瀰漫、少間水既退、盡落低窪處、方是入窠槽。今盡是泛泛說從別處去。某常以爲書不難讀、只要人緊貼就聖人言語上平心看他、文義自見。今都是硬差排（2）、思其所不當思、疑其所不當疑、辨其所不當辨、盡是枉（校2）了、濟得甚事。

［僩］

（校1）楠本本は「盡」を欠く。

（校2）楠本本は「枉」を欠く。

（1）落窠槽　ここでは、理解が落ち着くべきところに落ち着く、当たり前のところに帰着するの意。「窠槽」は「窠巢」「窠臼」にも作り、巣や穴からの連想で、帰るべき帰着点の意味。巻一一六・34条（二七九九頁）「且熟讀、就他注解爲他說一番。說得行時、却又爲他精思、久久自落窠臼」。巻一一三・14条（二七四二頁）「戒愼恐懼雖是四箇字、到用著時無他、只是緊鞭約令歸此窠臼來」。あるいは、既成の枠組みや旧套を意味し、それに囚われることを戒めたり、それを脱することを求める用例も見える。本巻・96条参照。

（2）差排　こじつける。理屈をつける。本巻・34条注（4）参照。

【37】

朱子「いつも言っているように、書物に書かれていることが難しいのではなく、読む者の心ががあれこれ屈折して複雑にしてしまっているから読みとれないだけのことなのだ。気持ちを大きく持って反復熟読すれば、正しい道理はおのずとわき出て来るものだ。自分の狭い見解や憶測を差し挟んで乱してはならない。そんなことでは道理を理解しようがなくなる。たとえば千軍万馬が大通りを進むならば、軍隊の紀律もおのずと乱れることはない。しかし数千人をかきたてて狭い小道を進ませたならば、無駄に軍隊の行列を攪乱させるだけで、何の役にも立たない。」

朱子「書物を読むには、まずは文章に沿って主たる意味を理解し、それから細かなことを考察探求していかなければならない。ところが今、正しい道理を理解できず、横道に逸れて、末端の些事に堕してしまっては、心はまったく生き生きとしたものではなくなってしまう。これは（読書は）水車をまわすようなもので、しかけを動かしさえすれば、水車自身がまわり、それとつながっている挽き臼《うす》や篩《ふる》い升《ます》も一緒に動き出して、何の労力もいらない。それをいまそろいもそろってそんなふうに生気のない話をし、何の味わいもないようであれば、たとえ更に二十年をかけたとしても、何にもものにはならないだろう。この心を生き生きと働かせて、つまらないことに落ち込ませないようにすれば良いのだ。いま君たちの書物の読み方は、まるで一艘の船が浅瀬にあるようなもので、動かすこともできず、活きた水（流れ）に浮かべることもできず、それなのに他から物資を持ってきて船の上に積み上げてしまって、ますます動かそうにも動かせなくなっているようなものだ。すべては無駄に心を疲れさせ、日数を費やすだけだ。天下の道理は数多あるのに、もしそんなふうに読んでいるだけでは、いつになったら理解することができるのか。私は今君たちに何を言っても分かってもらえず、全く歯がゆい思いをしている。願わくは、君たちが気持ちをゆったりと広げて、まずは正しい道理を理解し、それを生き生きと働かせて進歩させることで、それでこそ益するところがあるというものだ。譬えるならば、一匹の動かなくなった蛇を生き返らせるようなもの、本当に死んでしまった蛇をいじっていても何にもならない。」　［沈僩］

「某嘗說、文字不難看、只是讀者心自嶢崎(1)了、看不出。若大著意思反復熟看、那正當道理自湧出來。不要將那小意智私見識去間亂他、如此無緣看得出。如千軍萬馬、從這一條大路去、行伍紀律、自是不亂。若撥數千人從一小路去、空攪亂了正當底行陣(校1)、無益於事。」又曰「看書且要依文看得(校2)大概意思了、却去考究細碎處。如今未曾看得正當底道理出、便落草(2)了、墮在一隅一角上、心都不活動。這箇是(校3)轉水車相似、只撥轉機關子(3)、他自是轉、連(校4)那上面磨子篩籮(校5)一齊都轉、自不費力。而今一齊說得枯燥、無些子滋味、便更看二十年、也只不濟事。須教他心裏活動轉得、莫(校6)著在那角落頭處。而今諸公看文字、如一箇船閣在淺水上、轉動未得、無那活水泛將去、更將外面事物(校7)搭載放上面、越見(4)動不得。都是枉用了心力、枉費日子。天下道理更有幾多、若只如此看、幾時了得(校8)。某而今一(校9)自與諸公們(校10)說不辨、只覺得都無意思。所願諸公寬著意思、且看正當道理、教他活動有長進處、方有所益。如一條死蛇、弄教他活(5)。而今只是弄得一條死蛇、不濟事。」 [僩]

(校1)正中書局本・朝鮮整版は「陣」を「陳」に作る。

(校2)正中書局本・朝鮮整版は「看得」の後ろに「箇」が入る。

(校3)正中書局本・和刻本・楠本本は「是」を「似」に作る。

(校4)朝鮮整版は「連」を「運」に作る。

(校5)楠本本は「籮」を「節」に作る。

(校6)和刻本・楠本本は「若」に作る。底本は明成化刻本に拠って「若」を「莫」に改める。

(校7)正中書局本・朝鮮整版は「事物」を「物事」に作る。

(校8)正中書局本・朝鮮整版は「了得」を「得了」に作る。

（校9）正中書局本・朝鮮整版は「一」を「也」に作る。
（校10）正中書局本は「們」を「門」に作る。
（1）嶢崎　山道がまがりくねるように、複雑に屈折し、不必要に繁雑になってしまっていること。巻一一五・30条（二七七八頁）「此事本無嶢崎、只讀聖賢書、精心細求、當自得之」、巻十一・33条（一八〇頁）「聖賢之言、多是與人說話。若是嶢崎、却教當時人如何曉」。
（2）落草　大通り（正しい道）から外れて脇道に入ること。本題から逸脱すること。巻四〇・45条（一〇三七頁）「世間也只有這一箇方法路徑、若才不從此去、少間便落草、不濟事」、巻五五・15条（一三〇九頁）「大抵看文字、不恁地子細辨別出來、又却鶻突。到恁地細碎分別得出來、不曾看得大節目處、又只是在落草處尋」。
（3）機關子　しくみ、からくり。たくらみ。巻一一六・30条（二七九五頁）「這物事機關一下撥轉、便攔他不住、如水車相似、才踏發這機、更住不得」。
（4）越見　ますます。巻四四・67条（一一三一頁）「因又言究竟之義。今人多是如此。初間只是差些子、少間究竟將去、越見差得多」。
（5）一條死蛇、弄教他活　禅宗で用いられる表現。「死蛇」は形骸化した教えを指す。『碧巖録』巻七・66則「垂示云、當機覿面、提陷虎之機、正按傍提、布擒賊之略。明合暗合、雙放雙收。解弄死蛇、還他作者」。陳起『江湖小集』巻六七・寄楊誠齋「參禪學詩無兩法、死蛇解弄活潑潑」。巻八九・67条（二二八四頁）「數日見公說喪禮太繁絮、禮不如此看、說得人都心悶。須討箇活物事弄、如弄活蛇相似、方好。公今只是弄得一條死蛇、不濟事」。

【38】

朱子「学ぶ者は（ふだん）何事もない時に修養ができていてこそ、その後でここに来て是非を弁別することができるのだ。いまちょっとここを離れたとたん、それ（ここでの議論）を忘れてしまい、再びここに来ると、たまたま見かけた一、二句を次から次へと質問するというようでは、何の益があろうか。」［呉寿昌］

學者須要無事時去做得工夫、然後可來此剖決是非。今才一不在此、便棄了這箇。至此、又却臨時逐旋尋得一兩句言語來問、則又何益。［壽昌］

【39】

ある人「私のふだんの学問は、多くはゆったりしっくり染みわたった中で覚《さと》り得たものです。」

朱子「すぐに覚《さと》るところがあったと思うようでは、それはまだ正しいものではない。だいたい（『中庸』にいう）「篤行」はともかく、「博学」「審問」「慎思」「明弁」といった中にこそしっくりするところがあるのだ。孔子も「古《いにしへ》を好み、敏にして以て之を求む（古聖の道を好み、汲々として探求する）」とあるように、そのように努めたのだ。」［周謨］

或曰「某尋常所學、多於優游浹洽中得之。」曰「若遽然便以爲有所見、亦未是。大抵於博學、審問、愼(校1)思、明辦(1)、且未可說篤行(2)、只這裏便是浹洽處。孔子所以好古敏以求之(3)、其用力如此。」［謨］

（校1）正中書局本・和刻本・楠本本は「謹」に作る。
（1）博學、審問、愼思、明辨　『中庸』（章句二十章）「博學之、審問之、愼思之、明辨之、篤行之」。
（2）篤行　前注（1）参照。
（3）好古敏以求之　『論語』述而「我非生而知之者、好古敏以求之者也」。

【40】

朱子「人は疑問に思ったからこそ質問するべきなのに、君はいま（疑問に感じる前に）難しいところを選んで質問するが、それでは（君の質問の意図を）どうつかみとればよいというのか。もし（私が君の質問に対して）説明できたとしても、君はどうしてすぐに理解できよう。高いところへ登るならば、必ず低いところから進まなければならない。いま人が部屋の奥に入ろうとするならば、まず門から入り庭へと進み、道筋を熟知して、それから中へと入っていくものだ。どうして（玄関口の）階段で挨拶をしていきなり裏口から出るということがあろうか。伊川（程頤）も「学ぶ者はまず身近なことから取り組まなければならない」と言っている。」［葉賀孫］

人合是疑了問、公今却是揀難處來問、教人如何描摸(1)。若說得、公又如何便曉得。若升高必自下(2)。今人要入室奧、須先入門入庭、見路頭熟、次第入中間來。如何自階裏一造要做後門出。伊川云、學者須先就近處(3)。」［賀孫］

（1）描摸　（要点や真意などを）つかみとる。巻十・27条（一六四頁）「看文字如捉賊、須知道盜發處、自一文以上贓罪情節、都要勘出。若只描摸箇大綱、縱使知道此人是賊、却不知何處做賊」、巻九七・8条（二四八〇頁）「楊志仁問明道說話。曰、最難看。須是輕輕地挨傍它、描摸它意思、方得」。

（2）升高必自下　『中庸』（章句十五章）「君子之道、辟如行遠必自邇、辟如登高必自卑」。

（3）伊川云、學者須先就近處　未詳。次の語を指すか。『遺書』巻十五・77条（一五二頁）「立人達人、爲仁之方、強恕、求仁莫近、言得不濟事、亦須實見得近處、其理固不出乎公平。公平固在、用意更有淺深、只要自家各自體認得」。

（第36～40条担当　松野　敏之）

【41】

朱子「今の人は人の話を聞くのに、相手の話が終わらないうちに、もう争って喋り出そうとするが、相手に最後まで話させるよう待たなければならない。相手にまだ言葉にならないところがあるのであれば、さらに繰り返し尋ねて言い尽くさせてこそ、こちらも対処が出来るというものだ。」　［葉賀孫］

而今人聽人說話未盡、便要爭說、亦須待他人說教盡了。他人有說不出處、更須反覆問教說得盡了、這裏方有處置（1）在。　［賀孫］

（1）處置　対処する。巻十四・162条（二七九頁）「且如人早間知得這事理如此、到晩間心裏定了、便會處置得這事」。

【42】

ある人がいくつかの経書に関する質問をした。先生はそれに答えた後で、言われた。

朱子「いま十分君に説明して、君が全部分かったとしても、それを自分自身の心という場において努めなければ、結局は何の役にも立たないのだ。」［楊道夫］

或人請諸經之疑、先生既答之、復曰「今雖盡與公説、公盡曉得、不於自家心地上做工夫、亦不濟事。」［道夫］

【43】

朱子「君たちが読書をしても進歩しないのは、うまく疑問を持つことが出来ないからだ。私は至ってどうでもいい箇所を読む時でも、必ず疑問点を考えてしまう。すこしでも疑問に思えば、徹底的に考えていくのだ。」［沈僴］

諸公所以讀書無長進、縁不會疑。某雖看至沒緊要底物事、亦須致疑。纔疑、便須理會得徹頭。［僴］

【44】

ある人「人の意見に疑義を呈するのは話題作りにすぎません。そんな（一々疑義を呈する）必要はないでしょう。」朱子「それはちがう。疑問がない段階に達したならば質問する必要はないが、疑問があれば質問しないわけにはいかない。いま（君が）そんなふうに言うのは、人から疑義を呈されるのを嫌ってのことでなければ、自分自身が読書する際に疑問を持ったことがないということだ。」〔鄭可学〕

或謂「問難(1)、只是作話頭、不必如此。」曰「不然。到無疑處不必問、疑則不可不問。今如此云云、不是惡他人問、便是自家讀書未嘗有疑。」〔可學〕

（1）問難　人の意見に疑義を呈すること。朱熹はしばしば「問難」の必要性に言及している。巻一一四・26条（二九七四頁）「舜功云、陸子靜不喜人説性。曰、怕只是自理會不曾分曉、怕人問難」。本巻・106条にも見える。

【45】

朱子「語録を読みなれてしまうと、むしろ読み始めたばかりの人がそこから何かを得ようと必死に努めるのに及ばない。これは（学ぶ者にありがちな）欠点である。」〔楊方〕

讀語録玩了(1)、却不如乍見者勇於得、此是病。〔方〕

（1）玩了　『考文解義』は「玩如玩物之玩、謂看玩之功、不能體行、此乃學者之病也」とする。

【46】

門人たちの質問が（我が身に）切実なものではなかった。

朱子「皆で集るのはきわめて有益なことだ。それなのに、いま君たちは共に議論をして学ぶことができず、互いに猜疑心を抱き利己的な考えを持っている。学問は何のためにするのか分かっていない。我が身に切実に努力している者であれば、疑問があればすぐに学友に質問して、一緒に議論するはずだ。その中で誰か一人がちゃんと理解し、七、八割議論が尽くされてから、私の前に話に来れば、力にもなりやすい。それを、いま君たちはそれぞれ勝手にやって、互いに議論をして学ぶこともしないようで、どうして進歩できようか。学問をするには、こうしたところを徹底的に克服し、心をのびやかに開き、（『論語』の）「能を以て不能に問ひ、多を以て寡に問ふ（才能があるのにまだ足りないと考えて才能が無い者にも尋ね、多くの知識を持っているのに、まだ足りないと考えて知識の少ない者にも尋ねる）」の意味を分かってこそ、まさしく「己の為（自分を高めるため）」に切実なものになるのだ。」　［潘時挙］

諸生請問不切。曰「羣居最有益、而今朋友乃不能相與講貫（1）、各有疑忌自私之意。不知道學問是要理會箇甚麼。若是切己做工夫底、或有所疑、便當質之朋友、同共（校1）商量。須有一人識得破者、已是講得七八分、却到某面前商量、便易爲力。今既各自東西、不相講貫、如何得會長進。欲爲學問、須要打透（2）這些子、放令開闊（3）、識得箇以

能問於不能、以多問於寡(4)底意思、方是切於爲己(5)。」［時學］

（校1）底本は「其」に作るが、諸本に拠り「共」に改める。

（1）講貫　議論を尽くして学ぶこと。巻十一・2条（一七六頁）「讀書窮理、當體之於身。凡平日所講貫窮究者、不知逐日常見得在心目間否。不然、則隨文逐義、趕趁期限、不見悅處、恐終無益」。

（2）打透　徹底的に行なう、とことんすっきりさせる、完全に克服する。巻四二・41条（一〇八一頁）「仁、譬之屋、克己是大門、打透便入來」、巻十五・118条（三〇五頁）「致知誠意兩節、若打得透時、已自是箇好人」、巻十三・130条（二四二頁）「味道問、死生是大關節處。須是日用間雖小事亦不放過、一一如此用工夫、當死之時、方打得透。曰、然」、巻十五・152条（三一二頁）「格物致知、比治國平天下、其事似小、然打不透、則病痛却大、無進步處」。

（3）開闊　（心が）からっと朗らか、広々として明るい、のびやかでゆったりとした。巻六四・135条（一五八五頁）「致廣大、謂心胸開闊、無此疆彼界之殊」、同・137条「此心本廣大、若有一毫私意蔽之、便狹小了。此心本高明、若以一毫私欲累之、便卑污了。若能不以一毫私意自蔽、則其心開闊、都無此疆彼界底意思、自然能致廣大」。

（4）以能問於不能、以多問於寡　『論語』泰伯「曾子曰、以能問於不能、以多問於寡、有若無、實若虛、犯而不校、昔者吾友嘗從事於斯矣」。巻三五・61条（九二一頁）「想是顏子自覺得有未能處、但不比常人十事曉得九事、那一事便不肯問人。觀顏子無伐善、無施勞、看他也是把此一件做工夫」、同・63条「不校、是不與人比校強弱勝負、道我勝你負、我強你弱。如上言以能問於不能之類、皆是不與人校也」。

（5）爲己　『論語』憲問「子曰、古之學者爲己、今之學者爲人」。

【47】

ある者が「太極」について質問した。

朱子「今の人々を見るに、太極とどれだけ離れていることか。」

ある者が自分の読んだ本について語った。

朱子「むだに一渡り喋っているに過ぎない。そんなふうでは大体何の役にも立たない。今はとりあえず虚心にならなければならない。虚心でなければ、自分がこう質問して、人にこう説明してもらっても、（人の話が）耳に入らない。そういう人は聴けども聞こえずというやつで、自分の心の中にあらかじめ何かが横たわっているのだ。例えば顔子について、人は「一善を得れば、則ち拳拳服膺して失はず（一善を得れば、胸中に銘記して忘れずに守る）」と言うが、顔子自身はそんなことをまったく意識してはいなかった。人は「不善を見れば未だ嘗て知らざることなし、これを知れば未だ嘗て復た行はず（不善を見れば必ず不善だと認識するし、それが不善だと認識すれば二度と繰り返さない）」と言うが、彼自身はそんなことをまったく意識していないし、「怒を遷さず、過を弐せず（怒りを他の人にぶつけない、過ちを二度と繰り返さない）」と言うが、そんなことをまったく意識してはいなかった。彼はただ道理としてそうすべきだと思ったに過ぎないのだ。『易』に「君子以て虚にして人を受く（君子は心を虚にして、人を受け入れる）」とあり、『書経』には「惟れ学は志を遜す（学ぶには心を謙虚にする）」とある。以前、ある人が質問しにやって来たが、まったく謙虚なところがなく、ひたすら得意満面だった。面と向かって話しても、彼には全く耳に入らないようであった。」　［葉賀孫］

或問太極。曰「看如今人與太極多少遠近。」

或人自說所讀書。曰「徒然說得一片、恁地多不濟事。如今且要虛心。心若不虛、雖然恁地問、待別人恁地說自(校1)不入。他聽之如不聞、只是他自有箇物事橫在心下。如顏子、人道他得一善則拳(校2)拳服膺而不失(1)、他不曾自知道得一善拳拳服膺而不失。他見不善未嘗不知、知之未嘗復行(2)、他不曾自知道見不善未嘗不知、知之未嘗復行。他不遷怒、不貳過(3)、他不曾自知道不遷怒、不貳過。他只見箇道理當如此。易曰、君子以虛受人(4)。書曰、惟學遜志(5)。舊有某人來問事、略不虛心、一味氣盈色滿(6)。當面與他說、他全不(校3)聽得。」［賀孫］

（校1）楠本本は「自」を「看」に作る。
（校2）楠本本は「拳」を「奉」に作る。
（校3）和刻本・楠本本は「全不」を「不全」に作る。
（1）得一善則拳拳服膺而不失　『中庸』（章句八章）「子曰、回之爲人也、擇乎中庸、得一善、則拳拳服膺而弗失之矣」。
（2）見不善未嘗不知、知之未嘗復行　『易』繫辞下「子曰、顏氏之子、其殆庶幾乎。有不善、未嘗不知。知之、未嘗復行也」。
（3）不遷怒、不貳過　『論語』雍也「哀公問、弟子孰爲好學。孔子對曰、有顏回者好學。不遷怒、不貳過。不幸短命死矣。今也則亡。未聞好學者也」。
（4）君子以虛受人　『易』咸卦・象伝「山上有澤咸、君子以虛受人」。
（5）惟學遜志　『書経』説命下「惟學遜志、務時敏、厥脩乃來」。

（6）氣盈色滿　傲慢で、得意満面の様子。『考文解義』は「此卽程子所云有爭氣者、不可與辨者、本荀卿語也」とする。

（第41～47条担当　蔣　建偉）

【48】

朱子「天下の理には長短があり、大小がある。それぞれその正しい道理にしたがって考えなければならない。私が見たところ学ぶ者たちには、他人がこう言ったところについては理屈を探してああ言わなかったことを責め、ああ言ったところについてはこう言わなかったことを責めるといった欠点があるようだ。」

そこで持っていた扇をひっくり返しながら喩え話をされた。

朱子「この扇の両面にそれぞれ道理がある。いま学ぶ者たちは他人がこっちの面の道理を言えば、あっちの面にひっくり返して非難し、相手があっちの面を言えば今度はこっちの面にひっくり返して非難するといった具合だ。」

［呉必大］

「天下之理、有長有短、有大有小、當各隨其義理看。某看得學者有箇病、於他人如此說處、又討箇義理、責其不如彼說、於其如彼說處、又責其不如此說。」因擧所執扇反復爲喩(1)、曰「此扇兩邊各有道理。今學者待他人說此邊道理、便翻轉那一邊難之、及他說那一邊、却又翻轉這一邊難之。」　［必大］

（1）擧所執扇反復爲喩　朱熹は門人との対話のとき手に扇を持っていたようで、しばしば扇を比喩に語っている。
巻五六・48条（一三三五頁）「如扇一面青、一面白。一箇説這一邊、謂之青扇、一箇説那一邊、謂之白扇。不成道説青扇底是、説白扇底不是」、巻一一五・4条（二七七〇頁）「正淳之病、多要與衆説相反。譬如一柄扇子、衆人説這一面、正淳便説那一面以詰之、及衆人説那一面、正淳却説這一面以詰之」。

【49】

胡泳「気質の弊害に、まったく今の人は無自覚です。書物を読むのにその気質に応じて解釈してしまっているだけでなく、毎日先生のお話をうかがっていても、それぞれその気質の偏りに応じて主として聞いているところが異なります。たとえば十の言葉の中に自分の考えに合う一つがあれば、その一つに固執してしまうのです。」

朱子「たしかにその通りだ。たとえば（『詩経』の）仲山甫の詩でも、蘇子由（轍）は「既に明且つ哲、以て其の身を保つ」の二句ばかりを賞賛したし、伯恭（呂祖謙）は「柔嘉にして維れ則あり」の一句を偏愛した。私はどうしてあの「柔なるも亦た茹《い》れず、剛なるも亦た吐かず」以下の四句を好しとしないのかと尋ねたものだが、そう言う私も心の中でこの四句を好んでいたということだ。」

胡泳「この四句はいかがでしょうか。」

朱子「（仲山甫は）やはりつまるところ剛だということだ。」

胡泳「剛の割合が結局は多いということでしょうか。」

朱子「そうではなく、ただ柔と言うのとは違うということだ。」　［胡泳］

問「氣質之害、直是今人不覺。非特讀書就他氣質上說、只如每日聽先生說話、也各以其所偏爲主。如十句有一句合他意、便硬執定這一句。」曰「是如此。且如仲山甫一詩(1)、蘇子由專歎美既明且哲、以保其身二句(2)。伯恭偏喜柔嘉維則一句(3)。某問何不將那柔亦不茹、剛亦不吐以下四句(4)做好、某意裏又愛這四句。」問「這四句如何。」曰「也自剛了。」問「剛底終是占得分數多。」曰「也不得、只是比柔又較爭。」［胡泳］

（1）仲山甫一詩　『詩経』大雅・烝民「天生烝民、有物有則。民之秉彝、好是懿德。天監有周、昭假于下、保茲天子、生仲山甫。○仲山甫之德、柔嘉維則。令儀令色、小心翼翼。古訓是式、威儀是力。天子是若、明命使賦。○王命仲山甫、式是百辟。纘戎祖考、王躬是保。出納王命、王之喉舌。賦政于外、四方爰發。○肅肅王命、仲山甫將之。邦國若否、仲山甫明。既明且哲、以保其身。夙夜匪解、以事一人。○人亦有言、柔則茹之、剛則吐之。維仲山甫、柔亦不茹、剛亦不吐、不侮矜寡、不畏彊禦……」。

（2）既明且哲、以保其身二句　注（1）参照。

（3）伯恭偏喜柔嘉維則一句　注（1）参照。『詩集伝』の当該箇所に伯恭（呂祖謙、号は東萊）の説を引く。「東萊呂氏曰、柔嘉維則、不過其則也。過其則、斯爲弱、不得謂之柔嘉矣。……此章蓋備擧仲山甫之德」。

（4）柔亦不茹、剛亦不吐以下四句　注（1）参照。『詩集伝』「不茹柔、故不侮矜寡。不吐剛、故不畏强禦。以此觀之、則仲山甫之柔嘉、非軟美之謂、而其保身未嘗枉道以徇人可知矣」。

【50】

朱子「資質が敏《さと》くとも学ばないのは、大いに敏くない。聖人の資質があっても、必ず（『論語』にあるように）「学を好み」必ず「下問（下の者に質問）」するものだ。もし自分のいい加減な思い込みに固執してそれ以上学んだり質問したりしないようでは、すでに凡人になってしまっている。聖人の聖人たる所以は、「学を好み」「下問す」ということに他ならない。（『孟子』に）「舜は耕稼陶漁せしより以て帝に至るまで、これを人に取りて以て善を為すに非ざる無し（舜は民間に生活していた頃から、帝王になった後でも、いつでも人に質問してともに善を行なった）」とあり、孔子も「礼は吾れこれを老聃に聞く（礼のことは、私は老聃に尋ねた）」と言っている。これも（孔子が）老聃に学んではじめてこのこと（礼のこと）を知ったということだ。」［葉賀孫］

質敏不學、乃大不敏。有聖人之質、必好學必下問(1)。若就自家杜撰(2)、更不學更不問、便已是凡下了。聖人之所以爲聖、也只是好學下問。舜自耕稼陶漁以至於帝、無非取諸人以爲善(3)。孔子曰、禮吾聞諸老聃(4)、這也是學於老聃、方(校1)知得這一事。［賀孫］

（校1）楠本本は「方」の字を欠き、一字分を空欠にする。

（1）必好學必下問　『論語』公冶長「子貢問曰、孔文子何以謂之文也。子曰、敏而好學、不恥下問、是以謂之文也」。

（2）杜撰　根拠もなくいい加減なこと、でたらめ。巻十一・7条（一七七頁）「人心不在軀殼裏、如何讀得聖人之書。只是杜撰鑿空說、元與他不相似」、巻一二〇・114条（二九一四頁）「今江西諸人之學、……本來雖有些好處、臨事盡是鑿空杜撰」。

（3）舜～無非取諸人以爲善　『孟子』公孫丑上「大舜有大焉、善與人同。舍己從人、樂取於人以爲善。自耕稼陶漁以至爲帝、無非取於人者。取諸人以爲善、是與人爲善者也」。また『中庸』（章句六章）にも「子曰、舜其大知也與。舜好問而好察邇言、隱悪而揚善、執其兩端、用其中於民、其斯以爲舜乎」とある。

（4）孔子曰、禮吾聞諸老聃　『礼記』曾子問。

【51】

先生はゆったりとのびやかなところを欠く者に言われた。

朱子「君がそのように緻密に読書をするのはもちろん良いことだ。しかし、そんなふうにせせこましく凝り固まってしまうそういう気象は最も良くない。それは偏りというものだ。一部の人たちのように大雑把なのはもちろん話にならないが、そうかと言ってひたすら縮こまって細かいばかりなのも先々伸びていかない。明道（程顥）は謝顕道（良佐）に初めて会ったとき「この秀才はまだまだ伸びる。将来有望だ」と言ったという。」

朱子「言葉の雰囲気からもその人の気象が分かるものだ。たとえば明道の言葉にはもとより激しいところはないが、そこからもその人柄の穏やかさが窺われる。亀山（楊時）について人はゆったりしていると言うが、見たところゆったりしているのではなく、理解できることとできないこととの区別ができていないだけだ。范純夫（祖禹）の『論語解』は諸君の議論と比べて非常に浅薄で卑近なもののようだが、ゆったりとのびやかな雰囲気があるのが良い。」

［葉賀孫］

先生因學者少寬舒意、曰「公讀書恁地縝密、固是好。但恁地逼截成一團、此氣象最不好、這是偏處。如一項人恁地不子細、固是不成道理、若一向鼈密、下梢却展拓不去。明道一見謝顯道（校1）、曰、此秀才展拓得開、下梢可望（1）。」又曰「於詞（校2）氣間亦見得人氣象。如明道語言固無甚激昂（校3）、看來便見寬舒意思。龜山、人只道恁地寬、看來不是寬、只是不解理會得不能理會得（2）。范純夫語解（3）比諸公說理最平淺、但自有寬舒意氣象、儘（校4）好。」　［賀孫］

（校1）巻一一四は「謝顯道」を「顯道」に作る。
（校2）巻一一四は「詞」を「辭」に作る。
（校3）楠本本は「昂」の字を欠き、一字分を空欠にする。
（校4）巻一一四は「儘」を「最」に作る。
※本条と巻一一四・18条（二七五七頁、記録者名なし）はほぼ同文。校注参照。
（1）明道一見謝顯道～下梢可望　『外書』巻十二・38条（四二六頁）、『上蔡語録』巻上・57条。
（2）不解理會得不能理會得　意味未詳。既刊の巻一一四の訳注では、亀山が「寛」と評価されるのは「寛」であるからではなく、理解できないものは理解できないとして無理に繕わなかったから、という意味に解した。
（3）范純夫語解　范祖禹には『論語解』があったが佚（『経義考』）。朱熹は『論語精義』に引用している。

【52】

意志薄弱の者を戒めて言われた。

朱子「人が何かをするときには、ひとえにこのやる気にかかっているのだ。」［甘節］

因人之昏弱而箴之曰「人做事、全靠這些子精神。」［節］

【53】

家が貧しく学問に専念できないと言う者がいた。

朱子「そんなことは関係ない。世の中のどこに何の雑用もない人がいようか。ただ一日のうちどの時間が空いているかをみて、一時空いているなら一時学問に努め、一刻空いているなら一刻努めるだけのことだ。そうした努力を積み重ねていけば、自然にちがってくる。」

また、先生のところから遠くに住んでいて、注釈書を見ることができないと言い訳をする者がいた。

朱子「たとえば私が書物を読むのに、かつてしっかり師友に囲まれていたことがあっただろうか。またはじめからどうしてたくさんの書物が側にあっただろうか。やはり自分で努力をしただけのことだ。」

ある者「先生はご高明です。我々にどうして同じことが望めましょうか。」

朱子「そんなことを言うのはまったく自分を責めることがわかっていないのだ。(孟子も言っているように)「堯舜も人と同じのみ」、どこが違うと言うのだ。私は常々思っているのだが、そういう台詞はすべて自分に対する言い訳で、最も大きな欠点だ。」［楊道夫］

有言貧困不得專意問學者。曰「不干事。世間豈有無事底人。但十二時看那箇時閑、一時閑便做一時工夫、一刻閑便做一刻工夫。積累久、自然別。」或又以離遠師席、不見解注爲說。曰「且如某之讀書、那曾得師友專守在裏。初又曷嘗有許多文字。也只自著力耳。」或曰「先生高明、某何敢望。」曰「如此則全未知自責。堯舜與人同耳(1)、曷嘗有異。某嘗謂、此皆是自恕之語、最爲病痛。」 [道夫]

(1) 堯舜與人同耳 『孟子』離婁下「儲子曰、王使人瞷夫子、果有以異於人乎。孟子曰、何以異於人哉。堯舜與人同耳」。

(第48~53条担当 垣内 景子)

【54】

持って生まれた気質が暗く弱いために、学問に取り組みにくいと言う者がいた。

朱子「いったい誰が君を暗く弱いなどと言ったのだ。みずからを省みてそう自覚した途端、強く明るくなって、表情も一変するはずだ。日々努力すれば、日々進歩するのだ。」 [林子蒙]

或言氣稟(1)昏弱、難於爲學。曰「誰道是公昏弱。但反而思之、便强便明、這氣色打一轉。日日做工夫、日日有長進。」 [子蒙]

（1）氣稟　生まれつきの気質、もともとの気質。巻十三・105条（二三八頁）「人之氣稟極多般様、或有餘於此、不足於彼。這箇不干道理事、皆氣稟所爲也」。

【55】

ある人「私は（『論語』にいう）「克己」すなわち己に打ち克ちたいと思っていますが、まだそれが出来ていないことを気に病んでおります。」

朱子「それ以上何を議論するというのか。人は知らないということだけを気に病めばよいのであって、知った以上は、すぐさま実践するだけのこと、それ以上何を議論するのか。「仁を為すは己に由る、而して人に由らんや（仁を行なうのは自分次第だ、どうして人頼みにできようか）」ということだ。」　［呉雉］

或問「某欲克己(1)而患未能。」曰「此更無商量。人患不知耳、既已知之、便合下手做、更有甚商量。爲仁(校1)由己、而由人乎哉(2)。」　［雉］

（校1）楠本本は「仁」を「人」に作る。

（1）克己　『論語』顔淵「克己復禮爲仁。一日克己復禮、天下歸仁焉。爲仁由己、而由人乎哉」。

（2）爲仁由己、而由人乎哉　注（1）参照。

【56】

ある人「今はまず先生の立ち居振る舞いを見てみずからのそれを点検し、先生のお書きになった文義（言葉に表された道理）は、帰ってから考えたいと存じます。」

朱子「文義とは今まさに目の前で行なわれていることに他ならない。どうして文義を別のものとして見ようとするのか。文義を考えようともせず、終日ひたすら互いに顔を見合わせぼんやりと座っているだけなどという、そんな道理があるものか。文義は実践の道筋であり、実践は文義の実際なのだ。」　［葉賀孫］

或言「今且看先生動容周旋以自檢。先生所著文義、却自歸去理會。」曰「文義只是目下所行底、如何將文義別做一邊看。若不去理會文義、終日只管相守閑坐、如何有這道理。文義乃是躬行之門路、躬行卽是文義之事實。」　［賀孫］

【57】

ある人「人はもちろん一つ一つの物事について理解しようとしなければなりません。とは申せ、力には限りがありますので、一つ一つすべて理解することはできないのではないでしょうか。」

朱子「もちろんやり尽くせないことはある。しかし、大項目の行程を立てればよいのであって、やる前から自分であきらめて気をぬいてしまってはならない。やはり心を落ち着かせ、心の動きを着実なものにし、じっくり繰り返し考えていけば、やがて自然と理解できるようになるだろう。」　［曾祖道］

或問「人固欲事事物物理會、然精力有限、不解一一都理會得。」曰「固有做不盡底。但立一箇綱程、不可先自放倒。也須靜著心、實著意、沉潛反覆、終久自曉得去(1)。」［祖道］

（1）也須靜著心～終久自曉得去　巻十一・34条（一八一頁）に李儒用の記録で、「觀書、須靜著心、寬著意思、沉潛反覆、將久自會曉得去」と、ほぼ同じ表現が見える。

【58】

ある人が居敬・窮理について述べた。

朱子「そんなふうに言うべきではない。自分は居敬ができないのではないかとか、窮理をしても窮め尽くせないところがあるのではないかなどとなぜ言うのだ。どうしてそんなことがあろうか。それはただ君がまったく居敬や窮理に取り組んだことがないからで、だからそんなふうに言うのだ。もし本当に窮めようとしたならば、どうして窮められない理があろうか。「心が堅ければ、石をも貫く」というように、窮められない理があろうはずはない。それなのに、窮められないところがあるのではないか心配だなどと言って、あれこれ心配したり算段したり、まったく無駄なことだ。ただ勇猛果敢に強い意志で前に進んでいけば、得られない理はない。そんなふうにぐずぐずしていてはいけないのだ。たとえば、人が出掛けようとするとき、馬があれば馬に乗って行き、車があれば車に乗って行き、車が無ければ徒歩で行くというように、要は最初から進んで行くだけのこと、そうすればどうしてたどり着けないということがあろうか。」［沈僩］

［呂燾の記録

ある人「理を窮めることができなければ、まずは敬を保持するべきでしょうか。」

朱子「そんなふうに言うべきできない。敬を保持するというのであれば、ひたすら保持していき、理を窮めるというのであれば、ひたすら窮めていくだけだ。もし先々万が一にも保持できなかったらとか窮められなかったらなどと言って、あれこれ余計な算段をするのは、まったく無駄な考えだ。しかしそれもまた本当に敬を保持し理を窮めたことがないからであって、もし本当に敬を保持し理を窮めたことがあれば、どうしてそんなことを言うだろうか。たとえば、出掛けるときに、轎《かご》に乗りたければ轎に乗り、馬に乗りたければ馬に乗り、行きたければ行くだけのことであって、先々行けなくなったときにはどうしたらいいのかなどとあれこれ考える必要はまったくない。ただ勇猛果敢に強い意志で前に進んで行けばよい。君のように居敬ができなかったらどうしようとか、窮理ができなかったらどうしようなどと言う必要がどこにあろうか。古人も「心が堅ければ、石をも貫く」というように、（意志さえ堅固ならば）成し遂げられないことなどあったためしはない。君のように何年も学問をしていても進歩がないのは、すべて君のそうしたところのせいで、だからぐずぐずしているのだ。」

朱子「聖人の言葉は、もともと直截なものだ。もし内側に込み入った事情があるのなら、聖人は必ずはっきりと言葉にしているはずだ。言葉に書かれていないのならば、どうしてあれこれ深読みする必要かあろうか。そういうのは、まったくの無駄な労力だ。」］

或說居敬窮理。曰「都不須如此說。如何說又怕居敬不得、窮理有窮不去處。豈有此意。只是自家元不曾居敬、元不曾窮理、所以說得如此。若眞箇去窮底、豈有窮不得之理。若心堅、便是石也穿(1)、豈有道理了窮不得之理。而今說又怕有窮不得處、又怕如何、又計較如何、都是枉了。只恁勇猛堅決向前去做、無有不得之理、不當如此遲疑。如人欲出路、若有馬、便騎馬去。有車、便乘車去。無車、便徒步去。只是從頭行將去、豈有不到之理。」［僩］

［壽錄云：問「理有未窮、且只持敬否。」曰「不消恁地說。持敬便只管持將去、窮理便只管窮將去。如說前面萬一持不得、窮不得處、又去別生計較、這箇都是枉了思量。然亦只是不曾眞箇持敬窮理、若是眞箇曾持敬窮理、豈有此說。譬如出路。要乘轎(校1)、便乘轎。要乘馬、便乘馬。要行、便行。都不消思量前面去不得時又著如何、但當勇猛堅決向前。那裏要似公說居敬不得處又著如何、窮理不得處又著如何。古人所謂心堅石穿、蓋未嘗有做不得底事。如公幾年讀書不長進時、皆緣公恁地、所以搭滯(2)了。」又曰「聖人之言、本自直截(3)。若裏面有屈曲處、聖人亦必說在上面。若上面無底、又何必思量從那屈曲處去。都是枉了工夫。」］

（校1）楠本本は「轎」を「橋」に作る。

（1）若心堅、便是石也穿　意志が堅固であれば、水滴が石を穿つように、少しずつでもかならず成就すること。「心堅石穿」「水滴石穿」とも熟する。本条の小字注には「古人所謂心堅石穿」とある。

（2）搭滯　すっきりしない。ぐずぐずしている。巻八十・93条（二〇九一頁）「詩幾年埋沒、被某取得出來、被公們看得恁地搭滯。看十年、仍舊死了那一部詩」。

（3）聖人之言、本自直截　本巻・35条（二九二九頁）参照。

（第54～58条担当　石山　裕規）

【59】

ある人「格物という（学問修養方法の）一項は煩瑣ではないでしょうか。」

朱子「君は相変わらずあれこれ利害を算段する心根がなくならないようだ。まずは口にしたことを実践してみなさい。ひたすらここであれこれ推測しているだけで、どうして理解できようか。たとえば船を作ったときには、まずは櫂《かい》を用意し、ともづなを解き放って漕いでいけば、おのずと向こう岸が見えてくる。もし船を解き放たずに、ひたすらその場で考え込んで、波風があるかもしれないとか、どんな困難があるかもしれないなどと恐れていたならば、どうやって向こう岸に到ることができようか。今の君はちょうど船がまったく岸を離れないでいるようなもの、ひたすら利害を算段するばかり、聖賢はどうしてそれを良しとしよう。（『論語』に）「子路聞くことありて、未だこれを行はざれば、唯だ聞くこと有るを恐る（子路は孔子からの教えを聞いて、それをよく実践しないうちは、新しい教えを聞くことを恐れた）」とあるが、いま君は実に多くのことを口にしているくせに、ほんのわずかなことも実践できていない。」

朱子「聖人（孔子）は常々「身を殺して以て仁を成すこと有り（自分の身を犠牲にしても仁を成し遂げなければならない場合がある）」と言っているが、いま君のような人を見ていると、「身を殺して以て仁を成す」気概はあるかと尋ねても、必ずや尻込みするに決まっている。そんなことを少しでも言ったとたん、それはおかしいと言うに違いない。」

朱子「（『論語』に）「吾未だ剛者を見ず（私はまだ剛《つよ》い人を見たことがない）」とあるが、聖人はそういう人をこそ求めているのであって、そうした資質があってこそ、それに磨きをかけることができるのだ。『詩経』にも「其の章を追琢し、其の相を金玉とす（美しいものにさらに美しい文飾を施し、すばらしい資質にさらに磨きをかける）」とあるが、金や玉のような資質を持っていてこそ、磨くことができるのであって、もしこれが泥土であったのならば、たとえどのように上辺を取繕おうとも、結局は良くないものにすぎない。つまり、その者の拠って立つ本質が良くないということだ。」

朱子「読書は、（書物の上で）理解したならば、すぐさまそれを実践しなければならない。それなのに君はひたすらにここでどうやったら理解できるのかと言うばかりだ。伊川（程頤）も「人として最も気を付けなくてはいけないのは、実践することだ」と言っている。」［葉賀孫］

或問「格物一項稍支離。」曰「公依舊是箇計較利害底心下在這裏。公且試將所說行將去、看何如。若只管在這裏擬議(1)、如何見得。如做得箇船、且安排槳楫、解了繩、放了索、打將去看、却自見涯岸。若不放船(校1)去、只管在這裏思量、怕有風濤、又怕有甚險(校2)、如何得到岸。公今恰似箇船全未曾放離岸、只管計較利害、聖賢之說那尚恁地。子路有聞、未之能行、唯恐有聞(2)。如今說了千千萬萬、却不曾去下得分寸工夫。」又曰「聖人常(校3)說、有殺身以成仁(3)。今看公那邊人、教他殺身以成仁、道他肯不肯。決定是不肯。才說著、他也道是怪在。」又曰「吾未見剛者(4)。聖人只是要討這般人、須是有這般資質、方可將來磨治。詩云、追琢(校4)其章、金玉其相(5)。須是有金玉之質、方始琢(校4)磨得出、若是泥土之質、假饒你如何去裝飾、只是箇不好物事、自是你根脚本領不好了。」又曰「如讀書、只是理會得、便做去。公却只管在這裏說道如何理會。伊川云、人所最可畏者、便做(6)。」［賀孫］

（校1）正中書局本は「船」を「舡」に作る。

（校2）朝鮮整版は「甚險」を「甚艱險」に作る。

（校3）朝鮮整版・正中書局本は「常」を「嘗」に作る。

（校4）楠本本は「琢」を「琢」に作る。
（1）擬議　（あらかじめ）推測して議論すること。巻五九・107条（一四〇二頁）「只今眼下便是用功處、何待擬議思量」。
（2）子路有聞、未之能行、唯恐有聞　『論語』公冶長。
（3）有殺身以成仁　『論語』衛霊公「子曰、志士仁人、無求生以害仁。有殺身以成仁」。
（4）吾未見剛者　『論語』公冶長「子曰、吾未見剛者。或對曰、申棖。子曰、棖也慾。焉得剛」。
（5）追琢其章、金玉其相　『詩経』大雅・棫樸。『詩集伝』「興也。追、雕也。金曰雕、玉曰琢、相、質也。勉勉、猶言不已也。凡網罟張之爲綱、理之爲紀。追之琢之、則所以美其文者至矣。金之玉之、則所以美其質者至矣。勉勉我王、則所以綱紀乎四方者至矣」。巻八〇・6条（二〇六六頁）「追琢其章、金玉其相、是那工夫到後、文章眞箇是盛美、資質眞箇是堅實」。
（6）伊川云、人所最可畏者、便做　『遺書』巻十一・172条（一三二頁）「人最可畏者是便做、要在燭理［一本以下云、子路有聞、未之能行、惟恐有聞］」。

【60】

先生がある学友に尋ねられた。

朱子「君が今ここに坐っているのは、主静（心を静かに保つ努力）をしているのか、窮理（外的な道理を探究する努力）をしているのか。」

その者はしばらく経っても答えられなかった。

朱子「それこそが君が何の努力もしていない証明なのだ。（本当に修養に努めていれば）主静でなければ窮理なのであって、それ以外の時はないはずだ。主静もせず窮理もしていないのならば、心は（学問修養のための）働かせどころがなく、ただぼんやりと坐っているにすぎない。そんな修養で、どうして成長できる道理があろうか。仏者は「一日のうち着衣と食事の時以外は、雑事に心を費やすことなく常に修行に努めている」と言っている。孔子も「造次にも必ず是《ここ》に於てし、顚沛にも必ず是に於てす（君子は慌ただしい時にも倒れそうな時でも仁を忘れない）」と言っている。このように修養してこそ、成長できるのだ。君たちは毎日ただぼんやりと心を費やし、どうでもよいことを尋ねたり、どうでもよいことを話したりする時間ばかりが多く、重要なことを尋ねたり、自分自身のことをつきつめて考える時間は少ない。本気で修養に努めている人ならば、おのずとどうでもよい話やどうでもよい質問をしている暇などないはずだ。聖人の言葉にはいくつも重要な大項目があるのに、君たちはまったく考えようともしていない。小さなことももちろん考えなければならないが、大きなものこそ最も緊要なのだ。」　［沈僩］

先生問學者曰「公今在此坐、是主靜、是窮理。」久之未對。曰「便是公不曾做工夫。若不是主靜、便是窮理、只有此二者。既不主靜、又不窮理、便是心無所用、閑坐而已。如此做工夫、豈有長進之理。佛者曰、十二時中、除了著衣喫飯是別用心(1)。夫子亦云、造次必於是、顚沛必於是(2)。須是如此做工夫、方得。公等毎日只是閑用心、問閑事、說閑話底時節多、問緊要事、究竟(校1)自己底事時節少。若是眞箇做工夫底人、他自是無閑工夫說閑話問閑事。聖人言語有幾多緊要大節目、都不曾理會。小者固不可不理會、然大者尤緊要。」　［僩］

（校1）楠本本は「竟」を「意」に作る。

（1）十二時中、除了著衣喫飯是別用心　『大慧普覚禅師語録』巻十九・法語「趙州和尚云、老僧十二時中、除二時粥飯是雜用心、餘無雜用心處。此是這老和尚眞實行履處。不用作佛法禪道會」。『景徳伝灯録』巻十七・湖南龍牙山居遁禅師「問如何是道。師曰、無異人心是。又曰、若人體得道無異人心、始是道人。若是言說、則沒交涉。道者、汝知打底道人否。十二時中、除却著衣喫飯、無絲髮異於人心、無誑人心、此箇始是道人。若道我得我會、則勿交涉、大不容易」。

（2）造次必於是、顚沛必於是　『論語』里仁「君子無終食之間違仁、造次必於是、顚沛必於是」。

【61】

ある人「「致知」は、「敬」を主とするべきなのでしょうか。」

更に質問した。

ある人「先生の言われた順序で書物を読むべきでしょうか。」

朱子「そんなのはみな口先の話にすぎない。実際にそう努力しなければ何の意味もない。」　［龔蓋卿］

或問「致知當主敬（1）。」又問「當如先生說次第（校1）觀書。」曰「此只是說話、須要下工夫方得。」　［蓋卿］

（校1）楠本本は「第」を「弟」に作る。

（1）致知當主敬　「致知」は『大學』八条目の一つ。朱熹の解釈によれば、物事の道理を徹底的に知ること。「主敬」とは、心を「敬」の状態（緊張・覚醒）に保つこと。朱熹は「格物致知（窮理）」と「居（主）敬」の二者によって学問修養の方法を示した。

【62】

朱子「諸君はまず考えてみなさい。一日のうちほんのわずかな時間でも、心が我が身に切実なところで考えたことがあったかどうか。」［沈僩］

諸公且自思量、自朝至暮、還曾有頃刻心從這軀殼（1）裏思量過否。［僩］

（1）軀殼　心の在処としての自分のこの身体という外殻。巻十一・7条（一七七頁）「人心不在軀殼裏、如何讀得聖人之書」、巻五・42条（八七頁）「心豈無運用、須常在軀殼之內」。

【63】

朱子「目端の利く連中はあくせく外物を追い求めることは知っていても、真の心があることを知らないから、認識も思慮も暗愚なのだ。書物を読んで道理を考察するにも、まったくいい加減で精密さに欠け、眼の前の分かりやすいものすら理解できない。これはすべて心が雑然としていて専一でないせいだ。だからこそ、先学（程頤）は初学者には必ず「敬」を語って「知を致すことができて敬でない者はいない」と言ったのだ。いま自らの心に省みることを知らず、胸の中はかえって雑然と乱れ、何を主とすべきかも分からず、その乱れた心で書物を読んで道理を考察しようとするから、せっかくの努力もすべて偏ったものになってしまう。それでどうして道理の全体が理解できようか。私は思うのだが、諸君はまずは心身を引き締め、雑念雑慮を徹底的に払い除け、（自らの心を）光り輝くように何事にも行き渡らせてこそ、（その心は）自身の主宰となることができ、道理を理解することもできるのだ。そうでなければ、一生かかっても何も成し得ない。」［余大雅］

賢輩但知有營營逐物之心、不知有眞心、故識慮皆昏。觀書察理、皆草草不精、眼前易曉者、亦看不見、皆由此心雜而不一故也。所以前輩語初學者必以敬、曰未有致知而不在敬者(1)。今未知反求諸心、而胸中方且叢雜錯亂、未知所守。持此雜亂之心以觀書察理、故凡工夫皆從一偏一角做去、何緣會見得全理。某以爲諸公莫若且收歛身心、盡掃雜慮、令其光明洞達、方能作得主宰(校1)、方能見理。不然、亦終歲而無成耳。［大雅］

（校1）楠本本は「宰」を欠く。

（1）未有致知而不在敬者　『条書』巻三・98条（六六頁）「入道莫如敬、未有能致知而不在敬者。今人主心不定、視心如寇賊而不可制、不是事累心、乃是心累事。當知天下無一物是合少得者、不可惡也」。

（第59～63条担当　村田　岳）

【64】

朱子「諸君はたしかに学問に対する志を持ってはいるが、「敬」を保持する努力が大いに欠けている。「敬」を保つことを知らずして、いったい何に基づいて学問を進めていくというのか。程（頤）先生は、「涵養はすべからく敬を用いるべし、学を進めるは則ち致知に在り」と言われた。これが最も緊要だ。」

游和之（倪）「「敬」はどのように保てばよいのでしょうか。」

朱子「ただ身心を引き締め、あらぬ方へ逸れて行かないようにするだけのことだ。今の人たちは気持ちがまったく定まらない。そんなことで読書をしても、どうして精密に集中できようか。山を見たり川を見たりきょろきょろしては、風が吹いた、草が動いたというようなちょっとしたことに気をとられすぐに心がそっちに逸れて行ってしまうようで、どうやって学問ができようか。諸君、どうかこのこと（敬の保持）に努めるように。」　［鄭南升］

「諸公皆有志於學、然持敬工夫大段欠在。若不知此、何以爲進學之本。程先生云、涵養須用敬、進學則在致知(1)。此最切要。」游和之問「不知敬如何持。」曰「只是要收斂身心、莫令走失而已。今人精神自不曾定、讀書安得精專。凡看山看水、風吹草動、此心便自走失、何以爲學。諸公切宜勉此。」　［南升］

※本条は、巻一一八・62条（二八五五頁、潘時挙の記録）とほぼ同文。また、巻一一八・60条（二八五四頁）も参照。

「諸君固皆有志於學、然持敬工夫大段欠在。若不知此、何以爲進學之本。程先生云、涵養須用敬、進學則在致知。此最切要。」和之問「不知敬如何持。」曰「只是要收斂此心、莫令走失便是。今人精神自不曾定、讀書安得精專。凡看山看水、風驚草動、此心便自走失、視聽便自眩惑。此何以爲學。諸公切宜免此。」

（1）涵養須用敬、進學則在致知　『遺書』巻十八・28条（一八八頁）。

【65】

先生が門人たちに話された。

朱子「人が学問を行う際、五常（仁義礼智信）に基づく様々な徳行を、どうしていつもすべて覚えておられようか。人の性は五常こそが大切なのであり、五常の中では仁が最も大切だ。そして、人がこの仁を実現するためには、やはり「敬」の一字を守らなくてはならないのだ。常に（孟子の言うように）「放心を求め（どこかへ逸れて行ってしまった心を取り戻し）」、昼夜間断なく、ひたすらに意識を喚起して、怠惰に流れないようにすれば、いつも様々な道理をすべて覚えていることができないとしても、（仁以外の）義礼智信の働きは物事のあるべき道理に従っておのずから現われ出るのだ。よくよく考えてみれば、学ぶ者にとってこのことが一番肝要なのであり、だからこそ孔門ではただ人に仁を求めさせたのだ。」　［李壮祖］

先生語諸生曰「人之爲學、五常百行（1）、豈能盡常常記得。人之性惟（校1）五常爲大、五常之中仁尤爲大、而人之所以爲是仁者、又但當守敬之一字。只是常求放心（2）、晝夜相承、只管提撕、莫令廢惰（3）、則雖不能常常盡記衆理、而義禮智信之用、自然隨其事之當然而發見矣。子細思之、學者最是此一事爲要、所以孔門只是教人求仁也。」　［壯祖（校2）］

（校1）楠本本は「惟」を「性」に作る。
（校2）底本は「壯祖」を「閎祖」に作るが、諸本に拠り改めた。
（1）五常百行　五常（仁・義・礼・智・信）とそれに基づくあらゆる徳行。巻六・18条（一〇一頁）「存之於中謂理、得之於心爲德、發見於行事爲百行」、巻二〇・125条（四七四頁）「擧程子說云、性中只有箇仁義禮智、何嘗有孝弟來。說得甚險。自未知者觀之、其說亦異矣。然百行各有所屬、孝弟是屬於仁者也」、巻六・40条（一〇四頁）「理一也、以其實有、故謂之誠。以其體言、則有仁義禮智之實。以其用言、則有惻隱、羞惡、恭敬、是非之實、故曰、五常百行非誠、非也（『通書』誠下）。蓋無其實矣、又安得有是名乎」。
（2）求放心　『孟子』告子上「學問之道無他、求其放心而已矣」。
（3）廢惰　怠惰、おこたる。巻一一八・66条（二八五五頁）「書云、日用之間、常切操存。讀書窮理、亦無廢惰、久久當自覺有得力處」。

【66】

或る人「ふだん何かをするときに、たとえば思慮が動いたとして、その動きかたが正しければ心はいつも安定し、正しくなければ心はいつも落ち着かず不安に感じます。とは申せ、正しい道理が私欲の心に打ち勝つことができず、そのうち安定した心は安易に流れ、不安な心は相変わらず私欲の心に引きずられていってしまいます。後になるとまた後悔するのですが、その後悔しているときの心はやはりもとのままの本来の心が動いているのでしょうか。」

朱子「そうだ。その安定したり不安になったりするところこそが本来の心の徳なのだ。孔子は「志士仁人は、生を求めて以て仁を害すること無し。身を殺して以て仁を成すこと有り（仁を志す者は、命を惜しんで仁を損なうことはない。身を犠牲にしてでも仁を成し遂げようとすることがある）」と言ったが、生を求めるとどうして仁を害することになるのか、身を殺すとどうして仁を成すことになるのか。これは（それぞれのときに心が感じる）安か不安かということに他ならないのだ。」

朱子「物事に接してはじめて私欲に流れるのではなく、まだ物事に接していない時点ですでに心が（私欲に）流れてしまっているのだ。まだ物事に接していないときでも常にこの心を見極めて明らかにしてやれば、やがて物事に接しても（心は私欲に）流れはしない。上蔡（謝良佐）は（『論語』学而の）「人の為に謀りて忠ならざるか」を解釈して、「人の為に謀りて忠とは、何か具体的な事に臨んだときに相手のために考えることだけを言うのではない。ふだん何気なく考えているときでも、相手に対して少しでも尽さないところがあれば、忠ではないのだ」と言っている。これは、『論語』の本文からみれば大いに逸脱した解釈だが、むしろその通りなのだ。今の人は、実際に他人のために考える場面ではじめて不忠になるのではなく、ふだん何気なく考えているときにおのずと自分の利便をはかり、良くないことは他人へ押しつけようというような心を抱いている。そうしたところをいつも見つめて明らかにしていかなければならないのだ。」［沈僩］

或曰「毎常處事、或思慮之發、覺得發之正者心常安、其不正者心常不安。然義理不足以勝私欲之心、少間安者却容忍、不安者却依舊被私欲牽將去。及至事過、又却悔、悔時依舊是本心發處否。」曰「然。只那安不安（校1）處、便是本心之德。孔子曰、志士仁人無求生以害仁、有殺身以成仁（1）。求生如何便害仁（校2）。殺身如何便成仁。只是箇安與不安而已。」又曰「不待接事時方流入於私欲、只那未接物時此心已自流了。須是未接物時也常剔抉此心教他分明、少間接事便不至於流。上蔡解爲人謀而不忠(2)云、爲人謀而忠、非特臨事而謀、至於平居静慮、思所以處人者一有不盡、則非忠矣(3)。此雖於本文説得來大過、然却如此。今人未到爲人謀時方不忠(校3)、只平居靜慮閑思念時、便自懷一箇利便於己、將不好處推與人之心矣。須是於此處常常照管得分明、方得。」［僩］

（校1）楠本本は「安」を欠字とする。
（校2）楠本本は「仁」を「人」に作る。
（校3）正中書局本は「忠」を「思」に作る。
（1）孔子曰、志士仁人無求生以害仁、有殺身以成仁　『論語』衛霊公。
（2）爲人謀而不忠　『論語』学而「曾子曰、吾日三省吾身。爲人謀而不忠乎。與朋友交而不信乎。傳不習乎」。
（3）上蔡解爲人謀而不忠云～則非忠矣　謝良佐のこの解釈は、『論語精義』に引かれている。巻二一・57条（四九三頁）「謝先生解論語有過處。如曾子爲人謀而不忠、只説爲人謀、而上蔡更説平居静慮所以處人、使學者用工不專。故説論語孟子、惟明道伊川之言無弊。和靖雖差低、而却無前弊」。

【67】
或る人「（何事もなく）静かにしているときには自分のこの心が見えるのですが、物事に対処すると見えなくなってしまいます。」

朱子「心はどうして見ることができようか。物事に対処するときは、ただその正しさを求めるだけのことだ。正しく対処できれば心はその正しさを得られるし、対処が正しくなければ心はその正しさを失ってしまうもの、だからこそ窮理（正しい道理を探求すること）が必要なのだ。たとえば人が挨拶をしてきたならば、誠実に返事をしなければならない。どこから来たのかと尋ねられれば、事実に基づいてどこから来たのか答えなければならない。つまりこれが物事に対処するときの心であって、それ以上どうして心を見ようとする必要があろうか。浙中（永嘉）にはある種の学風があり、これは江西（陸九淵の学問）の影響によるものなのだが、彼らはひたすら人に目を閉じ端座して太陽のような（光り輝く）ものを見ることを求めさせ、それこそが悟りだなどと言っているが、とんだお笑い種だ。こんなことだから孔子は心についてはあまり語らず、具体的な事柄を語るばかりで、それでおのずとそうした弊害を免れていたのだ。孟子に至って初めて「放心を求む（どこかへ逸れて行ってしまった心を取り戻す）」ことが説かれたが、それも大抵は心が外的なことに振り回されないよう求めたに過ぎなかった。それなのに、その（心を語ることの）弊害はこのような（浙中の学風のような）ものを生み出してしまったのだ。こうしたところから見ても、聖人（孔子）の言葉は（孟子以下の人間の）及ぶべくもないことがわかるだろう。」［林学蒙］

或問「靜時見得此心、及接物時又不見。」曰「心如何見得。接物時只要求箇是。應得是、便是心得其正、應得不是、便是心失其正、所以要窮理。且如人唱喏（校1）、須至誠還他喏。人問何處來、須據實説某處來。卽此便是應物之心、如何更要見此心。浙間有一般學問、又是得江西之緒餘、只管教人合眼端坐、要見一箇物事如日頭相似、便謂之悟、此大可笑。夫子所以不大段説心、只説實事、便自無病。至孟子始説求放心（1）、然大概只要人不馳鶩於外耳、其弊便有這般底出來、以此見聖人言語不（校2）可及（2）。」［學蒙］

（校1）楠本本は「喏」を「若」に作る。
（校2）楠本本は「不」を「下」に作る。
（1）求放心　『孟子』告子上「學問之道無他、求其放心而已矣」。
（2）夫子所以不大段說心～聖人言語不可及　朱子は、孔子が心についてあまり語らなかったのに対して、孟子はこれを説いてしまったため、後世、心に関する過剰な議論という弊害が生じたと説く。巻十九・14条（四二九頁）「論語不說心、只說實事。孟子說心、後來遂有求心之病」。

（第64～67条担当　江波戸　亙）

【68】

ある人「心持ちが虚静であると感じているときは、物事に対応しても不適切になることは少ないのですが、少しでも心持ちが虚静でなくなると、やがて物事に対応することも謬り乱れてしまいます。」

朱子「そういうものだ。しかし、君の場合は凝り固まった虚静を守っているにすぎず、虚静といってもその内側は真っ黒だ。真っ白な虚静を守ることができなくては何にもならない。虚静とは、真っ黒な（暗い）ものを真っ白な（明るい）ものに変えて、内側を八面玲瓏、透き通るようにさせ、虚にして明らかに、顕にして広々とさせなければならず、それでこそ虚静と呼ぶことができるのだ。ただ真っ黒な虚静を固く守るというだけでは何にもならない。」

［沈僴］

或問「覺得意思虛靜時、應接事物少有不中節者。纔是意思不虛靜、少間應接事物便都錯亂。」曰「然。然公又只是守得那塊然底虛靜、雖是虛靜、裏面黑漫漫地（1）。不曾守得那白底虛靜、濟得甚事。所謂虛靜者、須是將那黑底打開成箇白底、教他裏面東西南北玲瓏透徹、虛明顯敞、如此、方喚做虛靜。若只確守得箇黑底虛靜、何用也。」［僩］

（1）雖是虛靜、裏面黑漫漫地　虛静を黒と白に喩える表現は巻一二〇・95条にも見える。

【69】

ある人「二程子の門下では敬を教えますが、恭のことは忘れてしまっています。『中庸』には「篤恭にして天下平らか」とあり、敬は語られていません。恭と敬はどのように違っているのでしょうか。」

朱子「昔、同じ質問を上蔡（謝良佐）にした人がいた。上蔡は「同じではない。恭は平声で、敬は仄声だ」と答えたという。」

同席していた者はみな大いに笑った。

朱子「そんなふうに（恭と敬とはどう違うのかなどと）考えるのではなく、その言葉が語られている箇所に即して考えなさい。ただ並べ比べて質問したところで、何になるというのか。」［廖謙］

有問「程門教人說敬、却遺了恭。中庸說篤恭而天下平（1）、又不說敬。如何恭敬不同（2）。」曰「昔有人曾以此問上蔡（3）。上蔡云、不同。恭是平聲、敬是側聲。」擧坐大笑。先生曰「不是如此理會、隨他所說處理會。如只比並作箇問

頭、又何所益。」　［謙］

（1）篤恭而天下平　『中庸』（章句三三章）「詩曰、不顯惟德、百辟其刑之。是故君子篤恭而天下平」。

（2）如何恭敬不同　恭と敬を関連づけるのは、『論語』子路「居處恭、執事敬」や『孟子』告子上「恭敬之心、人皆有之。……恭敬之心、禮也」に由来する。朱熹は『集注』でそれぞれ「恭主容、敬主事。恭見於外、敬主乎中」、「恭者、敬之發於外者也。敬者、恭之主於中者也」と恭と敬を区別している。両者の区別については、巻六・146条（一一二頁）以下も参照。

（3）昔有人曾以此問上蔡　未詳。

【70】

先生は常々在席の者たちにこう語った。

朱子「学ぶ者はいついかなるときも道理を胸中にめぐり働かせるのだ。」　［王過］

先生嘗語在坐者云「學者常常令道理在胸中流轉（1）。」　［過］

（1）流轉　自在に展開し行き渡る、生き生きと働く。巻十・66条（一七〇頁）「讀誦者、所以助其思量、常教此心在上面流轉」、巻十四・132条（二七四頁）「凡立說須寬、方流轉、不得局定」、巻九三・56条（二三五八頁）「明道說底話、恁地動彈流轉」。流されてあらぬ方へ転じていくことをいう場合もある。巻十六・103条（三三四頁）「此一箇心、須每日提撕、令常惺覺。須刻放寬、便隨物流轉、無復收拾」。

【71】

先生は、ある学友が解釈の際に大げさに話すのを聞いて言われた。

朱子「道理を語るのに、そんなに大騒ぎする必要はない。」〔王過〕

先生見學者解說之際、或似張大、卽語之曰「說道理、不要大驚小怪(1)。」〔過〕

（1）大驚小怪　人を驚かせるような大げさなこと、人の目を引くような奇抜なこと、特別なことととして大騒ぎすること。巻四四・86条（一一三七頁）「而今人所以知於人者、都是兩邊作得來張眉弩眼、大驚小怪」、巻一一三・26条（二七四七頁）「聖人教人如一條大路、平平正正、自此直去、可以到聖賢地位。只是要人做得徹。做得徹時、也不大驚小怪、只是私意剝落淨盡、純是天理融明爾」。

【72】

朱子「今の学ぶ者には二種類しかいない。玄空高妙（仏教まがいの高尚ぶった輩）でなければ、浅薄で外的な物事に汲々としている。」

今之學者只有兩般、不是玄空高妙(1)、便是膚淺外馳。

（1）玄空高妙　地に足の着かない抽象的な議論、卑近を厭い高尚さを求めること。仏教や老荘、あるいはそれに類する者への批判。巻一二六・17条（三〇一三頁）「玄空便是空無物、眞空卻是有物、與吾儒說略同」、巻一〇一・70条（二五六七頁）「如今人說道、愛從高妙處說、便說入禪去、自謝顯道以來已然」。

【73】

近頃の学ぶ者は高尚そうなことばかりに血道をあげる者が多く、身近なところから努力をしないとの先生のお言葉を承けて、張洽が言った。

張洽「近頃の学ぶ者は本当に高尚なものを好むという弊害があります。昔、伊川（程頤）に道とはどのようなものかを質問した者がありましたが、伊川は「いま自分が歩いているところ、それが道だ」と答えています。また明道（程顥）に道とはどのようなものかを尋ねると、明道は（道を）君臣・父子・兄弟のところで求めさせています。このように諸先生の言葉にはまったく高尚な議論はありませんでした。」

朱子「明道の言葉はもちろんその通りなのだが、君臣・父子・兄弟の間にそれぞれのあるべき道理というものがある。それが道なのだ。」

張洽因先生言近來學者多務高遠、不自近處著工夫、因言「近來學者誠有好高之弊。昔有問伊川、如何是道。伊川曰、行處是(1)。又問明道、如何是道。明道令於君臣父子兄弟上求(2)。諸先生之言、不曾有高遠之說。」先生曰「明道之說固如此。然君臣父子兄弟之間、各有箇當然之理、此便是道。」

※巻三五・46条（九一七頁）の後半部分は、本条と同一場面か。記録者は欧陽謙之。

問君子所貴乎道者三。曰「學者觀此一段、須看他兩節、先看所貴乎道者是如何、這箇是所貴所重者、至於一籩一豆、皆是理、但這箇事自有人管、我且理會箇大者。且如今人講明制度名器、皆是當然、非不是學、但是於自己身上大處却不曾理會、何貴於學。」先生因言「近來學者多務高遠、不自近處著工夫。」有對者曰「近來學者誠有好高之弊。有問伊川、如何是道。伊川曰、行處是。又問明道、如何是道。明道令於父子君臣兄弟上求。諸先生之言如此、初不曾有高遠之說。」曰「明道之說固如此。然父子兄弟君臣之間、各有一箇當然之理、是道也。」

(1) 昔有問伊川～行處是　『外書』巻十二・84条（四三二頁）「先生（＝尹焞）嘗問於伊川如何是道。伊川曰、行處是」。

(2) 又問明道～於君臣父子兄弟上求　『外書』巻十二・85条（四三二頁）「先生（＝尹焞）曰、有人問明道先生如何是道。明道先生曰、於君臣父子兄弟朋友夫婦上求」。

【74】

話が今の人の学問に及んだ折に先生が言われた。

朱子「学問は一つの道理を求めることにほかならない。天下にどれだけの言葉が語られたかしらないが、もし自分の内に主となるものがなければ、ひたすら他人に追随するばかりだ。それでどれだけ多くの人が駄目になったことか。我々が日夜この学問を探求しているのは、道理が明らかになり学問が達成され、邪説に惑わされないようになるためなのであって、それでこそ道理がはっきりとわかるのだ。聖賢は本当に到達できるのだ。聖賢の言葉は本当に人を欺かないものなのだ。今の人たちが他人に引っ張られて右往左往しているのは、まったくお笑い草だ。」　［廖謙］

因説今人學問、云「學問只是一箇道理。不知天下説出幾多言語來、若内無所主、一隨人脚跟轉、是壞了多少人。吾人日夜要講明此學、只爲(校1)要理明學至、不爲邪説所害、方是見得道理分明。聖賢眞可到、言話眞不誤人。今人被(校2)人引得七上八下(1)、殊可笑。」　［謙］

（校1）底本は「爲」を「謂」に作るが、諸本に拠り改めた。
（校2）楠本本は「被」を「枝」に作る。
（1）七上八下　どっちつかずで中途半端、右往左往して落ち着かないさま。

（第68～74条担当　宮下　和大）

【75】

ある人が『左伝』の疑問点を質問した。

朱子「君は六経や『論語』『孟子』に（正しい道理を）求めずに、『左伝』にばかり力を注いでいるが、『左伝』に何の道理があるというのか。たとえあったとしても、どれほどのものか。いわゆる「甜《あま》い桃樹を棄却し、山に縁《よ》って醋梨を摘む（甘い桃の樹に見向きもせずに、山に分け入って酸っぱい梨をもぎ取る）」ようなものだ。天が自分に与えてくれたものは光輝く宝石のごときものなのに、それを収めておくこともできず、他人の家に行って小銭を恵んでもらおうとするようなもの、なんと哀れなことか。聖人の言葉を読みさえすれば、どれ一つとして大いなる根本でないものはないことがわかろう。たとえば（『礼記』に）「天高く地下《ひく》く、万物散殊して、礼制行はる。流れて息《や》まず、合同して化し、而して楽興《がく》る（天は高く地は低くというように、万物はそれぞれ異なりつつもそれぞれの有り様で存在し、そこに礼儀の秩序が実現している。あらゆるものは変動して止まらず、和合したり分化したりして、そこに音楽が興る）」とある。そうでなければ、子思がどうして（『中庸』に）「天の命ずるを之れ性と謂ひ、性に率《したが》ふを之れ道と謂ひ、道を修むるを之れ教と謂ふ（天が人に使命として与えたもの、それを性という。その性に従って生きること、それを人としての道という。その道を修得すること、それを教という）」と語ったであろうか。この三句はどうしてこのように語られたのか。それは（人が天より命じられた性が）天地万物の大いなる根本であり、あらゆる変化はすべてここから出ているからなのである。人がこのことをしっかり身を以て察知できてこそ、聖賢の説く道理がすべて自分の胸中より出ていて、外に求める必要などないことが理解できるのだ。

私は以前、呂伯恭（祖謙）が学ぶ者たちに好んで『左伝』を勧めているのを見たので、それを戒めて「『論語』『孟子』や六経の数多くの道理を語らずに、よりにもよって『左伝』を勧めるとは。たとえそこに細々した道理があったとしても、それが何になろうか」と言ってやった。伯恭は（私の言葉を）信じず、後にはさらに『漢書』に説き及んでいた。もし彼が生きていたならば、その先どこまでいったことやら、ますます些末なことに墜ちていったことだろう。本当に陸子静（九淵）に笑われるのも無理はない。子静（の資質や見識）は高い。ただ地道なところがおろそかで、具体的な物事をまったく担えないだけだ。伯恭（の資質と見識）は非常に低く、どうして子静の真似ができようか。」

朱子「人は大本の根源のところで徹底的に理解すべきであり、そうすれば自然と心がすっきりと開かれ、世間の事はすべて些末なことであって論ずるに足らないことが分かるであろう。」

朱子「毎日眼を開けば、この四字［仁義礼智］は目の前にあり、一歩足を踏み出せば（一挙手一投足が）すべて仁義礼智なのだ。この四字に習熟すれば、決壊した川の流れが押しとどめられないように、世間の道理にも通じていくであろう。道理を徹底的に理解してこそ、毎日読んでいる経書も一字一句一点一画に至るまで道理の行き渡ったものでないものはなく、天下の物事も大となく小となく、一つとしてこの道理の現われでないものはないということが分かるはずだ。そうであってこそ、道理というものが渾然とあまねく行きわたり、かたくなで生気を欠いたものではないことが分かるだろうし、それでこそ「天の命ずるを之れ性と謂ふ」ということの全体についても理解できるのだ。今の人はただ自分の理解したものに応じてしゃべっているにすぎず、ある者は一、二分を理解し、ある者は二、三分を理解しているだけで、まったく全体が見えておらず、究極のところに至っていない。だから何も成し得ないのだ。」

［沈僩］

或問左傳疑義。曰「公不求之於六經語孟之中、而用功於左傳。且左傳有甚麼道理。縱有、能幾何。所謂棄却甜桃樹、緣山摘醋梨（1）。天之所賦於我者、如光明寶藏、不會收得、却上他人門教化一兩錢（2）、豈不哀哉。只看聖人所說、無不是這箇大本。如云、天高地下、萬物散殊、而禮制行矣。流而不息、合同而化、而樂興焉（3）。不然、子思何故說箇天命之謂性、率性之謂道、修道之謂教(4)。此三句是怎如此説。是乃天地萬物之大本大根、萬化皆從此出。人若能體察得、方見得聖賢所説道理、皆從自己胸襟流出、不假他求。某向嘗見呂伯恭愛與學者説左傳(5)、某嘗戒之曰、語孟六經許多道理不説、恰限説這箇。縱那上有些零碎道理、濟得甚事。伯恭不信、後來又説到漢書。若使其在、不知今又説到甚處、想益卑矣、固宜為陸子靜所笑也。子靜底是高、只是下面空疏、無物事承當。伯恭底甚低、如何得似他。」又曰「人須是於大原本上看得透、自然心胸開闊、見世間事皆瑣瑣不足道矣。」又曰「每日開眼、便見這四箇字在面前[仁義禮智](校1)、只趯著脚指頭便是(6)。這四箇字若看得熟、於世間道理、沛然若決江河而下、莫之能禦矣(7)。若看得道理透、方見得毎日所看經書、無一句一字一點一畫不是道理(校2)之流行。見天下事無大無小、無一名一件不是此理之發見。如此、方見得這箇道理渾淪周遍、不偏枯、方見得所謂天命之謂性底全體。今人只是隨所見而言、或見得一二分、或見得二三分、都不曾見那全體、不曾到那極處、所以不濟事。」[僩]

(校1) 底本は「仁義禮智」を小字双行注としないが、諸本に拠り改めた。

(校2) 正中書局本・朝鮮整版は「道理」を「此理」に作る。

※本条の冒頭と巻一一八・30条(二八四三頁、記録者は郭友仁)は同一場面の記録か。

鄭子上因赴省經過、問左傳數事。先生曰「數年不見公、將謂有異問相發明、却問這般不緊要者、何益。人若能於大學語孟中庸四書窮究得通透、則經傳中折莫甚大事、以其理推之、無有不曉者。況此末事。今若此、可謂是颺了甜桃樹、沿山摘醋梨也。」

(1) 棄却甜桃樹、緣山摘醋梨　黄庭堅『山谷集』巻十五「贈劉靜翁頌四首」其一「念念皆空更莫疑、心王本自絶多知、艱難長向途中覓、掉却甜桃摘醋梨」。

（2）上他人門教化一兩錢　「化」は施しを受ける、恵んでもらう（募化）の意味。訳文は「教」を使役の意味に解したが、「他人の家に教えに行って」の意味の可能性もあるか。

（3）天高地下～而樂興焉　『礼記』楽記。

（4）天命之謂性、率性之謂道、修道之謂教　『中庸』（章句第一章）。

（5）某向嘗見呂伯恭愛與學者說左傳　呂伯恭（祖謙）には『左氏博議』の著がある。巻八三・22条（二一五〇頁）「呂伯恭愛教人看左傳、某謂不如教人看語孟。伯恭云、恐人去外面走。某謂、看語孟未走得三步、看左傳底已走十百步了。人若讀得左傳熟、直是會趨利避害」。巻一二〇・48条も参照。

（6）躍著脚指頭便是　もと胡氏の語か、未詳。巻三六・2条（九四九頁、記録者は本條と同じ沈僩）「只管說仁之弊、於近世胡氏父子見之。踢著脚指頭便是仁、少間都使人不去窮其理是如何、只是口裏說箇仁字、便有此等病出來」。李光坡『礼記述註』巻二二「朱子嘗言方觀大學、卽說向中庸上、彼此迷暗互相連累。又言、胡氏踢著脚趾卽是仁。蓋當時已患此矣」。

（7）沛然若決江河而下、莫之能禦矣　『孟子』尽心上「舜之居深山之中、與木石居、與鹿豕遊、其所以異於深山之野人者幾希。及其聞一善言、見一善行、若決江河、沛然莫之能禦也」。

【76】

朱子「（君たち）浙中の諸君は、ある者たちは高遠な道理にばかり取り組み、空虚な物事を考えるだけでまったく役に立たず、そのうちやはり利害を算段するばかりになる。またある者たちは地道なところで物事に取り組んでいて少しは役に立ちそうに見えるが、まったく細々とまとまりのないものに取り組むばかりで、これも結局は利害を考えるようになる。横渠（張載）が仏教には「両末の学」があるだけだと言ったようなものだ。両末とは、両極端のことで、その中間の、物事の転換点となる要所についてはまったく理解していないということだ。」

（葉）賀孫「転換点としての要所とはどういうことでしょうか。」

朱子「たとえば（『大学』の）致知格物は、物事に即して道理を考えることだが、高遠なものにばかり取り組む者は、（具体的な）物事を（より奥深い本質の）単なる痕跡と見なして置き去りにし、ただ影も形もない道理を語るばかりだ。とはいえ、そういう者たちがもし卑近なところに降りて来て物事に即して取り組んだならば、むしろ（道理を理解するのは）容易《たやす》い。彼らはすでに高遠な物事を理解しているのだから、労力を費やすこともなく、面倒も省ける。ただ彼らがどうして降りて来ることに納得しようか。一方、地道なところに取り組んでいる者たちはというと、やはりまったく細々と些末なことばかりに終始してしまっている。道理というものは、規模を大きく考えてこそ理解できるのだ。」

そこで伊川（程頤）の「曾子の臨終における心境は、（孟子の）「天下を有《たも》つに、一不義を行ひ、一不辜を殺すは、為さざるなり（天下を統治するのに、不義を行い、無実の者を殺すなどということは、行わない）」と言うのと同じである」という語を取り上げて言われた。

朱子「後世議論を重ねていくうちに、そういった境地が理解されなくなってしまった。大きな者は小さな事に努めることはできるが、小さい者が大きな事に努めようとしても難しいものだ。小さな者は事物の細々としたことに即して取り組むことに終始してしまうのだ。」　［葉賀孫］

「浙中朋友（1）、一等底只理會上面道理、又只理會一箇空底物事、都無用、少間亦只是計較利害。一等又只就下面理（校1）會事、眼前雖粗有用、又都零零碎碎了、少間只見得利害。如横渠說釋氏有兩末之學（2）、兩末、兩頭也、都（校2）是那中間事物轉關（3）處都不理會。」賀孫問「如何是轉關處。」曰「如致知格物、便是就事上理會道理。理會上面底、却棄置（校3）事物爲陳迹（4）、便只說箇無形影底道理。然若還被他放下來、更就事上理會、又却易。只是他已見得上面一段物事、不費氣力、省事了、又那肯下來理會。理會下面底、又都細碎了。這般道理、須是規模大、方理會得。」遂擧伊川說曾子易簀、便與有天下行一不義、殺一不辜不爲一同（5）。「後來說得來、便無他氣象。大底却可（校4）做小、小底要做大却難、小底就事物細碎上理會。」　［賀孫］

（校1）正中書局本・楠本本は「理」を「裏」に作る。
（校2）底本は「都」を「却」に作るが、諸本に拠り改めた。
（校3）朝鮮整版は「置」を「寘」に作る。
（校4）正中書局本・朝鮮整版は「可」を「可以」に作る。

（1）浙中朋友　朱子がいわゆる功利主義として批判した永嘉学派を指す。記録者の葉賀孫も永嘉の人。巻二七・110条（七〇一頁）「因有援引比類說忠恕者、曰、今日浙中之學、正坐此弊、多强將名義比類牽合而說」、巻一一四・16条（二七五七頁）「比見浙間朋友、或自謂能通左傳、或自謂能通史記、將孔子置在一壁、却將左氏司馬遷駁雜之文鑽研推尊、謂這箇是盛衰之由、這箇是成敗之端」、巻一一五・41条（二七八二頁）「浙間士夫又却好就道理上壁角頭著工夫、如某人輩［子善、叔恭。］、恐也是風聲氣習如此」。次の77条も参照。

（2）横渠說釋氏有兩末之學　巻一二六・114条（三〇三六頁）「他（＝釋氏）那妙處、離這知覺運動不得。無這箇、便説不行。只是被他作弄得來精、所以横渠有釋氏兩末之論。只説得兩邊末梢頭、中間眞實道理却不曾識。如知覺運動、是其上一梢也。因果報應、是其下一梢也」。張載（横渠）語の出典は不明。

（3）轉關　巻十五・85条（二九八頁）「格物是夢覺關。誠意是善惡關。過得此二關、上面工夫却一節易如一節了。到得平天下處、尙有些工夫。只爲天下濶、須著如此點檢。又曰、誠意是轉關處。又曰、誠意是人鬼關」。

（4）陳迹　旧跡、（事件や物事の）痕跡、名残。『莊子』天運篇「夫六經、先王之陳迹也、豈其所以迹哉」。

（5）伊川説～殺一不辜不爲一同　『粹言』巻二・103条（一二四〇頁）「子曰、曾子易簀之際、志於正而已矣、無所慮也。與行一不義、殺一不辜而得天下不爲者同心」。なお「曾子易簀」は、『礼記』檀弓上「曾子寢疾病。……曰、華而睆、大夫之簀與。曾子曰、然。斯季孫之賜也。我未之能易也。元起易簀。曾元曰、夫子之病革矣、不可以變。幸而至於旦、請敬易之。曾子曰、爾之愛我也不如彼。君子之愛人也以德。細人之愛人也以姑息。吾何求哉。吾得正而斃焉、斯已矣。擧扶而易之、反席未安而沒」。「有天下行一不義、殺一不辜不爲」は、『孟子』公孫丑上「得百里之地而君之、皆能以朝諸侯有天下。行一不義、殺一不辜而得天下、皆不爲也。是則同」。

（第75～76条担当　松野　敏之）

【77】

先生が浙中のことをお尋ねになった。

劉炎「浙中にはまともに学問のできる者はなかなかおりません。それなりのことが言える者でも、孝悌忠信を言うにすぎません。」

朱子「その四字すら守れていないのだろう。根本から取り組んで、天理がそこから流れ出てくることがわかるようになってこそよいのだ。」［劉炎］

先生問浙間事(1)。某曰「浙間難得學問。會説者、不過孝悌忠信而已。」曰「便是守此四字不得、須是從頭理會來、見天理從此流出便是。」［炎］

（1）浙間事　朱熹の論敵である浙江の永嘉学派のこと。前76条参照。

【78】

邵武の学友たちに言われた。

朱子「君たちの書物の読み方は、緊迫感があって良い。ただ邵武の学風については、書物が読めないとか読み方が切実でないとかという心配はないが、ゆったりとのびやかな気持ちに欠けることだけが気かがりだ。」［葉賀孫］

謂邵武(1)諸友「公看文字、看得緊切好。只是邵武之俗、不怕不會看文字、不患看文字不切、只怕少寛舒意思。」［賀孫］

（1）邵武　現在の福建省邵武市。朱熹の居所の近くに位置する。巻一一四・11条（二七五六頁）「邵武人箇箇急

迫、此是氣稟如此。學者先須除去此病、方可進道」。

【79】

方伯謨（士繇《よう》）は、先生が人に『集注』を読ませるのは良くないとした。蔡季通（元定）氏も、四方から些かの自負を持って学びにやって来た者たちも、まさに（『論語』にいう）「その門を得て入らず」といった具合でどこから取り組んでいいのか分からず去る者も多い、と語った。私（劉炎）はのんびり先生のお側に座っていたが、先生は学友たちに向かって次のように話された。

朱子「読書は自分から進んで努力してこそよいのだ。私も以前非常に苦労して読んだものだ。だから軽々しく人に説明しようとは思わない。已むを得ず注釈を作る場合でも、広く諸先生や先輩方の議論の精粋を集めて書き出し、それを人に読ませたにすぎず、極めて簡要なものであり、（読む者の）手間を大いに省いたつもりだった。ところが、学ぶ者たちはそれを軽く読むばかりで、相変わらず何の力にもならない始末だ。」

当時、先生はたった一人でこの（吾が儒学の）道を継承する責務を担っておられたが、『西銘』や『通書』（の解釈書）、易象に関する諸書を公にしたとたん、四方から議論が湧き出て紛然たる様相であった。一方、江西のある種の学問（陸九淵学派）は、学ぶ者たちをうまく煽動していたが、聖賢（が残した言葉）の奥深い意味についてはまったく深く考えようとしない。学ぶ者たちはその手軽さを喜び、（人の注目を引くような）奇抜な議論に甘んじていて、これに賛同する者もまた多いのだが、結局は（孟子のいわゆる）「ともに堯舜の道に入るべからず」である。だから先生は人を教えるに際して、もっぱら主敬と窮理を第一とさせたのである。それは、学ぶ者がみずから探求し、道理がこういうものであることを理解すれば、おのずと立場が明確になり、議論するまでもなく明らかになるよう願ったからにほかならない。こうした先生の（孟子のいう）「引きて発《はな》たず（弓を引いてまだ矢を放たない）」のお心や、学ぶ者のためを思うお気持ちは大変切実なものである。学ぶ者はこのお気持ちを深くかみしめなければならない。

［劉炎］

方伯謨以先生教人讀集注(1)爲不然。蔡季通丈亦有此語、且謂「四方從學之士稍自負者、皆不得其門而入(2)、去者亦多。」某因從容侍坐、見先生擧以(校1)與學者云「讀書須是自肯下工夫始得、某向得之甚難、故不敢輕說與人。至於不得已而爲注釋者、亦是博採諸先生及前輩之精微寫出與人看、極是簡要、省了多少工夫。學者又自輕看了、依舊不得力。」蓋是時先生方獨任斯道之責、如西銘通書易象諸書(3)方出、四方辨詰紛然。而江西一種學問、又自善鼓扇學者、其於聖賢精義皆不暇深考。學者樂於簡易、甘(校2)於詭僻、和之者亦衆、然終(校3)不可與入堯舜之道(4)。故先生教人、專以主敬窮理爲主。欲使學者自去窮究、見得道理如此、便自能立、不待辨說而明。此引而不發之意(5)、其爲學者之心蓋甚切、學者可不深味此意乎。［炎］

（校1）和刻本は「擧以」を「擧似」に作る。

（校2）楠本本は「甘」を「耳」に作る。

（校3）楠本本は、「終」字を欠く。

（1）先生教人讀集注　巻十九・75条（四三九頁）「諸朋友若先看集義、恐未易分別得、又費工夫。不如看集注、又恐太易了。這事難說。不奈何、且須看集注教熟了、可更看集義」、同・78条（四四〇頁）「因論集義論語、曰、於學者難說。看衆人所說七縱八横、如相戰之類、於其中分別得甚妙。然精神短者、又難教如此。只教看集注、又皆平易了、興起人不得」。

（2）不得其門而入　『論語』子張「夫子之牆數仞。不得其門而入、不見宗廟之美、百官之富。得其門者或寡矣」。

（3）西銘通書易象諸書　朱熹は、張載の『西銘』を解説した『西銘解』と、周敦頤の『通書』を解説した『通書解』を淳熙十五年（一一八八）五九歳のときに公開している。『文集』巻八二「題太極西銘解後」参照。「易象」が何を指すかは未詳。『語類』に次のような発言が見える。巻六六・68条（一六四〇頁）「某嘗作易象說、大率以簡治繁、不以繁御簡」。

（4）不可與入堯舜之道　『孟子』尽心下「萬子曰、一鄕皆稱原人焉、無所往而不爲原人、孔子以爲德之賊、何哉。曰、非之無擧也、刺之無刺也。同乎流俗、合乎汚世、居之似忠信、行之似廉潔、衆皆悅之、自以爲是、而不可與入堯舜之道。故曰、德之賊也」。

（5）此引而不發之意　『孟子』尽心上「君子引而不發、躍如也。中道而立。能者從之」。

【80】

或る人「いわゆる窮理とは、みずからを省みて心に（理を）求めればよいのでしょうか、それとも外物それぞれに（理を）求めればよいのでしょうか。」

朱子「そういうことではない。物事一つ一つすべてに道理があり、それを十分に窮め尽くしてこそ格物（＝物にいたってその理を窮める）だが、この心でなくて、どうやって理を窮めるというのか。まさか物には物の道理があり、心にもまた心の道理があるから、心を枯れさせてまったく物に反応しないようにすればその（心の）道理はおのずと明らかになるなどということはあるまい。絶対にそんなことはあり得ないのだ。自分の心を用いずして、どうやって別に物の上で道理を求めるというのか。物の上の道理をいったい誰が窮めるというのか。近頃の人の学問は、もっぱら空虚で高尚ぶったことばかりを論じて、着実なところから取り組もうとせず、それを悟りだなどと言っている。そういった輩は学問が何たるかを知らないのだ。学問にそんなやり方はない。悟りだなどと言ったとたん、それ以上つきつめて追求したり探求したりできなくなり、共に是非を議論することもできなくなって、ひたすら取り留めのない議論に陥るばかりだ。本当に人を惑わせるものだ。とはいえ、所詮無学の人を欺けるだけのことで、実なる学問のある人であれば、どうして欺かれることがあろうか。悟りを口にすれば、それはもう学問ではないのだ。

諸君に忠告しておくが、まずは細かく丁寧に書物を読みなさい。ろくに書物も読まず、義理（正しい道理）も分からないで、空虚な受け売りの議論ばかりして、一つ二つの句を指摘しては人に質問したり、議論をむやみに押広げて質問したり、甲を引き合いに乙を証明しようと質問したりする者もいるが、それらはみな真面目な読書を志している者ではない。真面目に読書することを志して、本当に一つ一つ考えていったならば、質問することも本当に疑問に思ったのであろうから、答えようもあるというものだ。そうでなければ、お互い何の得るところもなく、ただ一時の無駄話にすぎない。それで何になるというのか。たとえばある一つの書物を読む場合には、ただその書物だけを深く研究すればいいのであって、その冊子の他からたった一字も加えて混ぜ返してはならない。（その書物の）道理が明らかになった暁には、すでに理解できたものによってまだ理解できていないものを考えるようにするのだ。今の学ぶ者たちはむしろ説明できないものにまだ説明できていないものを交えてしまうから、ますます訳がわからなくなってしまって、なんとも可笑しい限りだ。そうやってぼんやり歳月を過ごして、いつまでたってももとのままだ。」　［廖謙］

或問「所謂窮理、不知是反己求之於心、惟復是逐物而求於物。」曰「不是如此。事事物物皆有箇道理、窮得十分盡、方是格物。不是此心、如何去窮理。不成物自有箇道理、心又有箇道理、枯槁其心、全與物不接、却使此理自見。萬無是事。不用自家心、如何別向物上求一般道理。不知物上道理却是誰去窮得。近世有人爲學、專要說空說妙(1)、不肯就實、却說是悟。此是不知學、學問無此法。才說一悟字、便不可窮詰(2)、不可研究、不可與論是非、一味說入虛談、最爲惑人。然亦但能謾得無學底人、若是有實學人、如何被他謾。才說悟、便不是學問。奉勸諸公、且子細讀書。書不曾讀、不見義理、乘虛接渺(3)、指摘一二句來問人、又有漲開其說來問、又有牽甲證乙來問、皆是不曾有志朴實頭(4)讀書。若是有志朴實頭讀書、眞箇逐些理會將去、所疑直是疑、亦有可答。不然、彼已無益、只是一場閑說話爾、濟得甚事。且如讀此一般書、只就此一般書上窮究、冊子外一箇字且莫兜攬(5)來炒(6)。將來理明、却將已曉得者去解得未曉者。如今學者將未能解說者却去參解說不得者、鶻突好笑。悠悠歲月、只若人耳。」〔謙〕

（1）近世有人爲學、專要說空說妙　巻一二一・29条および31条参照。

（2）窮詰　とことん探求する、深く追求する。巻五九・9条（一三七六頁）「孟子當時辨得不恁地平鋪、就他（＝告子）蔽處撥啓他、却一向窮詰他」、巻九四・97条（二三八五頁）「只是這道理層層流轉、不可窮詰、太極圖中盡之」。

（3）乘虛接渺　確かな根拠もなく人の説を受け売りする。巻八・89条（一四〇頁）「今人將作箇大底事說、不切己了、全無益。一向去前人說中乘虛接渺、妄取許多枝蔓、只見遠了、只見無益於己」、巻二〇・35条（四五二頁）「向來記得與他（＝彪德美）說中庸鬼神之事、也須要說此非功用之鬼神、乃妙用之鬼神、袞纏說去、更無了期。只是向高乘虛接渺說了」。「承虛接響」も同義。巻一一六・46条（二八〇二頁）「……亦只是見已前人如此說、便承虛接響說取去。如矮子看戲相似、見人道好、他也道好」。
（4）朴實頭　素朴、実直、素直。巻二一・30条（四八七頁）「衆人只是朴實頭不欺瞞人、亦謂之忠」、巻一〇二・4条（二五九七頁）「元來是箇天資自好、朴實頭底人、初非學問之力」、巻十九・23条（四三二頁）「看文字、且須看其平易正當處。孔孟教人、句句是樸實頭」。
（5）兜攬　まとめて引き受ける、関わり合う。巻一三四・77条（三二一四頁）「溫公是說合從爲六國之便。觀當時合從時、秦也是懼。蓋天下盡合爲一、而秦獨守關中一片子地、也未是長策。但它幾箇心難一、如何有箇人兜攬得他、也是難」。
（6）炒　騒ぎ立てる、混ぜ返す。巻十二・15条（二〇〇頁）「古人瞽史誦詩之類、是規戒警誨之意、無時不然。便被他恁地炒、自是使人住不着」、巻一〇九・14条（二六九六頁）「蓋州郡財賦各自不同、或元初立額有厚薄、或後來有增減、少間人盡占多處去。雖曰州郡富厚、被人炒多了、也供當不去」。

（第77～80条担当　石山　裕規）

【81】

ある人「日々の心がけや行ないについては簡易（すっきりとして余計なものがない）と感じられるようになりましたが、ぼんやりとしてまだ得るものがありません。」

朱子「簡易だと感じているのならば、当然得たものがあるはずだ。それなのにぼんやりとして得るものがないと言うのはどういうことなのか。」

ある人「以前の学問が多岐にわたり煩瑣になっていたのと比べると、最近はすっきり簡略になったと感じているにすぎません。私は道を得ようなどという大それたことを望んでいるのではなく、ただ何か（学問の）取っかかりを得たいと思っているだけです。」

朱子「君が得るもののない原因は、まさに不届きにも簡易を求めるからだ。揚子雲（雄）は（『法言』で）「すでに簡、すでに易なれば、焉くんぞ支ならん、焉くんぞ離ならん（簡易である以上、どうして支離、すなわち細々として煩瑣であろうか）」、「支離は簡易たる所以なり（支離であることは、簡易であるための方法である）」と言っている。人は必ず（『中庸』にいうように）「博く之を学び、審らかに之を問ひ、慎みて之を思ひ、明らかに之を弁じ、篤く之を行ふ」段階を経て、その後で簡易の境地に到達するのだ。もしこうした学問修養を行わず、一足飛びに聖賢の境地に到達できるとしたら大いにお手軽な話だが、それでは古人はどうしてこのように「博学・審問・慎思・明弁・篤行」に努めたのか。そもそもこの五つには先後の順番はないが、その時々の重点の置き方に違いがある。「博学」をしているときには「審問」をしている暇はないとか、「審問」をしているときには「慎思」をしている暇はないとか、「慎思」をしているときには「明弁」をしている暇はないとか、「明弁」をしているときには「篤行」をしている暇はないなどと言うことはできないのだ。五つは最初（博学）から（順番に）やっていって、（その着手に）ほんのわずかな時間差があるだけで、（実際には五つが同時進行しているので）まったく先後の順番はない。このように修養に努めていけば、いずれ自然と簡易の境地に行き着くのだ。［周謨の記録：「包顕道（揚）が手紙でこのことを論じたので、先生は面前でこのようにお話になった。」］孟子は「博く学びて詳らかに之を説くは、将に以て反りて約を説かんとすればなり。（博く学んで事細かに説明するのは、むしろすっきりと簡潔にしたいからである）」と言い、『論語』には「我を博むるに文を以てし、我を約するに礼を以てす（先生は、学問によって私を博くし、礼によって私を集約して下さる）」とある。まず博く学んでから（要点を得て）集約できるのだ。どうしていきなり集約できようか。もし人が最初から簡易を心がけ、「博学・審問・慎思・明弁・篤行」を行なうことを知らなければ、将来必ずや異端の学問に陥ってしまうだろう。」　［金去偽］［周謨の記録も同じ］

或問「所守所行、似覺簡易(1)、然茫然未有所獲。」曰「既覺得簡易、自合有所得、却曰茫然無所獲者、如何。」曰「比之以前爲學多岐、今來似覺簡略耳。愚殊不敢望得道、只欲得一箇入頭處。」曰「公之所以無所得者、正坐不合簡易。揚子雲曰、以簡以易、焉支焉離。蓋支離所以爲簡易也(2)。人須是博學之、審問之、愼(校1)思之、明辨之、篤行之(3)、然後可到簡易田地。若不如此用工夫、一蹴便到聖賢地位、却大段易了、古人何故如此博學審問愼思明辨篤行乎。夫是五者、無先後、有緩急。不可謂博學時未暇審問、審問時未暇愼思、愼思時未暇明辨、明辨時未暇篤行。五者從頭做將下去、只微有少差耳、初無先後也。如此用工、他日自然簡易去。」［謨錄注云「包顯道以書論此、先生面質如此。」］孟子曰、博學而詳説之、將以反説約也(4)。語云、博我以文、約我以禮(5)。須是先博然後至約、如何便先要約得。人若先以簡易存心、不知博學審問愼思明辨篤行、將來便入異端去(6)。」　［去僞］［謨同］

（校1）正中書局本・和刻本・楠本本は「愼」を「謹」に作る。以下同じ。

（1）簡易　朱熹はしばしば陸九淵の学問が「簡易」を求めるものであるとして批判している。巻一一五・48条（二七八四頁）「問、欲求大本以總括天下萬事。曰、江西便有這箇議論。須是窮得理多、然後有貫通處。今理會得一分、便得一分受用。理會得二分、便得二分受用。若一以貫之、儘未在。陸子靜要盡掃去、從簡易。某嘗説、且如做飯。也須趁柴理會米、無道理合下便要簡易」。本卷・79条も参照。

（2）揚子雲曰～支離所以爲簡易也　揚雄『法言』巻六・五百篇「或問、天地簡易、而聖人法之、何五經之支離。曰、支離蓋其所以簡易也。已簡已易、焉支焉離」。
（3）博學之～篤行之　『中庸』（章句二〇章）。
（4）孟子曰、博學而詳說之、將以反說約也　『孟子』離婁下。
（5）語云、博我以文、約我以禮　『論語』子罕「顏淵喟然歎曰、仰之彌高、鑽之彌堅、瞻之在前、忽焉在後。夫子循循然善誘人、博我以文、約我以禮。欲罷不能、既竭吾才、如有所立卓爾。雖欲從之、末由也已」。
（6）將來便入異端去　巻一三〇・65条（三一一一頁）「它（二蘇）見佛家之說直截簡易、驚動人耳目、所以都被引去」。

【82】

朱子「ここ数日、書院に留まっている学友たちのことばかりが気にかかる。あちらでどうしているだろう。（『孟子』に）「孔子陳に在りて、魯の狂士を思ふ（孔子は外遊先の陳で故郷の魯の若者たちのことを思った）」とあるが、孟子の記録は、元々はこの（『論語』と同じ）説にすぎなかったのだ。（『論語』にいう）「狂簡」であり、（『孟子』にいう）「其の初めを忘れず」は（『論語』にいう）「これを裁つ所以を知らず」だ。当時、孔子は自分に随行して外地にいる者たちのことは日々直接面倒をみてやることができたが、魯に留まっている者はどうなっているのかわからなかった。それでも（彼らを評して）「章を成す」と言っている。「章を成す」とは、それなりに首尾一貫していてまとまりがあるということで、その点では異端の者も同じだ。仏教の説にもそれなりのまとまりがあり、道家の説にもそれなりのまとまりがある。だいたいまだ出来上がっていない者は救いようがあるが、すでに出来上がってしまった者こそ気がかりだ。」［このとき先生は郡中におられた。］　［呉必大］

先生言「此兩日甚思諸生之留書院者、不知在彼如何。孔子在陳、思魯之狂士(1)。孟子所記、本亦只是此說。狂狷(2)卽狂簡(3)、不忘其初(4)、卽不知所以裁之(5)。當時隨聖人在外底、却逐日可照管他。留魯者、却不見得其所至如何、然已(校1)說得成章(6)了。成章是有首有尾、如異端亦然(7)。釋氏亦自說得有首有尾、道家亦自說得有首有尾。大抵未成者尙可救、已成者爲足(校2)慮。」［時先生在郡中(8)。］　［必大］

(校1)正中書局本・和刻本は「已」を「巳」に作る。以下同じ。
(校2)楠本本は「足」を「是」に作る。
(1)孔子在陳、思魯之狂士　『孟子』尽心下「萬章問曰、孔子在陳曰、盍歸乎來。吾黨之士狂簡、進取、不忘其初。孔子在陳、何思魯之狂士。孟子曰、孔子不得中道而與之、必也狂獧乎。狂者進取、獧者有所不爲也」。
(2)狂狷　『論語』子路「子曰、不得中行而與之、必也狂狷乎。狂者進取、狷者有所不爲也」。
(3)狂簡　注(1)参照。
(4)不忘其初　注(1)参照。
(5)不知所以裁之　『論語』公冶長「子在陳曰、歸與。歸與。吾黨之小子狂簡、斐然成章、不知所以裁之」。
(6)成章　注(5)参照。
(7)如異端亦然　巻二九・63条(七四三頁)「便是異端、雖聖人之道不同、然做得成就底、亦皆隨他所爲、有倫序有首尾可觀也」。

（8）郡中　朱熹はこのとき知南康軍。南康軍は、現在の江西省星子県。

【83】

ある人「以前ある人が、外に求めて（外から）内に取り入れたものはすべて正しくない、というのを聞きました。」

朱子「飯を食うのも外から内に取り入れることだ。もしそれが正しくないのならば、必ず腹を壊すはずで、どうして落ち着いて食べていられようか。そもそも腹が減って食べるのは、内から求めているのだ。読書もまた然り、書物は外にあるが、それを読んでその道理に通じるのは自分の内のことなのだ。それをどうして外から取り入れたなどと呼べようか。何が何でも書物をすべて捨て去り、別のところに道理を求めようというのは、まさしく異端の説だ。」

［呉琮］

或云「嘗見人說、凡是外面尋討入來底、都不是。」曰「喫飯也是外面尋討入來。若不是時、須在(校1)肚裏做病。如何又喫得安穩。蓋飢而食者、即是從裏面出來。讀書亦然、書固在外、讀之而通其義者却自是裏面事、如何都喚做外面入來得。必欲盡捨詩書而別求道理、異端之說也。」　［琮］

（校1）底本は「在」を「是」に作るが、諸本に拠り改めた。

【84】

朱子「天下の道理はもともと平易ですっきり簡潔なものなのだ。人はその中で人欲を見極め天理に復帰し、隅々まで明白にすればよいだけのことだ。いま明白なところにおいて（道理を）求めないで、かえって偏った片隅のようなところで求めるならば、たとえいささかの道理が得られたとしても、それがいったい何になるというのか。今日の諸君の弊害は、自分はこの道理を理解しているが他の人は知らない、といった類のことを言おうとすることだ。どうしてそんなことがあろうか。道理はただ一つなのであって、それを明らかにできるかどうかだけなのだ。どうして、人にはできないが自分一人だけができるなどということがあろうか。もしそうならば、それは間違っているのだ。」

［鄭可学］

天下道理自平易簡直。人於其間、只是爲剖析人欲以復天理、教明白洞達、如此而已(校1)。今不於明白處求、却求之於偏旁處、縱得些理、其能幾何。今日諸公之弊、却自要説一種話云、我有此理、他人不知。安有此事。只是(校2)一般理、只是要明得、安有人不能而我獨能之事。如此、則是錯了。［可學］

（校1）正中書局本は「已」を「已」に作る。

（校2）朝鮮整版は「只是」を「理只是」に作る。

【85】

朱子「学ぶ者たちは同じようにここにいて、同じようにともに議論していても、後になって話してみると、それぞれに問題がある。つまるところ、上があっても（高いレベルの本質的な問題が理解できていても）下がない（地道な努力が欠けていたり）か、下があっても上がないかの二つ、あるいは表皮はあっても（外面的なことは理解できていても）内臓がない（内面的なことが理解できていない）か、内臓はあるが表皮はないかの二つに集約できる。どうしてそうなってしまうのだろうか。」

呉必大「学問や修養が途切れがちになってしまうからで、それもやはり気質の偏りがそうさせているのではないでしょうか。」

朱子「たしかに気質ということはある。しかし、より大きな問題は緻密でないことにあるのだ。常々思うのだが、今の人の読書はむしろ漢代の儒者のようであるべきだ。漢代の儒者はそれぞれある一経を専門にし極めて緻密に読んでいた。今の人はちょっとこれを読んだかと思うと、すぐに別のものを読んで、結局何も理解できない。」［呉必大］

「學者同在此、一般講學、及其後説出來、便各有差誤。要其所成、有上截底無下截(1)、有下截底無上截、有皮殼底無肚腸、有肚腸底無皮殼。不知是如何。」必大曰「工夫有間斷、亦是氣質之偏使然。」曰「固是氣質、然大患是不子細。嘗謂今人讀書、得如漢儒亦好(2)。漢儒各專一家、看得極子細。今人才看這一件、又要看那一件、下梢都不曾理會得。」［必大］

（1）有上截底無下截　「上截」は高いレベルの境地に関する議論、「下截」は卑近なところに立脚した地道な努力を指し、『論語』憲問の「下學而上達」や『易』繫辞上の「形而上／形而下」の区分に通じる。巻十二・83条（二一〇頁）「如釋老等人、却是能持敬。但是他只知得那上面一截事、却沒下面一截事。覺而今恁地做工夫、却是有下面一截、又怕沒那上面一截。那上面一截、却是箇根本底」、巻六四・159条（一五九〇頁）「尊德性至敦厚、此上一截、便是渾淪處。道問學至崇禮、此下一截、便是詳密處。道體之大處直是難守、細處又難窮究。若有上面一截、而無下面一截、只管道是我渾淪、更不務致知、如此則茫然無覺。若有下面一截、而無上面一截、只管要纖悉皆知、更不去行、如此則又空無所寄」。次の86条も参照。

（2）得如漢儒亦好　巻一三五・48条（三二二八頁）「漢儒初不要窮究義理、但是會讀、記得多、便是學」、巻八〇・97条（二〇九二頁）「凡先儒解經、雖未知道、然其盡一生之力、縱未說得七八分、也有三四分。且須熟讀詳究、以審其是非而爲吾之益。今公纔看着便妄生去取、肆以己意、是發明得箇甚麼道理」、巻一一三・30条（二七四八頁）「只看論語一書、何嘗有懸空說底話。只爲漢儒一向尋求訓詁、更不看聖賢意思、所以二程先生不得不發明道理、開示學者、使激昂向上、求聖人用心處、故放得稍高。不期今日學者乃捨近求遠、處下窺高、一向懸空說了、扛得兩脚都不著地。其爲害、反甚於向者之未知尋求道理、依舊在大路上行」、巻一三七・34条（三二六三頁）「劉淳叟問、漢儒何以溺心訓詁而不及理。曰、漢初諸儒專治訓詁、如教人亦只言某字訓某字、自尋義理而已。至西漢末年、儒者漸有求得稍親者、終是不曾見全體」。

（第81～85条担当　戸丸　凌太）

【86】

（『論語』学而の第）二十五条（「未だ貧しくして楽しみ、富みて礼を好む者にしかざるなり」）を見て言われた。

朱子「これはちょうど前条（「貧しくして諂ふこと無く、富みて驕ること無し」）とは反対で、上の段階（高いレベルの境地に関すること）はあるが下の段階（卑近なところに立脚した地道な努力についてのこと）がない。資質の高い者はもちろん富貴に煩わされることはないが、それより下の者はやはりどう対処すべきかを考えなければならない。もちろん「貧しくして楽しむ」のは「諂ふこと無し」にまさるし、「富みて礼を好む」のは「驕ること無し」よりも優れている。とはいえ、（下の段階の）「諂ふこと無し」「驕ること無し」のできていない者は、先ずはその点で修養に努めなければならないのだ。

先頃、ある文集にこんな話があった。生まれながら碁の才能に恵まれ、きわめて高いレベルの者がいた。その者はついには都に上って碁の名手に会った。名手はその者と碁を打ち終えると「私について来て、私が人と碁を打つのを見ていなさい」と言った。半年の間言われたようにしていたが、名手はついにその者を放免した。その者が「ながらくお伴をしてきましたが、いまだにご教示を賜り腕を上げるに至っておりません」と言うと、名手は「君はもともと碁の高い手を分かっていたが、ただ低い手を知らなかったので、人と打つ際に誤ってしまうのではないかと恐れたのだ。私が君を半年間連れて歩いたのは、ただ低い手を知って欲しかったのだ」と言ったという。」

碁のことに話題が及んだのに因んで、

朱子「『黙堂集』にもう一つこんな話がある。二人の者が碁を打っていて、まさに一手を争う緊迫した場面であったとき、一人が急にその争っている局面を捨て、どうでも良さそうなところに一手を打った。見ていた人たちはみなその理由が分からなかった。終わった後、ある人が尋ねたところ、その人は「争っていたところはすでに決着がついていましたが、あのとき私が打った一手も、その先の局面を左右するものだったので、急いで先に一手打っておかなければならなかったのです。もちろん相手は必ずしも気づいていなかったでしょうが」と言った。さらに「相手が気づいていないことを知っていたのなら、どうして急いで打つ必要があったのか」と尋ねると、「相手にとってはどうでもよいことでも、私にとっては最善を尽さなければならなかっただけです」と答えたという。天下のことはすべてこうでなければならず、碁のことだけにとどまらない。」［黄畲］

看二十五條[1]、曰「此正[校1]與前段相反、却有上截無下截[2]。天資高底、固有能不爲富貴所累、然下此者亦必思所以處之。貧而樂者固勝如無諂、富而好禮者固勝如無驕[3]。若未能無諂無驕底、亦須且於此做工夫。頃見一文集[4]云、有一人天資善弈、極高、遂入京見國手。國手與之下了、但云可隨我諸處、看我與人弈。如此者半年、遂遣之。其人曰、某隨逐許時、未蒙教得有所長。國手曰、汝碁本高、但未曾識低著、却恐與人下時錯了。我帶你去半年、只是欲汝識低著耳。」因論碁、又曰「默堂集[5]中亦載一説、有兩箇對弈、方爭一段、甚危。其人忽舍所爭、却別於閑處下一著、衆所不曉。既畢、或問之。曰、所爭處已自定、此一著亦有利害、不可不急去先下一著、然對者固未必曉。問者曰、既見得其人未必曉、又何用急去下。曰、在彼雖可忽、在我者不可不盡耳。天下事皆當如此、不獨弈也。」［畲］

(校1) 楠本本は「正」を「五」に作る。

(1) 二十五條　未詳。以下話題になっているのは『論語』学而の「子貢曰、貧而無諂、富而無驕、何如。子曰、可也。未若貧而樂道。富而好禮者也。子貢曰、詩云、如切如磋、如琢如磨。其斯之謂與。子曰、賜也、始可與言詩已矣、告諸往而知來者也」。あるいは、下文にいう「前段」が「子貢曰、貧而無諂、富而無驕、何如」を指すと思われることから、『論語』学而の言葉を冒頭から章立て以上に細かく分けると「子曰、可也。未若貧而樂道。富而好禮者也」がおよそ二十五条目になるか。

（2）有上截無下截　前85条注（1）参照。

（3）貧而樂者固勝如無諂、富而好禮者固勝如無驕　『論語』学而。前注（1）参照。

（4）頃見一文集　巻一一七・55条（二八三二頁）に陳了翁の説として同様の話題を語っている。「……昔陳了翁說、一人棊甚高、或邀之入京參國手。日久在側、並無所教、但使之隨行擕棊局而已。或人詰其故、國手曰、彼棊已精、其高著已盡識之矣。但低著未曾識。教之隨行、亦要都經歷一過」。陳了翁は陳瓘（一〇五七〜一一二二）、字は瑩中、号は了翁あるいは了斎、南剣州沙県の人。『默堂集』巻十九「答蕭茂德別紙」にこの話題が見えるが、話の筋がやや異なる。注（5）参照。

（5）默堂集　陳淵の作。陳淵（?〜一一四五）、字は幾叟。早年程子に、後に楊時に師事する。楊時の女婿。注（4）に見える陳瓘の姪孫。

【87】

政和からの客人が同席していた。

朱子「君たちのところはまったく読書をしない。他の書物はともかくとして、六経・漢書・唐書・諸子など喫緊のものも読まないようではどうしようもない。そんなに高価なわけでもあるまい。それでも買えないというのであれば、人に頼んで借りて来て読んでもよい。どうしてひたすら時文（科挙の答案集）ばかりを読んでいてよかろうか。それでどうして秀才（科挙を志す者）の名を我が身に担えよう。秀才であるからには、高遠で奥深い道理とか何かを考えなければならないのは言うまでもないが、それ以前に昔の聖賢が世にあまねく教えを立てたのはどういう意図なのかとか、古今の盛衰存亡治乱の実状はどのようであったのかとか、古くからの人や物事についての議論がどのようであったのかとかいうことも知らなければならない。こうした多くの目の前にあることを何も知らないで、どうして士人たり得よう。多くのことを知ってこそ、一人前の人になれるのだ。」

朱子「これまでの人は読書をしても科挙のためで、それはすでに下《げ》のことであった。今ではまったく読書もせずに科挙に赴くとは、下の下だ。もし今の世の習いに従うならば、官位を得て位を三公や宰相まで極めたとしても、ただの見識のない人物にすぎない。古の聖賢の教えに依拠してやっていけば、どれだけ貧賤を極め、みずから耕すような身の上であっても、胸の内はおのずと広々として、（高位高官ではあるが）薄汚れた卑しい輩を見ても、犬や豚にも及ばないと見なすだろう。」

朱子「いま人はやはり先ずは志を立て、目指すところを明確にしなければならない。はたして自分はどんな人間になろうとしているのか、聖賢になろうとしているのか、それとも適当にやっていくつもりなのか。天が自分を人として生んでくれているのに、ただこんなふうにしているだけでよいのか。そういったことを、何もない時でも考えなければならない。聖賢はもともと自分と同じなのか、それとも違うのか。天地はたくさんのものを人に与えてくれているが、聖賢だけを厚遇し自分は冷遇されているわけではないとしたら、（自分にも）四端（仁義礼智という道徳的根拠）はあるのかないのか。ひたすら世俗の垢にまみれてあくせく生きていて、四端が現われ出たことに気づくことがあったのかなかったのか。先ずはそうしたことをみずから考えてみなさい。何を言ってやっても最も甲斐がないのは、志が低級で、その先にある多くの道理をまったく考えようとしない者たちだ。君たちはいま不味い魚の塩漬けばかりを食べていて、美味い牛や豚の肉があることを知らないようなものだ。美味い牛や豚の肉を食べたならば、自然に魚の塩漬けが不味いということがわかるだろう。」

朱子「『論語』に「学びて時にこれを習ふ（亦た説《よろこ》ばしからずや）」とあるが、君たちはふだん「学」ぼうとしたのかどうか、「習」おうとしたのかどうか、「学」ぶとは何を学ぶのか、「習」うとは何を習うのか、「説」ばしい気持ちになったことがあるのかどうか、先ずはそういったことを自分で考えてみなさい。先ずはしっかりと見極めるのだ。聖賢の書物を読み、熟読すればおのずと分かるはずだ。たとえば孟子のいう「（王何ぞ必ずしも利を曰はん）亦た仁義有るのみ」なども、注釈を待つまでもない。どうして孟子は人に「利」を捨て「義」に依拠させたのか、今の人はどうして「義」を去って「利」に赴くのか。」［葉賀孫］

政和（1）有客同侍坐。先生曰「這下人全不讀書。莫説道教他讀別書、只是要緊如六經漢書唐書（校1）諸子、也須著讀始（校2）得。又不是大段直錢了。不能得他讀、只問人借將來讀、也得。如何一向只去讀時文。如何擔當箇秀才名目在身己上。既做秀才、未説道要他理會甚麼高深道理、也須知得古聖賢所以垂世立教之意是如何、古今盛衰存亡治亂事體是如何、從古來人物議論是如何。這許多眼前底都全不識、如何做士人。須是識得許多、方始成得箇人。」又云「向來人讀書爲科擧計、已自是末了。如今又全不讀而赴科擧、又末之末者。若以今世之所習、雖做得官、貴窮公相、也只是箇沒見識底人。若依古聖賢所教做去、雖極貧賤、身自躬耕、而胸次亦自浩然、視彼（校3）汚濁卑下之徒、曾犬彘之不若。」又曰「如今人也須先立箇志趣、始得。還當（2）自家要做甚麼人、是要做聖賢、是只要苟簡做箇人。天教自家做人、還只教恁地便是（校4）了、閑時也須思量著。聖賢還是元與自家一般、還是有兩般。天地交付許多與人、不獨厚於聖賢而薄於自家、（校5）是有這四端（3）、是無這四端。只管在塵俗裏面袞、還曾見四端頭面、還不曾見四端頭面。且自去看。最難說是意趣卑下、都不見上面許多道理。公今如只管去喫魚鹹、不知有芻豢之美(4)。若去喫芻豢、自然見魚鹹是不好喫物事。」又云「如論語說學而時習之(5)、公且自看平日是曾去學、不曾去學。曾去習、不曾去習。學是學箇甚麼。習是習箇甚麼。曾有說意思、無說意思。且去做好。讀聖賢之書、熟讀自見。如孟子說亦有仁義而已(6)、這也不待注解。如何孟子須教人舍利而就義。如今人如何只去義而趨利。」〔賀孫〕

（校1）楠本本は「唐書」を「唐」に作る。
（校2）楠本本は「得」の前に「書」の字が入る。
（校3）諸本、および底本の初版（一九九四年）は「彼」を「被」に作る。
（校4）和刻本は「是」を「足」に作る。
（校5）正中書局本・朝鮮整版は「是」の前に「自家」が入る。
（1）政和　福建省北部の地名。朱熹の居所に近い。
（2）還當　各種辞書類には見えず未詳。下文に選択疑問文が続く用例が多い。「はたまた、はたして、いったい」等の語気を表すか。巻十三・32条（二二六頁）「眞知者、還當眞知人欲是不好物事否」、巻五九・156条（一四一一頁）「放心還當將放了底心重新收來、還只存此心便是不放」、巻一一四・26条（二七六〇頁）「如公讀論語、還當文義曉得了未」。
（3）四端　『孟子』公孫丑上「惻隱之心、仁之端也。羞惡之心、義之端也。辭讓之心、禮之端也。是非之心、智之端也。人之有是四端也、猶其有四體也」。
（4）芻豢之美　『孟子』告子上「聖人先得我心之所同然耳。故理義之悅我心、猶芻豢之悅我口」。

（5）學而時習之　『論語』学而「子曰、學而時習之、不亦說乎」。

（6）亦有仁義而已　『孟子』梁恵王上「孟子見梁惠王。王曰、叟不遠千里而來。亦將有以利吾國乎。孟子對曰、王何必曰利。亦有仁義而已矣」。

（第86～87条担当　佐々木　仁美）

【88】

曾点について質問した。

朱子「今の学ぶ者たちにはまったく曾点の気象（その境地が醸し出す雰囲気）が見受けられない。まるまる一日かけても一字の落ち着き処を理解することすら覚束ないのに、どうして曾点と同じ境地を望み得ようか。曾点は本当にこの道理を活き活きとあざやかに捉え得ていたのだ。君たちのような取り組み方で、どうして彼に及ぶことができようか。」

質問「学ぶ者たちは富貴や利禄を求めるといった世俗的な心をすっきり取り除いてはじめて曾点の気象を云々することができるのであり、また修養のしどころも出てくるのではないでしょうか。」

朱子「それは大いに外面的で大まかな事柄だ。いつも言っているように、そういった心に打ち克つのに難しいことはなく、まったく急を要さないことだ。他の人の場合はどうだか分からないが。内面の修養にこそ、克服すべき極めて微細で取り組みの難しいところがあるのだ。単に外面の富貴利祿の心のみであれば、語るに足りない。そんなものすら克服できないようで、何が学問だ。学ぶ者の内面にこそ、多くの欠点があるものだ。人も様々で、自分がこれが重要で克服しがたいと思っていても、他の人の欠点はそこになかったりする。もしすべての人をこれで律し、これを克服してこそ別のことに取り組めるなどと教えても、もともとその欠点がない者は気が抜けてしまう。こちらを優先すると、あちらがなおざりになるものだ。だからこうした道理はきわめて難しいもので、つまりはあらゆる方面に努力せねばならないということだ。優先順位を問題にせず、ただただ正しいことは謹んで行い、正しくないことはきつく禁じて、それが出て来ないようにするのだ。だから（『大学』に）「是の故に君子は其の極を用ゐざる所なし（だから君子はいかなるときでも最善を尽くす）」、（『中庸』に）「是の故に君子は其の睹ざる所に戒愼し、其の聞かざる所に恐懼す。隠れたるより見《あら》はるるは莫く、微かなるより顕らかなるは莫し（だから君子は見えないところ聞こえないところでこそ懼れ謹む。隠れたところ微細なところほどはっきりと現れるものはないからである）」といい、また（『論語』に）「仁以て己が任と為す、亦た重からずや（仁を己の任務とする。なんと重い務めであることか）」というのだ。四方八方、あらゆる方面に配慮しなければならない。もし一箇所でも粗漏があると、弊害はその隙間から入ってくるのだ。戦をする場合でも、山川のあらゆる経路や峻険な要害は、ことごとく防衛せねばならない。姜維が蜀を守ったときも、彼は強力な兵隊で正規の経路さえ守っていれば魏の軍隊は入って来られないとふんでいたが、ところが鄧艾はなんと陰平・武都から侵入し、その背面に出たのである。姜維は当初、あそこは峻険なので人は入って来られないと言うばかりで、注意の行き届いていないところにこそ隙があるということを知らず、賊徒の侵入を許してしまったのだ。学問修養もこれと同じで、だからこそ難しいのだ。「是の故に君子は其の極を用いざる所なし」の一句を見るだけでも分かるだろう。

いま一生を出世にかまけて満足を知らない者もいる。また平凡な官職で満足する者もいる。また官職などまったく求めず、ただずるずると安逸を貪り、私は官職などいらないし、善を行う力もないなどと開き直って、何事もなく日々を過ごしていくものもいる。また、最初こそいい人だったが、終わりには悪くなってしまう人もいるし、最初は悪かったが、終いにはよくなる人もいる。そういう人間は多い。また宰相にまでなったのに満足せず、さらにその地位に長く留まろうと腐心するものもいる。本当に人は様々だ。」［沈僩］

問曾點(1)。曰「今學者全無曾點分毫氣象。今整日理會一箇半箇字有下落、猶未分曉、如何敢望他。他直是見得這道理活潑潑地快活。若似而今諸公様做工夫、如何得似它。」問「學者須是打疊(2)得世間一副當(3)富貴利祿底心、方可以言曾點氣象、方有可用功處。」曰「這箇大故是外面粗處。某常説、這箇不難打疊、極未有要緊、不知別人如何。正當是裏面工夫極有細碎難理會處、要人打疊得。若只是外面富貴利祿、此何足道。若更這處打不箇透(校1)、説甚麼學。正當學者裏面工夫多有節病(4)。人亦多般様、而今自家只見得這箇重、便説難打疊、它人病痛又有不在是者。若人人將這箇去律它、教須打併(5)這箇了、方可做那箇、則其無此病者、却覺得緩散無力。急這一邊、便緩却那一邊。所以這道理極難、要無所不用其力。莫問他急緩先後、只認(6)是處便奉行、不是處便緊閉、教他莫要出來。所以説、是故君子無所不用其極(7)、是故君子戒愼乎其所不覩、恐懼乎其所不聞。莫見乎隱、莫顯乎微(8)。又曰、仁以爲己任、不亦重乎(9)。四方八面、盡要照管得到。若一處疏闕、那病痛便從那疏處入來。如人廝殺、凡山川途徑、險阻要害、無處不要防守。如姜維守蜀、它只知重兵守著正路、以爲魏師莫能來、不知鄧艾却從陰平武都而入、反出其後(10)。它當初也説那裏險阻、人必來不得。不知意之所不備處、才有縫罅、便被賊人來了。做工夫都要如此、所以這事極難、只看是故君子無所不用其極一句便見。而今人有終身愛官職不知厭足者。又有做到中中官職便足者。又有全然不要、只恁地懶惰因循、我也不要官職、我也無力爲善、平平過者(校2)。又有(校3)始間是好人、末後不好者、又有始間不好、到末好者、如此者多矣。又有做到宰相了、猶未知厭足、更要經營久做者。極多般様。」［僩］

（校1）正中書局本・朝鮮整版は「打不箇透」を「打不透」に作り、和刻本・楠本本は「打一箇透」に作る。

（校2）楠本本は「平平過者」を「平過者」に作る。

（校3）楠本本は「又有」の後に「平」が入る。
（1）曾點　『論語』先進「點、爾何如。鼓瑟希、鏗爾、舍瑟而作。對曰、異乎三子者之撰。子曰、何傷乎。亦各言其志也。曰、莫春者、春服既成。冠者五六人、童子六七人、浴乎沂、風乎舞雩、詠而歸。夫子喟然歎曰、吾與點也」。北宋以降、道学派の士人間で曾点の「気象」に対し憧憬を懐き、議論の対象とすることが流行した。朱熹の門下でもしばしば話題となるが、朱熹はむしろ「気象」という境地ばかりを論じることを警戒していた。巻四〇・6条（一〇二六頁）以下参照。
（2）打疊　すっきり取り除く。きれいさっぱり片付ける。始末する。巻一一八・2条（二八三五頁）「初學且須先打疊去雜思慮、作得基址、方可下手」、同・4条「公大抵容貌語言皆急迫、須打疊了、令心下快活」。
（3）一副當　ひとそろいの、一連の。巻十六・106条（三三六頁）「外面一副當雖好、然裏面却踏空、永不足以爲善、永不濟事」、巻十二・72条（二〇七頁）「只如夫子言非禮勿視聽言動、出門如見大賓、使民如承大祭、言忠信、行篤敬、這是一副當說話」、巻一二六・114条（三〇三五頁）「緣他（＝釋氏）是高於世俗、世俗一副當汚濁底事、他是無了、所以人競趨他之學」。巻一二〇・97条注（9）参照。
（4）節病　欠点。弊害。巻一二六・16条（三〇一三頁）「老氏只是要長生、節病易見」。
（5）打併　片付ける、始末する、処置する。巻十二・124条（二一四頁）「克己、則和根打併了、教他盡淨」、巻六・104条（一一七頁）「無私以間之則公、公則仁。譬如水、若一些子礙、便成兩截、須是打併了障塞、便滔滔地去」。

（6）只認　ひたすら～する、構わず～する。巻八・60条（一三七頁）「須是策勵此心、勇猛奮發、拔出心肝與他去做。如兩邊擂起戰鼓、莫問前頭如何、只認捲將去」、巻十・31条（一六四頁）「讀書、須是知貫通處、東邊西邊、都觸着這關捩子、方得。只認下着頭去做、莫要思前算後、自有至處」。

（7）是故無所不用其極　『大学』（章句伝二章）「湯之盤銘曰、苟日新、日日新、又日新。康誥曰、作新民。是故君子無所不用其極」。

（8）是故君子戒愼乎其所不覩～莫顯乎微　『中庸』（章句首章）「道也者、不可須臾離也。可離非道也。是故君子戒愼乎其所不覩、恐懼乎其所不聞。莫見乎隱。莫顯乎微。故君子愼其獨也」。

（9）仁以爲己任、不亦重乎　『論語』泰伯「曾子曰、士不可以不弘毅。任重而道遠。仁以爲己任。不亦重乎。死而後已。不亦遠乎」。

（10）如姜維守蜀～反出其後　三国時代二六三年に行なわれた魏による蜀征伐のこと。この戦いにおいて蜀将の姜維は総力を剣閣に結集し、鍾会率いる魏軍を食い止めたが、魏の鄧艾は剣閣を攻めず、陰平より七百里あまりの山岳地帯を越えて四川盆地に侵入、剣閣の背後に当たる江油、さらには綿陽を制圧した。この戦いで後主・劉禅は降伏、蜀は滅亡する。『三国志』巻二八「魏志」二八・鄧艾伝参照。なお、朱熹は本条で陰平と並べて武都を挙げているが、武都を攻めたのは鄧艾ではなく、鄧艾と呼応した諸葛緒である。

【89】
先生が信州に立ち寄った際、一士人が面会を請い、学問の道について質問した。

朱子「(『孟子』に引く孔子の言葉にあるように)「道は二、仁と不仁とのみ(道は二つしかない。仁か不仁かだ)」。聖人の千言万語はただ人にまっとうな人間になるよう教えているだけだ。」　［陳文蔚］

先生過信州(1)、一士子請見、問爲學之道。曰「道二、仁與不仁而已矣(2)。聖人千言萬語、只是要教人做人。」

［文蔚］

(1) 信州　現在の江西省上饒。江南東路に属し、上饒・玉山・弋陽・貴渓・鉛山・永豊の六県を管下に置く。『宋史』巻八八・志四一・地理四。淳熙十五年(一一八八)三月十八日、朱熹は上奏文(戊申延和奏劄)上呈のため、本条の記録者である陳文蔚を伴って臨安に向かったが、その途上、三月三十日から四十日あまりの間信州に滞在し、辛棄疾ら地元の名士や学者と交わった。本条はその折の記録である。束景南『朱熹年譜長編』(華東師範大学、二〇〇一、八八八頁)参照。なお、巻十三・142条(二四三頁)に余大雅の記録として「或以不安科擧之業請教。曰、道二。仁與不仁而已。二者不能兩立。知其所不安、則反其所不安、以就吾安爾。聖賢千言萬語、只是教人做人而已。前日科擧之習、蓋未嘗不談孝弟忠信、但用之非爾。若擧而反之於身、見於日用、則安矣」とあり、本条と重複する言辞が見えるが、余大雅も信州上饒県の人であり、同一場面の記録かも知れない。

(2) 道二、仁與不仁而已矣　『孟子』離婁上「不以堯之所以治民治民、賊其民物也。孔子曰、道二、仁與不仁而已矣」。

【90】

朱子「一緒に帰る者たちも、このさき道中で話しができるとは限らないし、ここまで見送ってくれた者たちとは、次に会えるのがいつになるか分からない。話があれば今ここで議論しよう。」しばらく経っても誰も質問しなかった。ついに先生が言われた。

朱子「学ぶ者は勇猛果断でなければならない。しっかりと考え、切迫した気持ちで取り組まなければならない。」朱子「こちら（長沙）の学友たちは「過ぎたる」者ばかりで、「及ばざる」者はいない。」［大桂鋪でのお話。］［鍾震］

先生曰「相隨同歸者、前面未必程程可說話、相送至此者、一別又不知幾年(1)。有話可早商量。」久而無人問。先生遂云「學者須要勇決、須要思量、須要著緊(校1)。」又云「此間學者只有過底、無有不及底(2)。」［在大桂鋪(3)說。］［震］

（校1）正中書局本・朝鮮整版・和刻本・楠本本は「著緊」を「著業」に作る。

（1）相隨同歸者～一別又不知幾年　紹熙五年（一一九四）、朱熹は三ヶ月ほど知潭州の任にあったが、八月六日に任を終えて帰途につき、翌七日に「大桂鋪」（大桂驛）に到着。見送りには本條の記録者の鍾震を始め、多くの長沙の門人が付き従い、同地にて別れを惜しんだ。本条はその際の記録である。東景南『朱熹年譜長編』（華東師範大学、二〇〇一、一一三三頁）参照。

（2）只有過底、無有不及底　『論語』先進「子貢問、師與商也孰賢。子曰、師也過、商也不及。曰、然則師愈與。

子曰、過猶不及」。

（3）大桂鋪　宿場の名称だが、位置は未詳。同年八月十五日に認《したた》められた朱熹書簡「與汪會之書」では「大桂驛」に作る。束景南『朱熹佚文輯考』（江蘇古籍出版社、一九九一、一二四九頁）参照。

【91】

ある人に言われた。

朱子「君は平生たいそう強そうなことを言っていたが、結局、人に言いくるめられてすっかり屈服してしまった。何事もこうだと分かったら、それを金石のごとく堅固に守らなければいけない。」

與或人說「公平日說甚剛氣、到這裏爲人所轉、都屈了。凡事若見得了、須使堅如金石。」（校1）

（校1）正中書局本・朝鮮整版には、記録者名「賀孫」の割注がある。

【92】

朱子「以前は、見た目の良さを尊ばず、権勢財利を軽んじるといった話を読むと、なるほどその通りだと思い、他の人もみんなそう感じるものなのだと思っていた。後になって初めてそうでないことが分かった。これは資質によるのだ。」

舊看不尙文華薄勢利之類説話、便信以爲然、將謂(1)人人如此(校1)。後方知不然。此在資質。

（校1）底本は「如此」を「如在」に作るが、正中書局本・朝鮮整版・和刻本により改めた。

（1）將謂　～と思う。多くは、思い違いや誤解など、事実と合わない判断を表すときに用いる。現代語の「以為」と同じ。巻一〇四・44条（二六二一頁）「某年二十餘已做這工夫、將謂下梢理會得多少道理。今忽然有許多年紀、不知老之至此、也只理會得這些子」、巻一一八・15条（二八三七頁）「嘗見學者不遠千里來此講學、將謂眞以此爲事。後來觀之、往往只要做二三分人、識些道理、便是」。

【93】

朱子「学ぶ者（の資質として）は、軽妙俊敏な者はよろしくなく、朴訥重厚な者がよい。」［呉振］

學者輕俊者不美、朴厚者好(1)。［振］

※本条と同一記述を含む記録が巻一〇〇に見えるが、本条との関係は不明。記録者は包揚。巻一〇〇・62条（二五五四頁）。

「因論學者輕俊者不美、朴厚者好、因說、章惇邢恕當時要學數於康節、康節見得他破、不肯與之。明道亦識得邢、語錄中可見。凡先生長者惜才、不肯大段說破、萬一其有回意。揚因問、當時邵傳與章邢、使其知前程事時、須不至如此之甚。曰、不可如此說。後又問、云、使章邢先知之、他更是放手做、是虎而翼者也。又因說、康節當時只是窮得天地盈虛消息之理、因以明得此數。要之、天地之理、却自是當知、數亦何必知之。伊川謂雷自起處起。何必推知其所起處。惟有孟子見得、曰、莫非命也、順受其正。但有今日、都不須問前面事。但自盡、明日死也不可知、更二三十年在世也不可知。只自修、何必預知之」。

（1）學者輕俊者不美、朴厚者好　「輕俊」は、機転が利き、頭の回転が速いこと。『遺書』巻一・38条（八頁）「憂子弟之輕俊者、只教以經學念書、不得令作文字」。朱熹はしばしば、学ぶ者の資質として聡明な者を警戒し、むしろ愚鈍な者に期待する発言をしている。巻十四・158条（二七八頁）「今人之學、却是敏底不如鈍底。鈍底循循而進、終有得處。敏底只是從頭呼揚將去、只務自家一時痛快、終不見實理」、巻一一六・39条（二八〇〇頁）「某嘗喜那鈍底人、他若是做得工夫透徹時、極好。却煩惱那敏底、只是略綽看過、不曾深去思量。當下說、也理會得、只是無滋味、工夫不耐久。如莊仲便是如此。某嘗煩惱這樣底、少間不濟事。敏底人、又却要做那鈍底工夫方得」。

（第88～93条担当　原　信太郎　アレシャンドレ）

【94】

朱子「普段の議論にたるんだところの多い者は、いざ事に臨んでも期待できない。」

そこで言われた。

朱子「ある王という者は後にだめになってしまったが、それもやはり普段の議論がぐずぐず言い繕ってばかりだったからだ。ある時（『礼記』の「曾子易簀」について）曾子は大夫用の簀《すのこ》を長らく使っていて、死ぬ直前に童子に言われなかったら、簀をかえる機会を逃すところだったという議論があった。それについて、王は「これは曾子の良いところで、その簀を受け取った以上、使わなければ必ずや季孫の怒りを招くから、とりあえず使わなければならなかったのだ」と言った。だいたい今の学ぶ者たちにはこういった欠点が多い。孔子に学ぶという場合でも、孔子の「微服して宋を過ぐ（身の危険を避けるために、身を窶して宋を通る）」、「君、命じて召せば、駕を俟たずして行く（君主から招聘の命令を受ければ、馬車に駕籠をつける時間も待たずにすぐに駆けつけた）」、「南子に見ゆ」、「仏肸《ひっきつ》召す」といったところを学ぼうとする。（他のもっと学ぶべき）多くのところを学ばないで、こういうところ（特定の情況に応じるための一時的な対応）ばかりを学ぼうとする。」［胡泳］

先生因言「學者平居議論多頽塌(1)、臨事難望它做得事。」遂說「一姓王學者(2)、後來狼狽、是其平時議論、亦專是回互(3)。有一處責曾子許多時用大夫之簀、臨時不是童子說、則幾失易簀(4)。王便云、這是曾子好處。既受其簀、若不用之、必至取怒季孫、故須且將來用。大抵今之學者多此病、如學夫子、便學他微服過宋(5)、君命召、不俟駕(6)、見南子(7)與佛肸(校1)召(8)之類。有多少處不學、只學他這箇。」［胡泳］

（校1）正中書局本・朝鮮整版・和刻本は「肸」を「肹」に作る。

（1）頽塌　たるんでいる、だらけている、ゆるんでいる。巻四四・132条（一一四七頁）「平日須提掇精神、莫令

頽塌放倒、方可看得義理分明」、巻一三九・117条（三三二一頁）「作文何必苦留意、又不可太頽塌、只略教整齊足矣」。

（2）姓王學者　『考文解義』では、「王者合也、大全集有答王書、詳之」とある。合は子合の間違いか。子合は王遇の字。「曾子易簀」について、王子合との議論は『文集』巻四九「答王子合」第四、五書に見える。「答王子合」第四書「……子合所謂大夫之簀、季孫安得賜諸曾子、曾子亦安得受諸季孫。曾子固曰、我未之能易、則其平日蓋欲易之矣。此論亦善。但謂曾子辭季孫之仕、則亦無據。而曰不欲爲已甚而黽勉以受其賜、則又生於世俗委曲計較之私、而非聖賢之心矣。又云、死生之際則異於是、蓋有一毫不正、則有累於其生。如此則是人之生也可無不爲、必將死而後始爲計也。此亦必不然矣……」。

（3）回互　四の五の言う、あれこれ考えてぐずぐずためらう。巻十三・98条（二三七頁）「古人臨事所以要回互時、是一般國家大事、係死生存亡之際、有不可直情徑行處、便要權其輕重而行之。今則事事用此、一向回互」、巻一一三・37条（二七五一頁）「大抵事只有一箇是非、是非既定、却揀一箇是處行將去。必欲回互得人人道好、豈有此理」。

（4）易簀　『礼記』檀弓上「曾子寢疾病、樂正子春坐於牀下、曾元曾申坐於足、童子隅坐而執燭。童子曰、華而睆、大夫之簀與。子春曰、止。曾子聞之、瞿然曰、呼。曰、華而睆、大夫之簀與。曾子曰、然、斯季孫之賜也。我未之能易也。元起易簀。曾元曰、夫子之病革矣、不可以變。幸而至於旦、請敬易之。曾子曰、爾之愛我也不如彼。君子之愛人也以德、細人之愛人也以姑息。吾何求哉、吾得正而斃焉、斯已矣。舉扶而易之、反席未安而沒」。

（5）微服過宋　『孟子』万章上「孔子不悅於魯衛、遭宋桓司馬將要而殺之、微服而過宋」。巻三九・40条（一〇一七頁）「用之問高子羔不竇不徑事（『論語』先進、『集注』所引『孔子家語』参照）。曰、怕聖人須不如此。如不徑不竇、只說安平無事時節。若當有寇賊患難、如何專守此以殘其軀。此柴之所以爲愚。聖人微服而過宋。微服、是著那下賤人衣服。觀這意如此、只守不徑不竇之說不得。如途中萬一遇大盜賊、也須走避、那時如何要不由小徑去得。然子羔也是守得定。若更學到變通處儘好、止緣他學有未盡處。問、學到時、便如曾子之易簀。曰、易簀也只是平常時節」。

（6）君命召、不俟駕　『論語』郷党「君命召、不俟駕行矣」。

（7）見南子　『論語』雍也「子見南子、子路不說。夫子矢之曰、予所否者、天厭之、天厭之」。巻三三・44条（八三八頁）「問子見南子。曰、此是聖人出格事、而今莫要理會它」。

（8）佛肸召　『論語』陽貨「佛肸召、子欲往。子路曰、昔者由也聞諸夫子曰、親於其身爲不善者、君子不入也。佛肸以中牟畔、子之往也、如之何。子曰、然。有是言也、不曰堅乎、磨而不磷、不曰白乎、涅而不緇。吾豈匏瓜也哉。焉能繫而不食」。巻四七・23条（一一八四頁）「聖人見萬物不得其所、皆陷於塗炭、豈不爲深憂、思欲出而救之。但時也要、出不得、亦只得且住。……但聖人欲往之時、是當他召聖人之時、有這些好意來接聖人。聖人當時亦接他這些好意思、所以欲往。然他這箇人終是不好底人、聖人待得重理會過一番、他許多不好又只在、所以終於不可去」。

【95】

朱子「おおよそ善を行なうには自分自身の中に支柱となるものがなければならない。いま善を行なおうとする人は少ないとは言えないが、その多くは世間の根拠のない議論にとらわれてしまっている。そうした議論など気にする必要はない。そもそも他人の論評は、自分と何の関係があろうか。（そういうことを気にするのは）やはり自分自身の中で（善を行なうことが）切実になっていないということだ。もし自分自身が切迫感を持ち、切実に感じていれば、どうして他人の議論を気にする暇があろうか。」［余大雅］

大率爲善須自有立。今欲爲善之人、不可謂少、然（校1）多顧浮議、浮議何足恤。蓋彼之是非、干我何事。亦是我此中不痛切耳。若自著緊（1）、自痛切、亦何暇恤它人之議哉。［大雅］

（校1）楠本本は「然」を「言」に作る。

（1）著緊　緊張感・切迫感を持つ。巻二四・17条（五六九頁）「且如於道理上才著緊、又蹉過。才放緩、又不及」。巻一二〇・12条、本巻・90条参照。

【96】

ある人が、誰某《だれそれ》は善を好むと言った。

朱子「人情や世俗の移り変わりに迎合し、人からの評価を得ようとしているにすぎない。一方、そういうのを見ると正そうとする人もいるが、こちらはひたすら人のことを論《あげつら》い、人を咎めるばかりで、全く自分自身のことを反省せず、自分はこうだ、あいつはどうだと決めつけて、相手の行為がどうなのか、自分の行為がどうなのかを全く顧みずに、ひたすら他人のことをでたらめに論じるばかりだ。この二種類の人たちはいずれも根本が分かっておらず、見

識が偏り、世間の旧套に陥ってそこから脱出できないのだ。聖賢はそんなふうではない。」［廖謙］

或言某人好善。曰「只是徇人情與世浮沉、要教人道好。又一種人見如此、却欲矯之、一味只是說人短長、道人不是、全不反己。且道我是甚麼人、它是如何人、全不看他所爲是如何、我所爲是如何、一向只要胡亂說人。此二等人皆是不知本領、見歸一偏、坐落在窠臼(1)中、不能得出、聖賢便不如此。」［謙］

（1）窠臼　決まり切った型、旧套。巻六七・47条（一六五五頁）「蓋先生（＝朱子）之意、只欲作卜筮用。而爲先儒說道理太多、終是翻這窠臼未盡、故不能不致遺恨云」、巻一二六・5条（三〇〇九頁）「及達磨入來、又翻了許多窠臼、說出禪來、又高妙於義學、以爲可以直超徑悟」。

【97】

朱子「いま人は、相手が理解できてこそ、その人と話しができるのだ（相手の理解できないことを話しても無駄だ）。目の前のことさえ理解できないような人たちに、どうして何百年、何千年来の英傑の心を分からせることができようか。」［呂燾］

因說「而今人須是它曉得、方可與它說話。有般人說與眼前事尚不曉、如何要他知得千百年英雄(1)心事。」［燾］

（1）英雄　英傑、俊傑。日本語の「英雄」（ヒーロー）よりも幅広く、優れた才能を有する者を指す。巻八・32条（一三四頁）「英雄之主所以有天下、只是立得志定、見得大利害」、巻一〇八・49条（二六八七頁）「如司馬遷亦是箇英雄、文字中間自有好處」、巻一一六・45条（二八〇一頁）「今公掀然有飛揚之心、以爲治國平天下如指諸掌。不知自家一箇身心都安頓未有下落、如何說功名事業、怎生治人。古時英雄豪傑不如此。張子房、不問著他不說。諸葛孔明甚麼樣端嚴。公浙中一般學、是學爲英雄之學、務爲跅弛豪縱、全不點檢身心」、巻一二七・2条（三〇四二頁）「大凡做事底人、多是先其大綱、其他節目可因則因、此方是英雄手段」。

【98】

ある学友が傲慢だということが、その学友が去った後でたまたま話題になった。朱子「なぜ先ほど言わなかったのだ。私から彼に言えとでも言うのか。」坐中の一人が「言いたくありませんでした」と答えた。朱子「本人がいる時には言わず、いなくなってから陰で言うのは、もっと良くない。」［程端蒙］

有一朋友輕慢、去後因事偶語及之。先生曰「何不早說、得某與他道。」坐中應曰「不欲說。」曰「他在却不欲說、去後却後面說他、越不是。」［端蒙］

【99】

人々の学問のしかたについて議論が及んだ際、
朱子「学問も綱領を互いに争うようになると、むしろ良くないものになってしまう。」
私（包揚）が「だいたい人の見識が狭いからそうなってしまうのです。また、各人がもともと個人的な見解を持っていて、世の中のありとあらゆる書物や人の説を何でもかんでも自分の見解に附会してしまうので、いずれも偏って道に悖っていってしまうのです」と言うと、先生は大いに頷かれた。［包揚］

因論諸人爲學、曰「到學得爭綱爭紀、學却反成箇不好底物事。」揚曰「大率是人小故然。又各人合下有箇肚私見識、世間書人、無所不有、又一切去附會上、故皆偏側違道去（校1）。」先生甚然之。［揚］

（校1）和刻本は「去」を「遠」に作る。

【100】

門人に人と訴訟を争う者がいた。先生は何度もその者を咎めて言われた。
朱子「（程頤の言うように）欲が甚だしければ、心がくらまされて義理（正しい道理）を忘れてしまう。求めることが極まれば、争って奪い合い恨みを招く。」［葉賀孫］

門人有與人交訟者、先生數責之云「欲之甚、則昏蔽而忘義理。求之極、則争奪而至怨仇（1）。」［賀孫］

（1）欲之甚、則昏蔽而忘義理。求之極、則争奪而至怨仇　『程氏易伝』（九一七頁）益卦・上九「上居无位之地、非行益於人者也。以剛處益之極、求益之甚者也。所應者陰、非取善自益者也。利者、衆人所同欲也。專欲益己、其害大矣。欲之甚、則昏蔽而忘義理。求之極、則侵奪而致仇怨。故夫子曰、放於利而行、多怨。孟子謂先利則不奪不饜。聖賢之深戒也」。

【101】

毎晩門生たちが集まると、一人の年長者がいつも座が定まるなりむだ話を始めた。先生はその者を叱って言われた。朱子「君は歳四十にもなって、書物もまともに読めないくせに、座ったとたん他人のうわさ話を始める。昨夜も君たちは夜遅くまでどうでもいいことをしゃべっていたが、せっかくこうやって集まっていながらどうしてわが身を反省し、自己修養に努めず、むだ話をしようとするのか。」

先生はしばらく溜め息をついておられた。［葉賀孫］

毎夜諸生會集、有一長上、纔坐定便閑話。先生責曰「公年已四十、書讀未通、纔坐便說別人事。夜來諸公閑話至二更、如何如此相聚、不回光反照（1）、作自己工夫、却要閑說。」歎息久之。［賀孫］

（1）回光反照　禅語。自らの内なる知慧の光で自らを照明すること。『臨済録』示衆一二「你言下便自回光返照、更不別求、知身心與祖佛不別、當下無事、方名得法」。『景徳伝灯録』巻二六、雲居義能章「回光返照看、身心是何物」。朱熹はここでは、自らを省みる意味でこの語を用いている。

【102】


侍坐しながら居眠りをする者がいた。先生はその者をお叱りになった。

敬子（李燔）「仏教では、いつもいつもこの心を引き締めてしっかりさせれば、座る姿勢もおのずと真っ直ぐになり、眠くなくなる。すこしでも緩めると、だらしなくなってしまう、と言います。」

朱子「その通りだ。道家の修養でも、居眠りを戒めて、常に真っ直ぐに座るようにさせる。それを「生腰坐」と言う。もし居眠りをして何かにもたれるなら、それは「死腰坐」になってしまう。」

それに因んで、次のような話を挙げられた。

朱子「小南和尚が年若い時に師に従い参禅した際、ある日たまたま何かにもたれて坐っていたところ、それを見た師に「どうしてそんなふうに背骨がないのか」と叱られた。小南は身もすくむ思いで、それ以降死ぬまで何かにもたれて坐らなかったという。」

朱子「徐処仁が北京《ほっけい》（大名府）の知府を務めた際、朝、下役と集まって職務を終えてから、再び官服を着て応接間で下役たちと会談した。徐は博聞強記、自分の履歴から州郡の利害、政事の得失、昔の聖賢の言行に至るまでを滔々と語った。下役たちは終日正座してそれを拝聴したが、それは非常につらいものだった。ある夏の暑い日に集まり座っていたところ、秦という兵曹が居眠りをした。徐はその者を立たせて声を荒げて叱責した。「私がここで話をしているのに、君は居眠りをしている。私の言うことが聞くに足らないとでも思っているのか。私が君の上司であることはともかく、私は君の父親と同じ輩行だ。どうしてそんな態度が許されよう。」そう言うと、客将に秦兵曹の椅子を持って行かせた、という話だ。」

質問「徐は後に宰相になりましたが、大した名声はありませんね。」

朱子「彼の才能はせいぜい郡を治められる程度だったのだ。」　［沈僩］

有侍坐而困睡者、先生責之。敬子曰「僧家言、常常提起此志令堅强、則坐得自直、亦不昏困。纔一縱肆、則嗒然頽放矣。」曰「固是。道家修養、也怕昏困、常要直身坐、謂之生腰坐(1)。若昏困倒靠、則是死腰坐矣。」因擧「小南和尚(2)少年從師參禪、一日偶靠倚而坐、其師見之、叱曰、得恁地無脊梁骨。小南悚然、自此終身不靠倚坐」。又擧「徐處仁(3)知北京(4)日、早辰會僚屬治事訖、復穿衣會談廳上。徐多記覽、多說平生履歷、州郡利害、政事得失、及前言往行。終日危坐、僚屬甚苦之。嘗暑月會坐、有秦兵曹者瞌睡、徐厲聲叱之起曰、某在此說話、公却瞌睡、豈以某言爲不足聽耶。未論某是公長官、只論鄉曲、亦是公丈人行、安得如此。叫客將(5)掇取秦兵曹坐椅子去。」問「徐後來做宰相、却無聲譽。」曰「他只有治郡之才。」　［僩］

（1）生腰坐　腰を伸ばしてまっすぐに坐る。『太清導引養生経』「王子喬導引法」（『雲笈七籤』巻三四）「一、平坐生腰、脚兩臂、覆手據地、口徐吐氣、以鼻内之、除胸中肺中痛、咽氣令溫、閉目也。二、端坐生腰、以鼻内氣閉之、自前後搖頭各三十、除頭虛空耗、轉地閉目搖之」を参照。

（2）小南和尚　羅漢系南（一〇五〇～一〇九四）のこと。『建中靖国続灯録』巻二一を参照。巻三五・38条（九一六頁）「君子所貴乎道者三。或云、須是工夫持久、方能得如此否。曰、不得。人之資稟各不同、資質好者、纔知得便把得定、不改變。資質遲慢者、須大段著力做工夫、方得。因擧徐仲車從胡安定學。一日、頭容少偏、安定忽厲聲云、頭容直。徐因思、不獨頭容直、心亦要直、自此不敢有邪心。又擧小南和尚偶靠倚而坐、其師見之、厲聲叱之曰、恁地無脊梁骨。小南聞之聳然、自此終身不靠倚坐。這樣人、都是資質美、所以一撥便轉、終身不爲」。

（3）徐處仁　（一〇六二～一一二七）字択之。『資料索引』三巻二〇三四頁。巻一三〇・156条（三一三一頁）「徐處仁、字擇之、南京人、靖康間執政。舊嘗作帥時、早間理會公事、飯後與屬官相見、皆要穿執如法。各人稟職事了、相與久坐説話議論、又各隨其人問難教戒、所以鞭策者甚至、故有人爲其屬者無不有所知曉事。呂居仁亦嘗事之。凡作事、無不有規模、雖小事亦然、無苟作者。只如支官吏酒、當其支日、以酒缸盛廳前、自往各嘗之。或差出外處、或辭去、或初來官、按曆令各人以瓶來取、如數給之。從小至大一樣、無分毫私偏。先生又云、小處好、作州郡極佳、不甚知大體」。

（4）北京　北宋は、東京開封府・西京河南府・南京應天府・北京大名府の四京制を敷いた。『宋史』巻一一参照。

（5）客將　他の地から任用された将軍。巻八四・33条（二一八九頁）「客將次於太守、其權甚重、一州之兵皆其將之、凡教閲出入皆主其事」。

（第94～102条担当　蔣　建偉）

【103】

ある学友が拱手の礼をするたびに、左手を縮めて袖の中にしまっていた。

朱子「君はよく片方の手を縮めているが、それは何なのだ。礼に適った立居振舞ではないようだ。」［黄義剛］

有學者每相揖畢、輒縮左手袖中。先生曰「公常常縮着一隻手是如何。也似不是擧止模樣。」［義剛］

【104】

先生は屏山書堂で書を読まれていた。ある日、学生たちとともに外出し高台に登ったところ、雑草が生茂っていたので、数人の兵（雑役夫）に雑草を抜くことを命じた。四箇所に分けて、それぞれを抜かせたところ、その中の一人の兵は雑草を根まで抜いていったので、抜ける量が極めて少なく、（その兵が終わらないうちに）その他の兵の抜いていた箇所はすべて抜き終わってしまった。先生はまだ抜き終わっていない者を見ながら、学生たちに問いかけた。

朱子「諸君はあの何人かの草むしりを見て、誰が速いと思うかね。」

学生たちは、どの兵もみな速いが、まだ終わっていない兵だけが遅いと答えた。

朱子「そうではない。私が見るに、あの兵だけが速いのだ。」

そこで他の兵が抜いた箇所をよく見てみると、雑草はすっかりきれいに抜かれてはおらず、兵たち全員を呼びもどしてもう一度やらせることになった。先生はまた言われた。

朱子「あの兵はそんなに速いわけではないが、とても丁寧に雑草の根まで抜いているのを見ると、その時は大変だけれども、一度の手間で済む。他の兵たちがもう一度最初からやらなければならないのは、最初に拙速を望んでいい加減にやったからで、結局はこのように無駄に力を費やすことになるのだ。これを見るに、これこそが学ぶ者の読書の方法だ。」　［徐寓］

先生讀書屏山書堂（1）。一日與諸生同行登臺、見草盛、命數兵（2）耘草、分作四段、令各耘一角。有一兵逐根拔去、耘得甚不多、其它所耘處、一齊了畢。先生見耘未了者、問諸生曰「諸公看幾箇耘草、那箇快。」諸生言諸兵皆快、獨指此一人以爲鈍。曰「不然。某看來、此卒獨快。」因細視諸兵所耘處、草皆去不盡、悉復呼來再耘。先生復曰「那一兵雖不甚快、看他甚子細、逐根去令（校1）盡、雖一時之難、却只是一番工夫便了。這幾箇又著從頭再用工夫、只緣其初欲速苟簡、致得費力如此。看這處、便是學者讀書之法。」　［寓］

（校1）楠本本は「今」字に作る。

（1）屏山書堂　朱熹の居所五夫里にある書院。

（2）兵　ここでいう「兵」とは雑役使に充てられる廂軍兵を指すと思われ、現役の官のみならず、退職した官もその利用を行なっていた。詳しくは小岩井弘光「南宋廂軍の推移」（同『宋代兵制史の研究』、汲古書院、一九九八年、所収、初出は一九九六年）を参照のこと。

【105】

留正丞相が書簡で『詩集伝』の数ヶ所を質問してきた。先生はその書簡を学友たちに示して言われた。

朱子「彼は官僚としてはこのような地位にまで到り、さらにこんなにも高齢で、左遷先にいるにも拘わらず、いたずらに日々を過ごしているわけではない。君たちはどうしてわずかな時間も惜しまないでよかろうか。」［郭友仁］

留丞相以書問詩集傳數處（1）。先生以書示學者曰「他官做到這地位、又年齒之高如此、雖在貶所、亦不曾閑度日。公等豈可不惜寸陰。」［友仁］

（1）留丞相以書問詩集傳數處　留丞相とは光宗朝期に宰相を経験した留正、字仲至。『資料索引』三巻一九六九頁。『宋史』巻三九一、『学案』巻九七。慶元二年に偽学の党と目されて失脚していた。留正との手紙のやり取りは『文集』続集巻一「答黄直卿」に「向留丞相來討詩傳、今年印得寄之。近得書來云、日讀數板、秋來方畢。甚稱其間好處、枚擧甚詳、不意渠信得及、肯如此子細讀、如趙子直却未必肯如此」とある。また『文集』巻三八「答留丞相」第三書には「乃蒙親賜點閲、日有程課」とあり、また同巻「答李季章」第四書には「留衞公得詩說、日閲數版、手加點抹、書來頗極稱賞、仍盡能提其綱、亦甚不易」とあることから、この時のやり取りは『詩経』をめぐるものであったことが分かる。後者の手紙にはさらに「熹、明年七十、已草告老之章」とあり、『年譜』巻四はこれを慶元四年冬十二月にかけていることから、本条もこの時期のものだと思われる。『朱子書信編年考証』四五四頁も参照のこと。なお、留正は『宋宰輔編年録』巻二〇に拠れば四年九月より南剣州にいた。

【106】

先生の病の発作が出たので、学生たちは連日だれも質問しなかった。ある日の夕方、側の者を遣わして学生たちを寝室に招いたが、学生たちはやはり何も尋ねなかった。先生は怒って言われた。

朱子「君たちはそんなふうに黙ってぼんやり座っているだけで、どういうつもりなのだ。そんなふうならば、故郷に帰った方がましだ。こんな遠くまでやって来る必要はあるまい。」［黄義剛］

先生氣疾作、諸生連日皆無問難。一夕、遣介召入臥內、諸生亦無所請。先生怒曰「諸公恁地閑坐時、是怎生地。恁地便歸去強、不消得恁地遠來。」［義剛］

【107】

朱子「取り組まなくてはならないことは大いにあるが、私は今、残された時間は短くそれにせき立てられるのに、気持ちも体力もついて行かないと感じるばかりだ。だが力の及ぶ限り、敢て怠るまい。千にも万にものぼる多くの取り組むべきことがあると思えば、おのずと立ち止まってはいられない。ただ残された日々に大いに焦りを感じせき立てられるので、慨嘆するばかりだ。」

大有事用理會在、某今只是覺得後面日子短促了、精力有所不逮。然力之所及、亦不敢不勉。思量着、有萬千事要理會在、自是不容已。只是覺得後面日子大故(1)催促人、可爲慨歎耳。

（1）大故　大いに、とりわけ。巻九・49条（一五五頁）「人多是被那舊見戀不肯舍。除是大故聰明、見得不是、便翻了」、巻九三・45条（二三五六頁）「但是周先生天資高、想見下面工夫也不大故費力」。

【108】

朱子「このところ病がちで、新たに考え理解したところもない。きっと先も長くないのであろう。君たちは私にばかり頼っていてはいけない。自分で努力しなければならないのだ。たとえば書物を読むときには、この心を書物の上に集中させなさい。心がそこになければ、読んでいないのと同じことだ。（『大学』に）いわゆる「之を視れども見えず、之を聴けども聞こえず」であるのは、「心焉《ここ》に在らず」だからに他ならない。」［潘時挙］

先生言「日來多病、更無理會處、恐必不久於世。諸公全靠某不得。須是自去做工夫始得。且如看文字、須要此心在上面、若心不在上面、便是不曾看相似、所謂視之不見、聽之不聞、只是心不在焉（1）耳。」［時擧］

（1）視之不見、聽之不聞、只是心不在焉　『大学』（章句伝七章）「心不在焉、視而不見、聽而不聞、食而不知其味」。

【109】

先生は（寝室から）お出になられず、寝室に呼ばれてお目にかかった。

朱子「私の病はこの度はとても重い。今までは書物を見れば、議論したくなったものだが、今はすっかり億劫になってしまった。諸君は各自で努力をすることだ。私にばかり頼っていてはいけない。」［潘時挙］

先生不出、令入臥内相見、云「某病此番甚重。向時見文字、也要議論、而今都怕了。諸友可各自努力、全靠某不得。」［時擧］

【110】

朱子「学問の議論は確かで着実なものでなければならない。これまで諸君には、理解できていないことを大雑把にまとめ上げて議論することが多々見受けられた。」

続けて言われた。

朱子「君たちの中にも学問の入り口をつかんでいる者が多くいる。私はもう長くないので、敢て大きなことは望まない。ただ（君たちがわが学問を）三、四十年と継続して、後進の者に知らせてくれるならば、それも良い。」［鄭可学］

「講學須要著實。向來諸公多（校1）見得不明、却要做一罩說。」語次云「目前諸友亦多有識門戸（1）者。某旦（校2）暮

死耳、不敢望大行。且得接續三四十年、說與後進令知、亦好。」　[可學(校3)]

（校1）底本は「都」に作るが、諸本に拠り「多」に改めた。

（校2）楠本本は「旦」を「且」に作る。

（校3）底本は「時學」に作るが、正中書局本・楠本本は「可學」に作り、朝鮮整版・和刻本は「可學」に作る。潘時挙か鄭可学か、版本のみでは判断できないが、「朱子弟子師事年攷」に拠れば、可学の最後の師事期間は慶元四年秋冬であるが、時挙の最後の師事期間は慶元二年六月までであり、105条の慶元四年冬とずれがある。ただこの条が慶元元年春夏の朱子の大病の時期であるという可能性もあり、その場合は「朱子弟子師事年攷」は一定の留保をつけながらも、時挙の師事を想定している。ここではひとまず105条の記録時期に従い、記録者は鄭可学とした。

（1）門戸　学問の入り口。巻四三・44条（一一〇七頁）「大抵學問只要得箇門戸子入。若入得門了、便只要理會箇仁。其初入底門戸、不必只說道如何如何。若纔得箇門戸子入、須便要入去。若只在外面說道如何、也不濟事」。

【111】

先生はある日腰がとても痛まれて、時々うめき声をあげておられた。すると突然言われた。

朱子「人が学問をするのは、私の腰痛のようなものであってこそ良い。」

[その場にいた者は誰もその意味をお尋ねできなかった。私（胡泳）は長らくその意味を考えてみた。学問の修養

は、意志が継続して自然に一瞬も忘れることがなくなってこそ、進歩してやまないのだ。痛みが体にあれば、忘れようにも忘れられない。だから先生はそのことで我々学ぶ者にご教示下さったのだろう。先生の我々を戒めるお心はなんと深いことか。」［胡泳］

先生一日腰疼甚、時作呻吟聲。忽曰「人之爲學、如某腰疼、方是。」［在坐者皆不能問。泳久而思之、恐是爲學工夫意思接續、自然無頃刻之忽忘、然後進進不已。痛楚在身、雖欲無之而不可得、故以開諭學者、其警人之意深矣。］［胡泳］

【112】

学問修養は途切れてはならないということを話された折、

朱子「私は腕が痛ければ、いつも手でさすっているが、そうすると痛みは止む。もしさすったりさすらなかったり（途切れ途切れに）すれば、効果はあらわれない。これこそが学問修養のやり方だ。」

正叔（余大雅）は退出して、私（文蔚）に言った。

正叔「腕をさするの喩えはとても深い。」［陳文蔚］

因說工夫不可間斷、曰「某若(校1)臂痛、常以手擦之、其痛遂止。若或時擦、或時不擦、無緣見效、卽此便是做工夫之法。」正叔退、謂文蔚曰「擦臂之喩最有味。」［文蔚］

（校1）正中書局本・朝鮮整版は「若」を「苦」に作る。

（第103～112条担当　村田　岳）

記録者・門人一覧

本書に収めた各条の記録者と、会話内に登場する門人たちの詳細については、次のすぐれた業績を参考にされたい。便宜のためにそれぞれの頁数を付しておく。

（1）陳栄捷『朱子門人』（台湾学生書局、一九八二年）

（2）田中謙二「朱門弟子師事年攷」（『田中謙二著作集』第三巻所収、汲古書院、二〇〇一年）

（3）方彦寿『朱熹書院与門人考』（華東師範大学出版社、二〇〇〇年）

ピンイン順

	字	（1）	（2）	（3）
【B】				
包　揚	顕道	六九	二四六	九二
【C】				
蔡　懇	行夫	三三七	一二八	一七〇
曹叔遠	器遠	一九四	一七八	一五八
陳　淳	安卿	二二〇	一三四	一四三
陳　枅	自修	二一七	なし	なし
陳文蔚	才卿	二〇九	九五	九四
陳　芝	廷秀	二一四	一二八	一六九
程端蒙	正思	二四五	七三	七〇
【D】				
董　銖	叔重	二七六	二七九	九六
【F】				
輔　広	漢卿	三〇二	二七二	一九四

【G】				
甘節	吉父（甫）	七一	一一二	一八一
郭友仁	徳元	二〇三	九〇	二一三
【H】				
胡安之	叔器	一六八	二三九	二〇三
胡泳	伯量	一六九	二八八	二一四
黄榦	直卿	二六一	三〇	六七
黄畬	子耕	二六二	一〇九	一二二
黄士毅	子洪	二五四	二七五	一九九
黄顕子	敬之	二六四	二一一	一九七
黄義剛	毅然	二六〇	二三四	一八〇
黄卓	先之	二五六	一七七	一四六
【J】				
金去偽	敬直	一六〇	七三	一三六
【L】				
李燔	敬子	一二九	二八五	一四七
李閎祖	守約	一二四	一〇一	一一八
李煇	晦叔	一二五	なし	一九九
李杞	良仲	一一五	二五五	なし
李壮祖	処謙	一一七	一〇六	一一九
廖徳明	子晦	二八七	一七	五六
廖謙	益仲	二八七	二六四	なし
劉礪	用之	三一八	一七一	二〇五
劉炎	潜夫	三〇六	九八	二二五
劉砥	履之	三〇九	一七一	一四一
林恪	叔恭	一五一	一一一	一七五
林夔孫	子武	一五八	二四〇	二〇七
林学蒙	正卿	一五六	二六六	一九五
林易簡	一之	一五〇	一四〇	なし
林子蒙	□□	一四三	一五九	なし
呂燾	徳昭	一〇六	二八九	二一七
【P】				
潘時挙	子善	三一八	二二〇	一七二
潘植	立之	三一九	二〇三	九一
【Q】				
銭木之	子山	三四九	一〇二	二〇八
【S】				
邵浩	叔義	一六〇	一六四	なし
沈僩	荘仲	一三三	一五七	二〇六
【T】				
湯泳	叔永	二三九	四四	一九九
滕璘	徳粋	三一五	一八五	七一

童伯羽	蜚卿	二四七	一二五	一二六
【W】				
万人傑	正淳	二四八	六二	八二
汪徳輔	長孺	一三二	二六	一六六
王　過	幼観	六三	二五八	一九二
魏　椿	元寿	三五八	二二〇	一一七
呉必大	伯豊	九〇	一〇九	八一
呉　琮	仲方	九八	二六五	なし
呉寿昌	大年	一〇〇	二〇	一〇二
呉　振	伯起	九六	二六三	二〇一
呉　雉	和中	九九	九六	二一八
【X】				
襲蓋卿	夢錫	三六四	二六〇	なし
蕭　佐	定夫	三五一	二六三	なし
徐　寓	居父（甫）	一八〇	一六三	一四四

【Y】				
楊道夫	仲愚	二七二	一二四	一一〇
楊　方	子直	二六七	一一七	五一
楊　楫	通老	二七二	一九一	一〇六
葉賀孫	味道	二七九	一九四	一五〇
游　倪	和之	二四〇	二二四	一七四
余大雅	正叔	八五	五五	七四
【Z】				
曾興宗	光祖	二三八	一八〇	一六一
曾祖道	択之	二三七	七二	二〇九
鄭可学	子上	三四〇	八三	一一五
鄭南升	文振	三四三	九一	一七五
周　謨	舜弼	一四一	一四六	六一
鍾　震	春伯	三五五	二六四	なし

あとがき

垣内景子

本書を以て、『朱子語類』「訓門人」の巻の訳注が完成した。「訓門人」の全訳をめざして二〇〇七年秋に結成した訓門人研究会は、足かけ十年の活動を経て無事任務を完了し、ここにめでたく解散する。十年のうちには、参加諸君の境遇もそれぞれ大きく変わった。就職や博士論文等それぞれ多忙になっていくなか、十年の長きに亙り輪番で原稿作成を担当し、隔週で研究会に参加してくれたことに対して、改めて心から感謝するとともに、互いの健闘をたたえ合いたい。

訓門人研究会は、筆者(垣内)が恩師である早稲田大学土田健次郎先生指導の院生たちに声をかけて結成したもので、いわば筆者が弟妹弟子たちとともに始めたものであった。本研究会の活動に土田先生は関与しておられないが、土田先生門下という目に見えない絆があったればこそ研究会を継続することができたのではないかと、ひそかに先生の学恩に改めて胸打たれる思いである。朱熹が門人に与える訓戒の言葉に、土田先生の口吻を重ね合わせていたのは、おそらく筆者だけではあるまい。

また、十年のうちには、筆者をはじめとする参加者からその教え子や友人へという新たなメンバーの広がりもあった。それにより、東洋史分野からの参加者が加わったこともたいへん喜ばしいことであった。『朱子語類』を読み解くには、様々な専門分野の知識や知見が不可欠であることはいうまでもないが、歴史分野からの参加諸君の発言は、研究会に新鮮な刺激を与えてくれた。また、研究会のメンバーだけでは解決できない問題については、外に協力を仰いだ。本書所収の禅語に関しては、駒澤大学の小川隆先生にご教示を賜った。ここに感謝を申し上げげたい。

さらに、研究会結成以来のメンバーである松野敏之氏に対し、特筆して感謝の意を申し述べたい。研究会の運営や毎年の雑誌掲載、そして刊行のための様々な作業において、松野氏の労を惜しまぬ協力が不可欠であったことをここに申し添えておきたい。

現代社会の片隅、日も暮れた新宿戸山の教室に集まり、大昔の外国の文献と格闘し、嬉々としてあれこれ議論していた私たちの姿にも、八百年以上も前の福建山奥の朱熹たちの姿と通じるものがあるのだろうか。ふとそのようなことを考えるとき、「訓門人」はいわゆる朱子学研究をいま一度見つめ直すきっかけを与えてくれるのではないかという予感にかられる。その予感を大切にしつつ、朱子学を新しく描き出す試みを今後とも続けてゆきたい。

最後になるが、既刊の二冊同様、本書の刊行にあたっては、汲古書院編集部の小林詔子氏に大変お世話になった。心よりお礼を申し上げたい。

語彙索引

※注に解説した語彙をピンイン順に配列した。

【A】
安重ānzhòng 5
拗ào 10

【B】
八窗玲瓏bāchuānglínglóng 240
巴攬bǎlǎn 299
把做事bǎzuòshì 120
白bái 98
白底虛靜báidexūjìng 240
白生báishēng 148
百口保bǎikǒubǎo 161
百十bǎishí 327
擺陣bǎizhèn 303
半間不界bànjiānbújiè 294
包籠bāolóng 300
北京Běijīng 434
本領běnlǐng 194
蔽錮bìgù 80
邊頭biāntóu 222
便待biàndài 115
兵bīng 436
不成頭項bùchéngtóuxiàng 296
不似búsì 45

【C】
藏修cángxiū 278
操存cāocún 36,303
螬cáo 69
漕cáo 255
差排chāipái 336,340
常惺惺chángxīngxīng 56,123
唱喏chàngnuò 243
炒chǎo 399
車子chēzǐ 103
趁chén 327,330
陳迹chénjì 392
襯簟chèndiàn 299
襯貼chèntiē 336
橕柱chēngzhù 173
誠敬chéngjìng 73
乘虛接渺chéngxūjiēmiǎo 398
馳騁chíchěng 203
持守chíshǒu 7
赤骨立chìgǔlì 22
出路chūlù 176
處置chǔzhì 347
詞訟císòng 189
此去cǐqù 5,6
此中cǐzhōng 336
次第cìdì 248,278
蹉過cuōguò 333

【D】
搭滯dāzhì 365
打併dǎbìng 417
打疊dǎdié 60,417
打撲精神dǎpǔjīngshén 130,132
打透dǎtòu 350
大故dàgù 439
大桂鋪dàguìpù 421
大驚小怪　dàjīngxiǎoguài 382
待要dàiyào 252
擔閣dān'gé 80
得寸守寸、得尺守尺 décùnshǒucùn, déchǐshǒuchǐ 76
抵死dǐsǐ 9
地頭dìtóu 310
掉開說diàokāishuō 14
動中有靜、靜中有動 dòngzhōngyǒujìng, jìngzhōngyǒudòng 231
兜攬dōulǎn 399
都了dōule 4
抖擻精神dǒusǒujīngshén 52

【L】

撈攘lāorǎng 256
禮數lǐshù 241
立界分lìjièfēn 324
笠影之喩lìyǐngzhīyù 153
良月liángyuè 76
兩末之學liǎngmòzhīxué 391
了得liǎodé 150
了期liǎoqī 105
列轉lièzhuàn 265
靈芝Língzhī 76
流轉liúzhuǎn 381
鹵莽lǔmǎng 336
路陌lùmò 45
落草luòcǎo 343
落窠槽luòkēcáo 340

【M】

慢màn 130
沒巴沒鼻méibāméibí 147
門戶ménhù 441
猛省měngxǐng 62
描摸miáomō 346
莫mò 320

【N】

那下nàxià 178
南城Nánchéng 248
南康Nánkāng 41
撓náo 69
內外交相養 nèiwàijiāoxiāngyǎng 78
擬議nǐyì 368
隉杌nièwù 66
嵲屼nièwù 140
佞佛nìngfó 265
扭捏niǔniē 300
挪趲nuózǎn 273

【P】

弸諸中彪諸外 péngzhūzhōngbiāozhū-wài 153
坯璞子pīpúzǐ 141
批退pītuì 329
匹馬單鎗pǐmǎdānqiāng 132
譬如喫飯pìrúchīfàn 118
譬如看屋pìrúkànwū 118
瞥地piēdì 243
屏山書堂Píngshānshūtáng 436
平鋪píngpù 45
朴實頭pǔshítóu 399

【Q】

七年十載qīniánshízài 180
七上八下qīshàngbāxià 385
七言雜字qīyánzázì 119
其理則謂之道qílǐzéwèizhī-dào 134
其體則謂之易qítǐzéwèizhī-yì 134
其用則謂之神qíyòngzéwèi-zhīshén 134
氣稟qìbǐng 361
氣習qìxí 50
氣象qìxiàng 99
氣盈色滿qìyíngsèmǎn 353
牽合qiānhé 267
千了百當 qiānliǎobǎidāng 153
蹺蹊qiāoxī 10
且謾qiěmán 327
挈qiè 63
淸癯qīngqú 320
窮詰qióngjié 398
求快qiúkuài 65
趨高qūgāo 65
軀殼qūké 371
圈套quāntào 173

【R】

人所最可畏者、便做 rénsuǒzuìkěwèizhě, biànzuò 368
人心存亡之決rénxīncún-wángzhījué 270
任rèn 50
任你rènnǐ 52
如人喫飯rúrénchīfàn 235
如射箭rúshèjiàn 119

【S】

三吏sānlì 255
三山Sānshān 28
殺泊shābó 299
刪定shāndìng 268

扇shàn　354
上截shàngjié　407,410
邵武Shàowǔ　393
生shēng　201
生鬼怪shēngguǐguài　164
生薑shēngjiāng　286
生死路頭shēngsǐlùtóu　48
生物之心shēngwùzhīxīn　229
生腰坐shēngyāozuò　433
升裏轉、斗裏量shēnglǐzhuàn, dòulǐliàng　300
省事shěngshì　176
剩shèng　189
聖賢相傳之心法shèngxiánxiāngchuánzhīxīnfǎ　31
聖賢言語shèngxiányányǔ　45
實處shíchù　137
時復思繹shífùsīyì　82
時文shíwén　189
事事皆仁shìshìjiērén　212
適用shìyòng　274
收斂shōuliǎn　122,233
收其放心shōuqífàngxīn　124
受用shòuyòng　245
疏shū　35
熟shú　236
水火shuǐhuǒ　317
說取去shūoqǔqù　7
死蛇sǐshé　343
死水sǐshuǐ　103
遂安Suì'ān　205
所在suǒzài　178

【T】

貪多tānduō　96
討頭tǎotóu　119
提掇tíduō　147
添差倅tiānchāicuì　255
跳躑tiàozhí　203
統體tǒngtǐ　125
頭項tóuxiàng　243
團tuán　115
頹塌tuítā　424

【W】

玩物喪志wánwùsàngzhì　211
萬里不留行wànlǐbùliúxíng　50
為學須是靜wéixuéxūshìjìng　68
委曲wěiqū　174
未有致知而不在敬wèiyǒuzhìzhīérbúzàijìng　39
問難wènnán　348
五常百行wǔchángbǎixíng　375
無圖底人wútúderén　311
無用處wúyòngchù　28

【X】

蹊徑xījìng　83
罅縫xiàfèng　172
下截xiàjié　407,410
下梢可望xiàshāokěwàng　358
見成xiànchéng　23
縣事xiànshì　139
相將xiāngjiāng　247
湘鄉Xiāngxiāng　278
曉事xiǎoshì　89
小學xiǎoxué　189
心堅石穿　xīnjiānshíchuān　365
信州Xìnzhōu　419
惺惺xīngxīng　217
虛靜xūjìng　380
虛著xūzhāo　171
旋xuán　101,236
玄空xuánkōng　383

【Y】

嚴威整肅yánwēizhěngsù　216
鹽弊yánbì　255
樣子yàngzǐ　126
嶢崎yáoqí　343
拽轉yèzhuàn　62,182
依阿yī'ā　174
依本畫葫蘆yīběnhuàhúlú　126
一副當yífùdāng　244,417
迤邐yílǐ　128
遺物yíwù　252
以刀切物yǐdāoqiēwù　43

以黑白豆記善惡念之起 yǐhēibáidòujìshàn'èniàn-zhīqǐ 194
以義理涵養yǐyìlǐhányǎng 144
義利之辨yìlìzhībiàn 204
一錢事yìqiánshì 46
因革yīn'gé 244
引證yǐnzhèng 231
英雄yīngxióng 429
勇猛精進yǒngměngjīngjìn 115
勇者yǒngzhě 223
悠悠yōuyōu 96
優游涵泳 yōuyóuhányǒng 115
有愧yǒukuì 227
有說話yǒushuōhuà 68
有意思yǒuyìsi 201
欲速yùsù 3
越見yuèjiàn 343

【Z】
在門外走zàiménwàizǒu 103
則得好zédehǎo 261
則劇zéjù 312
劄定脚zhādìngjiǎo 48
劄定脚跟 zhādìngjiǎogēn 52
浙Zhè 34
浙間事Zhèjiānshì 393
浙中朋友Zhèzhōngpéngyǒu 391
眞樂攻心不奈何zhēnlè-gōngxīnbúnàihé 207
眞同zhēntóng 174
爭事zhēngshì 219,305
整齊收斂zhěngqíshōuliǎn 143
整齊嚴肅zhěngqíyánsù 72,122
政和Zhènghé 413
只認zhǐrèn 418
治道齋zhìdàozhāi 273
周遮zhōuzhē 209
主一zhǔyī 39,121,330
主一無適zhǔyīwúshì 57,128,185
主一之謂敬zhǔyīzhīwèijìng 56
主張zhǔzhāng 145,171
著緊zhùjǐn 427
轉zhuǎn 4
轉關zhuànguān 392
粧zhuāng 229
樁定zhuāngdìng 103
逐些子zhúxiēzǐ 195
逐旋zhúxuán 264
著些精彩zhùxiējīngcǎi 142,151
作怪zuòguài 254
作館zùoguǎn 9
做頭抵zuòtóudǐ 9

『朱子語類』訳注　巻百十九～百二十一

平成二十九年七月二十八日　発行

編　者　垣内景子
訳注者　訓門人研究会
発行者　三井久人
整版印刷　富士リプロ㈱

発行所　汲古書院
〒102-0072 東京都千代田区飯田橋二-五-四
電　話　〇三（三二六五）九七六四
FAX　〇三（三二二二）一八四五

（第十四回配本）

ISBN978-4-7629-1313-6　C3310

『朱子語類』訳注　内容目次

監修　『朱子語類』訳注刊行会

既刊

巻一～三 理気・鬼神	溝口雄三・小島　毅　監修 垣内景子・恩田裕正　編	平成19年7月刊	本体５０００円＋税 第一回配本
巻十～十一 読書法	興膳　宏・木津祐子・齋藤希史　訳注	平成21年6月刊	本体５０００円＋税 第二回配本
巻七・十二・十三 小学・持守・力行	垣内景子　訳注	平成22年10月刊	本体５０００円＋税 第三回配本
巻百十三～百十六 訓門人（一）	垣内景子　編 訓門人研究会　訳注	平成24年7月刊	本体５０００円＋税 第四回配本
巻百二十五 老氏	山田　俊　訳注	平成25年1月刊	本体５０００円＋税 第五回配本
巻百二十六（上） 釈氏（上）	野口善敬・廣田宗玄・本多道隆・ 森　宏之　訳注	平成25年7月刊	本体５０００円＋税 第六回配本
巻百二十六（下） 釈氏（下）	野口善敬・廣田宗玄・本多道隆・ 森　宏之　訳注	平成25年7月刊	本体５０００円＋税 第七回配本
巻十四 大学一	中　純夫　編 朱子語類大学篇研究会　訳注	平成25年12月刊	本体５０００円＋税 第八回配本
巻百十七～百十八 訓門人（二）	垣内景子　編 訓門人研究会　訳注	平成26年6月刊	本体５０００円＋税 第九回配本

巻八十四～八十六 礼一～三	吾妻重二・井澤耕一・洲脇武志 訳注	平成26年12月刊	本体５０００円＋税 第十回配本
巻十五 大学二	中 純夫 編 朱子語類大学篇研究会 訳注	平成27年7月刊	本体５０００円＋税 第十一回配本
巻八十七～八十八 礼四～五	吾妻重二・秋岡英行・白井 順・ 橋本昭典・藤井倫明 訳注	平成27年7月刊	本体５０００円＋税 第十二回配本
巻九十八～一百 張子之書一・張子書二・ 邵子之書	緒方賢一・白井 順 訳注	平成28年12月刊	本体５０００円＋税 第十三回配本
巻百十九～百二十一 訓門人（三）	垣内景子 編 訓門人研究会 訳注	平成29年7月刊	本体５０００円＋税 第十四回配本

近刊

巻十六（上） 大学三（上）	中 純夫 編 朱子語類大学篇研究会 訳注	第十五回配本予定
巻八十九～九十一 礼六～八	吾妻重二・秋岡英行・緒方賢一・ 佐藤 実・洲脇武志・山田明広 訳注	
巻百三十九～百四十 論文	興膳 宏・木津祐子・齋藤希史 訳注	

▼予価 各本体５０００円＋税／次回配本は平成29年9月予定・刊行順序は変更になることがあります